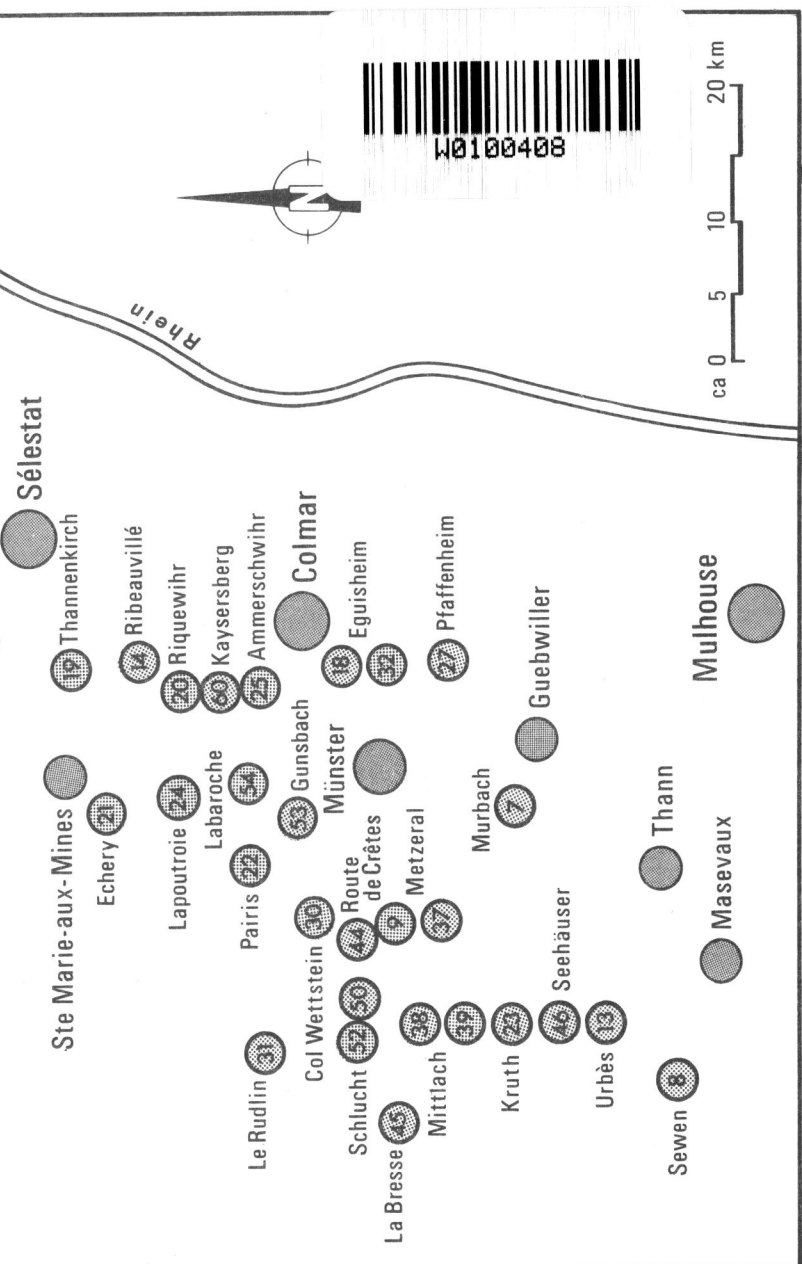

RUDOLF RITTER

Wanderwege im Elsaß

*Durch die Vogesen führen manche Wanderbücher.
Von ihnen heben sich die hier ausgewählten Wanderbeschreibungen ab:*

Geschildert werden ausschließlich Rundwanderungen: Von einem Punkt ausgehend erreichen Sie das Wanderziel und kehren auf einem anderen Weg zum selben Ausgangspunkt zurück.

Der Verfasser hat alle Wege selbst begangen. Er erklärt die Wegführung genau; besonders wenn die Markierung versagt.

Das Buch erschöpft sich nicht in wandertechnischen Hinweisen. Der Wanderer wird mit den kulturellen und historischen Besonderheiten der Stätten vertraut gemacht, die der Weg berührt.

RUDOLF RITTER

Wanderwege im Elsaß

*60 Rundwanderungen
in den Vogesen*

MORITZ SCHAUENBURG VERLAG
Lahr/Schwarzwald

CIP-Kurztitelaufnahme der Deutschen Bibliothek

Ritter, Rudolf:
Wanderwege im Elsass: 60 Rundwanderungen in d. Vogesen / Rudolf Ritter. (Zeichn. d. Kt.: Horst Kölble). – 7. Aufl. – Lahr/Schwarzwald: Schauenburg, 1987.
  ISBN 3-7946-0240-4

Zeichnungen der Karten: Horst Kölble

7. Auflage 1987

© Moritz Schauenburg Verlag, 7630 Lahr/Schwarzwald
Gesamtherstellung Moritz Schauenburg GmbH & Co. KG
Graphischer Großbetrieb, Lahr/Schwarzwald
ISBN 3-7946-0240-4

*Meiner lieben Frau Martha † gewidmet.
Sie war auf den ersten 50 Wanderungen
meine Begleiterin.*

Geleitwort zur 5. Auflage

Dieses Wanderbuch will kein systematischer Vogesenführer von A bis Z sein.
Es ist eine Sammlung von Wanderungen, die sich ergeben hat aus der Freude an der Gebirgswelt der Vogesen und den kulturgeschichtlichen Schätzen des Elsasses und aus der Wanderlaune, je nach der Jahreszeit einmal da und dann wieder dort das Ziel zu suchen. So haben sich seit der 1. Auflage vom Mai 1972 mit 27 Wanderungen nun in der fünften Auflage deren 50 angesammelt. Sie sollen in der Reihenfolge, wie sie gemacht worden sind, verzeichnet bleiben. Wenn sie auch kreuz und quer durch die Vogesen gehen, so führen sie doch im Gesamten in all ihre Teile vom Norden bis zum Süden.
Veränderungen in Einzelheiten, die da und dort durch Kahlhiebe, Neuanlage von Wegen, Neubeschilderung der Wege und ähnliches gegenüber der Wanderbeschreibung früherer Auflagen festgestellt wurden, wurden berücksichtigt. Angesichts des weiträumigen Wandergebiets und der stets fortschreitenden Wald- und Wegearbeiten in den Vogesen darf allerdings kein Anspruch auf Vollständigkeit erhoben werden.
Aus jeder Wanderbeschreibung ist die Jahreszeit, in der die Wanderung gemacht wurde, ersichtlich, weil bei einer Wanderbeschreibung nicht auf das jahreszeitliche Kolorit verzichtet werden sollte. Die Wanderleistung ist nach Wegestunden bemessen. Sie nach Kilometern zu bewerten, ist, jedenfalls im Gebirge, nicht zweckmäßig. Es ist allein wesentlich, genau zu wissen, wieviel Stunden für die Erreichung des Zieles benötigt werden.
Die Beschreibung der Autoanfahrt konnte unterbleiben. Eine Karte des Elsasses, auf der der Ausgangsort jeder Wanderung mit einem Punkt markiert ist, der die Nummer der Wanderung nach dem Inhaltsverzeichnis trägt, verschafft die erforderliche Orientierung.
Die Skizzen zu den einzelnen Wanderungen machen die einschlägige Karte des Vogesenclubs nicht entbehrlich! Der Vogesenclub ist fortlaufend an der Verbesserung der Wegmarkierungen tätig.
Ein Ortsregister erleichtert den Gebrauch.
Dem Präsidenten des Vogesenclubs, Herrn Prof. Dr. Jean Braun, danke ich für die Hinweise und Anregungen zu dieser Auflage verbindlichst.
Möge das Buch dem Wanderfreund, der sich ihm anvertraut, ein nützlicher Helfer sein!

Lahr, im Januar 1978   Rudolf Ritter

Geleitwort zur 6. Auflage

Die Zahl der Wanderungen ist von 50 auf 60 erhöht. Dabei sind Ziele in den Nordvogesen aufgesucht, wo zahlreiche Burgen den Wanderer locken. Inzwischen hat der Vogesenclub die Wegmarkierungen mehr und mehr verbessert, so daß da und dort die vorher notwendige detaillierte Wegbeschreibung zurücktreten kann.

Auch weiterhin durchgeführte Kontrollwanderungen konnten angesichts der Weite des Vogesenraumes nicht alle Waldwegneuanlagen, Kahlschläge und dergleichen erschwerenden Umstände erfassen. Ein gewisses Maß von Findigkeit muß daher vom Vogesenwanderer gelegentlich erwartet werden. Daher noch einmal der Rat, nicht ohne Vogesenclubkarte zu wandern!

Mit dem Wunsche, daß das auf 60 Wanderungen vermehrte Büchlein dem Freund der Vogesen weiterhin die erwarteten Wanderfreuden vermitteln werde, möge die 6. Auflage ihre Leser finden.

Lahr, im Januar 1982 　　　　　　　　　　　　　　　　　　　　　　　　　Rudolf Ritter

Geleitwort zur 7. Auflage

Diese 7. Auflage beläßt es bei den 60 Rundwanderungen der 6. Auflage. Die Zahl der Wanderungen zu erhöhen, hielt der Verfasser nicht für tunlich. Hätte dies doch das Volumen des Bändchens mit jetzt schon 303 Seiten gesprengt.

Wiederum wurden vom Verfasser und Freunden und wandernden Anhängern des Bändchens zahlreiche Kontrollwanderungen unternommen, um die Änderungen der Wegzeichen, Neuanlage von Wegen, Umlegung und Einzäunung von Wegen infolge von neuerdings vorgenommenen Naturschutzmaßnahmen, auch Kahlhiebe und ähnliches festzuhalten und damit die Neuauflage zu verbessern. Aber wiederum muß auf den weiten Raum verwiesen werden, den die beschriebenen Wanderungen einnehmen, wenn der Verfasser dafür um Nachsicht bittet, daß nicht alle Umstände lückenlos erfaßt werden können. Und wiederum der Rat, nicht ohne die neueste Wanderkarte des Vogesenclubs zu wandern. Im übrigen: Frohe Fahrt!

Lahr, im Januar 1987 　　　　　　　　　　　　　　　　　　　　　　　　　Rudolf Ritter

1   Burg Landsberg

Aufstieg:
Barr – Denkmal Eduard Hering – M. F. (Forsthaus) Moenkalb – Kleiner Kiosk – Ruine Landsberg, 1 Stunde 30 Minuten.

Abstieg:
Ruine Landsberg – Herradfelsen – Barr, 1 Stunde.

Gesamtzeit der Wanderung 2 Stunden 30 Minuten.
Höhenunterschied 210 bis 580 Meter.
Karte des Vogesenclubs Blatt Mont Ste. Odile Vallée de la Bruche.

Verlängerung:
Ruine Landsberg – Männelstein (817 m) 30 Minuten; Ruine Landsberg über Wachtstein – Männelstein 45 Minuten – Heidenmauer (östliche Route) – St. Odilien (1 Stunde) – Heidenmauer (westliche Route) – Männelstein (1 Stunde) – Barr (1½ Stunden).

Gesamtzeit der Verlängerung 4 Stunden.
Gesamtzeit der Wanderung Barr – St. Odilien – Barr 5 Stunden 30 Minuten.

Verlängerung:
Ruine Landsberg – Holzplatz (1 Stunde) – M. F. (Forsthaus) Hungerplatz 45 Minuten – Spesburg und zurück 20 Minuten – Ruine Schloß Andlau 30 Minuten – Annenkapelle – Barr 30 Minuten. Gesamtzeit der Verlängerung 3 Stunden.

Gesamtzeit der Wanderung Barr – Landsberg – Spesburg – Schloß Andlau – Barr 4 Stunden 30 Minuten (Spesburg und Schloß Andlau s. S. 242/43).

Man stellt den Wagen auf dem Platz vor der Mairie in Barr (erbaut 1640) ab und geht von dort aus zum in der Nähe liegenden Museum »La Folie Marco«, rue Sultzer 30 (nur geöffnet von Juli bis Oktober), einem Patrizierhaus aus dem 18. Jahrhundert, das eine Sammlung von antiken Möbeln, Zinn- und Porzellangeschirr des früheren, etwas kauzigen Eigentümers beherbergt, die eines Besuchs wert ist. Im Gäßchen Gänsbrünnelweg zwischen diesem Haus und dem Nachbarhaus, in dem die berühmten Escargots Willm präpariert werden, ist ein Wegweiser, der den Beginn des Wegs zum Odilienberg über die Burgruine Landsberg anzeigt. Große Mengen leergekochter Schneckenhäuschen sind auf dem Hof der Schneckenfabrik Willm und im benachbarten Rebgelände in Säcken aufgestapelt. Die Häuschen werden gemahlen und als Kalkdünger verwendet. Die Fenster gestatten einen Blick in die durchaus saubere und appetitliche Schneckenküche. Nun folgt man aber nicht der nach links entlang der Weingartenmauer hochziehenden Straße, sondern tritt durch das Tor in dieser Mauer ins Rebgelände ein

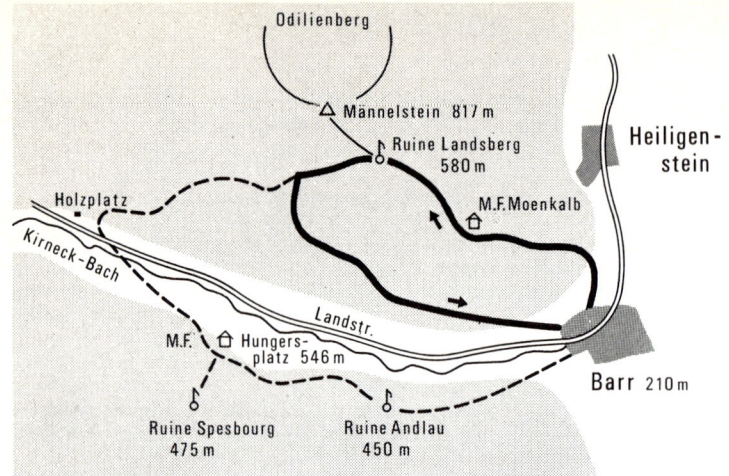

und steigt auf einem Fußpfad hoch zu einem Rebweg mit herrlicher Aussicht, der auf halber Höhe des Rebhügels zum Denkmal Eduard Hering führt. Während des Herbstes ist das genannte Tor geschlossen. Dann geht man der Weingartenmauer entlang bis zu der Kirche, deren gotischen Turm man im Westen sieht. Dort beginnt der Hangweg durch die Reben, der uns zum Denkmal Eduard Hering führt. Es ehrt einen um das Vogesenwandern verdienten Mann. Von dort geht es durch Laubwald hindurch zum Forsthaus Moenkalb (mit Sommerwirtschaft –, wie nur noch wenige Forsthäuser). Weiter zum kleinen Aussichtskiosk (Pavillon) mit herrlichem Rundblick, um schließlich nach angenehmem Aufstieg von ungefähr eineinhalb Stunden an einem zweiten Forsthaus (ohne Wirtschaftsbetrieb) anzukommen. Aus geringer Entfernung blicken die mächtigen Konturen der Burgruine Landsberg (580 m) durch die Bäume. Der Bergfried ist fast vollkommen erhalten, ebenfalls eine mächtige Südmauer. Besonderen Reiz bietet die Ostmauer des Palas mit schönem Erker und romanischen Doppelfenstern. Die Burg wurde mit dem Grundriß eines Rechtecks auf Fels erbaut. Der Erker ist die Apside der einstigen Schloßkapelle. An vielen Ruinenteilen finden wir noch romanische Ornamente.

Die Südseite des Burgkegels ist zur Zeit mit blühendem Immergrün übersät.
Durch die noch fast kahlen Äste der Laubbäume sieht man drüben im Süden auf dem Bergkamm zwischen dem Andlau- und dem Barrertal die beiden Türme der Burg Andlau und rechts davon die Spesburg. Der Ungersberg (900 m) beherrscht mit seinem hochgewölbten Buckel die Landschaft. Rechts hinter ihm grüßt die Hohkönigsburg, von hier aus als Tafelberg und nicht wie von Osten als Kegel sichtbar. Auf den Hängen zur Ebene hin liegt der weiße Schleier der Kirschblüte: der Mai ist gekommen.

Die Burg wurde von der Adelsfamilie Landsberg um 1200 erbaut und wird schon in der Mitte des 12. Jahrhunderts erwähnt. Sie wurde im 30jährigen Krieg zerstört. Der Familie Landsberg gehörte die Äbtissin Herrad des Klosters St. Odilien (1167 – 1195) an. Sie ist die Verfasserin des »Hortus Deliciarum«, dessen Original bei der Belagerung von Straßburg 1870 verbrannte. Es ist ein Belehrungs- und Erbauungsbuch für Nonnen, in lateinischer Sprache verfaßt, heute ein wertvoller Einblick in die höfische Kultur jener Zeit mit für die Kulturgeschichte aufschlußreichen Miniaturen von der Hand der Äbtissin.

Für die Rückkehr nach Barr (eine Stunde) kann man verschiedene Wege (alle mit Wegweiser versehen) nehmen, so z. B. über den Herradfelsen. Anfang Mai

2 Ottrotter Schlösser – Hagelschloß

Aufstieg:
Ottrott – Wiesenhangweg nach Klingenthal – Ottrotter Schlösser – Hagelschloß, 2 Stunden 30 Minuten.

Abstieg:
Hagelschloß – Brücke am Sägewerk im Ortsteil Vorbruck – Klingenthal – Ottrott, 2 Stunden 15 Minuten.

Gesamtzeit der Wanderung 4 Stunden 45 Minuten
Höhenunterschied 260 bis 588 Meter.
Karte des Vogesenclubs Blatt Mont Ste. Odile Vallée de la Bruche.

Den Wagen stellen wir in Ottrott (Unterottrott) auf dem Lindenplatz (Place des Tilleuls) an einer Straßenteilung, bei der ein Kruzifix steht, ab und benützen ein kurzes Stück die Fahrstraße rechts vom Kruzifix bis zur Kurve. Wir überschreiten dort die Querstraße und folgen dem unmittelbar gegenüber aufsteigenden Hohlweg. Wir sehen die Schlösser bald linker Hand von einem Höhenrücken herüberschauen. Der Weg zieht sich aber auf halber Hanghöhe geradeaus reizvoll über Wiesen mit zur Zeit blühenden Apfelbäumen bis fast nach Klingenthal hin und geht kurz über diesem Ort, der rechts unter uns liegt, in einer großen Kehre durch den Wald zu den Ottrotter Schlössern. Von Ottrott bis zu den Schlössern sind es bequem eineinhalb Stunden. Der kürzere Weg, der am Ende des vorhin genannten Hohlweges gleich links als Fußpfad hochzieht, ist steil und als Beginn der Wanderung nicht ratsam. Bei den Schlössern steht ein Forsthaus (Maison forestière), auf den Wanderkarten abgekürzt MF, mit Wirtschaft.

Die Ottrotter Schlösser (500 m) sind zwei nebeneinander liegende Burgruinen: die Burg der Herren von Rathsamhausen, das »hintere Schloß«, und die Lützelburg, die »Vorderburg«.

Die Burg Rathsamhausen, im Innern z. Zt. nicht betretbar, gehörte im 13. Jahrhundert den Herren von Hohenstein, den Müllenheim und seit 1561 den Rathsamhausen, deren Namen sie behalten hat. Die Ruinen der im 30jährigen Krieg zerstörten Burg entstammen dem Neubau von 1561. Der Palas (1200) zeigt

beachtliche Breite und Höhe. Man kann genau die Stockwerke ablesen. Jedes Stockwerk hat einen offenen Kamin. Der Kamin im mittleren Geschoß zeigt noch Säulen mit schönen Kapitellen. Bemerkenswert ist das solide Mauerwerk des runden Bergfrieds (1250), der von außen her keinen Zugang hat.
Die nicht viel jüngere Lützelburg daneben wurde im 13. Jahrhundert von den Herren von Lützelburg erbaut, kam dann aber in den Besitz der Herren von Rathsamhausen. Sie ist seit 1570 nicht mehr bewohnt, geriet in Verfall und wurde im 30jährigen Krieg vollends zerstört. Viele romanische Ornamente sind da und dort im Mauerwerk erhalten geblieben. Beide Burgen bieten auch als Ruinen einen imposanten Anblick.
Die Herren von Rathsamhausen, die in Straßburg ein Stadtpalais besaßen, seit 1590 der Schwäbischen Reichsritterschaft Bezirk Ortenau angehörten und u. a. in Niederhausen und Bodersweier begütert waren, hatten auch die Ortsobrigkeit von Nonnenweier inne. Johann Christoph von Rathsamhausen erbaute 1750 als Sommersitz das Herrenhaus in Nonnenweier, das heute in die Gebäulichkeiten des Evangelischen Mutterhauses in Nonnenweier bei Lahr einbezogen ist. Das kunstgeschmiedete Eingangstor mit dem Wappen ist noch gut erhalten.
Sein Vorgänger Jakob Samson von Rathsamhausen ist der Gründer des Nonnenweier unmittelbar gegenüber liegenden elsässischen Dörfchens Daubensand auf der vor der Rheinkorrektion Tullas von rechtsrheinischer Seite aus leicht erreichbaren, zur Nonnenweierer Gemarkung gehörigen Au »Düwesand«.
Von Wolfgang Christoph von Rathsamhausen stammt auch das in der Hand des jeweiligen Bürgermeisters von Nonnenweier befindliche »Thrinkgeschirr« von 1749, ein silberner Becher.
Die Herren von Rathsamhausen waren auch Inhaber des mittelalterlichen kaiserlichen Erblehens des »Königtums« über die oberrheinischen Kesselflicker und Kaltschmiede, ein ähnliches mittelalterliches Rechtsinstitut wie das »Pfeiferkönigtum« (s. S. 67) der Herren von Rappoltstein. Die ihr Gewerbe im Umherziehen betreibenden Kesselflicker galten im Mittelalter, wie alle Nichtseßhaften, als Lumpenvolk und wurden nicht nur vom Volke verachtet, sondern auch als Leute minderen Rechts behandelt. Darum bildeten sie Bruderschaften und suchten Schutz beim Kaiser selbst, und dieser übertrug mächtigen Adligen als Lehen das Protektorat über sie. Dafür lieferten die Keßler ihrem »König« das Geschirr, das er in seiner Burg mannigfach brauchte, vom Melkeimer bis zum silbernen Tafelgeschirr, und in Kriegszeiten dienten sie 14 Tage als Kriegsknechte.
Zum Weitermarsch nehmen wir den Weg zwischen dem Burgwall und dem Forsthaus, der rechts hoch zum Walde führt. Ein Wegweiser dort bemißt den Weg zum Hagelschloß mit 1 Stunde. Man bleibt nun auf dem breiten Weg in Richtung Köpfel, verläßt ihn auch nicht, wenn ein Wegweiser links zum Hagelschloß auf einen Fußpfad verweist; denn der Fußpfad führt wieder auf den breiten Weg zurück. Dort, wo der breite Weg sich kurz danach teilt, steigt man nicht links hoch, sondern bleibt auf dem fast eben dahinziehenden breiten Weg, bis nach etwa 20 Minuten ein blaues Kreuz auf einem Stein die Abzweigung links zum Hagelschloß hin anzeigt. Man muß schon scharf aufpassen, die Wegweisung ist nicht sehr deutlich. Dieser Fußweg führt an einen Hang, der oben von mächtigen Felsen gesäumt ist, das nördlichste Stück der »Heidenmauer«. Am Fuß des Hangs steht endlich wieder ein deutlicher Wegweiser den Hang hinauf zum Hagelschloß. Es hilft nichts, es geht über Stock und Stein ein Viertelstündchen. Oben ist dann die

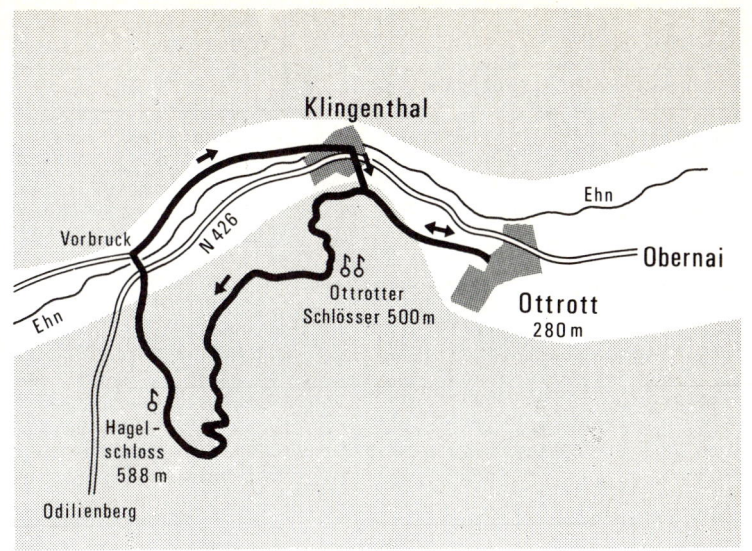

Wegweisung zum unmittelbar auf den mächtigen Felsen der Heidenmauer erbauten Hagelschloß.

Ein Wort zunächst zur Heidenmauer (mur païen): Vom Hagelschloß (588 m) nach Süden bis zum Männelstein und von dort zurück bis zum Odilienberg, mit kurzer Unterbrechung am Odilienberg weiter über den Oberkirchfelsen und Stollhafenfelsen den »Wunderpfad« entlang zum Hagelschloß zurück, insgesamt 10,5 km lang, umschließt eine riesige, etwa vom Jahre 1000 v. Chr. an und später von den Kelten errichtete steinerne Umwallung des Terrains einer sogenannten Flieh- oder Fluchtburg das Gebirgsmassiv des Odilienbergs. Teils ist die natürliche Felsschichtung ausgenützt, teils aber sind große Sandsteinblöcke und Quader ohne Mörtel geschichtet und waren früher mit hölzernen Schwalbenschwänzen miteinander verbunden. Auf ein solches Stück Heidenmauer, und zwar das nördlichste, stoßen wir beim Hagelschloß.

Das Hagelschloß, heute ebenfalls eine Burgruine, die schon stark zerfallen ist, aber in Teilen als interessante Burg noch erkenntlich blieb, wurde im 13. Jahrhundert erbaut und kam im 14. Jahrhundert in den Besitz des Raubritters (Chevalier Brigand) Walter Erb. Er hat offensichtlich die Lastführer, die das Kloster der heiligen Odilia (gegründet schon vor 700 n. Chr.) auf dem Odilienberg (762 m) mit Nachschub versorgten, ausgeplündert und die frommen Pilger beraubt, die zur Grabstätte der heiligen Odilia, der Patronin des Elsasses (gestorben 720) wallfahrteten.

Im Jahre 1406 machten ihm die Stadtknechte von Straßburg den Garaus und zerstörten das Raubritternest so gründlich, daß man noch heute weit unten am

Berghang, auf dem die Burg einst thronte, behauene Quader beachtlicher Größe aus den der Heidenmauer entnommenen Bausteinen der Burg findet.

Es empfiehlt sich, den Fußpfad, der zwischen einem Mauerrest linker Hand und einer mächtigen Felswand rechter Hand hinabführt, zu benutzen, von dem sich alsbald nach links wiederum ein Fußpfad löst, der um den nördlichen, höchsten Teil der Burg herumführt, damit man den erhaltengebliebenen großen Mauerbogen, das Charakteristikum des Hagelschlosses, findet, der zwei riesige natürliche Felsen überspannt. Die Überspannung diente hier als Fundament der Burg. Dieser Fußpfad führt wieder an den oben beschriebenen Punkt zurück, also den Fußpfad zwischen Mauerrest und Felswand, den man dann zum Abstieg benutzt, ohne links zum großen Mauerbogen abzuzweigen.

Von einem Felsplateau südlich dieses Burgteils aus hat man eine herrliche Aussicht nach Westen hinunter ins Tal der Ehn und über die benachbarten bewaldeten Berge hinweg. Halbrechts liegt der Heidenkopf (787 m) mit Aussichtsturm (s. S. 76). Halblinks sieht man die Trümmer der Burg Kagenfels (667 m).

Der Abstieg führt steil hinab ins Tal des Vorbachs, der in die Ehn mündet, zunächst in den Ortsteil Vorbruck des Luftkurorts Klingenthal. Bei der Brücke mit Sägewerk dort wechselt man zur Vermeidung der Fahrstraße hinüber auf das linke Ehnufer und erreicht bald rechts von der geteerten Straße abgehend einen Fußpfad und auf diesem immer rechts haltend Klingenthal, einen reizvollen Ort mit vielen Chalets für Wochenende und Ferien. Den Namen hat der Ort davon, daß dort noch bis ins 19. Jahrhundert Säbelklingen hergestellt wurden. An dem Haus Route Grendelbruch 1 in der Nähe der Kirche befindet sich noch eine steinerne Tafel aus dem Jahre 1776, die daran erinnert, daß man hier »armes blanches« = Säbelklingen schmiedete. Auch wir kennen den Ausdruck »blank ziehen«. Auf der Fahrstraße nach Obernai (Oberehnheim) wechselt man zur rechten Talseite hinüber und steigt der Weg hinauf vor einem gut restaurierten Gebäude des ehemaligen Säbelwerks mit auffallend breiter Straßenfront und Doppeltreppe in der Mitte der Fassade, heute Ferienheim »Belle Mine«. Man erreicht dann auf halber Hanghöhe den Weg, den man morgens von Ottrott her benützt hat. In einer halben Stunde ist man wieder in Ottrott und hat ohne Pause eine Wanderung von insgesamt vier bis viereinhalb Stunden hinter sich. Man kann aber auch vom Hagelschloß (s. den Wegweiser dort) aus den Rückweg über Mont Hohenbourg (718 m) und Elsberg (673 m) zu den Ottrotter Schlössern nehmen (Weg 8 der Vogesenclubkarte) und von dort den rechts hinabführenden direkten Weg nach Ottrott benutzen. Die Wanderzeit ist die gleiche.

Frühling und Herbst

3 Burg Fleckenstein

Aufstieg:
Tannenbruck bei Lembach – Col du Litschhof – Löwenstein – Hohenburg – Fleckenstein, 3 Stunden.

Abstieg:
Fleckenstein – Etang du Fleckenstein – Tannenbruck, 1 Stunde.

Gesamtzeit der Wanderung 4 Stunden.
Höhenunterschied 200 bis 553 Meter.
Karte des Vogesenclubs Blatt Niederbronn-les-Bains.

Wir fahren in die Nordvogesen, in den Teil der Vogesen, der Wasgenwald heißt, über Straßburg, Hagenau, Wörth (Schlacht im deutsch-französischen Krieg am 6. 8. 1870, Museum und zahlreiche Denkmäler) nach Lembach in die ehemalige Herrschaft der Herren von Fleckenstein, um deren in der Nähe gelegene Burg, die bedeutendste und eigenartigste Burg des Elsasses, zu besuchen. Burg Fleckenstein ist eine der über zwanzig Burgen, die sich auf den Höhen der Nordvogesen von Lothringen her gleichsam als ein Festungswall zum Rhein ziehen. Route des châteaux forts heißt denn auch die Straße, die hier in Lembach dem Gebirge entlang führt. Wir fahren durch Lembach hindurch in Richtung Schönau-Bitche (Bitsch). Etwa 4 km hinter Lembach teilt sich die Straße, zieht gerade nach Schönau, schon auf pfälzischem Gebiet, und geht links über die Brücke nach Bitsch. Diese Brücke heißt die Tannenbruck. Leider hat man die schönen Tannen, die dort das Ufer der Sauer säumten, gefällt. Wir parken dort den Wagen auf dem Platz bei der Brücke. An der rechten Bergseite (von Lembach kommend) finden wir den Wegweiser: Col du Hohmarkstein – Col du Riegelsberg – Wingen, blaues Kreuz (Weg 4 b der Vogesenclubkarte). Wir folgen dieser Wegweisung bis zum Col Hohmarkstein. Der auf der östlichen Seite des Dentelbachtals durch schönen Wald hochziehende Weg steigt mäßig an. Bei der großen Rechtskurve fehlt das Wegzeichen. Unser Weg geht geradeaus leicht hoch und führt nach kurzem Anstieg auf eine freie Höhe zum Hohmarkstein (liegt am Boden) mit der Höhe 374 m. Dort steht die Linde mit der Nr. 41 und 44, an der sich mehrere Wegweiser befinden. Der für uns maßgebliche ist Col du Litschhof mit blauem Punkt. Er verweist auf den, von unserem Aufstiegsweg vor der Linde ankommend gesehen, nach links, nach Norden ziehenden, breiten, ebenen Sandfahrweg (auf der Karte des Vogesenclubs mit 5 b bezeichnet).

Nach etwa einem Kilometer zweigt links ein Weg ab zum Gimbelhof-Fleckenstein (rot-weißes Viereck). Dem folgen wir nicht, wir bleiben vielmehr auf unserem Wege mit dem blauen Punkt, der uns mit schönem Blick ins Dentelbachtal hinunter und halblinks hinüber zu dem Berg, der den Langenfelsen, den Löwenstein und nach der pfälzischen Grenze zu die Hohenburg trägt, bald zum Col du Litschhof (339 m) bringt. In eineinhalb Stunden von der Tannenbruck ab gerechnet sind wir dort. Der Col du Litschhof ist wiederum eine Wegekreuzung, an der sich zwei rote Bänke befinden und Wegweisungen in mehrere Richtungen. Das einstige Forsthaus, das dem Col den Namen gab, liegt etwa 300 Meter hinter dem Col du Litschhof drunten. Wir könnten nun von den zwei roten Bänken aus über den Gimbelhof (gutes, ländliches Restaurant) zum Fleckenstein gehen. Das wollen wir jedoch nicht, weil wir den Löwenstein und die Hohenburg besuchen wollen.

Wir folgen also der Wegweisung zur Hohenburg (weiß umrandetes rotes Viereck), die uns in einer knappen Stunde in Serpentinen hinauf auf den Bergrücken bringt, der die Ruine Löwenstein, Hohenburg und, mit einem Sattel dazwischen, die schon auf Pfälzer Gebiet liegende Wegelnburg trägt. Wenn der breite Serpentinenweg auf der Höhe eine Rechtskurve macht und fast eben nach Norden führt, geht nach etwa 300 Metern ein Fußpfad rechts rückwärts hoch zum Löwenstein. Diesen benützen wir. Die Besteigung des Löwensteins lohnt sich, wenn die Buchen schon belaubt sind, nicht, da er dann keine Aussicht bietet. Am Massiv des Löwensteins entlang nach Norden führt der Fußpfad zur wenige Minuten entfernten Hohenburg (553 m). Deren Besuch lohnt sich wegen der interessanten Baureste und vor allem wegen der Rundsicht, die man vom höchsten Punkte aus nach allen Richtungen hinaus hat. Nordöstlich unten, schon auf pfälzischem Gebiet, liegt das Dörfchen Nothweiler, und südwestlich sieht man als riesigen Steinturm die Burg Fleckenstein.

Die Hohenburg ist der Stammsitz der Puller von Hohenburg (um 1224). Der Minnesänger Konrad Puller von Hohenburg war der Vertraute Rudolfs von Habsburg. Bekannt ist sein »Winterlied« aus Böhmen, als er Rudolf im Kampf gegen König Ottokar (1279) begleitete. Ein Hohenburg war mütterlicherseits der Großvater Franz von Sickingens (1481–1523). Hier schloß der sich zur Reformation Bekennende die Verträge, deren Bruch dann zum Feldzug gegen Kur-Trier führte, bei dem Sickingen den Tod im Kampfe fand. Die Burg wurde nach Sickingens Fall zerstört. Sein Sohn Franz Konrad baute sie 1542 im Renaissance-Stil wieder auf. Der Enkel Wilhelm vollendete den Wiederaufbau.

Am Portal zum Wendeltreppenhaus steht die Jahreszahl 1578. Am Renaissanceportal zum oberen Burgteil beachte man die Ornamente, besonders rechts unten den Till Eulenspiegel. Hinter einem Gitter ist eine kleine Sammlung von Skulpturresten, darunter Wappensteine mit dem Wappen der Sickingen, der Andlau, der Hohenburger und der Hunoltsteiner mit den Jahreszahlen 1573 und 1578.

Franz von Sickingens Stammburg war im übrigen Burg Landstuhl im pfälzischen Wald, bei deren Verteidigung er fiel. Dort steht über einem Tor noch heute der Wahlspruch Sickingens zu lesen:

    ALLEIN GOT DI ER –
    LIEB DEN GEMEINE NUTZ –
    BESCHIRM DI GERHTIGKEIT.

Er ist charakteristisch für den Geist der Reformationszeit und ist durch einen Freund und Geistesverwandten Franz von Sickingens, den katholisch gebliebenen Joh. Freiherr zu Schwarzenberg und Hohenlandsberg (1465 bis 1528), den Schöpfer der großen Strafgesetzgebung des ausgehenden mittelalterlichen Deutschen Reiches, der Peinlichen Gerichtsordnung Kaiser Karls V. von 1532, nach ihm Carolina genannt, in dieses Gesetzbuch übernommen worden. In Art. 104 wird dem Richter zu Beginn des Straftatenkatalogs ausdrücklich eingeschärft, »die straff nach gelegenheit und ergernuss der übelthatt, auss lieb der gerechtigkeyt und umb gemeynes nutz willen zu ordnen und zu machen« (Man beachte die

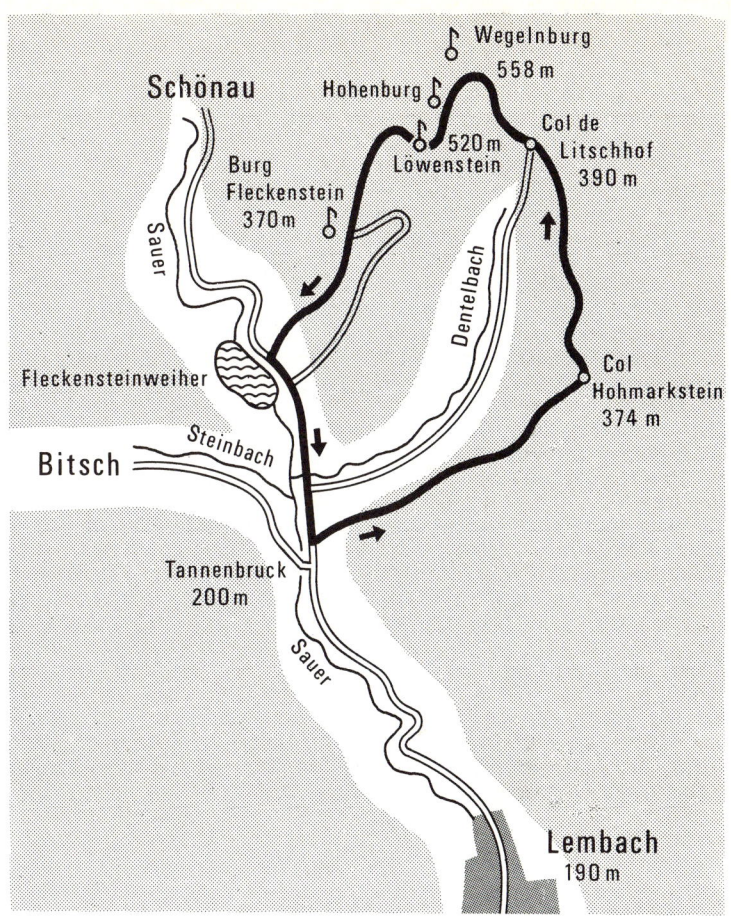

im übrigen dem gesamten Gesetzbuch eigene Kleinschreibung!). Wie nahe lagen die Geister damals doch zusammen! Sickingen Reformationsanhänger, Schwarzenberg bei der alten Kirche, und Luther sagte von Schwarzenberg noch lange nach dessen Tod: »Wenn Herr Hans von Schwarzenberg noch lebte, dem wüßte man zu vertrauen.«

Doch Schluß mit den besinnlichen Betrachtungen auf dem historischen Boden der Hohenburg! Wir müssen weiter.

Von der Hohenburg gehen wir wieder zum Löwenstein zurück.

Burg Löwenstein wurde vor 1200 erbaut und ging später an die Ochsensteiner und Hohenburger über. 1386 war Burgherr der Hannel Streif von Landenberg, der gemeinsam mit dem Ritter Hans von Albe dem Raubritterhandwerk oblag, bis wieder einmal die Straßburger kamen, um der Landplage ein Ende zu machen. Der Volkssage nach hauste hier der Linkenschmied, der gefürchteste Räuber des Landes, verballhornt in Lindenschmied. Um seine Verfolger irrezuführen, ließ er seine Pferde verkehrt (links) beschlagen. Das alte schöne Volkslied (Uhland Volkslieder S. 139 ff. oder Scholz »Balladen« S. 20) berichtet von seinem Ende. Aber in der Sage lebte er weiter. In schlimmen Zeiten streift er nachts mit seinen Männern lärmend durch die Lüfte. Er war für das Elsaß, was der Rodensteiner für den Odenwald war (Lahrer Kommersbuch, 156. Auflage, S. 502).

Vom Löwensteinfelsen aus führt der Weg dem roten Viereck folgend den Hang hinunter nach Norden. Wir treffen wieder auf den Fahrweg, von dem aus, nun nach rechts, also nördlich gehend, wir nach etwa 50 Metern auf der linken Fahrwegseite den Anschluß finden: Wegweiser Burg Fleckenstein rotes Viereck weiß umrandet. Das Felsmassiv des Langenfelsens (Abzweigung mit rotem Dreieck) lassen wir links liegen. Wenn der Wald endet, stehen wir vor dem Försterhaus Fleckenstein und sehen vor uns als einen mächtigen, in den Horizont aufsteigenden Turm unser Hauptziel: die Ruine Burg Fleckenstein (370 m).

Die Fleckensteiner waren ein altes, mächtiges Geschlecht im Elsaß. Die Burg, die Jahrhunderte hindurch für uneinnehmbar gegolten hatte, wurde 1664 durch Marquis de Vaubrun überfallen und genommen. 1680 wurde sie wie die Nachbarburgen durch den französischen Heerführer Montclar zerstört.

Der Fleckenstein ist wohl der merkwürdigste und kühnste Burgenbau der Vogesen. Auf ein 43 Meter hohes, unzugängliches Felsmassiv wurden die eigentlichen Burggebäude aufgestockt. Das Felsmassiv ist von Laufgängen durchzogen und wesentliche Teile der Burg wie der Rittersaal mit einem natürlichen Felsenpfeiler und Durchgang nach den südlichen Verteidigungswerken, ein weiterer Saal, in dem heute das Schloßmuseum untergebracht ist – die hier gezeigte grauweiße Darstellung der Fleckensteinburg von Daniel Specklin, Straßburger Burgenbaumeister (1536–1589), ist in der Höhe übertrieben – und etliche dunkle Gemächer, sogar ein Wandschrank und ein Klosett, sind aus dem Felsen herausgehauen.

Von den einstigen Gebäuden, die auf das Felsplateau aufgebaut waren, ist nichts mehr erhalten. Dagegen stehen noch die gewaltigen senkrechten Umkleidungsmauern, die bis auf drei Viertel der Höhe hinaufreichen. Der heute allerdings hohle Treppenhausturm ist noch gut erhalten. Im Südwesten des Burghofes befindet sich noch ein vom Hauptfels getrennter kleinerer Fels mit einer in den Stein gehauenen Wendeltreppe. Man beachte die Inschriften außen und innen über dem oberen Burgtor (das untere ist nicht mehr erhalten).

Von dem Plateau der Hauptburg sieht man im Süden das Tal der Sauer mit dem Fleckensteiner Weiher (Etang du Fleckenstein, ein gut eingerichteter See-Campingplatz mit Badestrand und Bootsverleih), im Osten den Gimbelhof, im Norden das Langenfelsgebiet, den Löwenstein rechts am Bergende, links am Bergrande die Hohenburg und etwas weiter zurück die Wegelnburg.

Als Rückweg (45 Minuten) nehmen wir den, wenn wir von der Burg herunterkommen, rechts durch eine Tannenpflanzung hinunterführenden Pfad (rotes Dreieck Lembach), der uns allerdings nach etwa einer halben Stunde auf die Fahrstraße führt, nördlich dem Fleckensteiner Weiher entlang. Wenn wir aus dem Walde kommen, nehmen wir links die Richtung nach Lembach, immer dem roten Dreieck folgend. Nach etwa 2 Kilometern erreichen wir den Wagen bei der Tannenbruck. Ein Weg durch den Wald unter Vermeidung der Fahrstraße unmittelbar von der Fleckensteinburg herab ist nicht vorhanden, weil dort ein riesiges Waldgebiet als Privateigentum umzäunt und nicht begehbar ist. Deshalb geht auch der Wanderzugangsweg zum Fleckenstein von der Tannenbruck aus, wie das rote Dreieck zeigt, ein Stück auf der Fahrstraße. Wir haben deshalb den Weg bewußt über Col du Litschhof – Hohenburg – Fleckenstein und nicht umgekehrt gemacht. Zeitdauer der gesamten Wanderung ohne Besichtigungsaufenthalt 4 Stunden.

Frühling und Herbst

4 Die Heidenmauer

Rundgang nördlicher Teil:
Parkplatz du bas – Ruine Hagelschloß – Mont Hohenbourg – Wunderpfad – Stollhafenfelsen – Oberkirchfelsen – Parkplatz du bas, 3 Stunden.

Rundgang südlicher Teil:
Parkplatz du bas – westliche Route zum Männelstein – östliche Route – Parkplatz du bas, 1 Stunde 30 Minuten.

Höhenunterschiede 740 – 588 – 715 – 740 – 817 – 740 Meter.
Karte des Vogesenclubs Blatt Mont Ste-Odile Vallée de la Bruche.

Angesichts der beiden Orientierungstafeln am Parkplatz du bas am Odilienberg erübrigt sich für diese Wanderung eine Wegeskizze.

Bei der Wanderung zu den Ottrotter Schlössern (s. S. 9) stießen wir beim Hagelschloß auf die nördliche Spitze der sog. Heidenmauer, jener 10,5 Kilometer langen, zwischen 1,70 und 3 Meter dicken, teils vorhandene Felsen ausnützenden, teils aus geschichteten Quadern bestehenden, in großen Teilen noch erhaltenen Ummauerung der über 100 Hektar großen natürlichen Festung des Bergmassivs, das kraft der Gründung des Klosters Hohenburg durch die heilige Odilia 690 n. Chr. heute Odilienberg heißt. Die Kelten, die Bewohner des Schwarzwaldes, der Rheinebene und der Vogesen, haben sich, man sagt etwa zwischen 1000 u. 800 v. Chr., da oben in dem Bezirk zwischen Männelstein im Süden und dem späteren Hagelschloß im Norden eine Fluchtburg errichtet, in die sie sich bei Gefahr zurückzogen. Diese Mauerfestung, die man, im Rahmen der Zeit der Erbauung gesehen, ohne Übertreibung mit dem Westwall oder der Maginotlinie vergleichen kann, ist derartig einmalig und eindrucksvoll, daß man ihr unbedingt eine Wanderung widmen muß. Man spürt im Angesicht dieser Mauer den lebendigen Hauch der Geschichte, wenn man sich vorstellt, wie da vor 3000 Jahren Zehntausende von Händen noch mehr mühevolle Tagewerke mit primitiver

Technik zur Schaffung eines noch heute imposanten Festungswerks aufgewendet haben. Wahrlich eines der bedeutendsten frühgeschichtlichen Zeugnisse in Europa, eine chinesische Mauer in kleinerem Ausmaße!

Wir fahren über Obernai (Oberehnheim) – Ottrott – Klingenthal zum Odilienberg und parken auf dem ersten links neben der Fahrstraße gelegenen großen Parkplatz 740 m (Parking du bas im Unterschiede zum oberen Parkplatz auf dem Klosterplateau).

Dort hat der Vogesenclub an der Einfahrt des Parkplatzes eine Orientierungstafel für die Heidenmauer (mur païen) in ihrem Verlauf (circuit) aufgestellt. Es wird der Nordteil und der Südteil unterschieden, nachdem spätere Bauten auf dem Odilienberg eine Unterbrechung der sicher einmal lückenlosen Keltenmauer geschaffen haben.

Wir widmen uns zunächst dem Nordteil. Am Waldessaum links dem Parkplatz entlang von unserem Standort vor der genannten Orientierungstafel aus gesehen, befand sich in etwa 100 Metern Entfernung in der äußersten westlichen Ecke des Parkplatzes eine spezielle Orientierungstafel für den Nordteil. Sie ist bei der Vergrößerung des Parkplatzes (vorübergehend) entfernt worden. Es geht aber dort ein Treppchen hinab, das auf einen Fußpfad innerhalb der schon beginnenden Mauer führt. Die für uns maßgebende Markierung ist das liegende gelbe Kreuz (Weg 6 c der Vogesenclubkarte = Rundweg entlang der Mauer, franz. circuit mur païen).

Wir halten uns immer links innerhalb der Mauer und lassen andersfarbige Wegweiser innerhalb des Mauerterrains unbeachtet. Diese führen uns von der Mauer weg. Schon bald nach Verlassen des Parkplatzes stoßen wir auf die Mauer. Der Weg führt eben zum ungefähr 1 Stunde entfernten Hagelschloß, dem nördlichsten Ende der Mauer. Nach etwa einer Viertelstunde stoßen wir auf eine in französischer Sprache verfaßte Informationstafel. Sie gibt uns einen technischen Hinweis, wie die Erbauer die Mauerquader miteinander verbunden haben, nämlich mit sogenannten Schwalbenschwänzen: in zwei sich berührende Steinquader oder Steinplatten sind an der Fugstelle etwa 3 bis 5 Zentimeter tiefe Versenkungen eingehauen, den Flügeln von Schmetterlingen ähnliche Vertiefungen, in die Eichenholzbänder eingelassen wurden. Die Schwalbenschwänze in den Steinen sind, um sie deutlich zu machen, dort gelb umrandet. Hier befindet sich auch das erste Tor in der Mauer, kein Einfahrtstor für Wagen, sondern ein steiles Schlupftor, durch das die Krieger nur im Gänsemarsch ein- und ausgehen konnten. Es konnte mit einem mächtigen Steinblock geschlossen werden.

Etwa 20 Minuten weiter kommen wir an das zweite Tor, die »Porte Koeberlé«. Dort ist wieder eine Informationstafel: Man soll die großen Fugen in den Felsblöcken beachten, die mit Holz und Sand eingeschmirgelt worden sind, um darin Eichenholzkeile einzuschlagen. Diese Holzkeile wurden laufend durch Wasserbesprengung naßgehalten, quollen und sprengten so die Felsstücke – in Ermangelung von Pulver ein gescheites Verfahren. Im Sommer 1971 hat man ein weiteres Tor, das Nordtor, ausgegraben, das im 4. Jahrhundert, also schon zu gallorömischer Zeit, gebaut worden sein soll. Die Weite dieses wohl jüngsten Tores beträgt 2 Meter.

Hinter der Porte Koeberlé sieht man ein eindrucksvolles Stück von 80 bis 100 Metern besonders gut erhaltener Mauer, bei dem man deutlich die Mauerdicke von 2 Metern und mehr erkennen kann. Kurz danach kommen nochmals ungefähr 150 Meter sehr gut erhaltenen Mauerverlaufs. Dann erreichen wir die Ruine des Hagelschlosses (588 m, vergl. S. 11). Hagel ist altdeutsch = Wald. Das Felsmassiv, auf dem später diese Burg erbaut wurde, bildete mit seinen steil nach drei Seiten abstürzenden Hängen den natürlichen, leicht zu verteidigenden nördlichen Abschluß der Keltenmauer.

Vom Hagelschloß läuft die Mauer nun in nordöstlicher Richtung zum Berg Hohenburg hin. Man folgt wieder der Wegweisung »circuit mur païen« zum genannten Berg. Im Zweifel linkshalten! Entlang von etwa 150 bis 200 Metern des nordöstlichen Randes ist die Mauer von oben nicht sichtbar, wohl aber unten vom Tale her. Danach aber erscheint sie ein Stücklang wieder. Wir gehen ruhig bis zum Mont Hohenbourg (718 m) durch, also über die circuit-Wegweisung hinweg. Man hat vom Mont Hohenbourg eine herrliche Aussicht in die Ebene hinunter und zum Odilienberg hinüber, die den Umweg von 10 Minuten hin und zurück lohnt. Der Berg Hohenburg, der auch das Felsmassiv einschloß, auf dem heute das Kloster steht, gab zunächst dem Kloster den Namen Hohenburg. Das Bergland hier gehörte dem Herzog Attich, dessen Stammburg in Oberehnheim stand. Er schenkte das Land seiner Tochter Odilia, die hier auf Hohenburg 690 n. Chr. das erste elsässische Frauenkloster gründete, das, seitdem Odilia heilig gesprochen war, Odilienkloster hieß. Der Sarkophag Attichs und seiner Frau, ohne die Gebeine, steht in der Kreuzkapelle des Klosters. Die Odilienkapelle daneben zeigt das Grab der Heiligen selbst.

Wir gehen wieder zu der Stelle zurück, wo der Wegweiser circuit mur païen den Weg (vor dem Wegweiser stehend rechts hinunter) zum »Wunderpfad«, einem weiteren äußerst interessanten Teil der Keltenmauer, weist. Der Weg führt jetzt ein Stückweit außerhalb der Mauer an mächtigen Felswänden, die in die Mauer einbezogen sind, vorbei. Wir erreichen den Stollhafenfelsen – ein riesiger Römertopf auf zwei kleinen Füßchen – und dann den Oberkirchfelsen, um zu unserem Parkplatz mittels des Wegweisers dorthin (Parking du bas) zurückzukehren. Wir haben vom Hagelschloß gute zwei Stunden gebraucht, für den Nordteil der Mauer also drei Stunden. Dabei sei betont, daß es sich im ganzen um eine absolut unbeschwerliche Tour handelt, die man auch mit Kindern, die es drei Stunden aushalten, machen kann.

Man kann jetzt allsogleich die Wanderung entlang der Heidenmauer (südlicher Teil) beginnend rechts der Fahrstraße oberhalb des Parkplatzes du bas, anschließen (1½ Stunden). Der Südteil kommt dem Nordteil nicht gleich. Es ist weit weniger von der Mauer erhalten.

Interessant sind der Mündelfelsen (Curt Mündel 1852 – 1906, elsässischer Volkskundler, Verfasser eines Vogesenführers, s. auch S. 78) und der Männelstein (817 m), letzterer ein gewaltiger Felsenvorsprung mit herrlicher Aussicht. Der Männelstein hieß früher Einstein. Als in der Nähe Bruchstücke eines römischen Reliefs einer männlichen Figur gefunden wurden, taufte man ihn in Männelstein um.

Im übrigen kann, wem drei Stunden der Nord-Tour zuwenig sind, auf halbem Weg vom Parkplatz du bas zum Hagelschloß an einer Wegweisung zum Dreistein den Mauerweg verlassen, die etwa 10 Minuten entfernten drei Burgen des Dreisteins besuchen und auf demselben Wege wieder zum Mauerweg zurückkehren, um den circuit mur païen zum Hagelschloß fortzusetzen.

Vom Parkplatz du bas nehmen wir zur Rückfahrt nicht dieselbe Straße von Klingenthal her, die wir heraufgekommen sind. Wir fahren vielmehr das kurze Stück hinauf zum oberen Parkplatz vor dem Klostertor. Wer St. Odilien noch nicht kennt, besucht dieses noch heute betriebene Kloster. Auf die Führungstafeln am Eingang wird verwiesen. Man sollte dies aber nicht an Sonn- und Feiertagen tun, wo der Besucherrummel unerträglich ist.

Zur Rückfahrt nimmt man den Fahrweg, der am linken Ende dieses oberen Parkplatzes (Autowegweiser St. Nabor; nach der Einfahrt auf diesen Parkplatz in der Mitte des Parkplatzes links und dann sogleich rechts abbiegen), unmittelbar neben dem Klosterkomplex in großen Kehren am Erholungsheim Saint-Jacques und der Odilienquelle vorbei nach Saint Nabor hinunter führt. Wenn der Wald zur linken Hand aufhört, weist ein Auto-Wegweiser in ein grünes Tal nach Niedermünster. Wir lassen den Wagen am Wegweiser stehen und machen den etwa 20 Minuten dauernden Gang durch das liebliche Tälchen zu Fuß. Am Ende des Tälchens rechts am Fuße des Odilienbergs liegt neben einem Bauernhaus die Ruine der ehemaligen Klosters Niedermünster (515 m). Es wurde nach 700 n. Chr. von der Hohenburger Äbtissin Odilia als Benediktinerinnenkloster St. Maria mit einem Spital zusammen gegründet und hatte seine Blütezeit im 8. und im 12. und 13. Jahrhundert. Eine benachbarte Wunderquelle, die heilendes Wasser spendete und bald Berühmtheit erlangte, zog damals viele Pilger an. 1153 weilte Barbarossa dort.

Zwischen 1150 und 1180 wurde eine nicht sehr große, aber klassische romanische Basilika als Klosterkirche gebaut, 1180 geweiht. Leider ist sie 1540 einem Brand und dann 1572 einem weiteren durch Blitzschlag verursachten Brand großenteils zum Opfer gefallen. Kirche und Kloster sind aber noch weiter benützt worden. Später geriet beides in Verfall und wurde als Steinbruch gebraucht, bis 1902/03 die Ausgrabungen begannen und die Denkmalspflege Einhalt gebot. Die Kirche hatte zwei Türme und einen Vierungsturm. Die Türme wurden nach der Katastrophe von 1540 nicht wieder aufgebaut. Eine Ansicht der Kirchenruine aus dem 18. Jahrhundert zeigt noch viel mehr Erhaltenes, als heute vorhanden ist. Es stehen heute außer dem eingeschossigen Stumpf des Westwerks nur noch den Grundriß anzeigende Boden-, Mauer- und Säulenreste. Trotzdem lohnt sich ein Besuch des Platzes, der einst ein Kleinod barg.   Frühling und Herbst

Literatur: F. Mantz »Le Mur Païen du Mont Sainte-Odile« Editions des Dernières Nouvelles d'Alsace. 1986 (franz.)

5 Schneeberg

Aufstieg:
Wangenbourg – Kriegerdenkmal – Schneeberghütte – Schneeberggipfel, 2 Stunden.

Abstieg:
Schneeberggipfel – Windsbourg – Fahrstraße Richtung Engenthal – Schneeberghöfe (Fermes du Schneeberg) – Kohlbergkamm – Wangenbourg, 3 Stunden.

Gesamtzeit der Wanderung 5 Stunden.
Höhenunterschied 460 bis 961 Meter.
Karte des Vogesenclubs Blätter Saverne und Mont Ste-Odile Vallée de la Bruche.

Der Schneeberg (961 m) ist einer der letzten Ausläufer des Gebirgszugs nördlich der Breusch, der sich vom Donon, Noll, Narion, Mutzigfelsen über den Großmann, Urstein auf einer Höhenlinie von durchweg an die 1000 m nach Nordosten zur Zaberner Steige und zum Zorntale hinzieht.
Wir steigen zum Schneeberg von dem Luftkurort Wangenburg aus auf. Dorthin gelangen wir, indem wir an der Straßenkreuzung Molsheim/Dorlisheim westlich von Straßburg die Route Nationale Nr. 392 in Richtung St-Dié benützen.
Die Straße führt durch Dorlisheim, das außer einer zu den Schätzen des Elsasses gehörenden romanischen Basilika, erbaut 1160, der heutigen Pfarrkirche, eine besonders uns Lahrer berührende Stätte birgt: beim sog. »Schloß« St. Johann, dem Rest eines ehemaligen gleichnamigen Klosters, ist ein Geroldsecker, der Straßburger Bischof Walther I., der 1262 im Streit mit den Straßburgern in der Schlacht von Hausbergen eine schwere Verwundung erlitt und ein Jahr später starb, begraben. In der »Pragmatischen Geschichte« des Hauses Geroldseck von 1766 ist darüber geschrieben:
»Do man zalt dausend zway hundert sechtzig und drüw Jor, ist gedochter Herr Walther Bischoff zu Stroßburg am vierden Tage des Hewmonats gestorben, und ligt zu Dormeltzheim in dem sant Johanser Hauß begraben, dann er was ein Ordensbruder.«
Wenn wir Zeit haben, machen wir ihm Reverenz. Man fragt sich nach dem »Schloß« St. Johann bei Einheimischen leicht durch.
Wir fahren weiter bis kurz vor Urmatt. Dort zweigt rechts eine lohnenswert zu befahrende Gebirgsstraße nördlich nach Wangenburg, unserem Ziel, ab. Wir kommen durch Niederhaslach, wo uns die stattliche gotische Kirche mit mächtiger Westfassade und Turm auffällt. Sie ist eines kurzen Besuches wert. Der heilige Florentius, später Bischof von Straßburg, der in der Gegend des heutigen Oberhaslach im 6. Jh. als Einsiedler lebte – eine alte Kapelle dort erinnert daran (s. S. 131) –, gründete in Niederhaslach ein Kloster, dem später ein romanischer Bau folgte, der im 13. Jahrhundert wegen Baufälligkeit durch einen anderen ersetzt werden sollte. eine Feuersbrunst zerstörte 1287 den eben erstandenen Neubau. Ein Sohn des Straßburger Münsterbaumeisters Erwin von Steinbach leitete den

Wiederaufbau (vollendet erst 1380), den uns die heutige Kirche im wesentlichen, abgesehen von Kriegszerstörungen, noch bietet. Am 6. Juni 1633 wurden durch die Schweden der obere Teil des Turmes und das Dach in Feuer gelegt. 1744 lagerten die Panduren in der Kirche (vgl. Pandurenplatz zwischen Schneeberg und Nideck). 1793 wüteten die Bilderstürmer der Französischen Revolution an ihr. Man beachte die auf zehn Langhausfenster verteilten Glasmalereien aus dem 14. Jh. in herrlichen Farben! Der Zyklus ergibt sich aus den Beschriftungen. Darunter ist auch ein Fenster mit der Florentiuslegende. In der rechten Seitenkapelle befindet sich das Grabmal des vorhin erwähnten Sohnes Erwins von Steinbach, der den Bau bis 1329 leitete.

An der Vogesenstraße nach Wangenburg liegt auch die Burg Nideck, bekannt durch die von den Brüdern Grimm aufgespürte Sage vom Riesenspielzeug, die Chamisso in die so eingängigen Verse gebracht hat:»Burg Nideck ist im Elsaß der Sage wohl bekannt . . . « Die Sage von der Burg Nideck ist erstmals in Verse, und zwar in elsässischer Mundart, gefaßt worden von Frau Charlotte Engelhardt, geb. Schweighäuser (1781 – 1864), Tochter des berühmten Straßburger Hellenisten Prof. Schweighäuser. Die Sage wurde u. a. auch vom Schwaben Rückert und vom Elsässer Stöber dichterisch behandelt. Die Engelhardt-Fassung ist bei Mündel, Führer durch die Vogesen, 7. Aufl. 1913 S. 14, nachzulesen. Die eingängigste Fassung gelang Adalbert von Chamisso (Scholz, Balladen S. 135). Nideck ist 1636 durch einen Brand zerstört und nicht wieder aufgebaut worden. Ein kurzer Halt lohnt sich, aber sonntags nie! Das Autogedränge ist unerträglich! Wir kommen nach Wangenburg (460 m), einem gern besuchten Luftkurort mit vielen Hotels und Chalets in einem sich breit ausstreckenden Höhentale mit gut eingerichtetem Campingplatz. Der Ort hat seinen Namen von der unmittelbar am Rande gelegenen Wangenburg, heute eine imposante Ruine mit stattlichem fünfeckigem Turm, einst im Besitz der Abtei Andlau, von dort als Lehen an die Dicka von der Spesburg bei Andlau gegeben und von 1580 ab im Besitz der Ritter von Wangen. Im Innern an der Mauer ist noch das Doppelwappen der Wangen, die vier Löwen mit der Jahreszahl 1537 zu sehen.

Wir parken vor der Kirche und folgen der Hauptstraße links der Kirche Richtung Obersteigen. Gleich nach der Kurve nach dem Rathaus Engenthal (Engenthal und Wangenburg sind zusammengewachsen) ist ein Kriegerdenkmal. Wir benützen die Straße über diesem Denkmal links hoch. Nach etwa 100 Metern ist links an dieser Straße eine Wegweisertafel angebracht mit verschiedenen Weisungen, dabei auch die für uns benötigte auf den Schneeberg: rotes Rechteck, gegenüber der Wegweisertafel rechts hoch. In stetem Aufstieg bis vor kurzem auf einer Art russischer Rollbahn, einem mit Baumstangen belegten Weg, am Osthang des Kohlbergs mit herrlicher Sicht ins Tal hinunter, dann fast eben mit wieder kurzem Anstieg erreichen wir nach bequemen zwei Stunden (die auf den Wegweisern angegebenen Zeiten sind meist zu knapp!) an der Schneeberghütte und einem köstlich erfrischenden Brünnlein (Source) vorbei den Schneeberg (961 m). Der Gipfel des Schneebergs ist ein Felsenplateau aus mächtigen bizarren Felsen mit tiefen Einschnitten, dem Gipfel des Donon ähnlich. Kein Wunder, daß ihn der Volksglaube zum Blocksberg der Vogesen, der geheimnisvollen Stätte der Hexenumritte gemacht hat. Die Waldfeen sollen in Vollmondnächten mit den umherliegenden Felsblöcken Ball gespielt haben. Auf seiner Spitze liegt der »Lottelfelsen«, einer der »pierres branlantes« oder englisch »rockingstones«, so

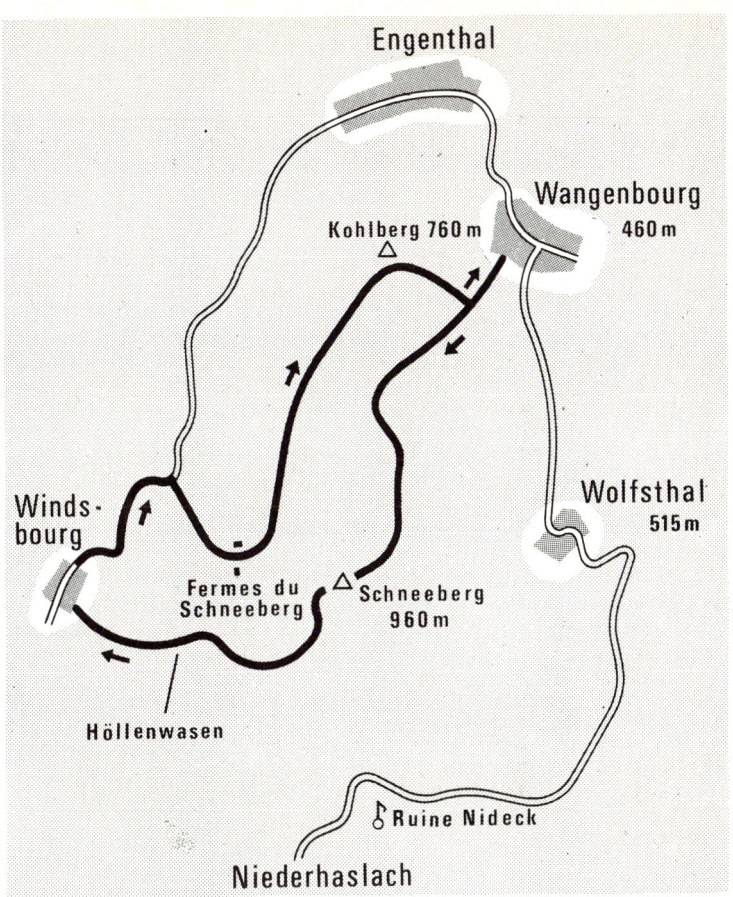

genannt, weil der »lottelt«, bei uns würde man sagen »nottelt«, d. h. sich hin und her bewegt, wenn man auf ihm stehend den richtigen Punkt trifft. Auf ihm sollen einst der Untreue angeklagte Frauen ihre Unschuld haben beweisen müssen. Leicht bewegte ihn die Unschuldige, dagegen rührte er sich unter den Füßen der Schuldigen nicht! – Eine Orientierungstafel erläutert uns den herrlichen Rundblick über die Vogesen und die weiten Berge nach Lothringen hinein.
Eine solche Tafel ist immer gut. Man staunt oft, wie falsch man in fremder Gegend Richtungen taxiert.

Für den Rückweg nach Wangenburg gibt es einige Möglichkeiten. Man könnte dem Windsburger Kopf nördlich entlang über den »Umwurf« zum »Pandurenplatz« (1 Stunde) und von dort hinab ins Wolfstal nach Wangenburg zurück (1 Stunde).
Der Pandurenplatz hat seinen Namen daher, daß im österreichischen Erbfolgekrieg 1743/44 die Österreicher in der Hauptsache mit kroatischen Truppen, die man Panduren nannte, ins Elsaß einfielen. Man hieß jene kriegerische Zeit im Elsaß den »Pandurenlärm«. Einen Haufen solcher Panduren, die in der Umgebung plünderten, machten elsässische Bauern dort oben nieder. Bei den Panduren war übrigens der Öler-Joken, Magdalenes Liebster in Hansjakobs »Vogt auf Mühlstein«, fünfzig Jahre später Korporal, als die Österreicher gegen die französische Revolutionsarmee im Elsaß kämpften. In der Wirtsstube auf dem Mühlstein ist er an der Nordwand neben der Kunst in seiner farbigen Uniform porträtiert. – Man kann den Weg vom Schneeberg zum Pandurenplatz auch über den Umweg zur Burg Nideck nehmen, wo man allerdings an Sonntagen den Umtrieb der Massentouristik erlebt.
Wir gehen lieber durch die Einsamkeit und Stille der Wälder vom Schneeberg dem Wegweiser »Auberge de Windsbourg«, später nur noch »Windsbourg« nach und gewinnen bald freie Sicht über die unendlichen Wälder des Schneebergs im Osten, des Wetzkopfs, Roßkopfs und Eichelkopfs im Westen. Soweit das Auge reicht, das beruhigende Grün der sommerlichen Wälder!
Wenn der Fußpfad in einen breiteren, freien abwärts ziehenden Weg mündet, hält man diesen Weg links hinab ein (Weg 5b der Vogesenclubkarte Mont Ste-Odile 1973) und gelangt nach etwa eineinhalb Stunden vom Schneeberg aus nach dem wenige Häuser zählenden Windsburg (mit Auberge), wo unser Weg die Fahrstraße erreicht. Dieser folgen wir eine kurze Strecke abwärts, bis sie die zweite große Rechtskurve macht. Dort verlassen wir sie und folgen dem von der Fahrstraße aus gesehen rechts hochziehenden Weg (ohne Wegweiser) zu den Schneeberghöfen (Fermes du Schneeberg), von Windsburg aus eine starke halbe Stunde. Die dürftigen Höfe liegen einsam um ein Moor. Der Weg führt quer durch die Moorwiese rechts an einem der Höfe vorbei zum Waldesrande. Dort nehmen wir den links in den Wald führenden Holzabfuhrweg (ohne Wegweiser). Nach etwa 15 Minuten zweigt von diesem ein Fußpfad hoch auf den Kamm des Kohlbergs ab. Am Beginn dieses Fußpfades ist rechts auf einem Baum ein rotes Kreuz gemalt. Links an einem Baum ist etwas zu hoch und daher schwer sichtbar ein weißes Wegweiserschild »Wangenbourg« angebracht. Diesem Weg – es ist der Weg 4a der Vogesenclubkarte – folgen wir bis zur Höhe (865 m), wo dann ein gut markierter Fußpfad rechts den Kohlberghang hinab auf den dann links hinunter nach Wangenburg führenden Pfad (Weg 1a der Vogesenclubkarte) mündet, auf dem wir am Morgen zum Schneeberg hinaufgestiegen sind. Vielleicht hat der Vogesenclub inzwischen eine bessere Markierung angebracht.
Wir können jetzt noch Obersteigen besuchen, das in nächster Nähe liegt. Dort an der Paßstraße über die Vogesen, gründete um 1221 das Stift Andlau ein Hospital für die Reisenden, aus dem dann unter den »Steigerbrüdern«, einem eigenen Zweig der Augustiner, ein bedeutendes Kloster wurde. Aus jener Zeit stammt noch die Kapelle, ein schlichter romanischer Bau, der ebenso wie das sich daran anschließende Klostergeviert, heute ein stiller Garten, einen Besuch lohnt. Vom Kloster Obersteigen stammen auch die Augustinermönche, die der Geroldsecker

Walther II. 1259 nach Lahr holte, als er und seine Gemahlin Heilika das Spital für Kranke und Sieche stifteten und das Kloster mit der Stiftskirche bauten, deren hochgotischer Chor noch heute seine Funktion erfüllt. Das Hotel Belle-Vue gewährt gastliche Aufnahme für Vesper oder Kaffee mit Kuchen.

Mai bis Oktober

6 Climont

Aufstieg von Lalaye.

Aufstieg:
Lalaye – Südhang Honel – Blanc Noyer – Climontfuß – Climontgipfel.
3 Stunden 45 Minuten.

Abstieg:
Climontgipfel – Climontfuß – Ruine Bilstein – Chindé – Lalaye,
2 Stunden 30 Minuten.

Gesamtzeit der Wanderung 6 Stunden 15 Minuten.
Höhenunterschied 300 bis 966 Meter.
Karte des Vogesenclubs Blatt Ribeauvillé – Ste-Marie-aux-Mines.

Wer hat ihn von den Höhen des mittleren Schwarzwalds aus nicht schon gesehen, jenen auffallenden Tafelberg, der links hinter dem großen Buckel des Ungersberges mit sozusagen abgesägter Spitze hervorschaut? Es ist der Climont (966 m). Er liegt nicht in der ersten Kette der Vogesenberge, man muß schon in die Vogesen hineinfahren. Es gibt mancherlei reizvolle Zugangswege, die sich zu einer Tageswanderung gestalten lassen. Für uns Badener ist die Kunst nur, eine Rückwanderung zu finden, die uns am Schluß wieder an das Auto zur Heimfahrt zurückbringt. Dies lassen einige Vogesenwanderbücher vermissen. Ein sehr schöner Zugang ist z. B. der Weg von Villé (Weiler) aus über den Schiebenberg (475 m), östlicher Honel-Gipfel (613 m), westlicher Honel-Gipfel (623 m) zum Climont. Aber dann gibt es keinen geeigneten Rückweg nach Villé, weil man ja nicht denselben Weg zurück machen will.

Wir beginnen daher den Anmarsch zum Climont in dem kleinen Dörfchen Lalaye etwa 5 Kilometer westlich von Villé (Straße von Villé nach St.-Dié bis Fouchy), dort Autowegweisung rechts ab nach Lalaye, früher Lach (langes a), ein uraltes Dorf, das 742 n. Chr. als Lalenheimi im Besitztum der Abtei Weißenburg erwähnt wird. 1746 wurde in der Nähe ein Braunkohlenbergwerk angelegt, das bis 1850 betrieben wurde. Auch Steinkohlenfunde machte man in der Gegend, und an den Südhängen des Honels sind da und dort noch alte Stollen (Mines). Heute sieht man von all dem Häßlichen, was Bergwerke mit sich bringen, nichts mehr. Das Dörflein und seine Umgebung liegt idyllisch verträumt da, und das Grün der Natur hat alle Spuren ehemaliger menschlicher Geschäftigkeit überdeckt.

Gegenüber der Kirche von Lalaye steht ein Wegweiser, der mit einem roten Kreuz den Weg über den westlichen Honel zum Climont weist. Er geht gleich jenseits der Straße rechts zwischen den Häusern durch hoch. Nach dem letzten Hause ist rechts ein alter Steinbruch. An einem Baum ist ein Schild »Attention feu«. Schräg gegenüber kehrt das rote Kreuz an einem Kirschbaum wieder. Man gelangt dann in ein Neubaugebiet von Wochenendhäusern. Das erste Häuschen läßt man rechts hoch liegen. An der zweiten großen Kurve steht links eine aus dem grünen Buschwerk herausragende Antenne. Dort benützt man den links eben hinziehenden Weg an zwei in Abständen stehenden Wochenendhäuschen vorbei. Nach dem zweiten kommt der Wegweiser wieder. Jetzt kann man getrost dem sich gemächlich an den Südhängen des Honels hinziehenden Wege folgen, bis wir an eine Wegspinne gelangen, wo von unten herauf der Weg von Charbes her kommt. Die Wegezeichnung rotes Kreuz hört dort auf. Jetzt geht es rechts hoch dem gelben Punkt nach: Blanc Noyer 15 Minuten, Honel 45 Minuten, Climont 1½ Stunden. (Die Zeitangaben sind wieder einmal zu knapp! Mit »Climont« kann bei dieser Zeitangabe nur der Fuß des Climonthügels, wo die Climonthöfe liegen, gemeint sein, nicht der Climont-Gipfel!) Bei einer weiteren Wegegabel folgen wir nicht der Wegweisung Blanc Noyer, sondern gehen rechts hoch, ein Stückchen der Wegweisung Honel-Villé nach. Wir kommen an einem verlassenen Einödhof, früher Ferme Couronne oder auch Ferme Krouch, vorbei. Das Haus ist zerfallen, die Gärten sind verwildert. Ein paar Schwarz- und Sauerkirschenbäume strecken einem wie im Schlaraffenland ihre Äste entgegen, die köstlichen Kirschen anbietend. Wer könnte da widerstehen! Im verwilderten Bauerngarten locken die roten Himbeeren in Massen. Wir sind jetzt auf der Höhe des Bergkamms. Rechts über uns liegt der kahle Gipfel des westlichen Honels. Nach Osten hinunter bietet sich ein herrlicher Blick ins Tal hinab auf Maisonsgoutte (Meisengott), im Hintergrund der Ungersberg. Ganz allgemein darf von jetzt ab auf die vielerlei Rundsichten, die sich allenthalben bieten, hingewiesen werden. Wir folgen auf dem breiten Fahrweg links dem gelben Rechteck. Gleich wieder ein herrlicher Blick hinunter auf Blanc Noyer, ein windgeschützter Südhang mit Erholungsheimen, Ferienhäuschen und vor allem einem modernen Jugendheim »Jeunesse heureuse«, und der Höhe 822 darüber. Wir folgen jetzt weiter der Wegweisung Climont mit gelbem Rechteck hinauf zur Höhe 822 – der Berg hat auf den Karten keinen Namen –, nach langem bequemen und fast unmerklichem Anstieg nun ein wenig Steigung. Die Höhe 822, von einem Sturm vor ein paar Jahren kahlgefegt, die Baumruinen stehen wie auf einem Schlachtfeld noch klagend in den Himmel, lassen wir rechts liegen. Wenn wir die Kammhöhe erreicht haben, bietet sich plötzlich ein phantastisches Bild: Drohend wie das Schloß eines bösen Zauberers schaut der Climont-Turm vom hohen Bergkamme aus dem Horizonte zwischen zerfetzten Tannen über den Bergwald zu uns herab. So nahe, da müssen wir ihn ja bald haben! Aber leider schlängelt sich jetzt der Weg langsam in Schlingen hinab auf 680 Meter, und der Climont hat doch eine Höhe von 966 Metern! Der Climont liegt in einer riesigen Mulde und ragt daraus als einziger Berg in die Höhe. Clivus Mons, Hügelberg: wie ein Hügel aus der Ebene, so schaut der Climont aus seiner Mulde. Und jetzt erscheint er auch gar nicht mehr, wie von uns drüben aus als Tafelberg! Um ihn herum liegen die Climonthöfe, Hotels, Ferienheime von Verbänden und Vereinen, auch eine kleine Kirche, die s. Zt. die Kaiserin Auguste Viktoria gestiftet hat. Von Lalaye bis an den Fuß des Climonts haben wir bequeme

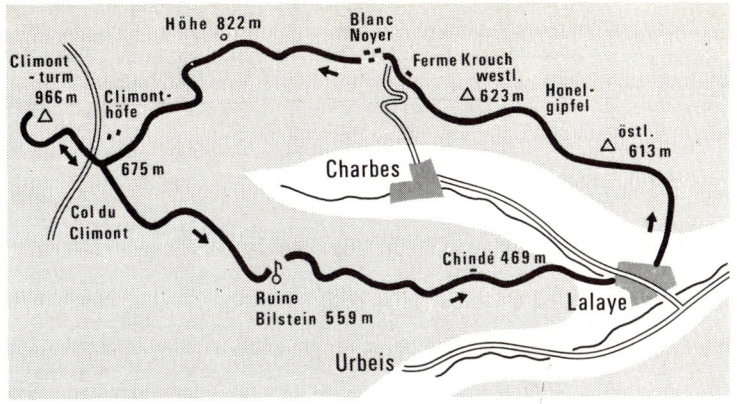

2 Stunden und 45 Minuten gebraucht. Die Climonthöfe sind übrigens seit der Zeit nach dem Dreißigjährigen Krieg von deutschsprechenden Mennoniten bewohnt, Anhängern jener evangelischen Religionsgemeinschaft, die der katholische Priester Menno Simons (1492 – 1559) in Friesland in Anlehnung an die Täufer gegründet hat. Verwerfung der Kindertaufe, des staatlichen Zwangs in Glaubensdingen, des Kriegsdienstes, des Eides usw. sind ihre Prinzipien. Verfolgt von auch die Religion dirigierenden Fürsten fanden sie Zuflucht in den Niederlanden (anerkannt seit 1577), in Westpreußen und im Berner Oberland. Ein Teil der Mennoniten wanderte 1683 nach Nordamerika und ein anderer Teil im 18. Jh. zunächst nach Rußland und 1850, als die Mennoniten in Rußland zum Kriegsdienst gezwungen werden sollten, von dort ebenfalls nach Nordamerika aus. Nach dem Dreißigjährigen Krieg waren sie als tüchtige Landwirte im Elsaß, Baden und der Kurpfalz gesucht. Besonders im Sundgau sind viele Höfe seit dort im Besitz von aus dem Berner Oberland übergesiedelten Mennoniten, die Mustergüter betreiben.

Von der Fahrstraße am Climontfuß, wo am Straßenrande die Höhe 680 m angegeben ist, zweigt der Fußpfad rechts hoch zum Climont-Gipfel, auf dem sich ein Turm befindet (Wegweiser Tour du Climont). Man steigt in einer Stunde hinauf. Wenn der Weg an die große Kahlbruchstelle kommt, geht es rechts hoch zum auf dem Nordteil des Gipfelmassivs stehenden Turm (von 1897), nach dem langjährigen Vorsitzenden des Vogesenclubs Dr. Julius Euting Juliusturm genannt. Von ihm ist auch ein Medaillonbildnis über dem Eingang zum Turme angebracht. Euting war von 1871 bis 1913 (†) Direktor der Universitätsbibliothek Straßburg, Ballonfahrer und international berühmter Orientforscher (»Reise nach Innerarabien« 1883/84). Die Besteigung des Turmes mit seinen 71 Wendeltreppenstufen lohnt sich. Man hat eine prächtige Rundsicht: Im Norden die Donon-Gruppe mit Großmann, Noll, Mutzigfelsen, Schneeberg, im Nordosten der Champ du Feu mit Turm (Hochfeld), im Osten der Ungersberg, Dambacher Berg, Altenberg, im

Südosten die Hohkönigsburg, fern die Rheinebene und dahinter die Schwarzwaldberge und – bei gutem Sichtwetter – im Südosten die Alpen.
In einer halben Stunde ist man vom Turme wieder unten am Col du Climont. Dabei benützen wir streng den Weg, mit dem wir aufgestiegen sind, keinen anderen, wenn er noch so lockt! Wir kommen sonst am Südwesthang des Berges in endlose Wegeschlingen!
Wir treten den Rückmarsch an. Dort, wo der Wegweiser zum Aufstieg auf den Turm steht, befindet sich auch der Wegweiser Bilstein – Lalaye gelbes liegendes Kreuz (2 Stunden). Von der Autofahrstraße nach dem Dorfe Urbeis (nicht zu verwechseln mit Urbeis = Orbey s. S. 105) führt der Fußweg kurz nach der Kurve am Waldrande – von dort lohnt sich noch einmal ein Blick zurück auf den Climont – zur Ruine Bilstein (559 m, nicht zu verwechseln mit der Ruine Bilstein westlich des Königsstuhls s. S. 96) mit prächtiger Sicht auf Urbeis. Schloß Bilstein gehörte den Habsburgern, die es 1361 den Hattstatt zu Lehen gaben. 1585 erlosch dieses Geschlecht, und die Burg zerfiel. In einer Viertelstunde gelangt man an den Schinderberghof (franz. Chindé). Der Weg senkt sich jetzt steil hinab. Wieder bietet sich ein prächtiger Blick ins Tal. In einer halben Stunde ist man an der Kirche in Lalaye. Im Hotelrestaurant »Les Sapins« kann man auf schattiger Terrasse oder unter den Bäumen dort seinen Durst stillen. Wen es nach Kaffe und elsässischer Pâtisserie gelüstet, fährt ein paar Kilometer weiter nach Weiler, wo am Platze neben der Mairie der Salon de thé (Konditorei–Café) Pfister Empfehlenswertes bietet.
Mai, Juni, Herbst

Die Wanderung zum Climont mit Aufstieg von Charbes ist als Nr. 51 auf Seite 263 enthalten.

7 Großer Belchen

Aufstieg:
Murbach (St-Barnabé) – Münsteräckerle – über die Südroute am Südhang des Ebeneckberges zum Judenhutplan – über die Südroute zum Belchenhotel – Belchengipfel, 3 Stunden 45 Minuten.

Abstieg:
Belchenhotel – Nordroute zum Judenhutplan – Lieser Wasen – Wolfsgrube – Kloster Murbach – St-Barnabé, 2 Stunden 30 Minuten.

Gesamtzeit der Wanderung 6 Stunden 15 Minuten.
Höhenunterschied 420 bis 1424 Meter.
Karte des Vogesenclubs Blatt Thann-Guebwiller.

Vom fröhlichen Wandern zur Hochsommerzeit singt Ludwig Auerbach in seinem Schwarzwaldlied. Und die Hochsommerzeit ist da. Allenthalben sind auf den Getreidefeldern der Rheinebene um die elsässischen Dörfer herum, die fast alle im üppigsten Blumenschmuck, wenigstens entlang der Durchfahrtsstraßen, prangen, die Ungetüme der Mähdrescher bei der Arbeit. Sie mahnen, daß der

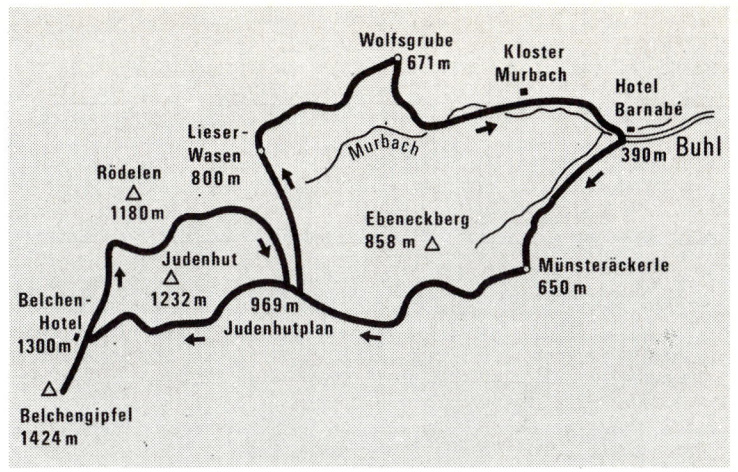

Höhepunkt des Jahreslaufs erreicht ist. Die drückende Schwüle der Ebene rät uns, zu den frischeren Regionen des Hochgebirges zu streben. Wo anders könnte uns da heute der Wanderweg hinführen als zum Belchen, dem höchsten Berg der Vogesen (1424 m)!

Die Vogesen haben mehrere Ballons, darunter den oben genannten Großen Belchen (Grand Ballon), auch Sulzer Belchen geheißen nach dem Städtchen Sulz (Soultz) am Rande des Gebirges in der Ebene südlich von Isenheim (Issenheim) gelegen. Sodann den Ballon d'Alsace, früher Welscher Belchen genannt (1247 m), am Südwestrand der Vogesen, und schließlich den Kleinen Belchen (Petit Ballon) auch Kahler Wasen geheißen, mit 1267 m Höhe nördlich des Tals der Lauch, die bei Gebweiler in die Ebene tritt. Wir nehmen uns heute den Großen Belchen zum Ziel unserer Wanderung und zwar von Murbach aus. Wir erreichen Murbach über Gebweiler (Guebwiller). Der erste Ort nach Gebweiler ist Bühl (Buhl). In der Kirche dort steht eine beachtenswerte Altartafel, Schongauer Kreis (1470 – 1500), vermutlich von Urban Huter (etwa 1460 bis 1501), Schüler Schongauers. Dort zweigen wir links in das Tal des Murbachs nach dem gleichnamigen Ort Murbach ab. Nach etwa einem Kilometer halten wir beim Hotel St-Barnabé (390 m) und stellen dort den Wagen ab. Gleich links vor dem Hotel führt ein Waldweg hoch, der uns bald an die Wegweisung zum Münsteräckerle (650 m) – roter Punkt – bringt. Der Weg folgt zum Teil dem Bachbett eines kleinen Nebenflusses des Murbaches und verengt sich später zum schmalen Pfädchen. Man muß aufpassen, daß man den wegweisenden roten Punkt immer findet. Nach der Gabelung des Weges Münsteräckerle (roter Punkt) – Judenhut (rotes Dreieck) kommt eine zweite Gabelung, wo wir geradeaus halten und nicht abbiegen. Eine kurze Strecke später geht der schmale Fußpfad rechts hoch. Wir erreichen das Münsteräckerle in dreiviertel Stunden ab Ausgangspunkt St-Barnabé. Das Münsteräckerle ist ein waldfreier Sattel mit ein paar uralten Linden. Links hinunter sieht man im Tal das Dörfchen Rimbach, gegenüber den bewaldeten Schlüsselkopf (875 m), westlich daneben den 1009 Meter hohen Sudelkopf und rechts daneben schon den Belchenhof (Ferme du Ballon) 1203 Meter.

Doch unser nächstes Ziel ist der Judenhutplan (969 m), sozusagen der Wanderwegrangierbahnhof des Großen Belchens. Auf dem Münsteräckerle ist ein übersichtlicher Wegweiser, der eine Nordroute und eine Südroute (beide rot-weiß-rotes Rechteck), den Judenhutplan zu erreichen, zur Wahl stellt. Die Nordroute geht durch Wald, ist schattig, bietet aber wenig freie Sicht. Die Südroute bietet solche in besonderem Maße, und man vergißt darob die Sonnenglut, der man ausgesetzt ist. Die Südroute führt in leichtem Anstieg am Südrand des kahlen Ebeneckberges (858 m) entlang. Zwei urige, wetterharte Weißtannen, in Abständen allein im Wege stehend, würden jedes Malerherz höher schlagen lassen. Wenn der Ebeneckberg rechts hinter uns liegt, lockt wenige Meter unterhalb des Weges ein Weidebrunnen mit langem Baumstammtrog. Sein Wasser ist köstlich erfrischend. Die Arme tun vor Kälte weh, wenn man sie nur wenige Sekunden kühlt. Kurz nach diesem Brunnen muß zweimal ein Fahrweg überschritten und mangels Wegezeichens der kleine Fußpfad aufwärts verfolgt werden zum Tannenwald oben. Auch dort ist ein neu angelegter Holzabfuhrweg zu überschreiten und der Fußpfad rechts hoch zu benützen. Es geht jetzt bequem durch den Wald, und in eineinviertel Stunden ab Münsteräckerle ist der Judenhutplan erreicht. Der Judenhutplan ist eine ebene Bergwiese mit einer Schutzhütte und dem Schlumberger Brunnen, zu Ehren des 1908 verstorbenen hochverdienten Mitarbeiters des Vogesenclubs Jean Schlumberger 1895 angelegt und mit der Brunnenstube 1918 von deutschen Soldaten erneuert. Er spendet vorzügliches Trinkwasser. Zeitweise ist der Judenhutplan zu einem Teil zur Ablagerung von riesigen Weißtannenstämmen benützt. Auch am Judenhutplan ist wieder eine Wegweisertafel, die den Weitermarsch zum Belchen mit einer Nord- und Südroute um den Judenhut (1232 m, Name nach dem mittelalterlichen spitzen Hut der Juden) herum zur Wahl stellt (beides rot-weiß-rotes Rechteck). Auch die Südroute führt durch Wald (bis zur Baumgrenze). In eineinhalb Stunden erreichen wir das Belchenhotel und damit die freie Höhe. Eine Buvette (Sommerwirtschaft), zum Hotel gehörig, versorgt die Touristen mit Getränken. Wir steigen selbstverständlich noch zum Gipfel des Belchens hinauf – Viertelstunde – und genießen die herrliche Aussicht (Orientierungstafel). Bis zum Belchengipfel haben wir nun vom Ausgangspunkt St-Barnabé ab dreidreiviertel Stunden gebraucht.

Zum Abstieg benützen wir nun die Nordroute um den Judenhut herum zum Judenhutplan (1 Stunde). Der Weg beginnt an der großen Kurve der Kammstraße (rot-weiß-rotes Rechteck) und führt zunächst in Richtung Rödelen, zweigt aber dann zum Judenhutplan ab. Dort nehmen wir den Weg zum Lieser Wasen (800 m, blaues Kreuz), den wir in 20 Minuten erreichen.

Am Lieser Wasen, einer nach Nordosten abfallenden großen Bergwiese mit Wochenendhäusern, bietet sich eine prächtige Sicht nach Murbach hinab, wo die beiden Türme der Kirche das Tal eindrucksvoll beherrschen. Vom Lieser Wasen kann man den direkten kürzeren Abstiegsweg nach Murbach (rot-weiß-rotes Rechteck) wählen, der jedoch nicht zu empfehlen ist (schlechter Hohlweg, ohne Aussicht, kommt zu früh auf die Landstraße) oder man kann dem ebenfalls rot-weiß-roten Rechteck über die Wolfsgrube (671 m) auf der nördlichen Murbachtalseite folgen, mit dem man etwa fünf Minuten vor der ehemaligen Klosterkirche Murbach auf die Talstraße (1 Stunde) kommt. Für den Abstieg vom Belchen bis zum Hotel St-Barnabé brauchen wir zweieinhalb Stunden, Gesamttour also rund sechs Stunden.

Die ehemalige Klosterkirche Murbach lassen wir nicht unbeachtet liegen, auch wenn sie uns nur mit dem Ostbau erhalten blieb. Hotz »Kunstdenkmäler im Elsaß und in Lothringen«, Deutscher Kunstverlag München Berlin 1976, nennt sie eine sowohl als künstlerische Schöpfung wie durch ihre landschaftliche Umgebung einzigartige Verwirklichung eines großen Baugedankens, von höchster Qualität, unter den Bauwerken der elsässischen Romantik mit an erster Stelle zu nennen. Kautzsch (»Der romanische Kirchenbau im Elsaß«, Urban-Verlag, Freiburg, 1944): »In einem grünen Vogesental oberhalb Gebweilers steht, was von der schon in karolingischer Zeit hochberühmten Abtei zu uns gekommen ist. Es ist der Chor der ehemaligen Klosterkirche, der sich dem talauf Wandernden als eines der schönsten Architekturbilder des Elsasses waldumrauscht entgegenstellt.«

Dieser einer Wanderung gewidmete Raum kann keine kunstgeschichtliche Beschreibung geben. Es sei nur gesagt, daß Murbach in die Reihe der großen Benediktinerklöster des Abendlandes gehörte und namhaften Einfluß auf Kunst, Wissenschaft und Politik seiner Zeit nahm.

Daß heute nur noch der Ostbau steht, liegt daran, daß die Murbacher Mönche in der Barockzeit ihre Kirche modernisieren wollten und daher zunächst Westwerk und Langhaus abrissen. Dabei blieb es dann aber. 1739 wurden die Arbeiten eingestellt. 1759 siedelten die Mönche aus dem abgelegenen Tal nach Gebweiler um. Das Kloster dort wurde in ein weltliches Ritterstift umgewandelt. 1785 wurde die Liebfrauenkirche als Stiftskirche am Osteingang der Stadt vollendet. – Bekannt sind die schwarzen Hunde des Murbacher Klosters. Der Hund ist sowohl im heute noch erhaltenen Klosterwappen auf dem Torbogen, durch den die Landstraße am Beginn des Klosterareals Murbach geht, als auch im jetzigen Wappen der Gemeinde Murbach zu sehen. Die gefürchteten schwarzen Klosterhunde von Murbach haben bei dem Überfall der Armagnaken auf das Kloster 1445 und später bei einem Angriff der Bauern im Bauernkrieg 1525 eine wesentliche Rolle bei der Verteidigung gespielt. In Lienhard Otts Lied vom Bauernkrieg 1525 heißt es: »Es ward den Gecken (= arme Gecken oder Jecken = Armagnaken) allen kund, das Stift Mourbach hat einen schwarzen Hund, der hat irer viel gebissen.« Im Speisesaal des Hotels St-Barnabé, dessen Besitzer J. P. Koenig nicht nur den Kochlöffel, sondern auch den Pinsel zu meistern versteht – die Pietà in der Klosterkirche Murbach stammt auch von ihm –, ist ein Wandgemälde zu sehen, auf dem der Kampf der Mönche am Klostertor gegen die andrängenden Armagnaken drastisch geschildert wird. Die schwarzen Hunde kämpften feste mit. Übrigens waren die Murbacher Mönche Priester und Ritter zugleich, von starkem Selbstbewußtsein beseelt und als stolze Herren bekannt. »Er hat einen Hochmut, größer als der Murbacher Hund«, sagte man noch lange, nachdem das Kloster Murbach in Trümmern lag und das Stift in Gebweiler durch die Französische Revolution aufgehoben war.

An die Armagnaken übrigens erinnert auch noch heute eine in der romanischen Kirche St. Leodegar in Gebweiler (an der Hauptstraße) aufbewahrte »Reliquie«: Am frühen Morgen des St. Valentinstags des Jahres 1445 – die Armagnaken standen vor den Mauern der Stadt – kamen die Bürger Gebweilers nicht aus dem

Staunen heraus. Sie fanden von den Armagnaken hinterlassene Sturmleitern aus Holz und Seilen an ihrer Stadtmauer hängen. Die Armagnaken waren abgezogen. Von den Wachen unbemerkt war das Angriffsvorhaben abgeblasen worden. Warum? Die Heilige Jungfrau Maria war den ersten Armagnaken, die die Zinnen erstiegen, im blendenden himmlischen Licht auf der Mauer abwehrend erschienen. Da ließen sie alles stehen und liegen und flohen. Ein Stück einer jener Sturmleitern ist zur Erinnerung an die wunderbare Rettung der Stadt, von der die Chronik der Dominikaner Mönche berichtet, an der Gewölbedecke des rechten Seitenschiffs aufgehängt. Am Marienaltar daselbst ist die Szene des Sturms auf die Stadtmauer als Steinrelief (neueren Datums) dargestellt. Nach örtlicher Version soll eine beherzte Gebweiler Bürgerin, nach der auch eine Straße benannt ist, die Rolle der hl. Jungfrau gespielt haben. Die Armagnaken, kriegerische Bergbewohner der ehemaligen französischen Grafschaft Armagnac in der Gascogne, kämpften im 100jährigen Krieg in Frankreich als Söldner mit auf Seiten der Orléans. Als Karl VII. sie los haben wollte, lieh er sie seinem deutschen Kollegen Friedrich III. gegen die abtrünnigen Schweizer aus. Der Dauphin Ludwig selbst führte ein Armagnakenheer von 30 000 Mann in den Sundgau. Am 26. 8. 1444 kam es zur Schlacht bei Sankt Jakob (Basel). 6000 Armagnaken kamen um. Nach dem Frieden von Ensisheim am 28. 10. 1444 trieben sich Teilheere der Armagnaken im Elsaß und der Pfalz herum und mordeten und plünderten. Heute ist der Name Armagnac mehr geschätzt: ein dem Cognac ähnlicher Weinbrand, etwas aromatischer, herber und heller in der Farbe. Wir treten aus dem kühlen Dunkel der romanischen Kirche St. Leodegar, in die uns der Faden der Geschichte von Murbach aus führte, wieder hinaus in die von greller Sonne beleuchtete Gegenwart. Drüben im kleinen Conditorei-Café gegenüber der Kirche noch eine Erquickung mit Café noir und einem Ring Savarin. Dann geht's durch die in der Abendsonne liegende erntereife Ebene hindurch hinüber über den Rhein. Ein Blick zurück: Dort oben im Dunst liegt er, der Grand Ballon. Sommer

8   Ballon d'Alsace

Aufstieg:
Sewen – Lerchenmatt – Fennematt – Trémontkopf – Wissgrütkopf – Café am Skilift – Ferme du Ballon – Ballongipfel (Marienstatue), 5 Stunden.

Abstieg:
Sewensee – Marienstatue – Rundkopfsattel – Alfeldsee – Sewen, 2 Stunden 30 Minuten.

Gesamtzeit der Wanderung 7 Stunden 30 Minuten.
Höhenunterschied 400 bis 1247 Meter.
Karte des Vogesenclubs Blatt Thann – Guebwiller

Verlängerung zur zweitägigen Wanderung:
(mit zwei Wagen: 1. Wagen in Urbès,
erreichbar über Thann – Wesserling,
2. Wagen in Sewen, Übernachtung Ferme du Ballon):
Marienstatue – Rundkopfsattel – Köhlerkopf – Sternsee
– Rotwasen (Rouge Gazon), 3 Stunden.
Abstieg nach Urbès s. S. 62, 2 Stunden 15 Minuten.

Wir haben schon den Grand Ballon bestiegen, den Großen oder Sulzer Belchen, den wir unserem Schwarzwaldbelchen landläufig als den Vogesenbelchen gegenüberstellen. Heute wollen wir seinen etwas weniger Höhenmeter aufweisenden, aber ihn landschaftlich ohne Frage überragenden Bruder, den Elsässer oder Welschen Belchen oder mit französischem Namen Ballon d'Alsace geheißen, zum Ziel unserer Wanderung nehmen. Der Name Belchen, Ballon soll dem keltischen ball = Bergspitze (s. auch Ballenkopf b. Hausach, Ballenberg b. St. Blasien) entstammen.
Frankreich ist nach der französischen Revolution anstelle der Gliederung des Ancien Régime nach Grafschaften, Herzogtümern usw. in Départements eingeteilt worden, im allgemeinen nach den Flüssen Frankreichs benannt. An der Spitze des Départements steht der Präfekt. Der heutige Präfektursitz Belfort gehörte zum Département Haut Rhin (Oberelsaß mit Präfektursitz Colmar). Nach dem 70er Krieg wollten die deutschen Generäle aus strategischen Gründen (Festung Belfort) gerne die Reichsgrenze so gelegt sehen, daß Belfort noch auf deutsche Seite geschlagen worden wäre. Doch Bismarck nahm Rücksicht auf internationale Einsprüche, die besonders von England kamen. Die Grenze wurde dann unter Belassung des Bezirks Belfort bei Frankreich mitten durch die Belchenkuppe gezogen. Damit wurde das französische Département Haut Rhin zerschnitten. Der überwiegende Teil wurde deutsch, der südwestliche kleinere Teil um Belfort blieb französisch. Belfort wurde neuer Sitz eines Präfekten und erhielt die Bezeichnung »Territoire de Belfort«. Dabei blieb es auch, als das Elsaß 1918 wieder an Frankreich fiel. Belfort ist also das einzige französische Département, das nicht als Département bezeichnet wird. Und der Berg Ballon d'Alsace, heute mit seinem

westlichen Teil zum Territoire de Belfort gehörend, hat, weil früher gänzlich im
Départment Haut Rhin (Oberelsaß) gelegen, seinen Namen zu Recht.
Wir steigen zu ihm von dem Dörfchen Sewen im Tal der Doller hinter Masmünster
(Masevaux) auf.
Man erreicht Sewen über Cernay (Sennheim) an der Route Nationale Nr. 83
Masevaux (Masmünster), und zwar entweder über Thann-Bitschwiller-Route
Joffre (im Ersten Weltkrieg gebaut) oder über Aspach-le Haut. Von Masevaux das
Dollertal aufwärts nach Sewen, wo wir bei der Kirche parken. Sewen ist ein
ehemaliger Wallfahrtsort. Die Kirche hat einen Chorturm aus dem 13. Jh. Das
Mittelschiff, stark verändert, stammt aus dem 15. Jh. Ein Gnadenbild aus dem 14.
Jh. ist verschwunden. Beachtlich ist der Altar von P. Sayer und eine schöne
gotische Sakramentsnische.
Wenn man die Wanderkarte studiert, so erweist sich das Gebiet um den Ballon
d'Alsace als ein Wasserquellgebiet von erstaunlicher Ergiebigkeit. Man beachte
südlich des Ballon d'Alsace die Quellbäche der Savoureuse, die Belfort durchfließt
und bei Montbéliard in den Doubs mündet. Westlich sammelt das Flüßchen Prelle
über ein Dutzend Bäche aus dem Ballongebiet, um sie der Mosel zuzuführen.
Nach Südosten hinab speisen die Bäche den Alfeldsee und Sewensee, deren
Wasser der Hohlenbach der Doller zuleitet. Nach dem Alfeldsee (620 m) zu fällt
das Gebirge in mächtigen Wänden steil ab. Er ist heute ein Stauweiher, und zwar
der größte der Vogesen, der das Wasser des Alfeldbachs in dessen früheres Tal
hinein staut. Er wurde 1884 bis 1886 erbaut. Ein steinerner Obelisk am südlichen
Ende der Staumauer erinnert daran.
Der See mit seiner Umgebung ist heute eine Touristen-Attraktion, die es ratsam
macht, einen Besuch nicht gerade am Sonntag zu machen. Das gleiche gilt für
das gesamte fahrbar zu erreichende Gipfelgebiet des Ballon d'Alsace. Ein
Aufstieg vom Alfeldsee zum Ballon ist wegen der Höhenunterschiede, die auf
kurzer Kilometerstrecke überwunden werden müssen, nicht gerade ratsam. Wir
wählen einen bequemen Aufstieg zunächst zur Sennerei Fennenmatt am Fuße
des Fennenmattkopfes (1060 m) und gewinnen damit den in fast gleichbleibender
Höhe nach Nordwesten zum Ballon d'Alsace fortlaufenden Kamm des Gebirges,
auf dem auch die frühere Grenze zwischen Deutschland und Frankreich (1871 bis
1918) verlief.
Von Sewen (400 m) folgen wir dem Laufe der Doller bis zur Lerchenmatt, wo der
Wagenstallbach in die Doller mündet. Wir müssen bis zur Lerchenmatt etwa 2,5
km lang zwar die neuerdings mit Makadam versehene Fahrstraße benützen, aber
es ist dort kaum Autoverkehr, und die munter neben uns herabschießende Doller
spendet angenehme Kühle. Die Lerchenmatt ist eine Talerweiterung mit einer
Anzahl Sommerhäuschen. Nach dem Chalet les Cyprès kommt links eine durch
einen Grünzaun von der Straße abgetrennte Viehweide mit Stall. Danach geht
links über die Doller eine kleine Brücke mit grün angestrichenem Geländer. Sie
führt zu dem Weg, der nicht mit Wegzeichen versehen ist, abseits der Fahrstraße,
hinauf zur Fennematt. In mäßiger Steigung geht es zunächst durch Wald, dann
am Waldrand entlang hoch über dem Talweg, schließlich durch die weit
herunterreichende Weide der Sennerei Fennematt (Merkzeichen ein in einer
Baumgruppe stehendes, von Steinen umrahmtes primitives Holzkruzifix, dann ein
einzelstehender mächtiger Birnbaum und schließlich weiter oben eine auffallende
Buche), und schon sieht man die am Hang stehenden Gebäude der Sennerei.

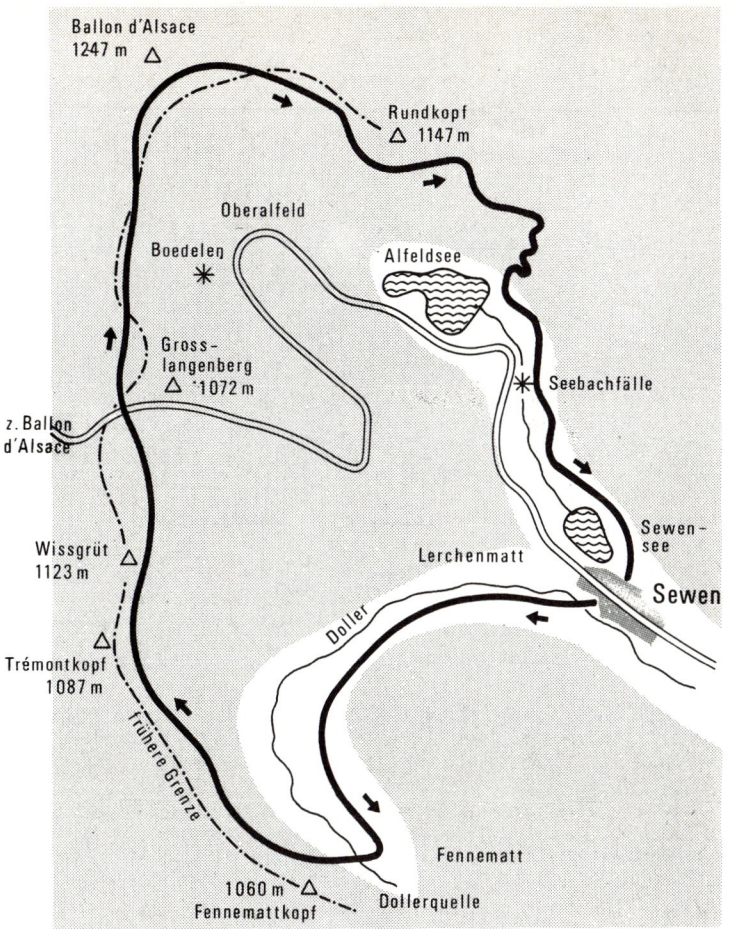

Über ihr liegt eine Kuppe (1026 m) mit mächtigen Windbuchen, wie wir sie vom Schauinsland her kennen, schräg gegenüber der bewaldete Fennemattkopf (1060 m). Auf dem Sattel von der einen zur anderen Höhe ist die Quelle der Doller. Von Sewen zur Fennematt haben wir eine Stunde und fünfundvierzig Minuten gebraucht. Die Bauersleute unterhalten eine zwar primitive, aber ordentliche kleine Sommerwirtschaft mit gut gekühlten Getränken. Die drei an der Kette liegenden, sich bissig gebärdenden Hunde dürfen uns nicht abhalten, dort an den Tischen im Freien in luftiger Höhe die Vesperpause einzulegen.

Von der Fennemattsennerei sind es wenige Schritte zur Paßhöhe, wo mehrere Wege, so der Hauptkammweg von Masmünster und die Zugangswege von Kirchberg und Niederbruck heraufkommen. Der Karte nach sollte man meinen, daß man jetzt ordnungsgemäße Markierungen anträfe. Aber o weh! Gut, daß wir uns über unser Ziel mit den Leuten der Sennerei unterhalten haben, die uns sagten, wie wir den Anschluß an den Kammweg gewinnen. Also zunächst bis zum Törchen im Viehzaun auf der Paßhöhe, dann etwa 150 Meter den Zaun rechts hoch bis zum zweiten Törchen; dort treffen wir einen schmalen Pfad, der durch das Törchen im Weidegelände links hoch am Wald des Fennemattkopfs entlang führt. Dort, wo er sich in einen unteren und oberen Pfad teilt, bleiben wir auf dem oberen! Er führt in den Wald hinauf, und bald erreichen wir den ersten, zwar umgestürzten Grenzstein der ehemaligen Grenze zwischen Frankreich und Deutschland. Diesen Steinen folgen wir nun. Sie haben auf der einen Seite ein »F« und auf der anderen Seite ein »D« eingemeißelt. Bei den meisten Steinen ist das »D« später ausgemeißelt worden, aber doch nicht so gründlich, daß es nicht an vielen Steinen noch erhalten geblieben wäre. Die Steine haben alle auf der Schmalseite eine fortlaufende Nummer, z. B. der Stein auf dem Trémontkopf hat die Nr. 3470. Der Kammweg geht den Berggipfeln nach ein wenig auf und ab. Er führt vom Fennemattkopf zum Col Hirzenlach, wo wir endlich eine normale Wegweisung zum Ballon d'Alsace vorfinden – rotes Rechteck allerdings oft sehr schwer zu finden. Vielleicht hat aber der Vogesenclub inzwischen sich der Wegmarkierung ab Fennematt nachhaltig angenommen.

Hier am Col Hirzenbach stoßen wir auf einen Wegweiser »Sentier des Trois Pays«; zu ergänzen wäre: »autour de Bâle«, Dreiländerweg rund um Basel, der vom Ballon d'Alsace herkommt und nach Masmünster führt, also die Gegenrichtung des Wegs nimmt, den wir kamen. Der Dreiländerweg ist von deutschen, französischen und schweizerischen Wanderfreunden der jeweiligen Gebietsvereine (Schwarzwaldverein, Club Vosgien – Vogesenclub – und Schweizerische Arbeitsgemeinschaft für Wanderwege) markiert worden und benützt in der Hauptsache bereits bestehende Wanderwege. Als Wegzeichen wurden Täfelchen gewählt, deren Aufschrift »Dreiländerweg – Sentier des Trois Pays« die jeweilige Landessprache voranstellt. Der Dreiländerweg, den auf gewissen Strecken Bahn oder Bus verbinden, geht von Breisach nach Colmar über Dreiähren, Hohneck, Markstein, Grand Ballon, Hartmannsweilerkopf, Thann, Roßberg, Ballon d'Alsace, Wissgrüt, Trémont, Fennematt, Bärenkopf, Masmünster-Mülhausen, von dort in den Sundgau nach Pfirt, Morimont, Les Rangiers (bereits Schweiz), Delémont, Hohe Winde, Paßwang, Belchenfluh, Hauenstein, Geißfluh, Wasserfluh, Brugg-Baden, Waldshut, St. Blasien, Spießhorn, Feldberg, Notschrei, Schauinsland, Gersthalm über Horben, Freiburg, Kaiserstuhl, Totenkopf, Oberrottweil, Achkarren nach Breisach. Er umfaßt 407 Kilometer mit 125 Wanderstunden und 21 Wandertagen. Eine Broschüre »Dreiländerweg rund um Basel mit allem Wissenswerten für Wanderer von Richard Tüchle, dem Hauptwegewart des Schwarzwaldvereins, ist beim Schwarzwaldverein Freiburg i. Br., Rathausgasse 33, zu beziehen. Nach dem Col Hirzenbach kommt der col sans nom. Gleich danach geht der Weg dem Weidezaun entlang, nicht durch das Törchen hindurch. Bald erreichen wir den Trémontkopf (1088 m) und damit die waldfreie Höhe und weite Sicht. Ein wogendes Meer von Burgen ringsum, der Ballon d'Alsace im Nordwesten, der Langenberg davor und zur Linken das Tal Belfort zu bieten sich unserem Blick.

Wir kommen alsbald an der Sennerei Wissgrüt vorbei, bereits 1597 als am »weißen gereuth« genannt, 1043 Meter hoch. Wenig weiter westlich kommt der Wissgrütkopf mit Marienstatue (1123 m), wo sich wieder ein herrlicher Rundblick bietet, vor allem bis hinüber zur Jurakette, auf Stadt und Forts von Belfort und in die Franche Comté hinein.

Wir treffen nun alsbald auf die von Belfort heraufkommende, links zum Ballon d'Alsace und rechts nach Sewen führende Autostraße und betreten damit nach langem Alleingang durch stille Wälder und über einsame Höhen den profanen Bezirk der Touristik, die das gesamte Gebiet um den Ballon d'Alsace umfaßt. Man sollte deshalb diese Wanderung nicht an einem Sonntag machen.

Wir folgen dem roten Rechteck zunächst dem Skiweg entlang, meiden aber, ihm folgend auf die Höhe zu steigen, da es auf der anderen Seite wieder hinuntergeht. Am Schild »Stop piétons« gehen wir links weiter und erreichen dann an der Fahrstraße ein Café, von dem aus ein kurzer Skilift hochgeht. Wir steigen vor dem Café zum Liftende hinauf und folgen wieder dem roten Rechteck, das uns durch den Wald hindurch bald an den Fuß des Belchenmassivs bringt. Wir kommen an die Ferme du Ballon, heute ein Hotelbetrieb, hinter der es rechts hoch zum Belchengipfel geht (1247 m). Wir steigen zur Marienstatue hoch, in deren Nähe sich die Orientierungstafel befindet. Von dort hat man den imposantesten Ausblick, vor allem nach Osten hinunter zum Sewensee; den größeren Alfeldsee, zu dem die Belchengruppe in alpiner Steile abfällt, sieht man nicht. Der Wanderer wird auf diesem Berge, überwältigt von der Schau hinüber zu all seinen Bruderbergen ringsum, im Osten zur Rheinebene und dem Schwarzwald, nach Norden und Westen in die sich in der Ferne verlierenden Bergketten nach Frankreich hinein und nach Süden hinüber zum Jura und zu den Bergen der Haute Saône. Wie auch bei uns auf dem Belchen, Feldberg oder Kandel sind eigentliche Wanderer selten. Die meisten Menschen, die wir dort oben antreffen, fahren mit dem Wagen an den Fuß des Gipfels und leisten sich dann einen kurzen Anstieg.

Wir haben von Sewen aus 5 Stunden gebraucht, und schwer war es nicht. Wir hätten es allerdings kürzer, aber steiler haben können. Nun, steil haben wir es beim Abstieg. Wir folgen einem nördlich der Marienstatue von der Kuppe nach Norden hinabführenden alpinen Pfad, der erst reichlich spät wieder mit dem roten Rechteck ausgestattet ist, nach dem Rundkopfsattel zu am Südhang des 1016 Meter hohen Rundkopfes.

Der zunächst in nördlicher Richtung hinablaufende Fußpfad bietet einen herrlichen Blick in das Tal des Ruisseau des Charbonniers, das der Mosel zufließt. Dann wendet sich der Pfad nach Osten und erreicht den Rundkopfsattel, wo sich eine Wegweisertafel befindet. Dort könnte man am Südosthang des wie der gekrümmte Rücken eines Riesen daliegenden Ballon d'Alsace nach der Bödelenhütte hinüber gelangen und von dort zum Alfeldsee absteigen. Wir bleiben jedoch vorläufig über den Wegweiser hinaus auf dem schönen und aussichtsreichen, den Blick bis zum Sewensee freigebenden Höhenweg, der in seiner Verlängerung weit hinaus nach Nordosten zum schönsten See der Vogesen, dem Sternsee (Lac des Perches, 984 Meter) führt (s. S. 60). Einige Minuten nach dem Wegweiser am Rundkopfsattel erscheint ein Wegweiser »Sewen par Lac d'Alfeld«, der zu einem Pfad den Hang hinab im Zickzack weist, nach der Karte der kürzeste Abstieg zum Alfeldsee. Ein, wie es schien, freundlicher Wanderer, der offenbar diesen Weg vom

See herauf zum Aufstieg auf den Ballon benutzt hatte, hatte an ein Bäumchen einen Zettel geheftet mit der Bemerkung: »Bonne Route!« Er erwies sich als ein Zyniker! Der Weg ist ein Marterpfad, der auch keine schönen Blicke mehr freigibt, aber in anderthalb Stunden hinab zum Alfeldsee führt, der bald, aber noch eine Weile nicht erreichbar, durch die Bäume hindurch heraufwinkt. Er führt uns an die nördliche Seite des Staudamms.

Der Weg vom Alfeldsee nach Sewen (eine Stunde) beginnt gleich links am Anfang des Staudamms und geleitet uns auf der linken Talseite des Hohlenbachs (Seebachs) an den Hohlenbachwasserfällen vorbei zum Sewensee und von dort in einigen Minuten nach Sewen zurück an den Ausgangspunkt unserer Wanderung. Sie hat insgesamt siebeneinhalb Stunden Marschzeit beansprucht. Wer den Alfeldsee und den Sewensee nicht besuchen will – aber es wäre schade –, kann sich den Abstieg wesentlich erleichtern. Abgesehen von der schon oben erwähnten Möglichkeit über die Bödelenhütte kann man von der Kuppe des Ballons wieder den Anmarschweg zurück bis zum obengenannten Café gehen, an dem der Skilift beginnt. Von dort führt ein rot-weiß-rotes Rechteck über den Großen und Kleinen Langenberg hinab nach Sewen, ab Ballonkuppe zwei Stunden und 15 Minuten. Sommer

9 Kleiner Belchen

Aufstieg:
Bahnhof Metzeral – vorbei am Engelberg – vorbei am Ilienkopf – Brobachrücken – Ferme Rothenbrunnen – Belchengipfel (Kahler Wasen), 3 Stunden.

Abstieg:
Belchengipfel – Naturfreundehaus – Skiheim Bockswasen – Hilsenfirstebene – Lechterwann – Colonie de vacances Landersen – Sondernach – Metzeral, 2 Stunden 40 Minuten.

Gesamtzeit der Wanderung 5 Stunden 40 Minuten.
Höhenunterschied 480 bis 1267 Meter.
Karte des Vogesenclubs Blatt Thann – Guebwiller oder Münster.

Unsere Wanderungen führten uns schon auf den Großen oder Gebweiler Belchen (1424 m) und dann auf den Elsässer Belchen, den Ballon d'Alsace (1247 m). Der dritte im Bunde sei der Kleine Belchen, auch Kahler Wasen genannt, der Petit Ballon (1267 m). Er liegt zwischen dem Tal der Fecht, die bei Ingersheim nördlich von Colmar die Vogesen verläßt und bei Illhäusern in die Ill mündet, und dem Tal der Lauch im Süden, die bei Issenheim (Isenheim) aus dem Gebirge tritt und unmittelbar nördlich von Colmar in die Ill fließt.

Wenn man die Wanderkarte (Karte des Vogesenclubs Blatt Münster) mit der Umgebung des Petit Ballon überschaut, so fällt auf, daß nicht nur er seinen deutschen Namen »Kahler Wasen« zu Recht führt, sondern daß auch alle

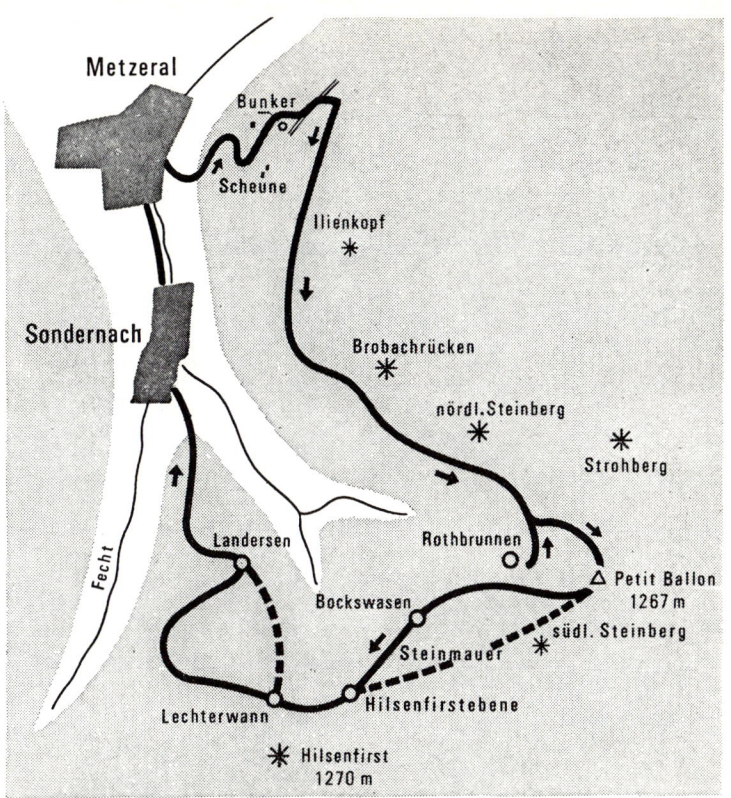

Nachbarberge um ihn herum kahle Höhen sind. Das macht denn auch den Reiz einer Wanderung in dieser Gegend aus, daß man nämlich drei Viertel der Wegstrecken auf Höhen mit freier Sicht wandert und wenig Wald, aber viel Sonne hat. Diese Wanderung eignet sich daher vornehmlich für den Frühsommer und Herbst, weniger dagegen für den Hochsommer.

Wir wählen zum Ausgangspunkt Metzeral (480 m) im Fechttale, wenige Kilometer hinter Münster. Wir parken auf dem großen Parkplatz vor der Mairie (Rathaus) und gehen von dort zum (stillgelegten) Bahnhof. Gleich rechter Hand am Wege, der rechts um das Bahnhofareal herumzieht, ist an einem Baum der Wegweiser angebracht: Ilienkopf – Petit Ballon, rotes Kreuz (Weg 6a der Vogesenclubkarte). Wir gehen an der altertümlichen Drehscheibe am Ende des Gleiskörpers und am benachbarten Transformatorenhäuschen den Lichtmasten entlang den Berghang hinauf. Beim letzten Mast steuern wir rechts und alsbald nach einer großen

Eiche, der gegenüber in einiger Entfernung ein Werkgebäude steht, links herum an der dort folgenden »Ruine« vorbei. Wir passieren eine linker Hand stehende rote Bank und gehen den Weg, der durch niederen, schattigen Wald führt, immer geradeaus leicht hoch. Eine Abzweigung rechts herum lassen wir unbeachtet. Zwanzig Meter nach dieser Abzweigung kommt dann auch (endlich) zum erstenmal das rote Kreuz und hundert Meter weiter noch einmal.

Der Weg geht jetzt in einen Fußpfad über, an Felsen vorbei und gibt schon den ersten Ausblick links hinüber zum Kleinen Hohneck mit der Skiliftstation. Wir gelangen in das Weidegelände des Engelberges, das sich zwischen der Talsohle des Fechttals und dem Ilienkopf, der Bergspitze rechts oben, einschaltet, ein arkadisches Gelände mit eben blühendem Heidekraut übersät. Der Weg ist jetzt als Trampelpfädchen gerade noch erkenntlich. Er teilt sich zu Beginn der Weide. Wir halten rechts und steigen bergan, gelangen an einen Viehzaun, gehen diesem nach links entlang und folgen ihm bei der Kurve nach rechts zur Höhe des Weidebergs. Zwischen ihm und dem gegenüber liegenden östlichen Rücken des Ilienkopfs liegt ein nach Norden abfallendes Tälchen. Der Pfad führt dort hinab zur Ferme Bodenmatt, die durch Bäume verdeckt lediglich das rote Dach erkennen läßt, steigt dann aber vorher rechts abgehend hinauf zu einer Baumgruppe links vor uns am gelichteten Waldrand. Hinter den ersten großen Bäumen stoßen wir auf einen alten runden Zementbunker. Diesen lassen wir rechts liegen. Hinter ihm treffen wir auf einen Waldweg, der von rechts her kommt. Wir gehen diesen Weg nach links und kommen nach etwa fünfzig Metern an einen Waldplatz, wo der Weg sich teilt. Wir halten rechts. Nach etwa 150 Metern treffen wir auf einen breiten Waldfahrweg, dem wir rechts herum folgen.

Dies ist wieder Weg 6a der Vogesenclubkarte. Aber nicht hier, an dieser entscheidenden Stelle, sondern erst nach etwa 300 Metern erscheint dann, aber nun gleich zweimal, an einer Tanne das rote Kreuz, das uns bestätigt, daß wir auf dem richtigen Weg sind.

Nach etwa 25 Minuten treten wir aus dem Wald heraus und genießen, schon fast 800 Meter hoch, eine herrliche Sicht: rechts unter uns vorne im Tal Metzeral und nahe unter uns Sondernach mit der auf einem Hügel frei stehenden Kirche Emme, dahinter der ganze Vogesenkamm von Tanneck weit im Norden bis zum Hilsenfirstkopf links im Süden.

Wir gehen, immer den Weidezaun rechts unter uns, geradeaus am Waldrand entlang. Mächtige alte Lärchen links am Weg ziehen unseren Blick an. Schon erscheint drüben in der Ferne unter dem Hilsenfirstkopf das langgestreckte Gebäude der Ferme Lechterwann, die wir später passieren werden.

Unser Weg führt immer dem freien Hang entlang zum Brobachrücken und bringt uns nach einiger Zeit zu einer vor dem Waldrand stehenden größeren Tanne. Der Weg schlingt sich hinter dieser Tanne herum. Hinter ihr steht ein Wegweiser: Petit Ballon – Rothenbrunnen rotes Kreuz rechts weiter. Unser nächstes Ziel ist die Ferme-Auberge Rothenbrunnen, früher Rotbrunnen, auch Rotburn geheißen. Wir gehen jetzt den freien, weiterhin unbewaldeten Hang dem Brobachrücken entlang, stetig leicht ansteigend hinauf. Vor uns im Blick liegt der mit kahlen Felsbrocken übersäte Buckel des östlichen Steinbergs (1169 m). Vom Brobachrücken gibt sich ein Blick hinüber nach links ins Breitenbachtal hinunter und nach Breitenbach selbst. Den Weg säumt der Weidezaun und herrliche alte Buchen. An der ersten dieser Buchen ist wieder einmal das rote Kreuz. Hinter dem zweiten

Weidestall, den wir passiert haben, bietet sich der erste Blick auf den Petit Ballon.
Über den Dächern der vor uns liegenden Ferme zeigt sich die Auberge
Rothenbrunnen mit dem grauen und roten Dach.
Hinter dieser Ferme (mit dem neuen doppelten Zementbrunnentrog) teilt sich der
Weg. Wir müssen linkshalten und geradeaus in Richtung auf das Wäldchen
zusteuern, das sich rechter Hand vor uns befindet. So erreichen wir bald die
Ferme-Auberge Rothenbrunnen, ein leistungsfähiges Wirtshaus, dem man sich
gut anvertrauen kann.
Wir haben bis hierher 2 Stunden und 30 Minuten gebraucht. Von der Freiterrasse
aus bietet sich eine weite Rundsicht: nach Norden sehen wir den nördlichen
Steinberg mit seinen zahlreichen Felsen, von Büschen nur spärlich begrünt, nach
Südwesten den Hilsenfirstkopf (1270 m) und den Langenfeldkopf (1289 m), im
Westen den Schnepfenriedkopf (1258 m), drunten im Tal des Langenrunzbachs
da und dort eine der in der Gegend so zahlreichen Sennereien. Schade, daß sich
das Vogesengebirge nicht wie der Schwarzwald einen eigenen Bauernhaustyp
geschaffen hat, so daß man von einem Vogesenbauernhaus reden könnte. Die
Fermen sind etwas charakterlos und primitiv nach Zweckmäßigkeit gebaut. Nur in
der Gegend von Pairis, vor dem Schwarzen und Weißen See, treffen wir das mit
der Traufseite am Hang stehende Einhaus an, in dem Mensch und Vieh unter
einem Dach hausen. dort kann man vom Vogesenbauernhaus sprechen (vgl.
S.106).
Von der Auberge Rothenbrunnen steigen wir jetzt noch eine Viertelstunde weiter
dem Wegweiser folgend zum Gipfel des Kleinen Belchens hoch, zunächst links
von der Freiterrasse hinauf und dann rechts dem Graben entlang hoch bis zum
Gipfel, den eine Marienstatue krönt.
Am Ostrand der Kuppe des Kleinen Belchens sieht man hinab ins tief eingeschnittene Lintal, das ins Tal der Lauch und vor nach Gebweiler führt. Nach Osten
hinab geht der Weg zum Bönlesgrab (865 m) – hat nichts mit Grab zu tun,
sondern bedeutet Graben, früher Belengraben (Belenius, Sonnengott der Kelten).
Auf dem Osthang des Kleinen Belchens sind noch Reste großer Unterstände der
deutschen Truppen aus dem 1. Weltkrieg zu finden. Von dort zog sich die Front
über die Hilsenfirstebene zum Hilsenfirstkopf.
Den Rückweg von der Belchenspitze nach Metzeral nehmen wir über Sondernach, jedoch nicht mittels des Direktwegs, von der Ferme-Auberge Rothenbrunnen aus, sondern über die Hilsenfirstebene (1121 m), weil wir uns diese
Höhenlandschaft von so eigenartiger Prägung nicht entgehen lassen dürfen.
Wir können dorthin zwei Wege benützen:
Entweder dem sogenannten Grenzgraben entlang über die Steinmauer (1234 m)
zur Hilsenfirstebene. Den Verlauf des Grenzgrabens sehen wir vom Belchengipfel
aus. Er hat nichts mit der alten Grenze zwischen Deutschland und Frankreich von
1871 zu tun. Er dürfte wohl ein Viehweidegraben sein. Über die Namen
Grenzgraben, Grenzmauer oder Steinmauer läßt sich in der Vogesenliteratur
nichts finden. Der Weg ist nicht gezeichnet und sollte nur bei gutem Wetter
benützt werden. Bei Regen und Nebel besteht die Gefahr des Verirrens. Er führt
über den Rücken des südlichen Steinbergs und die Steinmauer durch wildes
Felsengelände mit spärlichem Baumwuchs, ein reizvoller Weg, der sich dann zum
Sattel der Hilsenfirstebene hinabsenkt. Man benötigt vom Belchengipfel bis zur
Wegweiserstange auf der Hilsenfirstebene eine knappe Stunde.

Der andere, bequemere Weg ist folgender: Wir steigen vom Gipfel des Belchen durch das Weidegelände hinab zum Haus der Naturfreunde von Gebweiler, dem unter uns halbrechts stehenden grauen Schiefergebäude mit roten Läden. Dort treffen wir auf den Weg 1c der Vogesenclubkarte mit dem gelben Rechteck, der uns zur ehemaligen, im 1. Weltkrieg zerstörten Sennerei Bockswasen (1200 m) bringt. Diese einstige Sennerei ist heute das Wanderheim der Straßburger Vogesentrotters. Dort ist ein Wegweiser zum Hilsenfirst mit dem gelben Rechteck angebracht. 70 Meter danach, in Höhe des Weidebrunnens rechts unter unserem Weg, führt, nun ohne Wegzeichen, ein Pfädchen links hinauf am Hang der Steinmauer entlang und senkt sich dann nach etwa 5 Minuten, wenn wir den von oben herunterkommenden Grenzgraben erreicht haben, hinunter in den Sattel der Hilsenfirstebene (Col du Hilsenfirst 1121 m), einer fast bedrückenden Weite, von Felsgeröll bedeckt und mit Wacholdergebüsch begrünt. Vor uns liegt der Hilsenfirstkopf und in der Ferne links davon der Markstein. Auch dieser bequemere Weg benötigt eine runde Stunde.

Auf der Hilsenfirstebene ist an einer Wegweiserstange eine Wegweisertafel angebracht. Für uns maßgebend: rechts ab nach Sondernach über die Ferme Lechterwann mit dem gelben Dreieck.

Der Weg durch den Wald zur Ferme Lechterwann (1083 m) ist gut gezeichnet und bringt uns in 10 Minuten dorthin. Diese Ferme ist außer Betrieb und dient als Wanderheim. Etwa 250 Meter nach der Ferme Lechterwann zweigt ein Pfad rechts vom breiten Weg ab. Dort ist ein Doppelwegweiser angebracht, beide Weisungen mit gelbem Dreieck: entweder auf dem breiten Fahrweg weiter in großen Schleifen, die uns bis an den Hang über dem Fechttal bringen, nach Landersen, einem schon zur Gemeinde Sondernach gehörenden, noch am Berghang liegenden Zinken, und dann von dort nach Sondernach. Dies ist zwar ein sehr schöner Waldweg, der vor allem in der Zeit der Himbeerreife empfehlenswert ist, kommen wir doch an einem weiträumigen Himbeergehege rechts am Wege vorbei. Er benötigt 45 Minuten bis zur Colonie de Vacances Landersen.

Oder das Pfädchen rechts vom Wald ab. Sobald der Wald rechter Hand des Wegs endet und die Weide sichtbar wird, muß man rechts hinüber auf diese Weide. Das gelbe Dreieck steht etwa 3 Meter abseits vom bisherigen Weg und ist gerade noch als gelber Fleck an einem Baum zu erkennen. Der Pfad führt über die Weide links haltend abwärts zu zwei Wochenendhäusern, bringt uns zur in einer Schleife heraufkommenden, asphaltierten Fahrstraße, die wir überqueren, bis wir vor den großen Gebäuden der Colonie de Vacances (Ferienheim) stehen (ab Lechterwann 30 Minuten).

Wir gehen die Straße vor dem Ferienheim etwa 100 Meter links hinunter, wo der Weg nach Sondernach von der Fahrstraße rechts ab an zwei Chalets vorbei zum Gasthaus »Huehnleskritt« führt, an dem vorbei wir links hinunter alsbald in die Mitte des Dorfes Sondernach gelangen.

Wir müssen jetzt allerdings den Rest des Weges bis Metzeral (1,7 km) auf der Landstraße verbleiben, erreichen aber so der Fecht entlang am raschesten Metzeral.

Auch der Weg von der Colonie de Vacances im Zinken Landersen nach Sondernach ist nicht deutlich genug gezeichnet. Das macht aber nichts aus, weil alle Wege, die dort abwärts führen, nach Sondernach gelangen.

Wir haben vom Gipfel des Kleinen Belchens bis zum Parkplatz in Metzeral, den Direktweg von Lechterwann nach Landersen benützend, 2 Stunden und 40 Minuten gebraucht. Für die gesamte Wanderung werden daher runde 6 Stunden benötigt.

Zur Einkehr in Metzeral bietet sich der schattige Garten des Hotels du Pont am Platz vor der Mairie, unserem Parkplatz, an. Wenn die Heidelbeeren reif sind, gibt's dort eine ausgezeichnete Tarte de myrtilles. Frühling bis Herbst

10 Ungersberg

Aufstieg:
Andlau – Weiherbachtälchen – Naturfreundehaus Gruckert – Col de l'Ungersberg – Ungersberggipfel, 2 Stunden 30 Minuten.

Abstieg:
a) Ungersberggipfel direkt nach Reichsfeld – Bernardvillé – Kritter – Andlau, 3 Stunden.

b) Ungersberggipfel – Col de l'Ungersberg – Naturfreundehaus Gruckert – Reichsfeld – Bernardvillé – Kritter – Andlau, 3 Stunden.

c) Ungersberggipfel – Col de l'Ungersberg – Naturfreundehaus Gruckert – Stegliskopf – Kritter – Andlau, 2 Stunden 30 Minuten. Dieser Weg ist im Text beschrieben.

Gesamtdauer der Wanderung (mit Abstieg c) 5 Stunden.
Höhenunterschied 210 bis 901 Meter.
Karte des Vogesenclubs Blatt Mont Ste-Odile Vallée de La Bruche.

Der auffallendste Berg, den uns das Panorama der Vogesen von den Höhen des mittleren Schwarzwalds und seiner Vorberge aus bietet, ist nach dem Tafelberg Climont fraglos der Ungersberg. Das ist jener 901 m hohe große Buckel, topographisch gesehen ein Einzelberg.

Wir gehen ihn von Andlau aus an, dem reizvollen kleinen Städtchen, dessen Besuch wir mit der Wanderung verbinden können. Wir parken auf dem Marktplatz in der Mitte des Städtchens. Er ist vom Hotel Boeuf Rouge, dem Hôtel de Ville (Mairie), dem Renaissance-Bau des ehemaligen Stadtschlosses der Herren von Andlau – die Ruine ihres Stammschlosses mit den charakteristischen zwei Türmen liegt auf dem Bergrücken zwischen Andlau und dem größeren Nachbarstädtchen Barr – und dem klassizistischen Bau der ehem. Deutschordenskomturei von F. A. Bagnato (1777) umgeben. Darin hat der elsässische Weinbauforscher Stolz-Grimm gelebt, ein ähnlich verdienstvoller Pionier des Weinbaus wie etwa unser badischer Gelehrter Julius Nessler (1827 – 1905, s. den Aufsatz des Verfassers »Julius Nessler« in »Badische Heimat« Heft 2, Juli 1969, S. 217 ff. oder in »Herbstblätter«, Verlag Buchhandlung Baumann Lahr, 1985, S. 110 ff.).

Vom Marktplatz aus gehen wir an dem hohen Renaissance-Bau des eben genannten Stadtschlosses vorbei in Richtung zur Straßenbrücke, die über die Andlau führt. Wir benützen diese jedoch nicht, sondern halten uns an das Sträßchen, das links vor der Brücke auf dem rechten Ufer der Andlau mit netten, blumengeschmückten kleinen Häuschen, z. T. aus Fachwerk, hochzieht. Vorn vom Berge rechts vor uns blickt die Spesburg herab. Nach etwa 100 Metern zweigt von unserem Sträßchen ein Weg links ab. An dieser Abzweigung befindet sich der Wegweiser »chemin Gruckert« (Weg 1a der Vogesenclubkarte, rotes Rechteck, das aber erst später erscheint), zum Gruckert, einem Bergsattel, und weiter zum Ungersberg weist. Der Pfad führt durch Laubwald hindurch auf eine Waldfahr-

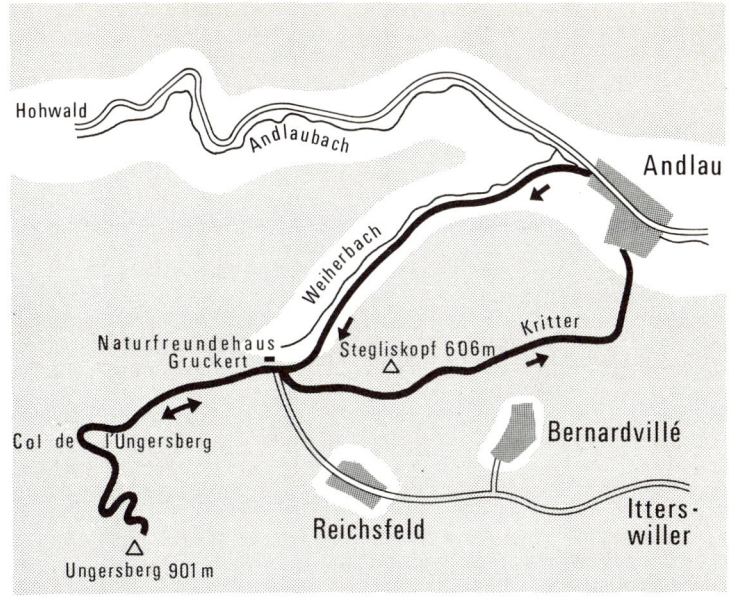

straße, die das Tal des Weiherbächleins hinaufführt. Wo wir auf sie treffen, ist sie noch wenige Meter asphaltiert, geht aber dann als bloß befestigter Waldfahrweg das Tal hinauf. Man kommt an Wochenendhäuschen und mehreren Bienenwanderständen vorbei.

Am hinteren Talende verlassen wir den links hinaufziehenden Fahrweg und folgen der Wegweisung auf dem geradeaus hochführenden Fußpfade, der uns durch niederen Wald bald, von Andlau aus gerechnet in einer Stunde, zum Bergsattel des Gruckert führt. Dort befindet sich das Wanderheim der Naturfreunde Straßburg, ein ehemaliges stattliches Privatforsthaus mit großem Stallgebäude. Das rote Rechteck führt uns rechts hinter dem Stallgebäude in einen längeren Waldweg, der am Anfang noch Sicht in das Tal des Scheernetzbaches bietet, in dem die kleinen Dörfchen Reichsfeld und Bernhardsweiler liegen, links darüber der doppelgipflige Dambacher Berg mit der Ruine Bernstein (562 m). Halblinks vor uns wölbt sich der mächtige Rücken des Ungersberges. Aber vorerst haben wir dem durch dichten Baumbestand fast verdunkelten Weg durch den Wald zu folgen. Er geht am Südhang des 667 m hohen Gruckertberges entlang. Wenn er sich lichtet, sehen wir rechts vor uns den Försterfeldberg (797 m) mit kahl geschlagener Höhe. Von rechts unten aus dem Tal der Andlau führt das Haselbachtal herauf. Der mit der roten Rechteckmarkierung im allgemeinen gut gewiesene Weg führt zunächst wieder durch hohen Buchenwald, erreicht dann aber die Fläche eines früheren Kahlschlags mit hohem Gras- und Buschwerk.

Wenn wir auf einen befahrbaren Waldweg mit Radspuren treffen, der aus uns entgegengesetzter Richtung kommt, müssen wir scharf nach links abbiegen und den Fahrspuren folgen. Der Wegweiser kommt wieder einmal erst nach etwa 20 Metern. Wir gehen ein Stück den Waldweg aufwärts, der dann von einem Zickzackpfad abgelöst wird. Dieser Pfad führt uns wiederum an einen Bergsattel, den Col de l'Ungersberg (722 m), der vor einigen Jahren durch einen Sturm von den hochgewachsenen Buchen freigefegt wurde. Heute ermöglicht der kahle Sattel einen herrlichen Ausblick nach Westen in eine riesige Senke hinein, die am Horizont vom Climont abgeschlossen wird. Die Wanderung auf den Ungersberg geht, das sei durchaus bemerkt, weite Strecken durch Wald, so daß man für Ausblicke dankbar ist. Aber die eben geschilderte Sicht in das Gewoge der Bergrücken und Täler hinein bis zum Climont hinüber lohnt die Besteigung des Ungersbergs schon allein.

Jetzt geht es wieder einen Serpentinenpfad an der eigentlichen Kuppe des Ungersbergs, die wir also von Westen her ersteigen, hinauf zum Gipfel. Die Wegweisung ist einwandfrei, nur muß man bei der Überquerung von zwei breiteren Wegen die Anschlüsse beachten. Am Ende des zweiten breiten Weges, eines ganz neu angelegten Holzabfuhrweges, führt der Pfad rechts hoch zum Gipfel.

Eine weite Rundsicht bietet der Ungersberg, seit man die Hänge nach Osten und Süden abgeholzt hat und der kurze Turmstumpf nicht mehr überwachsen ist. Hier oben auf dem Gipfel des Ungersbergs fand zu nächtlicher Stunde die erste Geheimversammlung der zum Aufstand entschlossenen elsässischen Bauern zu Beginn des Bundschuhkriegs 1493 statt. Der Ungersberg hat also die historische Ehre, ein elsässisches Rütli zu sein.

Wir haben vom Gruckert bis zum Ungersberggipfel 1½ Stunden gebraucht, von Andlau aus also 2½ Stunden, und das bei angenehmen, nicht anstrengenden Aufstiegswegen. Für den Abstieg mit dem Rückkunftsziel Andlau gibt es mehrere Möglichkeiten. Man kann zum Beispiel vom Gipfel des Ungersbergs an dessen Ostseite, allerdings ohne Wegweisung, unmittelbar hinunter nach Reichsfeld steigen und das reizvolle Tälchen bei Bernhardsweiler verlassen, um zum östlichen Kritter-Kamm hinaufzusteigen, von wo es hinab nach Andlau geht; ein Weg, der im Frühjahr oder Herbst, weil das offene Tal durchziehend, empfohlen werden kann (3 Stunden). Man geht natürlich nicht auf der Landstraße im Tale selbst, sondern auf einem am Hang zum Teil durch Rebgelände hindurchziehenden Weg, der bei der Kirche Reichsfeld beginnt und dann aber durch das Dorf Bernhardsweiler selbst hindurchführt. Oder wir gehen vom Ungersberg wieder zum Gruckert zurück und kehren in dem gastlichen Naturfreundehaus ein, wo man zu seinem Rucksackvesper preiswerte Getränke erhält. Vom 15. 9. ab bis Ende April ist das Haus allerdings nur sonntags geöffnet. Die Wanderung kann man sehr wohl sonntags machen, man ist fast auf allen Wegen allein. Vom Gruckert aus benützen wir selbstverständlich nicht den Weg durch das Weiherbachtälchen, den wir heraufgekommen sind. Wir gehen vielmehr am Waldrand entlang hinunter, bis der Weg sich bei einer Buche mit Wegweisern teilt. Rechts abwärts geht es nach Reichsfeld. Wir nehmen den links in den Wald hineinziehenden Forstweg, der von der entgegengesetzten Richtung aus mit dem Wegweiser zum Naturfreundehaus Gruckert versehen ist. Er führt uns am Südhang des Stegliskopfes (608 m) entlang durch Wald, mit einigen wenigen freien Ausblicken

nach Süden, und endet auf der östlichen Kammhöhe des vorhin genannten Kritters. (Wir vermeiden alle Rechtsabbiegungen, die ins Tal führen!)
Wir treffen auf eine Wegkreuzung und wenden uns rechts abwärts. Nach einigen 100 Metern kommen wir an einen neu angelegten Holzabladeplatz. Den lassen wir links liegen, es sei denn, daß die Wegweisung dort jetzt erneuert ist. Wenn nicht, gehen wir ca. 80 Meter geradeaus weiter, wo dann linker Hand ein Pfad abzweigt, der uns auf den durch die Neuanlage des Holzplatzes abgeschnittenen Pfad nach Andlau führt. Er verengt sich zu einem Hohlweg, der uns in Kürze hinab ins Städtchen bringt. Vom Gruckert aus sind es 1½ Stunden, vom Ungersberg aus eine schwache Stunde dazu. Die Gesamtzeit der Wanderung beträgt also von Andlau aus 5 Stunden.

Das Städtchen Andlau bietet aus seiner weit in die Geschichte zurückreichenden Vergangenheit außer den eingangs erwähnten Bauten um den Marktplatz, die noch durch den Hinweis auf das Renaissance-Haus Grande Rue 15 von 1623 mit zwei schönen Erkertürmchen, heute ein Waisenhaus, ergänzt werden müssen, als Kleinod vor allem die ehemalige Abteikirche der heiligen Richardis. So wie diese heute steht, ist sie das Ergebnis einer über tausendjährigen Baugeschichte, im wesentlichen abgeschlossen mit der Neugestaltung der Kirche in den Jahren 1698 bis 1703 in »barocker Neuromanik« (Hotz). Damals wurde auch der heutige Turm erstellt.

Aus frühester romanischer Zeit stammt jedoch die Doppelkrypta und aus wenig späterer Zeit die romanische Vierung und der rechteckige Chor, aus der romanischen Bauzeit des 12. Jahrhunderts das dreigeschossige Westwerk. Nach einem Brand im Jahr 1160/61 wieder hergestellt, war die Basilika mit 68 Metern Länge nach dem Straßburger Münster (Wernher-Münster, Vorgänger des heutigen Münsters) die größte romanische Kirche des Elsasses.

Wir widmen unser besonderes Interesse der Doppelkrypta, in die man an der linken Chorseite hinabsteigt (elektrischer Lichtschalter gleich links bei Beginn des Treppchens). Es handelt sich um eine Doppelkrypta (Ostkrypta-Westkrypta), wobei die Westkrypta etwa 1040 und die Ostkrypta in der 2. Hälfte des 11. Jh. gebaut wurde. Die kurzen gedrungenen romanischen Säulen mit einfachen Kapitellen geben dem Raum das Gepräge. Man erschrecke nicht im Halbdunkel vor einem fast lebensecht wirkenden steinernen Bären am rechten der beiden Waldpfeiler, die Ost- und Westkrypta voneinander scheiden. Er steht bald 1000 Jahre dort und hat sicher schon viele Hände seinen Rücken streicheln lassen, ohne daß er gebissen hat. Er ist das Wahrzeichen des Klosters, übrigens eine Bärin. Das Kloster hielt über Jahrhunderte hinweg lebende Bären. Kurz vor der französischen Revolution wurden sie abgeschafft, nachdem ein Bär einmal ein Kind zerrissen hatte. Um 1750 war jedenfalls noch ein Bär angekettet im Klosterhof zu sehen.

Was hat es mit diesem Bärenkult für eine Bewandtnis?
Die Legende erzählt, daß Richardis, die Gemahlin Kaiser Karls des Dicken, der im Münster Mittelzell auf der Reichenau begraben ist, von ihrem Manne verstoßen in den Wäldern ihres Erbgutes umherirrte. Da traf sie im Walde eine Bärin mit ihrem Jungen, die um sich herum einen Kreis scharrte, wo Richardis ein Kloster gründen sollte. Im Jahre 880 stiftete Richardis dieses Kloster. Die Ehe mit dem dicken Karl scheint keine glückliche gewesen zu sein. Merian (Topographia Germaniae Elsaß 1663) schreibt:

»Und sey Sie / bey ihrem Eheherrn / eine Jungfrau verblieben: Dessen zwar Lehmann / in der Speyrischen Chronick / eine Ursach beybringe / die aber nichts gültig seye; dieweil Er / der Kayser Carl / vor dem Ehestand / von einer unbekannten Tochter / seinen Sohn Bernharden bekommen: daher offenbahr / dass von Natur Er nicht untüchtig zum Ehestand gewesen / es wäre dann hernach solcher Zustand / auss einer anderen Ursach / davon gleichwol Niemand schreibe / entstanden; oder Er / durch zauberey umb seine Mannheit kommen.« Später beschuldigte sie der dicke Karl der Untreue. Sie bewies ihre Schuldlosigkeit, indem sie sich einem Gottesurteil unterzog: In einem mit Wachs bestrichenen Hemd schritt sie durch ein lohendes Feuer und blieb unversehrt.

Sie zog sich dann in ihr Kloster zurück, wo sie 890 starb und begraben wurde. 1040 wurde sie heilig gesprochen. Die Vertiefung, in welcher die Bärin mit dem Jungen gelegen haben soll, zeigt man noch heute in der Krypta.

Richardis und die Bärin ist das Sujet der Darstellung sowohl beim Brunnen auf dem Marktplatz als auch beim gotischen Ziehbrunnen auf dem ehemaligen Klosterareal kurz vor der Abteikirche, wenn man vom Marktplatz herkommt. Auch der Schrein der Richardis mit Reliefs aus dem Leben der Heiligen im Innern der Kirche (um 1400) und der angebliche Sarkophag in einer barockstuckierten Seitenkapelle des südlichen Seitenschiffs und das große romanische Gemälde dort gehören in diesen Zusammenhang. Wir wenden unser Interesse aber auch dem romanischen Westwerk zu, auf dem ursprünglich zwei Türme hätten erstellt werden sollen, die aber nicht gebaut wurden. Der heutige Turm stammt aus dem Umbau von 1698 bis 1703.

Im Westwerk sind besonders die Figurengruppen am Portal und am großen Fries darüber interessant (um 1130). Im Bogen über dem Portal ist ein Schlußstein, der Christus zeigt, wie er das Kloster der Richardis zuweist.

Über dem Eingangsportal ist das Tympanon mit den Figuren von Christus und den Aposteln Petrus und Paulus, den Patronen der Kirche, ausgefüllt.

Das rechteckige Portal ist mit einer fortlaufenden Ranke aus Pflanzen- und Tierornamenten umrahmt, die im Türsturz zur Darstellung von Szenen aus dem Paradies übergeht: von links die Erschaffung der Eva, die eben den Rippen des am Boden liegenden Adams entsteigt, die Warnung des Erzengels vor dem Apfelgenuß, der Verzehr des Sündenfallobstes und die Vertreibung aus dem Paradies, dies alles wie auch die übrigen figürlichen Darstellungen am Westwerk in köstlicher Naivität. Auch die Skulpturen auf dem das Portal umrahmenden Pfeilern zeigen biblische Szenen. Der große Fries über dem Portal unter der Lisene, die das erste Geschoß vom nächsten trennt, gibt Szenen aus dem Volksleben wieder: der Weinpanscher, dem der auf dem Faß sitzende Teufel schon den Strick um den Hals gelegt hat (seht Euch vor, Ihr Glykolwinzer von heute!), der Gewichtsfälscher mit der Waage, der Turnierkampf zweier Ritter und andere Motive aus der Bibel, Sage und Tierleben. Auch die wasserspeienden Tierköpfe oder Tierhinterteile an der Kirche sind noch romanischer Herkunft.

Frühling und Herbst

11 Herbstwanderung um den Dambacher Berg

Aufstieg:
Dambach – Ruine Bernstein – Käsmarkt – Hagelstein – Falkenstein, 2 Stunden 30 Minuten.

Abstieg:
Falkenstein – Stangenberg – Engelsfelsen – Kriegshurstplatz – Dambach, 2 Stunden.

Gesamtzeit der Wanderung 4 Stunden 30 Minuten.
Höhenunterschied 200 bis 640 Meter.
Karte des Vogesenclubs Blatt Ribeauville – Ste-Marie-aux-Mines.

Verlängerung:
Anstatt vom Kriegshurstplatz (525 m) nach Dambach abzusteigen, folgen wir dort der Wegweisung nach Süden zur Ruine Ortenberg (490 m), rotes Viereck. Von der Ruine Ortenberg (13. Jh., Besitz der Habsburger, 1633 von den Schweden zerstört; interessant die Mantelmauer um den Bergfried) mit Wegweiser an der Nordostseite des Burgplateaus zur Tannelkreuzkapelle und nach Dieffenthal – Dambach. Kriegshurst – Ortenberg 1 Stunde – Dieffenthal 45 Minuten – Dambach 30 Minuten – Rückweg ab Kriegshurst also 2 Stunden 15 Minuten.
Gesamtzeit der verlängerten Wanderung 5 Stunden.

Abänderung:
Aufstieg von der Hühnelmühle (westlich von Scherwiller) – Brischbachtal – Maison Forestière de Brischbach – Falkenstein (2 Stunden), Weg 5c der Vogesenclubkarte, gelber Punkt. Etwa 300 Meter nach dem MF Brischbach (heller Bau mit braunen Läden) Wegedreieck mit zwei Wegmarkierungen, nämlich für Hin- und Rückweg mit gelbem Punkt. Für uns maßgeblich ist das linke Zeichen. Weiter ab Falkenstein – Stangenberg – Engelsfelsen – Kriegshurstplatz – Ruine Ortenberg – Ruine Ramstein – Hühnelmühle, 3 Stunden.
Gesamtzeit der abgeänderten Wanderung 5 Stunden.

Dambach mit dem Beinamen »la Ville« – zur Unterscheidung von dem Dörfchen Dambach im Unterelsaß nordwestlich des Badeorts Niederbronn – ist eines jener reizenden alten Städtchen, die die elsässische Weinstraße säumen. Es liegt am Vogesenrande nordwestlich von Schlettstadt (Sélestat). Es schmiegt sich mit seinen Gärten und seinen Rebhängen an den Bergzug, den man mit seinem Doppelgipfel Dachfirst (662 m) und Schild (657 m) den Dambacher Berg nennt. Dieser ist überwiegend von Buchen-, Eichen- und Kastanienwald bedeckt. Das Goldgelb der Rebhänge geht ins Goldbraun der Laubwälder über und gibt von der nun milderen Sonne beleuchtet die herbstliche Kulisse einer Oktoberwanderung ab, wie wir sie uns schöner nicht wünschen können. Wir parken mitten im Städtchen auf dem Marktplatz vor dem Hôtel des Ville (Mairie), den wir erreichen, wenn wir durch das Nordtor einfahren und sofort nach rechts abbiegen. Wir beginnen unsere Wanderung, indem wir den Weg durchs Nordtor hinaus nehmen und zunächst zur am Rebhang liegenden Sebastianskapelle aufsteigen. Wir halten uns aber bei ihr nicht auf. Wir verschieben den Besuch auf den Spätnachmittag, wenn wir nach Dambach zurückgekehrt sein werden. Am Forsthaus hinter der Kapelle vorbei steigen wir auf dem breiten Wege langsam hoch. Wir bleiben auf diesem breiten Wege, der das Rebgelände vom Walde scheidet, und treffen dann auf den Wegweiser »Bernstein« (weißer Punkt), der uns zu unserem ersten Ziele, der Ruine Bernstein (562 m) bringen wird. Der weiße Punkt kommt zwar noch nicht in jeweils nötiger Wiederkehr, aber wir halten immer halbrechts hoch, an einer Felsengruppe vorbei, wo die Natur in moderner Kunst gearbeitet hat – Zwiesprache zwischen Mann und Frau könnte man die monumentale Szene nennen, in die zwei mächtige Felsen erstarrt sind. Wir überschreiten einen Fahrweg und beachten die Fortsetzung jenseits halbrechts aufwärts.

Der Pfad wird nun etwas steil, aber schon winkt das Weiß der hohen Mauern der Ruine Bernstein im Strahl der Morgensonne durch das Laub des Buchenwaldes, und gleich stehen wir vor ihr. Die Burg ist im Mauerwerk noch gut erhalten, die Granitquader zeigen keinerlei Verwitterungserscheinungen. Vom Bergfried aus hat man eine weite Aussicht, vor allem nach Nordwesten zum Ungersberg, dessen die umliegende Landschaft beherrschende Lage hier und bei weiteren Ausblicken vom Dambacher Berg aus stark zum Ausdruck kommt.

Burg Bernstein gehörte einst den Grafen von Dagsburg, deren Stammschloß in den Nordvogesen auf dem Dagsberg lag, franz. Dabo (664 m). Dort ist heute keine Burg mehr, sondern eine 1890 errichtete Kapelle, die dem einzigen elsässischen Papst Leo IX. (1002–1054, Papst von 1049–1054), aus dem Stamme Dagsburg, dort oder in Egisheim geboren (umstr.), geweiht ist. Die Dagsburger leiteten ihren Stammbaum vom Elsaß-Herzog Etticho ab.

Von 1227 ab war Burg Bernstein Besitz der Bischöfe von Straßburg; nach dem 30jährigen Krieg verlassen, wurde sie 1789 zerstört.

Von Bernstein nehmen wird den Weg zum sog. Käsmarkt. Es muß nun den für die Wegweisung im Gebiet des Dambacher Berges Verantwortlichen ein Lob gesprochen werden. Sie haben den Fehler, den ich bei Wanderbeschreibungen schon bemängelte, daß nämlich die einzelnen Zielorte der Wanderung nicht markiert sind, so daß man nicht weiß, ob man jetzt den der Karte nach angesteuerten Punkt erreicht hat, vermieden und die Orientierungspflicht vorbildlich erfüllt. Bei Burg Bernstein beginnt es und setzt sich bei allen weiteren Nahzielen fort; überall ist ein Schild, das den Standort angibt, hier an der Burg z. B. »Bernstein 562 m« oder wenig weiter gleich »Käsmarkt« usw.

Der Weg von Burg Bernstein zum Käsmarkt zieht am offenen Hang des Dachfirsts entlang und bietet eine herrliche Sicht das Tal des Eulenlochs hinab ins Rheintal und hinüber zum Ungersberg, der sich hoch über die Landschaft erhebt. Ein Koniferenwäldchen kündigt die Nähe einer Baumschule an, bei der sich eine Schutzhütte befindet. Der Käsmarkt selbst ist ein idyllisches Plätzchen an einem Bergsattel. Ein Kruzifix steht an der Wegegabelung, wo sich der Abstieg ins Weilertal vom Kammweg nach dem Ungersberg scheidet. Die von einer Bank aus

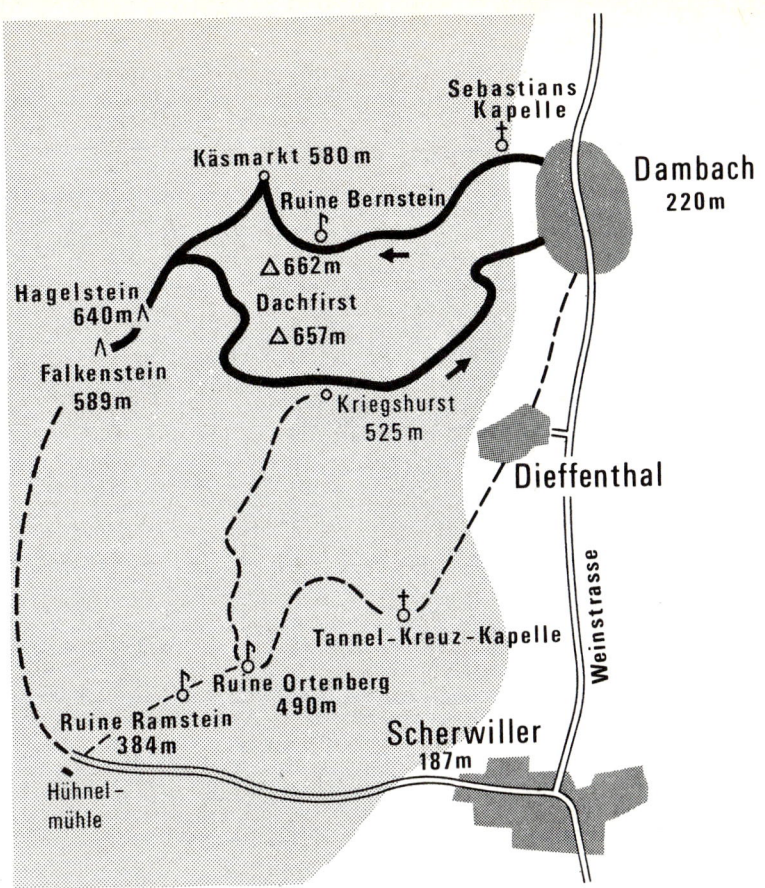

gewährte Sicht auf den Kirchberg bei Hohwart, auf dem malerisch die Kapelle St.-Gilles steht, ist zur Zeit leider zugewachsen. Noch öfters auf der Wanderung grüßt sie uns von anderen Punkten her. Der Käsmarkt, auf Karten verballhornt in Karsmarkt, hat seinen eigenartigen Namen daher, daß der Sage nach die Weilertaler hierherauf den Dambachern Lebensmittel gebracht haben, als einst die Pest in Dambach wütete und kein Mensch es wagte, die Stadt zu betreten.

Wir haben über Burg Bernstein bis zum Käsmarkt von Dambach aus eineinhalb Stunden gebraucht. Unser nächstes Ziel sind jetzt die unmittelbar nebeneinander liegenden Felsen Hagelstein (640 m) und Falkenstein (589 m), die wir in einer knappen Stunde erreichen. Am Käsmarkt folgen wir der Wegweisung »Falkenstein direkt« ohne Zeichen. Der Weg führt an der ebengenannten Schutzhütte und Baumschule vorbei immer eben am Nordwesthang des Dachfirsts entlang nach Süden und bietet mehrmals durch die hohen Weißtannen hindurch herrliche Blicke auf den Ungersberg und später auf den Climont (s. S. 25). Die Abzweigung Falkenstein direkt lassen wir unbeachtet. Wir gehen geradeaus weiter. Wir kommen an eine doppelte Wegegabelung und folgen von hier ab den drei Zeichen: weißer Punkt, gelber Punkt und gelbes Dreieck, und zwar in der Richtung geradeaus, so daß für uns maßgebend die genannten drei Zeichen sind an dem etwa 50 Meter vor uns stehenden Baum, nicht die drei gleichen Zeichen links hinter uns an einem Stein. Der Stein wird dann später für uns wichtig. Also geradeaus und an dem Baum vorbei weiter! Nach kurzer Zeit kommt links über uns ein schon wieder im Aufwachsen stehender Kahlschlag. Dort endet unser bisher ebener Weg. Von hier aus führt ein Fußpfad, durch die obigen drei Zeichen markiert, rechts abwärts. Wir gehen aber zunächst noch einige Meter geradeaus und finden ein Trampelpfädchen, das durch niedrige Bäume links hinauf führt und uns zum Felsmassiv des Hagelsteins mit phantastischem Ausblick bringt. In fast greifbarer Nähe vor uns liegen die bewaldeten Kämme und Täler des südlichen Teils des Dambacher Berges nach dem Weilertal hinab, nämlich das Brischbachtal, und jenseits eines Bergkammes das Mittelraintal, ein Meer von ununterbrochenem Grün der Wälder. Im Südwesten jenseits des Weilertals sind zwei Berggipfel nebeneinander zu sehen, der Schloßberg (703 m) mit der Ruine Frankenburg und darüber der Roche du Coucou (Kuckucksfelsen, 854 m, s. S. 204). Halblinks schaut von einem Bergrücken herüber die Ruine Ortenberg, noch zum Dambacher Berggebiet gehörig. Im Süden erkennen wir die Hohkönigsburg. Rechts unter uns steht der jäh abfallende Falkensteinfelsen im Berghange. Die Aussicht vom Hagelstein und dann gleich vom Falkenstein lohnt das weite Vorstoßen von der Ruine Bernstein über den Käsmarkt nach Süden in reichem Maße.

Wir gehen vom Hagelstein wieder die paar Schritte bis zur erwähnten Abzweigung des rechts abwärts führenden Fußpfädchens zurück, das uns in kurzem Zickzack rasch zum Falkenstein führt. Wohlgemerkt, der kleine Umweg zum Hagelstein war nicht markiert, der gegenüber Falkenstein höhere Hagelstein auch nicht beschildert. Aber den Hagelstein darf man keinesfalls übergehen. Beim Falkenstein ist der Zielort wieder bestens beschildert. Beide jäh abfallenden Felsen sind ohne Geländer. Wenn man also Kinder mit sich führt, ist äußerste Vorsicht geboten. Den Steilabfall des Falkensteins den Hang hinter erkennt man auf dem Plateau des Felsens selbst kaum! Sehr eindrucksvoll sieht man ihn aber vom Hagelstein aus.

Vom Falkenstein kehren wir wieder das Zickzackpfädchen hinauf zurück, bis zu dem Punkt, von dem aus wir den kurzen Abstecher auf den Hagelstein machten. Wir gehen jetzt den ebenen Weg, den wir gekommen sind, zurück bis zu der Stelle, an der vorhin die doppelte Wegegabel mit den drei Zeichen an dem Baum und auf dem Stein erschienen sind. Wir folgen jetzt den drei Zeichen auf dem Stein. Der Weg führt halbrechts hinauf und erreicht nach 100 Metern einen Platz mit dem Schild »Stangenberg«. Dort sind mehrere Schilder für die Dreiteilung des Weges. Wir folgen dem Schild »Engelsfelsen – Dambach« gelber Punkt. Er geht zunächst an drei Felsgruppen vorbei. Nach der letzten geht der Pfad rechts ab. Der gelbe Punkt ist an einer Buche. Der Pfad überkreuzt einen Waldweg und führt geradeaus dem gelben Punkt nach zum Engelsfelsen, der wiederum eine herrliche Aussicht bietet.

Die Hohkönigsburg liegt uns jetzt gerade gegenüber. Der Bergfried von Ortenberg steht über dem Walde. Einige Meter hinter dem Engelsfelsen ist eine Bank. Nach dieser teilt sich der Weg. Wir gehen leicht rechts abwärts, nicht geradeaus, wohin ein Schild zur Ruine Bernstein weist. Erst nach 30 Metern zeigt der gelbe Punkt auf einem Stein die Richtigkeit dieses unseres Wegchens an. Warum nicht gleich an Ort und Stelle?

Wir kommen zu einem Waldplatz, der Kriegshurst heißt, aber keine Standortbezeichnung aufweist, eine Straßenkreuzung, erbaut von deutschen Soldaten 1914–18 (525 m). Gleich danach kommt eine Wegegabelung. Wir gehen rechts ab dem gelben Punkt an einem Baume nach. Man muß schon aufpassen, daß man ihn sieht, wie auch bei der weiteren Wegeteilung gleich danach, wo es wieder rechts abgeht.

Nach etwa einer halben Stunde vom Kriegshurstplatz ab muß man wieder aufpassen. Vom breiten Waldweg führt der Pfad rechts ab. Bald aber sehen wir durch den Wald hindurch die Ebene unten sich weiten. Ein freier Hang über dem Rebgelände gewährt Sicht ins Rheintal. Wir kommen ins Wiebachtälchen, das an der Grenze zwischen dem noch grünen Wald und den gelb leuchtenden Rebhängen nach Dambach hinabführt. Wir benötigen vom Falkenstein nach Dambach zwei Stunden. Wir nehmen den Kirchturm als Richtungspunkt. In den Obstgärten, die in der reichen Fülle des Herbstes stehen, prangen die roten Pfirsiche und Äpfel und die gelben Birnen aus dem Grün des Laubes, und die bunten Farben der Dahlien und Astern vollenden die letzte Symphonie des Sommers.

Das Wegchen führt uns an den ehemaligen Wehrgraben. Von Efeu umrankt träumen die Reste der hohen Stadtmauer in der Sonne. Als der Dauphin von Frankreich, der spätere Ludwig XI., die Armagnaken ins Elsaß führte, lag er 1444 auch vor den Mauern Dambachs. Die Dambacher verteidigten sich tapfer und verwundeten sogar den Dauphin, indem sie ihm einen Pfeil ins Knie schossen. Sie mußten sich aber dann doch ergeben. Der Schuß ins Knie des Sprößlings seiner allerchristlichsten Majestät wird die Dambacher einiges gekostet haben. Wenige Kilometer im Süden, bei Scherweiler, kam es im Bauernkrieg am 10. Mai 1525 zu einer der blutigsten Metzeleien jener Zeit, als der Herzog Anton von Lothringen, der eben vom Blutbad bei Zabern kam, wo er 18 000 wehrlose Bauern an einem einzigen Tage hatte abschlachten lassen, 26 000 Bauern, die sich ihm zur Schlacht stellten, nach kurzem Kampfe niedermachte. Die Totengebeine und Totenköpfe, die im Beinhaus (Ossuaire) an der rechten Chorseite der Sebastianskapelle bei Dambach hinter einem Gitter lagern, stammen allerdings nicht von dorther, sondern vom Kirchhof des verschwundenen Dorfes Oberkirch bei Dambach.

Das Städtchen Dambach ist sehr alt. 1340 erhielt es das Stadtrecht. Der heutige Zusatz »la Ville« datiert von 1918. Wir stehen am Marktplatz vor dem Rathaus (Hôtel de Ville), einem Staffelgiebelhaus von 1547, wie an einem seitlichen Fenster erkenntlich ist. An der Quaderung des rechten Gebäudeecks blickt aus dem Sandstein ein menschlicher Kopf. Das Haus ist allerdings in seinem Charakter im Laufe der Zeit verändert worden. Man beachte den kleinen steinernen Turmhelm mit Glöckchen, offenbar ein Relikt aus der Zeit des Baus des Staffelgiebels.

Neben dem Rathaus zieht der hohe gotische Fachwerkbau des ehemaligen Gasthauses zur Krone, heute Hotel Kientz, mit steilem Dach, Zwergwalm und vorgebautem Erker (1685) und einem schmiedeeisernen ausragenden Wirtschaftsschild unsere Aufmerksamkeit an. Gegenüber das schmale Haus Nartz (Caveau = Kellerschänke) mit drei steinernen Geschossen und einer die ganze Hausbreite einnehmenden »Straßburger« Laube im schönsten Blumenschmuck. In den kleidet sich im übrigen das ganze Städtchen. Gegenüber dem Rathaus ein steinerner Brunnen mit achteckigem Becken und hoher Brunnensäule. In der Bärengasse (rue de l'Ours), die am Marktplatz links abführt, ein Fachwerkhaus mit holzgeschnitzem Laubengeländer (Dehio nennt Dambach eine Fundgrube für Holzarchitektur). In der rue Maréchal Foch Nr. 55 ein ähnlich großes gotisches Fachwerkhaus (1500) wie das Haus Kientz beim Rathaus. Im Holzwerk des Erkers von 1599 eingeschnitzt: mich zimret Georg Strub von Ochsenhusen. Gegenüber das Haus Nr. 82 ein herrlicher Fachwerkbau mit Lauben (1688). Nicht zu vergessen die drei Tore (Obertor, Oberneutor und Untertor), die die mittelalterliche Silhouette des Städtchens prägen. Die Stadtkirche ist neuerer Herkunft (1866), aber dem Stadtbild angepaßt. Dagegen stammt die Liebfrauenkapelle, ein einfacher flach gedeckter Bau außerhalb des Nordtors, vom Jahre 1479.

Ein besonderes Schmuckstück Dambachs ist die Sebastianskapelle (1285) am Rebhang links vor der Liebfrauenkapelle, später erweitert, bis 1489 Pfarrkirche. Der Hochaltar mit der Holzskulptur des heiligen Sebastian von 1690 wird als der schönste Barockaltar des Elsasses bezeichnet. Er ist das Werk der einer in vier Generationen tätigen Schwarzwälder Holzbildhauerfamilie Hauser-Winterhalder zugehörigen Brüder Clemens (geb. 1668) und Philipp Winterhalder (geb. 1667) aus Kirchzarten. Man hat bisher nur die Namen Clemens und Philipp gekannt. Ihr Familienname und daß sie Brüder waren, war unbekannt. Erst in allerjüngster Zeit gelang dem bad. Heimatforscher Hermann Brommer (Zeitschrift »Das Münster« Heft 4, 1971) die Identifizierung dieser bedeutenden Barockmeister. Am linken Seitenaltar ist eine hölzerne Marienstatue von 1500 aus der Riemenschneiderzeit, am rechten Seitenaltar nochmals eine Sebastiansfigur aus Holz (nach 1500). Über Philipp Winterhalder, später in Gengenbach (Baden), vgl. den Aufsatz von Hermann Brommer in »Die Ortenau« 1974, Verlag Histor. Verein für Mittelbaden in Offenburg, S. 54 bis 113.

Der Gang durch die Straßen und Gäßchen des Städtchens gewährt noch manchen Einblick durch die alten Torbogen hindurch in die Innenhöfe hinein. Bald mahnt der Duft des gärenden Weines aus den Kellern heraus, jetzt zu Nüssen und frischem Bauernbrot oder zu Zwiebelkuchen den Alten oder rissigen Neuen zu kosten. In den Weinstuben aller Dörfer und Städtchen entlang der Weinstraße wird das bestens geboten. Es ist die hohe Zeit des rebengesegneten Elsasses, und schön ist's, daß wir von drüben gewissermaßen nur zur Haustüre hinaus zu treten brauchen, um mit dabei zu sein. Frühling oder Herbst

12 Der Mutzigfelsen

Aufstieg:
Lutzelhouse – Ferienkolonie beim Chalet St-Hubert – Bildstöckle – Serpentinenpfad zur Porte de pierre (Türgestell) – Kammweg zum Donon – Mutzigfelsen – Col du Narion, 3 Stunden 45 Minuten.

Abstieg:
Col du Narion – Lutzelhouse, 2 Stunden.

Gesamtzeit der Wanderung rund 6 Stunden.
Höhenunterschied 245 bis 1009 Meter.
Karte des Vogesenclubs Blatt Mont Ste-Odile Vallé de la Bruche.

Verlängerung:
2 Wagen, 1. Wagen in Lützelhausen, 2. Wagen am Hotel Donon am Donon: Col du Narion (bis dort ab Lützelhausen 3 Stunden 45 Minuten) – Südhang Narion und Noll – Haut du Narion – Col entre les deux Donons – Großer Donon (Gipfel) – Col du Donon (Hotel du Donon), 3 Stunden 30 Minuten.

Gesamtzeit der Wanderung mit Verlängerung 7 Stunden 15 Minuten.

Der Mutzigfelsen (1009,5 m) ist die höchste Bergspitze der Vogesen nördlich der Breusch (la Bruche). Er hat seinen Namen von dem Städtchen Mutzig im Breuschtal. Die Breusch hat ihre Quelle am Westhang des Climonts und fließt bei Straßburg in die Ill. Der Mutzigfelsen liegt aber nicht etwa in nächster Nähe von Mutzig, sondern gehört der großen Bergkette an, die vom Großen Donon (1009 m) über den Kleinen Donon (964 m), die Côte de l'Engin (909 m) nach Nordosten zum Totenkopf (900 m), Noll (990 m), Narion (999 m), Mutzigfelsen bis zum Katzenberg (903 m) führt und mit dem Wildberg (699 m) langsam nach dem Haslach-Tale zu den Orten Oberhaslach, Niederhaslach abfällt.

Wir besteigen den Mutzigfelsen nicht nur seiner Höhe und seines interessanten Felsmassivs wegen, sondern weil uns der Weg über eine der merkwürdigsten Erscheinungen der Vogesengebirgswelt führt, das sog. Türgestell. Doch Näheres darüber, wenn wir dort angelangt sind.

Unsere Wanderung beginnt im Dorf Lützelhausen im Breuschtal zwischen Urmatt und Schirmeck. Wir stellen den Wagen vor der Mairie ab und gehen jenseits der Straße links die Rue de la Fontaine entlang, bis wir an den Wald gelangen. Wir kommen am westlichen Gelände einer Colonie de Vacances (Ferienheim) vorbei. An der Straße liegt ein kleiner Campingplatz. Danach kommt das eingezäunte Ferienhäuschen St-Hubert. Dort steht der erste Wegweiser: Col du Narion, Altmatt (weißes Rechteck). Wir folgen diesem Waldweg, der leicht hochzieht. Bald folgt das Schild Schliffstein. Wir folgen diesem Weg bis zu einer Gabelung, an der ein kleines, primitives Bildstöckle aus Holz steht (Höhepunkt 493 der Vogesenclubkarte 1973). Links geht es zum Schliffstein und Col du Narion. Rechts hinter dem Bildstöckle ist an einem Baum ein Wegweiser zur Porte de pierre, unserem nächsten Ziel, eine Stunde, rot-weiß-rotes Rechteck, dann rotes Rechteck. Falls er wieder einmal zerstört sein sollte, den fast ebenen Weg rechts von dem Baum benützen, nicht den steil ansteigenden Pfad links vom Baum! Wir steigen jetzt in angenehmer Serpentine den Berghang hinauf und können bald aus verschiedenen Etagen in das unmittelbar unter uns liegende Tal von Kappelbronn und ins Breuschtal hinaus und auf die Berge des Breuschtals blicken.

Wo rechts am Wege die Abzweigung nach Lutzelhouse-Urmatt erscheint, bleiben wir aufwärts geradeaus (unser Wegweiser an einem Tännchen). Unser Weg überquert nun dreimal einen Waldfahrweg. Der Anschluß ist jeweils gut markiert. Beim dritten Mal hat man etwa 150 Meter auf der Waldfahrstraße nach rechts zu gehen, bis das rote Rechteck links den Waldhang hinauf weist.

In wenigen Schritten stehen wir auf 858 Meter Höhe im Walde vor einem Naturwunder, dem sog. Türgestell oder »Porte de pierre«. Die Verwitterung eines riesigen, vom Boden etwa 5 Meter in die Höhe ragenden Sandsteinfelsens hat ein Doppeltor gezeitigt. Wenn wir dann aber die schweren, im Gegensatz zu den Trägerpfeilern nicht aus verwittertem Sandstein, sondern aus massiven Felsblöcken bestehenden Türstürze genau ansehen, kommen Bedenken, ob dieses Phänomen in der Tat allein das Werk der Natur ist. Vor allem ein fachmännisch in Beherrschung der Gewölbetechnik eingeklemmtes Querteil läßt Menschenhand vermuten. Aber welche Riesen sollten hier ein Baukastenspiel betrieben haben? Es bleibt ein Rätsel, wie das Türgestell zustandegekommen sein mag; ob die Version, es handele sich um ein druidisches Kultmal, zutrifft, ist ungewiß. Ähnliche Denkmäler in der Bretagne und in Irland bestätigen diese Version. Urzeitliche Erosion der tragenden Teile, ja, aber die oben darauf quer gelegten Blöcke dürften von Menschenhand hochgewuchtet worden sein. Auf jeden Fall ist das »Türgestell«, die »Porte de pierre«, zu deutsch das »Steinerne Tor«, eines der zahlreichen merkwürdigen Steingebilde der Vogesen, vielleicht, wie man vermutet, der symbolische Eintritt in einen geheiligten keltischen Bezirk, worauf die zahllosen auffallenden Steine, auch mit sog. Stampflöchern rund herum und die Nähe des Cromlechs der Grande Côte schließen lassen.

Am Türgestell sind wir auf den von Urmatt heraufkommenden Höhenweg gelangt, der die oben erwähnte Bergkette zum Donon nach Westen erschließt. Wir folgen jetzt der allgemeinen Wegweisung »Donon« (rotes Rechteck) mit seinen Zwischenstationen, zunächst zum Mutzigfelsen (Rocher de Mutzig). Wir haben von Lützelhausen zum Türgestell 2½ Stunden gebraucht und gelangen in weiteren ¾ Stunden zum Mutzigfelsen. Der Pfad führt am Nordhang der Bergkette entlang und bietet einige herrliche Ausblicke in das Haslachtal hinab. Am Hang drüben sieht man die Ruine Nideck aus dem Walde hervorlugen und über dem fast kahlen Höhenwasen grüßt der Schneeberg (s. S. 21) herüber. Wenn der Fußpfad uns weit nach Norden bis an die Wendeplatte eines neu angelegten Holzabfuhrweges gebracht hat, macht er eine scharfe Kehre. Dort steht ein Grenzstein, daneben links am Baume das rote Rechteck. Fünf Meter links von diesem Baum kehrt das rote Rechteck wieder. Es weist zu einem links mäßig hochsteigenden Waldweg, auf dem wir in Kürze den Mutzigfelsen erreichen.

Der Mutzigfelsen ist ein ähnliches Gipfelmassiv wie der Schneeberg, aber ohne »Lottelfelsen«. Haushohe Felsquader mit tiefen, wie mit einer Steinsäge herausgeschnittenen Spalten bilden ein Plateau, von dem man eine herrliche Aussicht hat, die aber mehr und mehr durch hochwachsende Weißtannen eingeengt wird. Im

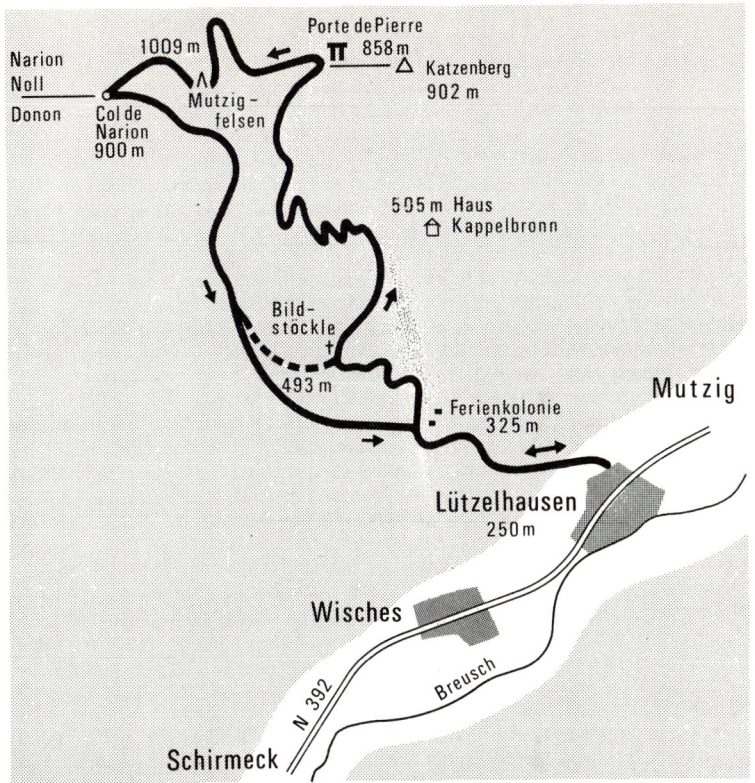

Westen hebt der Große Donon seinen mächtigen Zeigefinger, einen Fernsehturm, wie ihn bei uns neuerdings der Brandenkopf tragen muß.
Von hier aus ist es – rechts vom Mutzigfelsen weiter mit dem roten Rechteck – eine halbe Stunde bis zum Col du Narion (Narionsattel, 900 m), dem westlichsten Punkt unserer Wanderung. Wenn wir es nämlich bei einer Tageswanderung belassen wollen, müssen wir jetzt absteigen, so sehr es auch lockt, noch den Donon einzubeziehen. Wir haben bis jetzt einen Weg von rund 4 Stunden hinter uns. Zum Donon-Sattel (Col du Donon, beim Hotel Donon) wären es noch 2¹/₂ Stunden immer leicht abwärts, oder eben am Narionberg (998 m) und Noll (990 m) entlang zur Narion-Höhe (Haut du Narion, 800 m) – nicht zu verwechseln mit dem Narion-Sattel (Col du Narion) – und von dort über den Sattel zwischen dem Großen und dem Kleinen Donon (Col entre les deux Donons) zum Dononsattel (Col du Donon), wo bei den Hotels Velleda und Donon die Fahrstraße von Schirmeck heraufkommt und nach Westen führt.

Wenn man die Wanderung mit 2 Wagen (z. B. 2 Familien) macht, nämlich zunächst zum Donon-Sattel fährt, den einen Wagen dort stehen läßt und den zweiten Wagen von dort wieder nach Lützelhausen hinabbringt, von wo wir aufsteigen, läßt sich die Tour reibungslos bis zum Col du Donon (Hotel Donon) an einem Tag mit insgesamt 7 Marschstunden bewältigen. Wenn wir dort angelangt sind, steht der erste Wagen zur Abfahrt nach Lützelhausen bereit, von wo aus wir mit beiden Wagen zurückfahren. Diese 2-Wagen-Tour lohnt sich deshalb, weil wir dann mit einem Zeitaufwand von einer weiteren Stunde noch den Gipfel des Großen Donon vom Col entre les deux Donons aus mitnehmen können. Der Aufstieg ist zwar als Schluß der Wanderung etwas anstrengend, aber der Donongipfel ist ein reich lohnendes Ziel.

Er ist mit seiner Höhe von 1009 Metern wiederum, ähnlich wie der Schneeberg und der Mutzigfelsen, ein Felsplateau mit wuchtigen, tief zersägten, auf der Oberfläche flachen Felsblöcken beachtlicher Größe. Er bietet zunächst einmal, weil er völlig freie Sicht gibt, einen herrlichen Ausblick nach allen Richtungen. Zwei Orientierungstafeln an der Ost- und Westseite geben Aufschluß.

Dann aber, und dies vor allem, gewährt er uns die Begegnung mit einer uralten keltischen, später römischen Kultstätte, von der noch beeindruckende Reste zu sehen sind. Wie der Odilienberg und seine Umgebung mit der Keltenmauer (s. S. 17) das Zentrum der militärischen Verteidigungsanlagen der Kelten und Keltoromanen war, so ist der Donon der Sitz des religiösen Kultes jener Zeit gewesen. Die Äbte der Nachbarabteien Moyenmoutier und Senones (s. S. 184), die Brüder Hyacinthe und Petrus Alliot haben das Verdienst, den heiligen Berg Donon 1692 einer langen Vergessenheit entrissen zu haben. Ihn krönten einst drei Tempel der keltischen Götter Teutates, Bel und Vosegus (ungewiß), in der gallo-römischen Zeit durch Jupiter, Merkur und Sylvanus abgelöst. Ein Götterbild des gallischen Jagdgottes Smertius (3. Jh. n. Chr.) steht heute neben anderen Dononfunden im archäologischen Museum in Straßburg. Die Brüder Alliot und nach ihnen u. a. Dom Calmet, Abt in Senones, und der Historiker Schoepflin leisteten exakte archäologische Arbeit, zeichneten Tempel, Skulpturen und Felsenreliefs auf und berichteten der Nachwelt. Die Brüder Alliot zählten noch 21 Reliefs. Schoepflin 50 Jahre später noch 14. Die Funde sind schließlich zur Rettung vor vollständiger Plünderung in das Museum von Epinal gebracht worden. Das bekannteste Relief stellt den Kampf zwischen dem (römischen?) Löwen Bellicus und dem (keltischen?) Wildschwein Surbur dar mit der Inschrift »BELLICO V S SURBUR«, über deren Bedeutung die Gelehrten sich nicht einig sind. Der einst auf dem Gipfel stehende Merkur-Tempel wurde abgetragen und die behauenen Steine in den ersten Jahrzehnten des 18. Jahrhunderts zum Bau eines Wasserbehälters in Framont verwendet. Das heutige Steinbauwerk mit 12 Säulen, Musée genannt, wurde 1869 von der französischen Forstverwaltung nach den Zeichnungen des Abtes Alliot erbaut.

Westlich unterhalb des Gipfels ist ein Plateau, das nach Westen vom Fernsehturm abgeschlossen wird. Dort sind noch Fundamente einstiger Gebäude. Ein Rondell hat man wieder hergestellt und dort Kopien der Reliefs nach den Originalen im Museum von Epinal aufgestellt. Im nach dem Gipfel hin aufsteigenden Waldgelände sind ebenfalls noch Reste von Mauern. Die Inschrift auf einem quadratischen Säulensockel auf dem vorhin genannten Plateau ist nicht Original. Der Abstieg vom Donongipfel zu den Hotels ist in einer halben Stunde zu meistern und ist in die oben angegebene Marschzeit eingerechnet. Die Gesamtzeit der Wanderung von Lützelhausen ab unter Einbeziehung des Donongipfels bis zu den Hotels beträgt also rund sieben Stunden.

Wenn wir jedoch keinen Wagen am Col du Donon stehen haben, müssen wir vom Col du Narion nach Lützelhausen absteigen. Das sind zwei Stunden bequemen Abwärtsganges. Der Col du Narion ist neuerdings mit einem Standortschild und Wegweiserschildern nach den verschiedenen Zielrichtungen versehen. Wir folgen dem links hinabführenden Wegweiser Lützelhausen, weißes, schwarzumrandetes Rechteck (Weg auf der Karte des Vogesenclubs mit I e bezeichnet.)

Der Abstieg nach Lützelhausen führt unterhalb des Mutzigfelsens durch und fällt allmählich von 900 auf 600 Meter hinab. Er führt an der Westseite des hinteren und dann des vorderen Langenbergs entlang, auf dessen Rücken, la grande Côte de Lutzelhouse genannt, wiederum in einer Felsmassierung ein keltisches Heiligtum, vielleicht ein Denkmal für einen gallischen Helden, mit Cromlech, Stampflöchern u. a. zu finden ist. Unser Abstiegsweg läßt das Maison Forestière Schliffstein rechts und das Bildstöckle, von dem wir aufgestiegen sind, links liegen und führt uns auf unserem Anmarschweg wieder nach Lützelhausen zurück.

Wir haben, wenn wir vom Col du Narion nicht zum Donon vordringen, insgesamt runde 6 Stunden gebraucht. Eine Einkehrmöglichkeit gibt es unterwegs nicht. Man kann übrigens den Weg von Lützelhausen bis zum Bildstöckle auch mit dem Auto zurücklegen und die Fußwanderung erst beim Bildstöckle beginnen und dort wieder beenden. Platz zum Parken und Wenden ist genügend vorhanden. Die Fahrstraße ist zwar etwas holperig, aber gut befestigt. Man gewinnt dann fast je eine Stunde Zeit am Hin- und Rückweg. Dabei muß man aber beim Abstieg vom Col du Narion darauf achten, daß man dort, wo das Fußpfädchen von unserem Waldweg mit dem Wegweiser Lutzelhouse abzweigt, nicht dieser Wegweisung folgt, sondern auf dem breiten Waldweg bleibt. Denn nur dieser führt zum Bildstöckle. Es bedarf noch eines Rates: Die Bergwälder um den Mutzigfelsen bis Donon sind sehr feucht. Man sollte die Wanderung daher nur in einer längeren Trockenperiode machen.

Hochsommer bis Herbst

13 Sternsee

Aufstieg:
Urbès – Brückenbachbrücke (Pont du Bruckenbach) – Brückenbachtal – Berghotel Rouge Gazon (Rotwasen), 2 Stunden 15 Minuten.

Abstieg:
Berghotel Rouge Gazon – Sternseesattel (Col du Sternsee) – Skihütte – ehem. Sennerei Gazon Vert (Grünwasen) – Langmattenrunzbachtal – Storkensohn – Urbès, 2 Stunden 15 Minuten.

Gesamtzeit der Wanderung 4 Stunden 30 Minuten.
Höhenunterschied 519 bis 1070 Meter (1220 m).
Karte des Vogesenclubs Blatt Thann-Guebwiller.

Zusatz: Vom Berghotel Rouge Gazon zum Sternseekopf (Felsenkuppe Seehorn 1220 m mit besonders schöner Aussicht) und zurück 40 Minuten.

Der Sternsee (Lac des Perches), 984 m, wird als der schönste Vogesensee bezeichnet. Er ist mit unserem Glaswaldsee oder dem Wildsee zu vergleichen, nur etwas größer (4,4 ha, 17 m Tiefe). Die französische Übersetzung, früher Lac de la Perche oder heute allgemein Lac des Perches ist mißverstanden aus Lac de Bers. Es sind um den See herum drei Berge gelagert, von denen der Sternsee seinen französischen Namen erhalten hat, die Obere Bers (1248 m) im Westen, die Untere Bers (895 m) im Süden und die Mittlere Bers (1120 m) im Südwesten. Der Sternsee liegt im übrigen nahe an der alten deutsch-französischen Grenze von 1871 bis 1918. Daher sein zweisprachiger Name schon aus älterer Zeit.
Wir steigen zum Sternsee von Urbès (Urbis) – nicht zu verwechseln mit Orbey (Urbeis) im Kaysersberger Tal – aus auf. Urbès (450 m) liegt in einem südlichen Nebental des Thurtales, das auch St. Amarintal genannt wird. Die Thur verläßt bei Thann die Vogesen und fließt nach Nordosten durch die Rheinebene, um bei Oberbergheim nordöstlich von Rouffach die Ill zu erreichen. Wir fahren über Thann hinaus das reizvolle Thurtal hinauf bis nach Wesserling. Kurz hinter Wesserling biegen wir links in Richtung Col de Bussang – Epinal ab und erreichen nach weiteren 3 Kilometern Urbès. (Am Col de Bussang, etwa 100 Meter hinter der Straßenteilung alte-neue Straße, liegt die 1972 neu gefaßte Moselquelle.) Wir parken den Wagen bei dem am Westende des kleinen Dörfchens gelegenen Maison Forestière (Forsthaus). Dort steht auch gleich der erste Wegweiser. Ein kleines Sträßchen zieht parallel der Autostraße in das Tälchen des Brückenbachs. An einem Nußbaum ist der erste Wegweiser. Wo das Wegchen sich teilt, halten wir geradeaus, überqueren die Brückenbach-Brücke (Pont du Bruckenbach). Dort finden wir an einem Baume den Wegweiser mit dem roten Punkt. Unser Ziel ist zunächst der zentrale Bergrücken des Rotwasens (Rouge Gazon 1070 m). Gazon bedeutet Rasen = Wasen. Wir steigen nun, zunächst mäßig, das Tälchen des Brückenbachs hinauf, der munter neben uns herunterplätschert und angenehme Kühle verbreitet. Wo der Weg sich teilt, bleiben wir geradeaus. Der rote Punkt ist

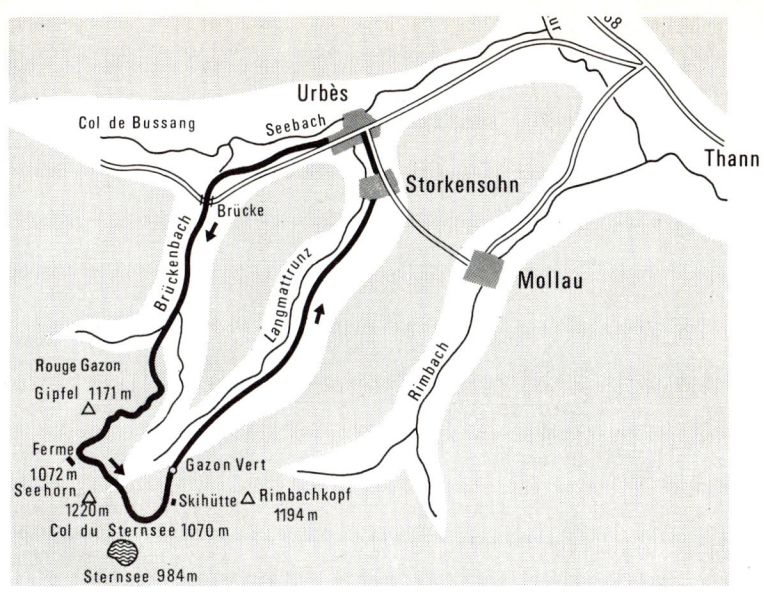

an einer Weißtanne. Nach etwa 100 Metern teilt sich der Weg wieder. Ein Weg, mit rotem Dreieck markiert, führt zur Teufelsküche, einem Stollen nordwestlich vom Rouge Gazon gelegen. Das würde einen Umweg bedeuten. Wir folgen unserem roten Punkt: Rouge Gazon direkt.
Nach 150 Metern müssen wir geradeaus halten, der rote Punkt ist an einer Buche rechts. Bei der ersten großen Kehre gehen wir halbrechts hoch. Der rote Punkt ist an einer Tanne rechts. Bei der zweiten großen Kehre gehen wir in weitem Bogen links und lassen einen Abgang rechts liegen. Links unter uns liegt ein großer Jungtannenwald. Nun wird der Weg steil und geht in einen Fußpfad über. Wo dieser auf einen Holzschleifweg trifft, gehen wir diesen ein Stück weit rechts hoch. Wenn sich der Holzschleifweg teilt, bleiben wir links. 20 Meter nach dieser Teilung schauen wir einmal zurück und sehen im Hintergrund des steil abfallenden Tales den Großen Belchen majestätisch über der Gebirgslandschaft thronen. Etwa 50 Meter weiter müssen wir den Fußpfad rechts einhalten. Wenn dieser einen Weg kreuzt, müssen wir rechts hochgehen. Dort ist nach längerer Zeit endlich einmal wieder der rote Punkt.
Etwa 80 Meter weiter kommt ein Wegweiser: Col du Sternsee und Gazon Vert (= Grünwasen). Dieser Abzweigung folgen wir nicht. Wir bleiben geradeaus, 10 Meter weiter ist unser roter Punkt am Baum. Links von uns jenseits des Tälchens eines Bergbachs erhebt sich ein mit niederem Baumwuchs begrünter Berg, niederer als

seine ihn umgebenden Brüder. Das ist der Grünwasen (Gazon Vert). Eine nicht mehr betriebene Sennerei, die Grünwasensennerei, liegt uns schräg gegenüber. Der obengenannte Bergbach heißt Grünwasenrunz. Das graue Dach der Berghütte eines Skiklubs schaut aus den Bäumen. Hoch links darüber liegt der Rimbachkopf (1194 m). Wir selbst steigen einen fast alpinen Pfad am Osthang des Rouge Gazon-Kopfes (1171 m) über weite Steinschotterlawinenhänge durch verwitterten Tannen- und Buchenwald weiter und weiter hinauf und gelangen auf eine waldfreie Hochebene, den Rouge Gazon. Eine herrliche Aussicht erwartet uns dort. Vor allem grüßt von Südwesten her der Ballon d'Alsace (s. S. 33). Eine zum einfachen, aber soliden Berghotel ausgebaute gleichnamige Sennerei gewährt gastliche Unterkunft. Der französische alpine Skiklub unterhält dort im Winter eine Skischule. Man ist dort sowohl als Übernachtungsgast als auch als Durchwanderer bei anständigen Preisen gut aufgehoben. Wir haben von Urbès aus bis hierher 2½ Stunden gebraucht und benützen das Berghotel Rouge Gazon zur Einkehr. Es liegt bereits im Département Moselle und gehört zur westlichen unten im Tal gelegenen Gemeinde St.-Maurice an der Mosel. Wir setzen nach kurzer Rast unseren Weg fort und folgen dem Wegweiser Col du Sternsee (Sternseesattel 1070 m) – Storkensohn. In einer halben Stunde stehen wir auf dem Sattel und sehen den steilen Hang hinunter unter uns den Sternsee mit blaugrünem Wasser liegen. Rechts hinter (über) uns ist der Sternseekopf, auch Seehorn genannt (1220 m), links geht es zum Rimbachkopf hoch. Wenn man zum Sternsee hinabsteigt, kann man über das Dörfchen Rimbach in 2 Stunden nach Oberbruck im Dollertal gelangen. Wir müssen jedoch wieder nach Urbès zurück. Wir steigen vom Sternseesattel nach Storkensohn (früher Storkensauen = Storchen-Auen) hinab dem Tal des Grünwasenrunzbaches folgend. Der Wegweiser auf dem Sternseesattel zeigt uns den Abstiegspfad. Wenn wir das graue Dach der vorhin erwähnten Skihütte unter uns liegen sehen, halten wir uns links. Wir gelangen an die ebenfalls vorhin erwähnte Sennerei Gazon Vert, folgen etwa 80 Meter weit dem dort vorhandenen Wegweiser Rouge Gazon links um die Sennerei herum und treffen alsdann auf eine Abzweigung rechts hinauf mit dem Wegweiserschild Storkensohn. Der Weg führt mit herrlicher Sicht nach Norden in angenehmen Serpentinen abwärts, sofern wir den breiteren Weg und nicht die abkürzenden Fußpfade benützen. Der Blick hinunter ins Tal, das von einem eigenartigen, einem riesigen erstarrten Drachenleib ähnlichen kahlen Berggebilde (Blossenkopf und Hüselberg) gesäumt wird, und hinüber auf die kahlen Berge, Großer Belchen im Norden über den Storkenkopf, Hundskopf bis hinüber zum Hagenbacherkopf fesselt uns immer wieder. Bald erreichen wir Wald mit herrlichen Weißtannen, deren Stämme für uns Schwarzwälder ungewohnte Durchmesser haben. Wir sind rasch im Tal unten, wo links von uns der Langmattenrunzbach durch Storkensohn Urbès zu fließt. Storkensohn ist ein sauberes, freundliches Dörfchen und kleiner Ferienort. Beim Hotel du Château gehen wir das Sträßchen links hinab und sind alsogleich an der Kirche in Urbès. Der Tag hat uns eine herrliche Wanderung in einer Landschaft mit sehr betontem Eigencharakter beschert. Das Ziel Sternsee hat sich reichlich gelohnt. Ab Sternseesattel haben wir zurück knappe 2 Stunden gebraucht.
Wir wollen jedoch das Thurtal nicht verlassen, ohne der Stadt Thann mit ihrem älteren Vorort Alt-Thann einen Besuch abzustatten. Wenn auch die Umgebung von Thann durch zum Teil häßliche Fabrikbauten aus früherer Zeit entstellt ist, so

erweist sich Thann in seinem Altstadtkern doch als reizvolle Kleinstadt mit fast schweizerischem Einschlag.

Viele Bauten aus den verschiedensten Zeiten lassen erkennen, daß Thann, seit 1360 Stadt, eine reiche, nicht immer leidlose Geschichte hat. Ursprünglich zur Grafschaft Pfirt im elsässischen Jura gehörig und zeitweise die Hauptstadt des Pfirter Territoriums, war das Städtchen seit 1324 habsburgisch. Die Habsburger verpfändeten es für eine Reihe von Jahren an Karl den Kühnen von Burgund. 1365, im Hundertjährigen Krieg, zerstörten es die Engländer, 1444 die Armagnaken, 1468 die Schweizer und 1525 die Sundgauer Bauern. Im Dreißigjährigen Krieg stritten sich Kaiserliche und Schweden mehrmals um seinen am Ausgang eines Vogesentales strategisch wichtigen Besitz. Durch den Westfälischen Frieden kam es 1648 mit dem Sundgau an Frankreich. Im Ersten Weltkrieg wurde es bereits 1914 von den Franzosen eingenommen und blieb den ganzen Krieg über in französischer Hand. Die Route Joffre, die hinter Thann von Bitschweiler aus durch das Gebirge über Bourbach-le-Haut (Oberburbach) nach Masevaux (Masmünster) geht, ist damals als strategische Straße zur Versorgung der französischen Front gebaut worden. Auch im Zweiten Weltkrieg hatte die Stadt beim Rückzug der Deutschen 1944 noch einmal schwer zu leiden. Von der mittelalterlichen Stadtmauer sind noch der Hexenturm und der Storchenturm erhalten. Der Theobaldsbrunnen (16. Jh.) mit der Steinfigur des Bischofs Theobald, dessen Namen auch das Thanner Münster trägt, ist dem Schutzheiligen der Stadt geweiht. Der Legende nach soll der Stab, in dem der Finger des Heiligen mit seinem Ring als Reliquie von Umbrien, wo Theobald Bischof gewesen war, nach dem Elsaß gebracht wurde, von einer Tanne an der Thur, an die der treue Diener des verstorbenen Bischofs den Stab lehnte, nicht mehr zu trennen gewesen sein. Drei hell glänzende Lichter zeigten sich an der Tanne. Daher der Name Thann. Und dort, wo dies Wunder geschah, baute man eine Wallfahrtskapelle; aus der dann später das Münster wurde. Der Winzerbrunnen (17. Jh.) mit seiner eigenartigen Brunnensäule, gekrönt von einer weiblichen Figur, zeigt an, daß auch Thann noch zur elsässischen Weinstraße gehört. Der Thanner Rangenwein, genannt nach dem Rebberg »Rangen«, ist als erster im elsässischen Weinspruch genannt.

> »Zu Thann im Rangen
> zu Gebweiler in der Wannen
> zu Türkheim im Brand
> wächst der beste Wein im Land.
> Doch gegen den Reichenweirer Sporen
> haben sie all' das Spiel verloren.«

Die »Kleine Thanner Chronik«, eines der vergnüglichsten Büchlein des 18. Jahrhunderts, weiß einiges von den Tücken des »hitzigen Rangen« zu berichten. Noch heute gebraucht man den Spruch, wenn man einem im Scherze etwas Böses wünscht: »Daß dich der Rangen hol'!« Das stattliche Hôtel de Ville (Rathaus) ist ein Bau des 18. Jahrhunderts, nachdem sein Vorgänger, 1565–1570 erbaut, im Jahre 1778 bei einem Hochwasser eingestürzt war. Die alte Kornhalle, jetzt Stadtbücherei und Historisches Museum, aus dem 16. Jahrhundert, das gotische Turmhaus Erhard gegenüber der Westseite des Münsters und mehrere schöne alte Häuser, zum Teil in Fachwerk, mit Portalen, Erkern und Wappen geben noch Proben des einstigen mittelalterlichen Bestandes. Das Kleinod Thanns aber ist die Kirche St. Theobald, das Thanner »Münster«. Wenn es auch, gemessen an anderen Kirchenbauten des Elsasses, der Größe nach zurückstehen muß, gehört es doch zu den bedeutendsten Zeugen gotischer Baukunst im Elsaß.

Die St. Theobald-Kirche war ursprünglich die Wallfahrtskirche, die die oben erwähnte Relique des Bischofs Theobald († 1160) barg. In der Zeit von 1320 bis 1629 kam die Baulust der Thanner nicht zur Ruhe. Das Ergebnis der zahlreichen An- und Umbauten um die Grundform einer dreischiffigen Basilika ist das heutige Münster, das uns als ein Bauwerk bunter Aneinanderreihung von Einzelkörpern unter bewußtem Verzicht auf architektonische Symmetrie, aber mit starker Hervorhebung von Kontrasten und Dissonanzen entgegentritt. Der reiche figürliche Schmuck, die farbigen Fenster im Chor und der trotz der bescheidenen Maße kühne Turm steigern den malerischen Anblick dieses kleinsten Münsters zu einem letzten Leuchten der Gotik am Oberrhein. Machen wir dem Thanner Münster unsere Reverenz und vergessen wir nicht, bei der Ausfahrt aus der Stadt auch einen kurzen Besuch dem Leut- und Wallfahrtskirchlein (15. Jh.) in Alt-Thann (Vieux-Thann) abzustatten. Außer schönen Glasmalereien im Chor und auf der Nordseite aus dem 15. Jahrhundert gilt unser Interesse einer historischen Rarität, dem sogenannten Pfeiferbruderschaftsaltar (1399) und dem Wandgemälde darüber mit der Mutter Gottes, die ihren Mantel über den Pfeifern und Spielleuten ausbreitet. Das Original des Gemäldes aus der Zeit um 1500 ist allerdings später durch eine Kopie ersetzt worden. Alt-Thann war damals der Sitz der sogenannten Pfeiferbruderschaft. Noch heute begeht man in Rappoltsweiler (Ribeauvillé) alljährlich Ende August/Anfang September den »Pfifferday« (Pfeifertag), eines der ältesten Volksfeste im Elsaß mit weit ins Mittelalter zurückreichender Tradition aus der Zeit des »Pfeiferkönigtums«. Im frühen Mittelalter, als sich die sozialen Ordnungen (Lehen, Kleriker, Zünfte usw.) bildeten, war es für das fahrende Volk schwer, sich innerhalb dieser Schranken zu bewegen. Wer nicht seßhaft war, galt nichts, war verdächtig und zu Zeiten gar ehrlos. Die Musikanten hatten im habsburgischen Vorderösterreich ein altes Privileg: der Kaiser übertrug einem Mächtigen gleichsam als Schutzherr das Königtum über sie, das »Pfeiferkönigtum« als Lehen, und das hatten seit urvordenklichen Zeiten die Grafen von Rappoltstein. Dieses Reichslehen wurde von Zeit zu Zeit immer wieder bestätigt. Die Pfeiferkönigsherrschaft erstreckte sich vom Hauenstein im Schweizer Jura bis zum Hagenauer Forst. Sie bedeutete für die Spielleute eine strenge Zunft mit geordnetem Recht und Schutz, über die das Pfeifergericht wachte. Die Patronin der Pfeiferzunft war die Mutter Gottes von Dusenbach (s. S. 68).

Das war ein wundertätiges Marienbild, das der Ritter Egenolf von Rappoltstein von einem Kreuzzug mitbrachte und in der 1221 erbauten Kapelle im Dusenbachtale beim Rappoltstein aufstellte. Daraus wurde eine Wallfahrtskapelle mit einem Waldbruderkloster, frühe Vorgängerin der heutigen Dusenbachkapelle. Jene Ikone ging verloren und wurde 1494 durch eine bemalte Holzskulptur ersetzt. Die Pfeifer hatten das Privileg, am Pfeifertag, dem Feste Mariä Geburt (8. 9.), jenes Bild in der Prozession zur Kirche zu tragen. Hinter dem Marienbild ging der Pfeiferkönig, den der jeweilige Graf von Rappoltstein zu seinem Stellvertreter ernannte, mit der Krone, dem Symbol seiner Würde. Dann kam das Pfeifergericht. Ihm folgte das Volk der Spielleute. Nach der Messe ging der Zug zum Schloß Rappoltstein, wo man dem eigentlichen Pfeiferkönig, dem Grafen von Rappoltstein, huldigte. An diesem Tage sprach auch das Pfeifergericht Recht. Ein Mahl und fröhliches Zechen in den Wirtshäusern schloß den Tag ab. Die Spielleute zerstreuten sich dann wieder in alle Winde. Der heutige »Pfifferday« in Rappoltsweiler bewahrt die Erinnerung an jenes seltsame Privileg der »varenden lüte des kunigrichs« aus der buntscheckigen Palette der sozialen Ordnungen des Mittelalters.

Sommer und Herbst

14 Die Rappoltsteiner Schlösser

Aufstieg:
Ribbeauvillé (Rappoltsweiler) – Ulrichsburg – Burg Girsberg – Burg Hoh-Rappoltstein, 2 Stunden.

Abstieg:
Hoh-Rappoltstein – Ulrichsburg – Kahlfelsen – Dusenbach – Ribeauvillé, 2 Stunden.

Gesamtzeit der Wanderung 4 Stunden
Höhenunterschied 220 bis 642 Meter.
Karte des Vogesenclubs Blatt Ribeauvillé – Sainte-Marie-aux-Mines.

> *Drei Schlösser auf einem Berg,*
> *Drei Kirchen in einem Tal*
> *Hat das Elsaß allüberall.*
> *Alter Spruch*

Mit den drei Schlössern auf einem Berg sind die drei Burgen auf dem Rappoltstein bei Rappoltsweiler (Ribeauvillé) gemeint. Merian (Topographia Germaniae Elsaß 1663) sagt unter »Rapoltzweyer«: »Diese jetz gemeldte drey Schlösser seynd die jenige / deren in deme bey Ammersweyer angezogenen Sprichwort gedacht wird.« Dort zitiert er eine von obigem Spruch etwas abweichende ältere Fassung:

> Drey Schlösser auff einem Berge
> Drey Kirchen auff einem Kirchhoffe
> Drey Städte in einem Thal
> Ist das gantze Elsaß überall.

Die drei Kirchen auf einem Kirchhof waren in Reichenweier, wie Merian in seiner Stadtansicht von »Reichenweyer« erläutert. Heute sind von diesen drei Kirchen, früher innerhalb der Stadtmauer an deren Nordseite gelegen, nur noch Reste an jetzigen Wohnhäusern zu sehen. Gotisches Maßwerk der einstigen Kirchen wird heute als Hauseinfriedung benutzt. Die drei Städte in einem Tal sind Kaysersberg, Ammerschweier und Kienzheim, wie Merian im Text Abs. 1 unter »Keinsheim/ Kiensheim« berichtet. Die drei Schlösser auf dem Berg Rappoltstein, wenn wir nach dem Alter gehen: Groß-Rappoltstein (530 m), seit 1435 nach dem Patron der Burgkapelle St. Ulrichsburg genannt, Burg Girsberg (528 m), 1281 bereits als »der

Stein« erwähnt, seit 1458 auch Klein-Rappoltstein genannt, und schließlich ganz oben auf dem Berg Hoh-Rappoltstein (642 m), auch Altenkastel genannt.

Wir ersteigen den Rappoltstein von Rappoltsweiler aus. Wir parken bei der katholischen Pfarrkirche, die sich im Westen der Stadt befindet, erkenntlich am 3geschossigen, quadratischen Turm mit spitzem Helm. Schräg gegenüber dem Chor der Kirche befindet sich der erste Wegweiser, beim Tennisplatz ist der zweite und 50 Meter weiter der dritte. Hier müssen wir uns entscheiden, ob wir rechts hinauf den schattigen Weg oder links hinauf den sonnigen Weg gehen. Wir ziehen jetzt im Herbst den letzteren vor, zumal er eine herrliche Aussicht bietet, was der schattige Weg nicht tut. Unser Kennzeichen ist das rote Rechteck. Der Weg führt stetig, aber mäßig steigend zunächst durch die Rebhänge unmittelbar über dem Städtchen. Der gesamte Südhang des Rappoltsteins ist mit Felsmassiven durchsetzt. Diese geben auch den beiden Burgen am Südhang, der Ulrichsburg und der Burg Girsberg den gewachsenen Fels als Fundament. Besonders augenfällig ist dies bei der Burg Girsberg, die als geradezu klassische romantische Burg einen steilen Felsen krönt. Unser Weg führt denn auch am Gümpelfelsen und kurz danach an einem weiteren Felsen vorbei, der fast die Form eines kleinen gotischen Turmes hat. Bald kommen wir im Wald an eine 4–5 Meter hohe Mauer mit einem Rundbogentor, die äußere Befestigungsmauer der Ulrichsburg. Diese ist das größte und auch besterhaltene der »Drei Schlösser«. Man kann noch heute klar die drei Bauphasen unterscheiden. Auf die beiden Hauptfelsen ist die älteste Anlage mit dem Wohnturm aus dem 12. Jahrhundert gebaut. Diese wurde kurz darauf durch den Bergfried, Palas und zweiten Turm erweitert. Im 13. Jahrhundert wurde der Palas aufgestockt und die dem heiligen Ulrich geweihte Burgkapelle gebaut. Später kommt noch ein viereckiger Wohnturm auf der Nordostseite und eine westlich gelegene Vorburg dazu. Viele Details locken den Beschauer, so im Palas die zierlichen Säulen eines Eckkamins mit Würfelkapitellen, da und dort Steinornamente in Form von Blattfächern, über den sieben Südfenstern des Palas die Ornamente in abwechselnder Reihe, die Nischen alle mit Sitzbänken ausgestattet, die inneren Teile der Bogen mit Kugeln geschmückt u. a. m.

Die Ulrichsburg war der Stammsitz der Herrschaft Rappoltstein. Die Herren von Rappoltstein waren Lehensleute des mittelalterlichen Reiches und besaßen bis ins 16. Jahrhundert die Reichsstandschaft.

Das Geschlecht der Rappoltsteiner gehörte zu den mächtigsten des Landes und war mehrmals mit deutschen Kaisern verschwägert. Von den Töchtern des Letzten des Stammes heiratete die eine 1667 den Pfalzgrafen bei Rhein, Christian II., wodurch die Herrschaft Rappoltstein auf die Pfalzgrafen überging. Pfalzgraf Friedrich ist 1724 im Stadtschloß der Rappoltsteiner in Rappoltsweiler geboren. Er ist der Urgroßvater des Prinzregenten Luitpold von Bayern. Letzter Rappoltsteiner war Maximilian Joseph, der auch Kommandeur des königlichen Regiments d'Alsace in Straßburg war und dort der »Dicke Max« genannt wurde. Mit dem Ausbruch der Französischen Revolution flüchtete er über den Rhein und verlor seine elsässische Herrschaft. Er wurde 1806 König von Bayern. Sein Sohn Ludwig I. wurde der Gründer der Kunststadt München. Im Dreißigjährigen Krieg wurde die Burg von den Rappoltsteinern verlassen und verfiel. Sie lebten von dort ab im Stadtschloß von Rappoltsweiler. An dessen Mauer haben wir den Aufstieg auf den Rappoltstein begonnen, als wir vor dem Wegweiser links oder rechts hinauf

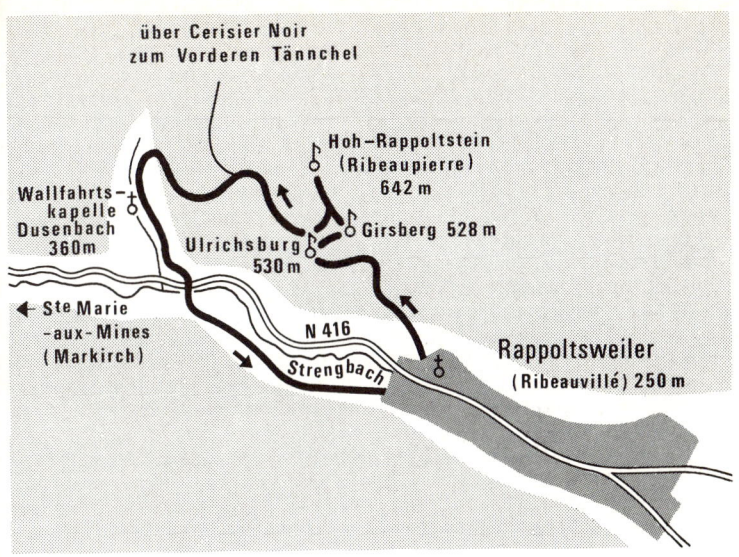

standen. Daß die Rappoltsteiner als uraltes Reichslehn das »Pfeiferkönigtum« besaßen, und was das bedeutet, wurde anläßlich des Hinweises auf den »Pfeiferbruderschaftsaltar« von 1399 in der Wallfahrtskirche von Alt-Thann (s. S. 64) geschildert.

Der Ulrichsburg gegenüber liegt in fast gleicher Höhe und nur in Rufweite entfernt die Burg Girsberg, die wir von der Ulrichsburg aus (bis hierher 45 Minuten) in weiteren 10 Minuten erreichen (gelbes Kreuz). Es ist eine kleine Burg, auf einer Felsenklippe erbaut, die nur wenig Raum zum Bauen ließ. Sowohl von der Terrasse am Südhang der Ruine, als auch vom Bergfried, den man allerdings nur durch Klettern erreicht, bietet sich ein herrlicher Blick hinaus in die Rheinebene, hinunter zum Städtchen und auf die Rebberge und die herbstlich bewaldeten Berge der Umgebung, vor allem aber hinüber zur Ulrichsburg. Man wird wohl weit herumsuchen müssen, bis man einen solch imposanten und nahen Blick von einer Burg zur anderen wie von der Ulrichsburg zur Burg Girsberg und umgekehrt wieder findet. Von der Burg Girsberg gehen wir wieder das kurze Stück zur Ulrichsburg zurück und folgen von dort dem Weg zum Hoh-Rappoltstein (Haut-Ribeaupierre, rotes Rechteck). In 40 Minuten stehen wir vor dem Tor der früher Altenkastel genannten, am höchsten von den dreien gelegenen Burg auf dem Bergplateau und ersteigen den Bergfried, der eine prächtige Rundsicht bietet. Beide Burgen, sowohl die Burg Girsberg, als auch der Hoh-Rappoltstein, wurden im 16. Jahrhundert verlassen und verfielen.

Wir steigen jetzt denselben Weg wieder abwärts bis zur Ulrichsburg. Dort folgen wir dem Wegweiser »Dusenbach-Pepinière«. Unser Ziel ist die berühmte Wallfahrtskapelle Notre-Dame von Dusenbach, die ihren Namen von dem kleinen Bächlein hat, das das Dusenbachtal am Westhange des Rappoltsteins bildet. Der Weg führt zunächst ein gutes Stück nordwestlich in Richtung Schwarzer Kirschbaum-Tännchel, zweigt dann aber links ab zum Kahlfelsen. Von diesem hat man wiederum eine herrliche Aussicht ins Strengbachtal, das von Rappoltsweiler nach Markirch (Sainte-Marie-aux-Mines) führt, und hinunter ins Dusenbachtal, sowie hinüber zur Ulrichsburg und durch immer höher werdenden Baumwuchs beschränkt, hinauf zum Hoh-Rappoltstein. Bei der ersten Abzweigung nach dem Kahlfelsen steigen wir links hinunter und kommen alsbald über einen Fahrweg hinauf auf einen dem Bachbett des Dusenbächleins abwärts folgenden Pfad, der uns in Kürze (von der Ulrichsburg eine halbe Stunde) zur Dusenbachkapelle (360 m) bringt. Sie liegt auf einem Felsplateau über dem Bach und bietet im engen Tal, umrahmt von buntem Laubwald, ein malerisches Bild. Neben dem Odilienberg war sie im Mittelalter das bedeutendste Wallfahrtsziel des Elsasses. Sie erfreut sich noch heute großer Beliebtheit. Eine Kirche und zwei Kapellen, ein Kapuziner-Konvent, der den Wallfahrtsort betreut, sowie ein Pilgerhotel und zahlreiche Besucher am Sonntag beweisen, daß Maria zu Dusenbach ihre Anziehungskraft noch nicht verloren hat.

Der Ursprung der Wallfahrt geht in die Zeit der Kreuzzüge zurück. Der Rappoltsteiner Ritter Egenolf brachte 1221 ein wundertätiges Marienbild, eine Ikone aus dem vorderen Orient, mit in seine Heimat und stellte es in einer eigens dazu erbauten Kapelle auf. Das Wunderbild wurde rasch bekannt und bald kamen die Pilger so zahlreich, daß man eine zweite Kapelle neben der ersten bauen mußte, und zwar eine Doppelkapelle aus zwei ineinandergehenden Kapellen im frühgotischen Stil. 1297 fügte Anselm der Kühne von Rappoltstein eine dritte Kapelle hinzu. 1484 kehrte Maximin II. von Rappoltstein aus dem heiligen Lande zurück und gestaltete die bisher ausschließlich dem Marienkult gewidmete Wallfahrtsstätte zu einem Orte der Darstellung des Leidens Christi mit einer Nachahmung der Via dolorosa in Jerusalem aus. Von dort stammen die Ölberggruppe und der Heiland im Grabe, die sich heute auf dem Priesterfriedhof an der Südseite des Chors der eingangs erwähnten katholischen Stadtkirche von Rappoltsweiler, von der aus wir unseren Aufstieg begonnen haben, befinden. Bei dieser Umwandlung Maximins II. ging auch das Ikonengnadenbild verloren und wurde 1498 durch die heutige Pietà ersetzt, von der angenommen wird, daß sie der Holzbildhauer Lorentz geschaffen habe, der im Rappoltsweiler Sadtarchiv unter dem Jahre 1498 als Bürger der Stadt erwähnt ist.

Dusenbach hat drei Zerstörungen erlebt: die erste im Hundertjährigen Krieg 1360 durch entlassene englische Söldner, die zweite 1632 durch die Schweden. Das Gnadenbild konnte gerettet werden. 1656 wurde die Wallfahrtsstätte wieder aufgebaut. Die dritte Zerstörung kam über Dusenbach durch die Französische Revolution. Am 25. März 1794 wird der Wallfahrtsort auf Befehl der Colmarer Distriktsverwaltung durch die Schlettstadter Nationalgarde niedergelegt. Die Marienskulptur des Meisters Lorentz kam in die Stadtkirche von Rappoltsweiler und blieb dort hundert Jahre, bis die Wallfahrtsstätte 1894 wieder hergestellt wurde. Was wir heute sehen, entstammt der Restauration in und nach dieser Zeit. Ein Modell, wie Maria-Dusenbach 1794 aussah, ist im südlichen Seitenschiff der Kirche aufgestellt. Die Geschichte der Wallfahrtsstätte ist in vier großen Wandgemälden an der Nordwand der Gnadenkapelle, in der sich auch die Holzskulptur des Meisters Lorentz von 1498 befindet, dargestellt (von Talenti 1938). Man muß die Beleuchtung einschalten lassen, um diese Wandgemälde deutlich zu erkennen.

In der Kirche sind an der Innenseite der Eingangswand Votivbilder aus den letzten Jahrhunderten (1789 bis 1944) aufgehängt, die ähnlich wie auf dem Schauenberg bei Pfaffenheim (vgl. S. 132) originelle Beispiele naiver Malerei darstellen. Die Reliefs des Stationenwegs, der aus dem Strengbachtale zu Maria-Dusenbach heraufführt, wurden von einem Münchner Künstler 1896 geschaffen.

Wir steigen diesen Weg durch den herbstlichen Wald hinunter ins Strengbachtal und kommen, allerdings auf der Landstraße, teils auch neben ihr, nach etwa einem Kilometer nach Rappoltsweiler. Wir haben rund um den Rappoltstein 4 Stunden Marschzeit gebraucht. Es ist keine anstrengende Wanderung, sie brachte uns aber noch einmal mit der herbstlichen Landschaft der Vogesenberge und mit historischen Besonderheiten zusammen, die den Tag lohnen.

Wenn wir die Tagesernte voll machen wollen, sehen wir uns noch etwas im Städtchen Rappoltsweiler um, das seit 1290 das Stadtrecht besitzt und, als es den Rappoltsteinern auf ihren Burgen zu unwirtlich wurde, Hauptsitz der Herrschaft Rappoltstein war. Die katholische Stadtkirche wurde 1282 begonnen, 1473 vollendet, 1876 durch ein Querschiff erweitert, wobei der Chor in der alten Form wieder aufgebaut wurde. Die drei Untergeschosse des Turmes sind alter Bestand. Eine Holzskulptur der Mutter Gottes im rechten Seitenschiff (um 1470) ist deshalb interessant, weil Maria eine Flügelhaube trägt. Zu behaupten, daß von hier aus die Flügelhaube der links- und rechtsrheinischen Frauen ausgegangen sei, scheint aber doch sehr gewagt. Es dürfte eher umgekehrt sein, daß nämlich der Künstler seiner Figur die landesübliche Kopfzier gab.

Die ehemalige Augustinerkirche mit dem jetzt noch erhaltenen Konventsbau von 1297, umgebaut 1776/79, ist im Besitz der Schulschwestern. Die ehemalige Katharinenkapelle ist jetzt städtisches Museum. Das Rathaus ist ein barocker Bau von 1773 und enthält in seinen Räumen schöne Barockschränke und kunstvolle Gefäße aus dem Silber der Minen des benachbarten Markirch. Eine Besichtigung des Rathauses ist möglich, wie denn im Sommer sonntags Stadtführungen stattfinden (Anschlag am Rathaus). Der Marktbrunnen (1536), der Brunnen in der Oberstadt (1582) am Westende des Städtchens und der Renaissance-Brunnen in der Hauptstraße, die ehemalige Kornlaube (1431 bis 1437), das ehemalige Stadtschloß der Rappoltsteiner, heute zur Schule umgebaut, dahinter der Herrengarten (1617), der Metzgerturm (13. Jh.), ehemals Abschlußtor der Mittelstadt, und weitere Stadttürme sowie alte Häuser mit Erkern, Portalen und Medaillons, insbesondere das »Pfeiferhaus« von 1680 sind Zeugen mittelalterlicher Stadtherrlichkeit. In Rappoltsweiler ist der Begründer des deutschen Pietismus, Philipp Jakob Spener, 1635 geboren. Das Konditorei-Café (Salon de Thé) John in der Nähe der Mairie ist zu empfehlen.   Frühling und Herbst

15 Burg Lichtenberg

Aufstieg:
Rothbach – M. F. (Forsthaus) Dietztal – Eselsplatz – Col Steige – Pulverbrücke im Rothbachtal – Lichtenberg, 3 Stunden.

Abstieg:
Lichtenberg – Rothbach, 1 Stunde 15 Minuten.

Gesamtzeit der Wanderung 4 Stunden 15 Minuten.
Höhenunterschied 188 bis 415 Meter.
Karte des Vogesenclubs Blatt La Petite Pierre – Bitche.

Die Vogesenpanoramen bezeichnen einen kleinen Bergkegel im Norden der Vogesen mit Lichtenberg. Das ist der in einer Runde von Bergzügen frei stehende Lichtenberg, gekrönt von einer imposanten Burg, an deren Fuß das gleichnamige Dörfchen Lichtenberg liegt. Ein Besuch dieser Burg lohnt sich nicht nur der weiten Schau über die reizvolle Landschaft der Nordvogesen wegen. Die Burg blieb seit ihrer Gründung 1268 bis in den Krieg von 1870 hinein als Festung erhalten. Burgen- und Festungsbauer haben immer wieder die Verteidigung verstärkt. Daher bietet sie dem Burgenfreund ein interessantes Beispiel des Burgenbaus an sich. Schließlich war Burg Lichtenberg der Stammsitz der Grafen von Lichtenberg, die im Besitz des größten weltlichen Territoriums im Unterelsaß waren und sich auch rechts des Rheins Besitztum verschafften. Sie nannten sich 1570 Grafen von Hanau-Lichtenberg. Die Namen »Hanauer Ländel« für das linksrheinische Gebiet und »Hanauer Land« für das rechtsrheinische Gebiet sind bis heute Landschaftsbegriffe geblieben. Der Straßburger Bischof Konrad III. von Lichtenberg erbaute die Burg im Jahre 1268 anstelle einer durch den Bischof von Metz zerstörten älteren Burg der Lichtenberger. Er ist derselbe weitsichtige und kunstsinnige Bischof, der 1276 den Grundstein zur Westfassade des Straßburger Münsters nach den kühnen Plänen Erwins von Steinbach gelegt hat und als der fördernde Bauherr des heutigen Straßburger Münsters geworden ist. Er hat auch das rechtsrheinische lichtenbergische Territorium geschaffen. Er ist der Gründer der Städtchen Lichtenau und Bischofsheim am Hohen Steg, später Rheinbischofsheim. Beide Orte befestigte er und errichtete in ihnen Schlösser. Auch die mächtige Wasserburg in Willstätt, dem Amtssitz für das rechtsrheinische Gebiet, war das Werk der Lichtenberger. Kriege haben in diesem Landstrich so grausam gewütet, daß von diesen drei Schlössern nichts mehr erhalten ist, wie denn auch mehrere Dörfer heute völlig verschwunden sind. Konrad von Lichtenberg wurde im Juli 1299, als er versuchte, seinen von den Freiburgern vertriebenen Schwager Egeno III. mit Waffengewalt wieder zurückzuführen, in einem Scharmützel bei Betzenhausen von einem Freiburger Metzger tödlich verletzt. Ein steinernes Kreuz, jetzt in der an der gleichen Stelle 1903 erbauten Kapelle, erinnert noch heute hieran, wie denn auch die Zunft der Freiburger Metzger noch heute vom Tatenruhm ihres mittelalterlichen Zunftgenossen zehrt: sie führt seit damals die Freiburger Handwerkerzünfte bei der Fronleichnamsprozession an.
Konrads Grabmahl ist in der Johanneskapelle des Straßburger Münsters, angeblich von Erwin von Steinbach, geschaffen.

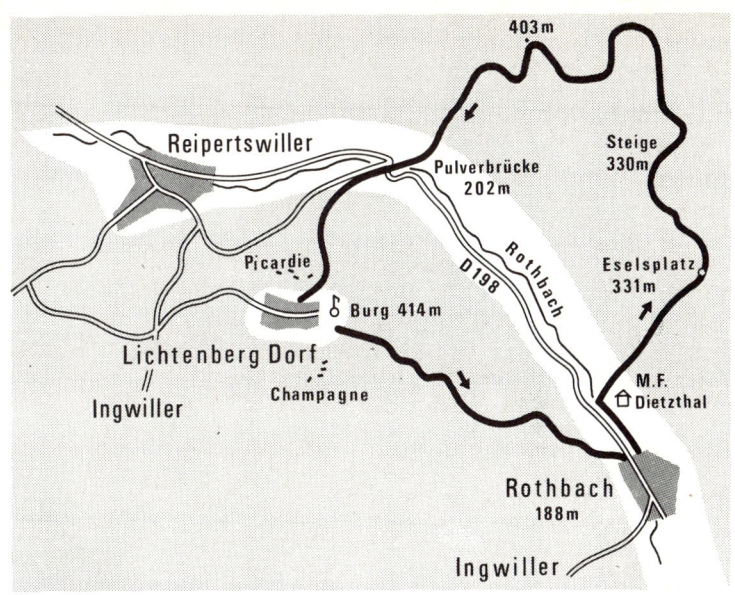

Die größte Ausdehnung links- und rechtsrheinisch hatte das lichtenbergische Territorium um 1400 unter Ludwig IV. Nach seinem Tode teilten seine beiden Söhne Ludwig V. und Jakob die Herrschaft. Dabei teilten sie auch die Burg Lichtenberg 1440 fein säuberlich in zwei Bereiche auf. Ludwig V. war der zum Regieren tüchtigere der beiden Brüder und drängte schließlich Jakob zur Seite. Die beiden Brüder verfeindeten sich.

Jakob, wegen seines Bartes Jakob »im Barte« oder Jakob der Bärtige genannt, befaßte sich lieber mit der Astrologie und Alchimie. Er zog sich schließlich mit seinem Freund, dem Astrologen Johannes Lichtenberger, dem späteren Hofastrologen des Kaisers Friedrich III., auf Schloß Lichtenberg zurück. Die Verbindung Jakobs über Johannes Lichtenberger zum Kaiser bewirkte es, daß Jakob in den Grafenstand erhoben wurde. 1450 starb Jakobs Frau Walpurga aus dem Grafengeschlecht Mörs-Saarwerden. Die Ehe war kinderlos geblieben. Jakob fand Gefallen an einer hübschen Maid, die da als Magd im Schloßgesinde diente. Da sie überdies außerordentlich geschickt und tüchtig war, machte er sie zur Schaffnerin über den Schloßhaushalt und die Ökonomie. Wieder einmal fand sich eines der historischen Paare zusammen, deren Liebe letztlich tragisch endete: Jakob im Barte und die schöne Bärbel von Ottenheim. Gegen die Liebe der zwei hatte der Zeitgeist offenbar nichts einzuwenden. Die Straßburger ließen es sogar zu, daß der bedeutende Steinbildhauer Nikolaus Gerhaert von Leyden, der 1467 den berühmten Cruzifixus in Baden-Baden, heute in der Stiftskirche, geschaffen hat, über dem Portal der Straßburger Stadtkanzlei 1463 zwei Büsten aus rotem Sandstein anbrachte, denen er zwar offiziell die Bezeichnung »Der Prophet und die Sibylle« gab. Aber mit Verlaub gesagt: Ein so vergnügliches Grinsen, wie es der Mann im Barte entfaltet, wäre mit der Würde eines Propheten schlecht vereinbar gewesen. Ganz Straßburg wußte, der da mit listig-besitzstolzem Blick, verkniffen-verschmitztem Munde und scharfer Hakennase dem kokett herabblickenden jungen Weibe gegenübergestellt ist, ist Herr Jakob von Lichtenberg – und da war nicht mehr schwer zu erraten, wer die Sibylle sei. Die Straßburger Stadtkanzlei erlitt zwar 1686 einen Brand und wurde 1789 endgültig zerstört. Aber die beiden Figuren wurden gerettet und kamen in die Straßburger Stadtbibliothek. Man fertigte von ihnen Gipsabdrücke, die uns glücklicherweise erhalten sind. Denn bei der Beschießung Straßburgs im 70er Krieg wurde wiederum die Stadtbibliothek zerstört. Durch Zufall wurden wenigstens die Köpfe der beiden Figurenoriginale gerettet. Den Kopf Jakobs stöberte der Kriegsberichterstatter der »Frankfurter Zeitung«, Wilhelm Rullmann, in den Trümmern auf, ohne um seinen Wert zu wissen. Er nahm ihn im Tornister mit. Jakob landete im Museum des Geschichtsvereins in Hanau. Nach Jahren wurde er an das Frauenhaus-Museum in Straßburg zurückgegeben. Der Kopf der Bärbel ist im Liebieghaus in Frankfurt a. M.

Zu Jakobs und Ludwigs V. Zeiten hatten die Lichtenberger bereits im Städtchen Buchsweiler (Bouxwiller) in der weiteren Nachbarschaft des Lichtenbergs ihr Stadtschloß. Sie machten Buchsweiler zum Regierungssitz, auch für den rechtsrheinischen Besitz. Jakob im Barte hielt mit seiner Bärbel im Stadtschloß zu Buchsweiler Hof. Das ging einige Jahre gut. Aber Ludwig mußte fürchten, daß ihn Bärbel um das Erbe seines kinderlosen Bruders bringe. War es Bärbels Regiment allein oder manipulierte Ludwig die Volksmeinung – jedenfalls kam es 1462 zum Aufstand:

Die Bürger von Buchsweiler demonstrierten, wie man so etwas heute nennt, vor der Burg Lichtenberg gegen das Regiment der Bärbel und forderten von Ludwig V. Abhilfe. Während die Männer mit Ludwig verhandelten, griffen die Buchsweiler Ehefrauen zu Mistgabeln und Dreschflegeln und demonstrierten vor dem Buchsweiler Schloß. Jetzt griff Ludwig mit bewaffneter Macht ein, überfiel die Stadt Buchsweiler und schloß Jakob mit Bärbel im Schlosse ein. Jakob mußte sich demütigenden Beschränkungen seiner Herrschaft unterwerfen und Bärbel nach Hagenau umsiedeln.

Das war der »Buchsweiler Weiberkrieg«, den der elsässische Chronist Bernhard Hertzog, hanau-lichtenbergischer Amtmann zu Wörth, später farbig schildert. Und er zieht die »Moral von der Geschicht« in dem Spruche:

> Ein' Hur auf einem Schloß
> Ein Bettler auf eim Roß,
> Ein' Laus in einem Grindt,
> Nicht findt sich stolzeres Gesindt.

Die Liebe der Beiden währte aber noch Jahre. Schließlich trennten sie sich im Guten. Bärbel heiratete den Fürsprech (Advokat) Eucharius in Hagenau. Wenige Jahre später, als Jakob schon tot war, machte man ihr den Prozeß. Sie erhängte sich im Gefängnis.

Ludwig V. starb 1471. Jakob überlebte ihn um 9 Jahre, in denen er noch eine Zeitlang die Lichtenbergische Herrschaft ausübte. Mit seinem Tode 1480 starb der Lichtenberger Mannesstamm aus. Von den beiden Töchtern seines Bruders hat die eine den Grafen Philipp V. von Hanau und die andere den Grafen Simon Wecker IV. von Zweibrücken geheiratet. Die Lichtenbergische Herrschaft teilte sich unter die beiden. 1570 starben die Zweibrückener aus. Damit vereinigte sich die Herrschaft Lichtenberg wieder in der Hand der Hanauer Grafen. Das Land heißt forthin die Grafschaft Hanau-Lichtenberg, und daher stammt der Landschaftsname Hanauer Land und Hanauer Ländel. Die hanau-lichtenbergischen Grafen waren tüchtige und beliebte Regenten bis auf Friedrich Casimir (1666–1685), ein Phantast, der sich von einem Betrüger, einem Doktor Becker, für Unsummen einen Vertrag mit einer holländisch-westindischen Gesellschaft in Amsterdam aufschwätzen ließ über die Gründung eines »Königreichs Hanauisch-Indien« am Orinoco. Außer einem schönen Mohrenknaben aus Angola hat Casimir nichts für sein Geld erhalten. Mit dem Mohren aber ließ er sich von seinem Hofmaler J. D. Welker 1669 in einer allegorischen Darstellung malen: Er im Harnisch eines römischen Imperators, die Schätze seiner neuen Kolonie vom Gotte Merkur aus den Händen des Mohrenknaben in Empfang nehmend, heute in der Kunsthalle in Karlsruhe zu bestaunen.

Der letzte hanau-lichtenbergische Graf war Johann Richard III. (1712–1736), der Erbauer der Willstätter Barockkirche. Seine Enkelin heiratete den Markgrafen Karl Friedrich von Baden. Damit wird das rechtsrheinische Hanauerland badisch (vgl. im übrigen die ausführlichere historische und kunsthistorische Darstellung des Verfassers »Bärbel von Ottenheim« in »Geroldsecker Land« Heft 14, S. 116 – 137).

Dieser Gang durch die Geschichte rechtfertigt es, daß wir uns zur Fahrt ins »krumme« oder »bucklige« Elsaß, wie man das liebliche wellige Land nach Lothringen zu nennt, aufmachen und aufsteigen zur Ruine Lichtenberg – Ruine seit der Beschießung durch württembergische Artillerie am 9. 8. 1870 (476 Granaten und 24 Brandgranaten, gegen Abend brannte das Nest lustig, wie der Geschützführer in der Königlich-Württbg. 6. Feldbatterie, Karl Löffel, Schlossermeister aus Stuttgart, in seinen Erinnerungen an den 70er Krieg laut Stuttg. Ztg. v. 31. 8. 1970 berichtet).

Selbstverständlich kann man auf den Lichtenberg mit dem Auto fahren. Aber wir wollen ja die Landschaft erwandern. Deshalb lassen wir den Wagen in Rothbach, einem kleinen Dörfchen am Ostrand des Gebirges, zurück. Wir parken auf einem Platz hinter der Brücke über den Rothbach, der dort aus dem Gebirge in die Ebene tritt. Am Platze steht ein sehr schönes, eben restauriertes Fachwerkhaus, wie es deren in Rothbach und der ganzen Umgebung, vor allem im benachbarten Oberbronn (Haus Ulrich) jede Menge gibt. An den Fachwerkhäusern in Rothbach fällt auf, daß die Kellerfenster nicht mit Holzläden ausgestattet sind, sondern mit hin- und herschiebbaren Sandsteinplatten verschlossen werden können, jeweils in hälftiger Größe der Fensteröffnung, eine von innen und eine von außen, an einem großen, runden, steinernen Knopf bedienbar. Kein Wunder, denn in den Steinbrüchen des Rothbacher Waldes wird der rote Sandstein nicht gebrochen, sondern aus dem kompakten Fels herausgesägt, so daß Steinplatten in allen Größen Spezialität der Brüche sind.

Vom Parkplatz aus folgen wir der Fahrstraße nach Offweiler bis zur großen Kehre. Dort gehen wir geradeaus auf der Route privée bis zum M. F. (Forsthaus) Dietztal.

Die Wegweiser unterwegs gehen uns nichts an. Für uns ist ein rotes, aufrechtstehendes Rechteck maßgebend. Links der Straße sind eine Reihe von Fischteichen, in denen Scharen von Forellen tummeln. Nach dem Forsthaus (mit landwirtschaftlichem Betrieb) gehen wir die erste Abzweigung rechts in den Wald hinein. Das rote Zeichen ist rechts an einer Kiefer. Wir steigen in das tief eingegrabene Tälchen eines dürftigen Bächleins hinauf durch den Laubwald, bis wir an einen Wegedamm kommen. Dort beginnt rechts ein Serpentinenpfad (rotes Zeichen an einem Stein und an einer Buche), der uns zum Eselsplatz (331 m) auf den Bergrücken führt. Unsere Talseite hat schon stark gebräunten und gelichteten Laubwald, gegenüber leuchtet in stärkstem Kontrast blaugrüner Kiefernwald. Am Eselsplatz treffen wir auf die erste Wegweisung: Lichtenberg, weißes Kreuz. Vierhundert Meter nach dem Eselsplatz geht eine Wegweisung links von der geteerten Straße ab nach Steige-Redoute-Lichtenberg (aufrecht stehendes weißes Rechteck). Wir benützen diesen Seitenpfad, vorbei am Mitteleck-Brünnlein und später am Jägerfelsen. Hinter diesem ist eine Wegegabelung: das weiße Kreuz führt nach Untermühltal, nördlich unseres Bergkammes im Tal der Zinsel gelegen, das weiße Rechteck über Steige zum Lichtenberg. 50 Meter danach müssen wir kurz rechts und gleich wieder links halten (weißes Rechteck auf einem Stein). Bald sind wir am Col Steige (330 m). Wir folgen jetzt dem Wegweiser am Baum Nr. 41, roter Ring und weißes Rechteck: Lichtenberg. Bei einem Waldplatz mit zahlreichen Ginsterbüschen verlassen wir den rot beringten chemin circulaire und folgen dem weißen Rechteck Lichtenberg. Nach 10 Minuten kommt eine Wegegabelung, wo wir wieder dem weißen Rechteck Lichtenberg folgen. Gleich danach kommt wieder eine Gabelung mit Wegweiserschild rechts: weißes Rechteck und erstmals rotes liegendes Rechteck für den selben Weg. Nach 20 Minuten wieder eine Gabelung: Lichtenberg rotes Rechteck und Emailschild weißrot für denselben Weg. In 5 Minuten erreichen wir eine Bank, von der aus wir erstmals einen Blick auf den gegenüberliegenden Lichtenberg nehmen können. Bis hierher ging es ständig durch herrlichen Laubwald, aber ohne größere Aussicht. Wir werden aber auf der Burg selbst reichlich entschädigt werden. Wir erreichen bald das Rothbachtal an der Pulverbrücke. Auf der anderen Talseite gegenüber steht am Waldrand eine Bank, daneben der Baum 74 mit dem Wegweiser Lichtenberg, der uns durch stark gelichteten Laubwald leicht aufwärts führt. Bald sehen wir Burg und Dorf Lichtenberg über uns liegen. Der Zinken, den wir dann durchschreiten, heißt Picardie, nach der Landschaft im Norden Frankreichs, von wo Vauban 1680 die Maurer zum Wiederaufbau nach der Zerstörung von 1677 nach Lichtenberg holte. Sie siedelten dort am Hange. Aus demselben Grund heißt ein südöstlich gelegener Zinken Champagne. Innerhalb der wenigen Häuser der Picardie steht ein Kruzifix. An ihm vorbei geht der Fußweg rechts am Hange hoch zum Kirchplatz. Wir haben von Rothbach aus bis hierher 3 Stunden gebraucht. Vom Kirchplatz biegen wir links in die Hauptstraße ein, an deren Ende ein kurzer Aufstieg zur Burg führt. Der Burgwächter am Burgtor ist nicht immer da. Er wohnt in einem Haus seitab der Hauptstraße am Ende eines nach rechts abgehenden Zuweges, wenige Häuser vor dem Restaurant Boeuf Noir. Der älteste und höchste Teil der Burg (415 m) aus dem 13. Jh. ist der Bergfriedhof aus zwei runden, durch einen Mittelblock miteinander verbundenen Türmen. Neben dem Bergfried steht der Rest der Burgkapelle (15. Jh.), nur noch in der gewölbten gotischen Chorpartie mit beachtlicher Höhe erhalten. Die heute noch vorhandenen Teile der um den Bergfried gelegenen Burg (Palas mit Rittersaal, überwölbte Treppe usw.) entstammen der Erneuerung des Straßburger Burgenbaumeisters Daniel Specklin um 1580. Die unterhalb des Burgplateaus gelegenen Teile, Ställe und Mannschaftsgebäude, wurden von Vauban errichtet, der auch den äußeren Burggraben in seinen jetzigen imposanten Zustand gebracht hat. Man versäume keinesfalls die Besteigung des Bergfrieds und einen Rundgang auf der äußeren Burggrabenmauer um die Burg herum. Von dort sieht man am besten den gewachsenen Fels, auf dem die Burg steht. Vom Bergfried aus erblickt man unten im Tale das Dörfchen Reipertsweiler mit der an den Hang geschmiegten kleinen gotischen Kirche, der Grabkapelle Jakobs im Barte. In ihr ist links vor dem Altar sein Epitaph (Grabplatte) mit der Jahreszahl 1480, im übrigen während der französischen Revolution verstümmelt. Im Gewölbe des Chors das Lichtenbergische Wappen und Jakobs Kopf. Außen hinter dem Chor Reste des zerstörten Sarkophags.

Nach der Besichtigung der Burg gehen wir bis zu dem alten Kruzifix auf der Hauptstraße, die wir gekommen sind, zurück. Diesem gegenüber geht eine Straße nach Süden ab, die den Hang entlang zu einem Kruzifix führt. Vor diesem geht der Weg nach Rothbach links ab (blaues Rechteck). Wir erreichen Rothbach in einer knappen Stunde. Der Weg ist unkompliziert. Er führt an zwei der eingangs erwähnten, interessanten Sandsteinbrüchen vorbei.

Wenn wir Zeit haben, widmen wir auf der Rückfahrt Buchsweiler (Bouxwiller), der einstigen Residenz der Lichtenberger, noch eine halbe Stunde. Viel ist von der vergangenen Herrlichkeit nicht mehr zu sehen. Auf dem Platz, wo einst das Schloß stand, steht heute das Gymnasium (Lycée), entstanden aus der berühmten Lateinschule von 1614. Rechts daneben die Orangerie aus der Zeit, als Buchsweiler um 1741 unter der Landgräfin Caroline das kleine Versailles war, mit einem Rest der älteren gotischen Schloßkapelle. Rechts dahinter der Herrengarten. Gegenüber dem Gymnasium das einstige Lichtenbergische Kanzleigebäude aus der Renaissancezeit mit schönem Portal auf der Vorder- und Rückseite, heute das Rathaus. Die Post rechts daneben ist ein ehemals Lichtenbergisches Marstallgebäude. Die heutige protestantische Stadtkirche, eine 1614 umgebaute gotische Kirche, war die Grabkirche der Hanau-Lichtenberger (Schlüssel im Pfarrhaus). Das Städtchen hat viele alte Fachwerkhäuser und Winkel, leider meist wenig gepflegt, vor allem die Häuser am Kornmarkt (Zugang über die für Fahrzeuge gesperrte Straße zwischen Rathaus und Post, rechts eine Steintreppe hinauf).

Die Wanderung eignet sich, weil sie fast ganz durch Laubwälder führt, vornehmlich für die Maienzeit und den Herbst. Frühling und Herbst

16 Heidenkopf

Aufstieg:
M. F. (Forsthaus) Klingenthal – Steinerne Bank – Heidenkopfgipfel, 2 Stunden.

Abstieg:
Heidenkopfgipfel – Steinerne Bank – Col du Heidenkopf – Klingenthal über Aukopf, 1 Stunde 45 Minuten.

Gesamtzeit der Wanderung 3 Stunden 45 Minuten.
Höhenunterschied 280 bis 786 Meter.
Karte des Vogesenclubs Blatt Mont Ste. Odile Vallée de la Bruche.

Nordwestlich des Riegels Männelstein – Odilienberg – Hohenburg liegt jenseits des Tals der Ehn, die bei Oberehnheim (Obernai) aus dem Gebirge in die Rheinebene tritt, zwischen der Ehn und dem Lauterbach, der der Magel und damit der Breusch (Bruche) zufließt, ein kleines, nach allen Seiten hin freies Massiv, dessen höchste Erhebung der Heidenkopf (786 m) ist.

Wir fahren über Oberehnheim nach Klingenthal. In Klingenthal teilt sich die Fahrstraße. Wir folgen der Autowegweisung Schirmeck. Wir fahren an dem kleinen Ludwigskirchlein (1761) vorbei. Über dem Eingangsportal befindet sich ein zierliches Steinrelief, das den französischen König Ludwig IX., den Heiligen, darstellt, daneben das Bourbonenwappen, die drei Lilien. Das Figürchen hat eine auffallende Ähnlichkeit mit dem Bamberger Reiter.

Nach der letzten hochführenden Kurve liegt rechts im Hintergrund das M. F. (Forsthaus) Wolfsgrube, die der Höhe den Namen gibt. Dort ist gleich eine Straßenkreuzung: Links zieht die Rue de la Forêt in das Neubauviertel. Rechts führt die Abzweigung nach Boersch. Dort an der Ecke steht das neue M. F. (Forsthaus) Klingenthal (übrigens mit einem Tierpark nach Westen, in dem ein Rudel Wildschweine bettelnd an den Straßenzaun kommt). Wir parken hier auf dem Straßenbord rechts. Auf der rechten Straßenseite der Rue de la Forêt, schräg gegenüber dem blau-weißen Straßenschild, steht ein großer Sandstein, der zwei gelbe Punkte trägt, der Beginn unseres Weges 5c der Vogesenclubkarte zum Heidenkopf. Der Pfad führt an einem Wasserreservoir vorbei. Am Ende des kerzengeraden Waldweges weist uns der gelbe Punkt halbrechts hoch. Wir überqueren bald eine geteerte Waldfahrstraße. Der Wegweiser steht links und bringt neben dem Heidenkopf erstmals das etwas weitere Ziel M. F. Ochsenläger, immer gelber Punkt. Die Wegweisung ist klar. Der nun betretene Fußweg trifft auf einen etwas breiteren Waldweg. Der gelbe Punkt ist rechts an einer Eiche. Kurz danach muß man links halten; der gelbe Punkte steht wieder einmal 10 Meter weiter. An der nun folgenden Gabelung ohne Markierung muß man sich links halten. Man muß jetzt etwas aufpassen, aber der gelbe Punkt läßt sich immer wieder finden. Wenn der Fußweg auf die Waldfahrtstraße trifft, gehen wir links, nach ca. 50 Metern rechts, bei der Gabelung bleiben wir dann geradeaus. Der gelbe Punkt ist an einer Fichte.

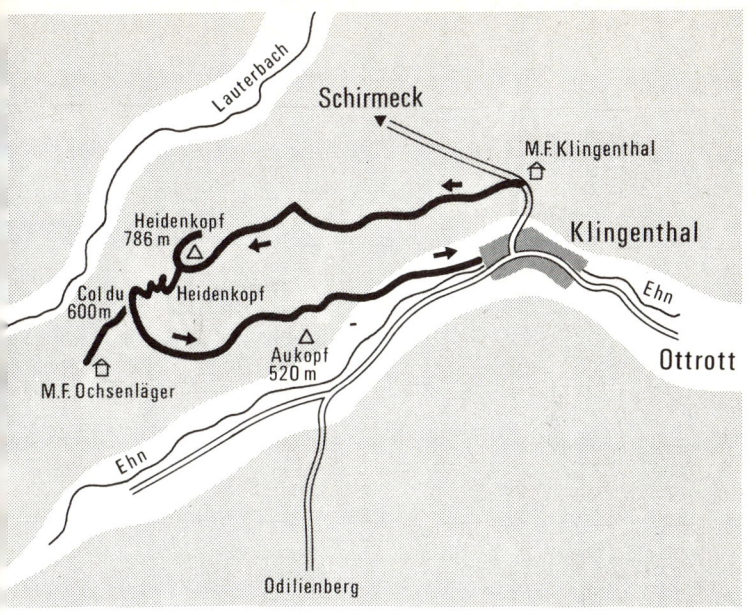

Dasselbe wiederholt sich gleich nochmals. Der gelbe Punkt ist wiederum an einer Fichte. Bei der nächsten Abzweigung müssen wir wieder geradeaus bleiben. Der gelbe Punkt kommt gleich zweimal, an zwei sich gegenüberstehenden Bäumen. Von nun ab schlängelt sich der Weg als Bergpfad am eigentlichen Kegel des Heidenkopfes zur Spitze hinauf.

Bei einer steinernen Bank bietet sich der erste Ausblick hinüber auf die Ottrotter Schlösser (vgl. S. 9) und zwischen den Vorbergen hindurch in die Rheinebene. Noch sind wir zu nieder an Höhe, doch gleich darauf gibt eine Waldschneise von etwas höherem Hange aus den Blick frei auf die Ottrotter Schlösser, das Kloster Odilienberg (vgl. S. 19) und in die Rheinebene hinaus. Sie erscheint als unendliches Nebelmeer, eingerahmt im Vordergrund von den Vogesenvorbergen und im Hintergrund von den fernen Höhen des Schwarzwaldes. Man erkennt deutlich die Moos uns unmittelbar gegenüber. Etwas höher bietet sich uns, durch freistehende Tannen hindurch, immer wieder der Blick auf den Bergzug gegenüber, jetzt auf das Hagelschloß.

Wenn wir eine Wegkreuzung bei der zweiten steinernen Bank zwischen dem Baum Nr. 17 und 24 erreicht haben, befinden wir uns auf dem Rundweg (auf späteren Wegweisern mit »tour« [Turm] ausgezeichnet), der, nach Osten hin nicht geschlossen, um den Heidenkopfgipfel herumführt. Wir gehen an der steinernen Bank vorbei und gelangen, um die Westseite des Rundwegs herum, von der Nordseite auf den Heidekopfgipfel. Bevor wir zur Bergspitze kommen, sehen wir drüben im Norden wie eine Fata Morgana das mächtige Plateau der Ruine Girbaden (vgl. S. 81) in der hellen Sonne liegen und links unten im Tale den Kurort Grendelbruch. Aber schon sind wir, von Klingenthal aus in zwei bequemen Marschstunden, auf dem Gipfel des Heidenkopfes angelangt und können von seinem Turm aus (87 Stufen) die herrliche Rundsicht genießen.

Im Osten am Rand des Gebirges liegt Oberehnheim, weiter nordöstlich Rosheim, jetzt vom Nebel, der die gesamte Rheinebene bedeckt, verhüllt. Die nahen Ottrotter Schlösser, das Hagelschloß (auf der Bergnase rechts über den Ottrotter Schlössern), St. Odilien; der Männelstein und der Ungersberg im Süden sind frei vom Nebel. Im Nordwesten ragt der Donon, der Narion, der Großmann, der Mutzigfelsen und der Schneeberg heraus. Burg Nideck, wenn die Sonne sie aus dem winterbraunen Untergrund des Berghangs hervorhebt wird sichtbar: eine Rundsicht, die die Besteigung des Heidenkopfs reichlich belohnt.

Der Turm auf dem Heidenkopf, eingeweiht 1909, heißt Mündel-Turm, so benannt nach dem verdienstvollen Wanderer, Verfasser eines Vogesenführers in mehreren Auflagen (1881–1913) und mehrerer Bücher über Landschaft und Kultur des Elsasses und Sammler elsässischer Volkslieder. Wir trafen schon einmal auf der Wanderung entlang der südlichen Heidenmauer auf ein Denkmal zu seinem Gedächtnis (s. S. 19).

Der Heidenkopf hat seinen Namen nicht von ungefähr. Alles was geschichtlich nicht mehr deutlich erfaßt werden kann, wird bekanntlich im Volksmunde mit dem Namen »Heiden« verbunden. So stand auch auf dem Heidenkopf eine frühmittelalterliche Burganlage, deren Herkunft und Name verloren ging. Neben dem Mündelturm sind noch Fundamentreste zu erkennen. Ebenso sind Reste einer alten Zisterne und um den gesamten Gipfel des Berges Reste eines Wallgrabens erkennbar, dem man nach Mündel die behauenen Quadersteine, aus denen der Turm gebaut wurde, entnahm.

Wir gehen vom Berggipfel den Rundweg, den wir gekommen sind, wieder bis zur steinernen Bank zwischen den Bäumen Nr. 17 und 24 zurück. Gegenüber der Bank befindet sich ein Wegweiser zum M. F. Ochsenläger. Diesem Weg folgen wir auf dem Serpentinenpfad bis zum Col du Heidenkopf. Der ist zwar wieder einmal nicht beschildert, befindet sich aber dort, wo der Serpentinenpfad auf eine Wegkreuzung (Höhe 589 m) mit drei zusammenkommenden Waldfahrstraßen trifft. Es steht dort eine größere Buche mit der Nr. 18 und einem gelben Schild. Wir gehen noch ca. 100 Meter weiter über die Wegkreuzung in Richtung M. F. Ochsenläger, wo links ein Weg abbiegt, den Waldhang leicht hinunter mit dem Wegweiser: Klingenthal direkt (blaues liegendes Kreuz). Diesem Weg folgen wir, bis nach kurzer Zeit zwei Wegweiser kommen, einer rechts und einer links am Wege. Wir folgen dem letzteren: Klingenthal direkt über Aukopf (blaues Kreuz). Der Weg führt am Berghang an einer mächtigen Geröllhalde entlang hoch über dem Tale in Richtung Klingenthal. Durch den kahlen Laubwald sieht man jenseits des Tales ganz nahe die Konturen der Ottrotter Schlösser. Man trifft auf eine schwarz geteerte Waldfahrstraße, wo uns rechter Hand wieder der gelbe Punkt in Empfang nimmt, der uns sicher zur M. F. Wolfsgrube und wieder nach Klingenthal zurückbringt.

Wir haben vom Heidenkopfgipfel bis zum Col du Heidenkopf eine starke halbe Stunde und von dort eine Stunde und 15 Minuten nach Klingenthal gebraucht. Die Wanderzeit beträgt also rund 4 Stunden.

Oben am Rundweg um den Heidenkopfgipfel wies ein Wegweiser einen Abstieg nach Rosheim. Wir hätten gerne diesen Rückweg benutzt, um das reizvolle Rosheim zu besuchen, wenn wir schon in seiner Nähe sind. Da wir aber den Wagen in Klingenthal zurückgelassen haben, müssen wir wieder dorthin zurück. Wir legen die wenigen Kilometer von Klingenthal nach Rosheim über Börsch im Auto zurück, nicht ohne Börsch beim Anblick des herrlichen Sechs-Eimer-Brunnens von 1617 vor dem Rathaus (von 1565) seines 1970 zerstörten, doch nun wieder aufgebauten größeren Bruders in Oberehnheim zu gedenken.

R o s h e i m ist ein altes Städtchen, seit 1132 im Besitze der Staufer und im Kranze der Reichsstädte. Es durfte sich der besonderen Liebe der Schwabenkaiser erfreuen. Es hat in der Reihe der elsässischen Städte im Mittelalter eine beachtliche Rolle u. a. als Mitglied des Städtebundes der Dekapolis (1323–1672) gespielt. Die auffallend großzügige Stadtanlage mit der langen, breiten Hauptstraße mit heute noch erhaltenen 5 Toren (Ratsturm, Obertor, Schultor, Untertor, Löwentor), alten profanen und kirchlichen Bauten, schönen Bürgerhäusern, meist aus Fachwerk, und Resten der Stadtbefestigung, die die ältere Mittelstadt von der Ober- und Unterstadt trennt, lassen erkennen, daß Rosheim einst über den heutigen Rahmen eines Landstädtchens hinausragte. Kriege und Brände haben auch diese Stadt allzu oft heimgesucht, so daß wir dankbar sind für das, was uns für die heutige Zeit zu unserer Freude verblieben ist.

Das ist in erster Linie die romanische Kirche St. Peter und Paul, die »untere Kirche«, wohl nicht das größte, aber doch wohl das beeindruckendste Zeugnis romanischer Baukunst im Elsaß überhaupt. Der bekannte Kenner des romanischen Kirchenbaus im Elsaß, Rudolf Kautzsch, räumt ihr eine Schlüsselstellung innerhalb der Entwicklung der Romanik insgesamt ein. Der erste Eindruck sei überwältigend: außen eine heitere, ja phantastische Pracht, innen eine schwere, bedrängende Massigkeit des Aufbaus. Der Grundriß ist die kreuzförmige, gewölbte Basilika mit zweieinhalb Langhausjochen. Über der Vierung der achteckige, später erhöhte Turm. Hauptchor und die nördliche Nebenapsis erforderten an sich die Ergänzung durch eine südliche Nebenapsis. Dort steht aber ein zweigeschossiger Anbau, heute die Sakristei, als Rest eines Chorturms einer älteren Kirche. Das runde Treppentürmchen ist später angefügt worden. Ohne daß hier auf Einzelheiten eingegangen werden soll, sei doch ein Hinweis auf den klassischen Aufbau des Westgiebels gegeben, sei auf die Linien der verschiedenartigen Lisenen hingewiesen, die herrlichen Gewände des südlichen Seitenportals, die zahlreichen, vollplastischen Figuren und Reliefs am Äußeren der Kirche, Fabeltiere, Ungeheuer, Menschen, allerlei Tiere, jedes Stück ein Meisterwerk. Oder sei es der Blick auf das Äußere des Mittelfensters der Hauptapsis (Chor) mit den 4 Tiersymbolen der Evangelisten gelenkt. Man versäume nicht, um die Kirche herumzugehen. Wenn man das Innere betritt, muß man eine Weile verharren, bis sich das Auge vom Kontrast zwischen der Helligkeit des Tageslichts draußen und der Düsternis des Innern erholt hat. Dann aber wird auch die zuerst bedrückende Wirkung der Steinschwere des Innern der Kirche verständlich.

Ein anderes bedeutendes Zeugnis früherer Stadtherrlichkeit ist das »Turmhaus« oder »Heidenhaus«, der Sage nach ein Jagdhaus Karl des Großen, ein romanisches Wohnturmhaus im südlichen Teil der Hauptstraße, sicher das älteste Haus im Elsaß überhaupt, schon 1178 als domus lapidea – steinernes Haus – erwähnt. Viele schöne Fachwerkhäuser mit Holzschnitzwerk, Erkern und Lauben, malerische Winkel in Höfen, ein Drei-Eimer-Brunnen von 1605 (der Marktbrunnen), die zusammengehörende Häusergruppe um den Ratsturm mit dem Barockbau von 1775 (Rathaus) und dem Haus von 1576 mit Fachwerkgeschoß u. a. m. machen den Gang durch das Städtchen interessant.

Die einstige Reichsstadt Rosheim ist an der Schwelle des Übergangs vom Mittelalter zur Neuzeit aber noch in einer besonderen Eigenschaft bekannt geworden, nämlich als Wohnort des zu europäischem Ansehen gelangten Juden Joseph ben Gerschom Louhans, auch Joseph Gerson oder kurz »Josel von Rosheim« genannt. Josels Vater hat noch in Endingen am Kaiserstuhl gewohnt, siedelte aber nach einer Judenvertreibung von dort nach Oberehnheim über. Da war er aber vom Regen in die Traufe geraten. Schließlich fand die Familie Zuflucht in Hagenau. Dort ist Josel 1478 geboren worden. Vermutlich war er verwandt mit dem jüdischen Leibarzt des deutschen Kaisers Friedrich III. Jakob Jehiel Loans, aus dem französischen Orte Louhans, wie sein oben angeführter voller Name zeigt. Friedrich III. setzte die Tradition der deutschen Kaiser fort, daß die Juden unter dem besonderen kaiserlichen Schutz standen, und nahm die ihm kraft des »Judenregals« zustehende Sachwalterschaft ernst. Das war in der Folgezeit nicht immer so. Die Juden des Elsasses schlossen sich an der Jahrhundertwende zusammen zu fest organisierten Landständen und wählten 1510 den Rabbi Josel von Rosheim zum Vorsteher im Elsaß. Von dort an war Josels Leben dem Schutze und der Rechtswahrung der Juden verschrieben. »Er ging länger als 40 Jahre an die Höfe der Könige und Fürsten und hielt von der israelitischen Nation Austreibungen, Verfolgungen und Ermordungen fern. Auch erlangte er Schutzbriefe am Hofe des Kaisers. Für alles dies nahm er weder Dienst noch Belohnungen« heißt es in einer Stimme der Zeit, als er 1554 starb. Bald wurde sein Amt zum »Obersten aller Juden deutscher Nation« und übertraf an Bedeutung das des von Karl V. ernannten Reichsrabbiners.

Noch 1537 nannte ihn Luther »seinen guten Freund« und bei Reuchlin stand er in hohem Ansehen. Später ließ Luther bekanntlich über die Juden andere Töne hören. Josel erbat 1520 bei der Krönung Karls V. in Aachen den Schutz des jungen Kaisers. Eine Federzeichnung, das Porträt eines Mannes in der Barttracht der Zeit, von Albrecht Dürer, heute im Britischen Museum in London, soll die Darstellung des Josel von Rosheim sein (vgl. im übrigen Selma Stern: Josel von Rosheim, Deutsche Verlagsanstalt 1959).

Frühling und Herbst

17 Burg Girbaden

Aufstieg:
Flößplatz am Südufer der Breusch zwischen Dinsheim (hinter Mutzig) und Urmatt – M. F. (Forsthaus) Girbaden – Burg Girbaden, 1 Stunde 30 Minuten.

Abstieg:
Burg Girbaden – Grendelbruch – Grendelbachtal – Breuschufer – Flößplatz, 2 Stunden 30 Minuten.

Gesamtzeit der Wanderung 4 Stunden.
Höhenunterschied 220 – 565 Meter.
Karte des Vogesenclubs Blatt Mont Ste-Odile Vallée de La Bruche.

Abkürzung:
Burg Girbaden – Richtung Grendelbruch bis zur großen Kehre – dort dem am rechten Rand der Kehre stehenden blauen Wegweiserschild Flößplatz folgend links den Waldweg hinab zum Flößplatz, 1 Stunde 30 Minuten.
Gesamtzeit der abgekürzten Wanderung 3 Stunden.

Bei unserer Wanderung auf den Heidenkopf (vgl. S. 76) fiel uns bei der Rundsicht vom Mündelturm auf den Gipfel des Heidenkopfes (786 m) – übrigens nicht zu verwechseln mit dem Heidekopf (609 m) westlich von Grendelbruch – das mächtige Plateau der Ruine Girbaden (franz. Guirbaden) auf, die da aus der Ferne, von der hellen Sonne beleuchtet, wie eine von einer Fata Morgana gezauberte Stadt erschien. Wir nahmen sie uns als Ziel einer nächsten Wanderung vor.
Die Ruine Girbaden (565 m) liegt am Südzipfel eines Bergmassivs (höchste Höhe 613 m), das im Norden von 300 bis 400 Metern Höhe zum Tal der Breusch (franz. la Bruche) auf der Strecke zwischen Heiligenberg und Urmatt abfällt, im Osten und Süden von 500 bis 600 Metern Höhe Steilhänge ins Tal der Magel hinabschickt, die an der Südostspitze unter der Ruine Girbaden ihren Lauf von Westen, von Grendelbruch her, stark nach Norden der Breusch zu abknickt, während im Westen der Grendelbach ein Tal ebenfalls nach Norden der Breusch zu eingeschnitten hat. Das ganze, von den genannten Flüssen eingerahmte Trapez, heißt Girbadener Wald. Er zeichnet sich durch viele mächtige Felsenhänge und vor allem auf dem Südkamme nach dem Mageltal zu durch naturburgenmäßige bizarre Felskronen aus. Auf einer solchen ist auch Burg Girbaden errichtet.
Es wurde bisher empfohlen, die Wanderung beim Bahnhof Heiligenberg zu beginnen, der unten im Breuschtale liegt. Der reizende Kurort Heiligenberg selbst schaut nordöstlich überm Tale von einer weit nach Osten vorstehenden Bergnase herab und gibt der Landschaft mit seinem in den Horizont ragenden spitzen Kirchturm die charakteristische Note.

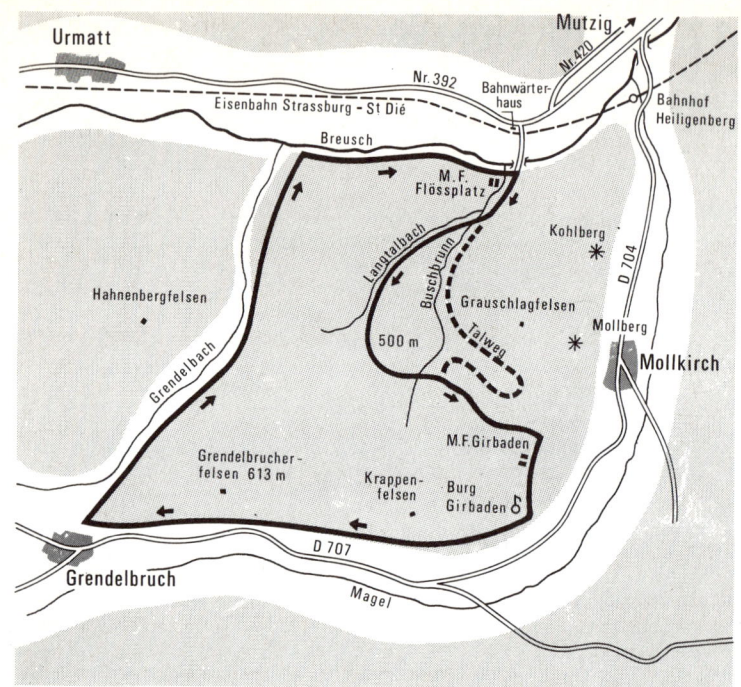

An der Ostfassade des Bahnhofsgebäudes ist auch die große Orientierungstafel für den Girbadener Wald angebracht. Deshalb beginnen die Wegezeichnungen auch dort. Es ist aber neuerdings nicht mehr ratsam, die Wanderung zur Burgruine Girbaden dort zu beginnen. Der bisher sehr schöne Aufstiegsweg (Karte des Vogesenclubs Nr. 8 mit rotweißem Rechteck) vom Waldeck beim Bahnhof zwischen dem Kohlberg und den Grauschlagfelsen hinauf und den Mollberg entlang ist durch den totalen Kahlhieb des Kohlbergs reizlos geworden. Die rotweißrote Markierung ist dem neuangelegten Fahrweg zugeteilt worden, der als Aufstieg nach Girbaden nicht empfohlen wird.

Wir nehmen vielmehr den Ausgang vom sog. Flößplatz aus, der auf der Karte des Vogesenclubs südwestlich von Heiligenberg an der Breusch eingezeichnet ist. Wir benützen zur Anfahrt mindestens von Mutzig ab die alte Route Nationale Nr. 420, fahren durch Dinsheim und weiter westlich. Dort, wo diese Straße auf die neue Schnellstraße Straßburg – Schirmeck trifft, liegt links an der Schnellstraße das Bahnwärterhäuschen, an dem sich das Wegweiserschild »Flößplatz« befindet. Wir biegen zum Bahnwärterhäuschen ab, fahren durch das Tunnel über zwei hölzerne Brücken, die die Breuscharme überqueren, und kommen an das ehem. Forsthaus Flößplatz, wo sich ein Restaurant, ein Campingplatz und eine Ferienkolonie befinden.

Wir parken vor dem Restaurant im Schatten der Bäume und gehen ein Stück des Weges, den wir zum Restaurant gefahren sind, zurück, bis zur Wegteilung. Dort steht an der linken Wegseite das Wegweiserschild: Guirbaden – Grendelbruch mit blauem Punkt. Es ist der Weg 5b der Vogesenclubkarte. Der Weg führt ins Tal des Buschbrunnbächleins und bis ins hintere Talende und dann in Schlingen hinauf zur Burgruine Girbaden. Wir folgen vom Talanfang an dem Lauf des Buschbrunnbächleins und damit dem blauen Punkt und bleiben immer auf dem geradeaus ziehenden Weg. An einer Stelle ist der blaue Punkt rechts an einem Baum mit einem blauen Pfeil versehen. Das bedeutet nicht, daß man dort den rechts abbiegenden Weg hinauf in den Wald gehen soll. Der blaue Pfeil soll vielmehr geradeaus weiter ins Tal hineinweisen.

Wir gelangen im Talende (der gestrichelte Weg auf der Planskizze) an eine Wegverzweigung. Wir gehen rechts herum, der blaue Punkt ist auf einem am Rand der Kehre stehenden Sandstein aufgemalt. Nach kurzem Anstieg kommen wir an eine Stelle, wo ein Weg von rechts her in unseren Aufstiegsweg einmündet. Dort gehen wir links herum. Der blaue Punkt ist an der linken Seite des Weges nach der Kehre. Wir können die eben beschriebene Wegstelle aber auch erreichen, in dem wir am Talanfang, wo der vom Flößplatz herkommende Weg sich teilt, nicht dem Buschbrunnbächlein (gestrichelte Linie, blauer Punkt) folgen, sondern dem Langtalbach (schwarze Linie, Weg ohne Markierung). Wir gehen also bei der Wegteilung am Talanfang den Fahrweg rechts zum Walde hin und schreiten, meist im Schatten und später in höheren Etagen immer mit schönen Ausblicken, immer gerade aus, ohne Markierung, leicht ansteigend fort und fort. Wenn der Fahrweg eine große Linkskurve macht, folgen wir ihr. Schließlich kommen wir an eine Kurve, an der von unten links ein Fahrweg heraufkommt. Hier treffen wir auf den aus dem Tal des Buschbrunnbächleins heraufkommenden Weg 5b mit dem blauen Punkt, dem wir nun weiterhin folgen.

Wir kommen bald auf den Bergkamm, wo wir auf den vom Bahnhof Heiligenberg heraufführenden gemiedenen Fahrweg mit der rotweißen Markierung treffen. Von jetzt ab vereinigen sich die Wegzeichen rotweißrotes Rechteck und blauer Punkt. Wir sehen rechts über uns schon die vollen Konturen der Burg Girbaden. Links drüben an unserem Wege, wo ein Fußpfad von unten, von Mollkirch heraufkommt, steht ein grüngestrichenes hölzernes Kruzifix. Es sagt nichts über den Anlaß seiner Errichtung aus und trägt schlicht die Jahreszahl 1917. Gerade als wir dies feststellen, läßt in der Nähe der erste Kuckuck des Jahres seine Stimme hören.

Wir sind in einer Stunde und 20 Minuten auf dem Kamme. In weiteren 10 Minuten werden wir unser Ziel, die Ruine Girbaden (565 m) erreicht haben.

Nach wenigen Schritten stehen wir an einer großen Waldwiese mit mächtigen Bäumen, davon zwei uralte, ausgehöhlte Kastanienbäume, so knorrig und bizarr, daß jedem Maler das Herz höher schlagen müßte, sie noch rasch auf die Leinwand zu bannen, bevor der nächste Sturm sie umlegt. Dort liegt das ehem. M. F. (Forsthaus) Girbaden, heute ein Vereinswanderheim. Der Weg, der um dieses Wanderheim herumführt, bringt uns zum höher gelegenen, breitgestreckten Plateau, auf dem die Ruine des ehemals größten und mit der Hohkönigsburg stattlichsten Burg des Elsasses liegt, Girbaden.

Seit 1969 werden an der Ruine umfangreiche Restaurierungsarbeiten vorgenommen, so daß die Tore zur Burg zeitweise gesperrt waren. Die Restauration ist jetzt aber nahezu beendet. Im tiefen Burggraben zwischen der Vorburg und der Unterburg hat man zur Stützung der Burgfundamente eine aufwendige Mauer errichten müssen. Man sieht an den numerierten Steinen, mit denen Mauern und Torbogen wieder aufgebaut wurden, daß man die Trümmer gewissenhaft durchsucht und die Restauration fachmännisch durchgeführt hat.

Die Reste eines quadratischen Bergfrieds sind im Bereich der oberen Burg zu erkennen. Der ehemals zweigeschossige Palast steht an der Unterburg und ist noch mit Mauern von beträchtlicher Höhe erhalten. Imposant ist das gleichfalls noch gut erhaltene umfangreiche Außenmauerwerk aus Buckelquadern, da und dort mit Steinmetzzeichen. Es waren insgesamt 5 Tore vorhanden.

Die Burg wird schon 1049 als »Burckberck« erwähnt. 1192 erscheint sie unter ihrem heutigen Namen »Girebaden«. Von 1215 bis 1225 wurde ein totaler Neubau durchgeführt. Damit wurde Girbaden zu einem der bedeutendsten Zeugnisse staufischen Burgenbaus. Gründer waren die Grafen von Egisheim-Dagsburg. Von 1226 ab war der größte Teil der Burg im Besitz der Bischöfe von Straßburg. Den den Hohenstaufen gehörenden Teil schenkte Heinrich VII. dem Bistum Straßburg, so daß ab dort die Burg in einer Hand war. Die Straßburger Bischöfe setzten Lehensleute auf die Burg, so vor allem die Leiningen. Während des Dreißigjährigen Krieges, am 14. September 1633, wurde die Burg durch den Grafen Salm (s. S. 143) zerstört.

Auf dem weiten ebenen Gelände der mit einer ausgedehnten Mauer umgebenen Vorburg steht die aus dem 12. Jahrhundert stammende Valentinskapelle, ein turmloser, schlichter, einschiffiger Bau mit Chorbogen und halbrunder Apsis, an den nach Westen noch eine Behausung für einen Priester angebaut wurde. Dabei ist der Eingang zur Kapelle an die heutige Stelle in die Südwand verlegt worden. Die Restaurierung der Kapelle ist noch nicht beendet. Der heilige Valentin (St. Velten) war der Schutzheilige kranker Tiere und bewahrte den Stall vor Tierkrankheiten. Deshalb war St. Velten viele Jahrhunderte hindurch beliebter Wallfahrtsort (14. Februar). Der Volksmund nennt daher die ganze Ruine noch heute das Veltenschloß. Bis 1868 wohnte in der ehemaligen Priesterbehausung noch ein Einsiedler. Westlich, nahe der Zwingmauer der Vorburg, steht ein zweiter, noch gut erhaltener Bergfried, der Hungerturm genannt, offensichtlich außer zur Verteidigung auch als Verlies für Gefangene verwendet.

Im warmen Strahl der Ostersonne läßt es sich auf einem der an der Südseite der Kapelle herumliegenden alten Steine gut sitzen. Man sieht den Eidechsen zu, die sich da auch sonnen, und denkt in diesem idyllischen Frieden nicht an das Greuliche, das der Volkssage nach alljährlich am Jahrestage der Zerstörung um Mitternacht auf Burg Girbaden geschieht. Da erhebt sich, wenn unten im Mageltale die Kirchenglocke Mitternacht schlägt, der Burgvogt aus dem Grabe, ohne Arme und mit immer noch blutigen Augenhöhlen, und eilt durch das Schloß, um Gesinde und Kriegsknechte zu wecken. Diener schleppen den Sarg der Gräfin von Girbaden aus der Gruft, und alle in jener Nacht erschlagenen Burgleute versammeln sich um ihn herum. Die Gräfin richtet sich im geöffneten Sarge auf und schreit mit greller Stimme in die nur von Fackeln gespenstisch erleuchtete Nacht: »Rächt den Verrat!« Ein Knecht im roten Hemde wird herbeigeschleppt. Er hält den Schlüssel noch in der Hand, mit dem er den Belagerern verräterischerweise eine geheime Pforte geöffnet hat. Man sitzt über ihn zu fürchterlichem Gericht, und alle schlagen auf ihn ein, bis er niedersinkt. Unter dem Geläut der

Sturmglocke umtanzt ihn das rachegesättigte Burgvolk, bis mit dem ersten Gewölk der Morgenröte der Spuk verschwindet. Wehe dem, der es wagte, in jener Nacht die Burg zu betreten, um als lauschender Zuschauer Zeuge des schaurigen Schauspiels zu sein! Ihn würde auch St. Velten nicht retten können!
Der Weg nach Grendelbruch führt uns an der Mauer der Vorburg entlang nach Westen weiter. Wo die Mauer nach Norden abknickt, in Höhe des Hungerturms, geht der Fußpfad links ab. Die rotweißrote Markierung steht einige Meter weiter unten am Pfade. Nach kurzer Zeit kommen wir zu einer größeren Wegekreuzung. Der Weg nach Grendelbruch ist der breite, links haltende Fahrweg. Rechts oben an einem Baum sehen wir das Warnschild vor Waldbränden »Attention feu« und darunter bescheiden das Wegweiserschild »Flößplatz« (nur wichtig bei Abkürzung). War es bisher Buchenwald, durch den unser Pfad führte, so ist jetzt der Südhang des Girbadener Waldes nach dem Mageltale zu der Bereich schön gewachsener, stattlicher Kiefern, durch die vom Bergkamme herab wieder mächtige Sandsteinfelsenburgen, die Krappenfelsen, zu uns herunterschauen. Der Weg zieht sich fast immer eben hoch über dem Mageltale nach Grendelbruch zu. Wo der Weg einen Knick macht und eine Ruhebank steht, steigt ein Fußpfad rechts den Berghang hinaus, mit dem man in 15 Minuten die Grendelbruchfelsen (613 m) mit schöner, z. T. verwachsener Aussicht erreicht. Man kehrt auf demselben Pfad wieder zur Ruhebank zurück und kommt alsbald an die ersten Häuser des kleinen Luftkurorts Grendelbruch (ab Girbaden 45 Min., mit Besteigung der Grendelbrucher Felsen 30 Min. mehr). Wir biegen auf der Höhe des dritten Hauses gleich nach rechts ab, statt in das Städtlein hinunter zu steigen, und gehen rechts am Waldesrande entlang. Links von uns steht eine Reihe Wochenend- oder Zweithäuser. Beim letzten dieser Häuser gehen wir den schmalen Pfad geradeaus hinunter an den Waldrand ins Tal des Grendelbachs. Wir gewinnen so die Talstraße, die rechts des Baches von Grendelbruch aus zum Breuschtale zieht. Unser Wegezeichen ist von jetzt ab das blaue liegende Kreuz. Wir steigen, immer unter hohen Tannen, das romantische Waldtälchen hinab, immer den Grendelbach neben uns, der munter seine Sprünge über die Felsen macht und da und dort das Wasser in einem tief eingefressenen Sandsteinbecken sammelt, um in immer neuen Sprüngen zu Tale zu eilen.
Wo der Bach zum erstenmal den Fußpfad unterwandert, wenden wir den Blick auf die mächtige, wohl hundert Meter hohe Felswand links drüben, die aus 10 bis 12 übereinander geschichteten Sandsteinfelsbändern besteht. Es ist der Osthang des Hahnenbergs (642). Wir halten uns immer geradeaus. Wenn der Bach wiederum die Straße unterwandert, befindet sich das blaue Kreuz links von uns an einem Baume, der unmittelbar am Bachbette steht. In einer Stunde, von Grendelbruch aus gerechnet, sind wir an das Ende des Grendelbaches gelangt und stehen am Waldrande unmittelbar über der Breusch. Wir folgen jetzt dem Flusse abwärts und gelangen auf dem rechten Breuschufer, immer am Waldrand entlang, in einer knappen halben Stunde zum Maison Forestière (Forsthaus) Flößplatz. Im ganzen eine nicht anstrengende, mit Ausnahme der Kahlschläge beim Aufstieg schattige Tour von rund 4 Stunden Gehzeit, die Grendelbruchfelsen nicht mitgerechnet.

Ganzjährig

18 Staufenkopf

Aufstieg:
Equisheim (südlich von Colmar) – Refuge de Staufen (Staufenhütte) – Staufenkopf, 3 Stunden 30 Minuten.

Abstieg:
Staufenkopfgipfel – Marbacher Höhe (Col de Marbach) – Bumatt – Präventorium St. Markus (Marbach) – Husseren – Equisheim.
2 Stunden 30 Minuten.

Gesamtzeit der Wanderung 6 Stunden.
Höhenunterschied 200 bis 901 Meter.
Karte des Vogesenclubs Blatt Münster Gérardmer La Bresse.

Das vordere Tal der Fecht (Münstertal) schneidet aus dem Gebirge ein Dreieck ab, an dessen Ostrand berühmte Winzerdörfer nach Süden hinunter wie an einer Perlenkette gereiht liegen: Winzenheim, Wettolsheim, Egisheim, Häusern, Vögtlinshofen, Geberschweier und Pfaffenheim. Es ist von besonderem Reiz, jetzt, wo das zarte Grün des jungen Reblaubes die Vorberge vom schon satten Grün der Laubwälder noch deutlich abhebt, durch die Rebberge zu wandern, zumal zur Zeit seltene Blumen in den Rebgärten blühen, wie die gelbe wilde Tulpe oder das Liliengewächs des doldigen Milchsterns. Nicht mehr lange, denn die Winzer sind eben daran, mit Pferd und Motor den Pflug durch die »Ziilte« zu treiben, was sich, wenn es lange nicht geregnet hat, durch weithin sichtbare Staubwolken anzeigt. Der höchste Berg dieses Dreiecks ist der Hohe Staufen (901 m). Ihn nehmen wir uns als Ziel unserer Wanderung vor. Wir fahren durch Egisheim (franz. Eguisheim) hindurch nach den Rebhängen zu und stellen den Wagen am Schulplatz (Place de l'école) ab, an dessen Westseite ein großer Brunnen mit rundem Trog steht. Am Fachwerkhaus, dort wo die Obertorstraße (Rue Porte haute) beginnt, ist ein Wegweiser angebracht. Wir folgen zunächst ein Stück der Wegweisung zum Hageneck (französisch Hagueneck) mit dem blauen Kreuz. Schon schauen die Türme der drei Exen (Egisheimer Schlösser) vom Schloßberg herab. Sie werden uns nun für lange Zeit wie neugierige Wächter begleiten und stellen sich bald von vorn, bald im Profil und bald von hinten zur Schau. Wir gehen etwa 150 Meter auf der geteerten Fahrstraße und sehen schon von weitem am zweiten Feldweg, der rechts abzweigt, den Wegweiser, der uns in die Rebberge hineinführt. Der Weg ist neu gezeichnet und bringt uns in Kürze auf die Höhe des leicht nach Egisheim zu abfallenden Rebhügels, senkt sich rechts nach Norden ab und führt zum Waldrand. Wo das Schild »Wettolsheim« steht, gehen wir links und kommen an einen Kahlhang, um den der Weg links herum aufwärts führt. Der Wegweiser ist links an einer Eiche. Nach 150 Metern erscheint rechts an einem Felsen wieder ein Wegweiser, der uns nun mit weißem Rechteck quer über den Kahlhang hochführt. Er trifft auf einen Weg von rechts unten herauf, der wieder mit dem blauen Kreuz ausgezeichnet ist. Dieser geleitet uns zu einer Wegkreuzung, an der auf einem glatten Felsen die Wegweisung u. a. zu Refuge du Staufen aufgemalt ist. Dies ist jetzt unser nächstes Ziel. Der Weg führt einen weiträumigen abgeholzten Hang

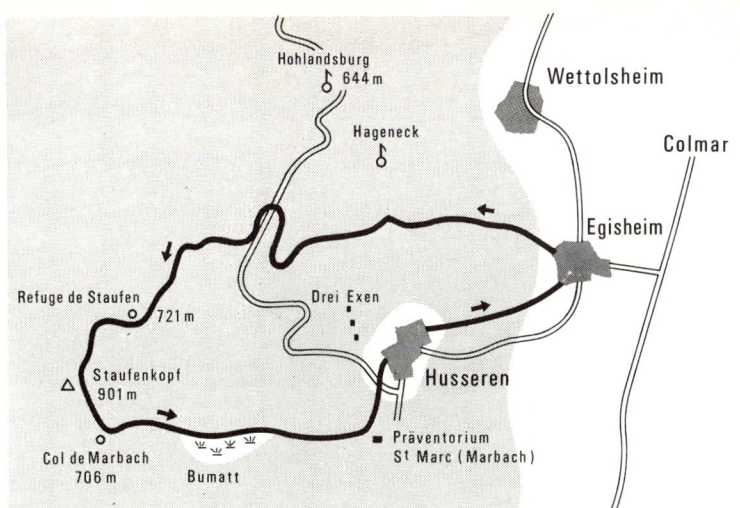

entlang und erweist sich alsbald als ein mit besten Aussichten ausgestatteter Panoramaweg. Ein weiter Blick in die Rheinebene erfreut mit den vielen gelben Rapsfeldern, die im Elsaß noch zahlreicher sind als bei uns. Zur Linken immer wieder die drei Exen, die von dem aus dem Bergzug wie eine Zunge weit herausgestreckten Schloßberg herunter die Landschaft beherrschen. Wir bleiben immer auf dem Hangweg, den rechts hinauf Kahlschlaghänge und Felspartien säumen.

Bald trifft der Fahrweg in einer Haarnadelkurve auf einen von links unten kommenden weiteren Fahrweg. Dort fehlt ein Wegweiser. Wir biegen scharf rechts in diesen Fahrweg ein, der leicht hochzieht und bald einen Blick in die herrliche Landschaft nach Osten hin, hinunter in das Tal und hinaus ins Rheintal bietet. Über ihm liegt allerdings Dunst, so daß der Schwarzwald und der Kaiserstuhl nicht zu sehen sind. Unser Fahrweg trifft jetzt auf eine geteerte Straße, und uns gegenüber steht der Wegweiser: Hohlandsburg. Wir folgen dieser Richtung ein kurzes Stück auf der geteerten Straße. Aber die Hohlandsburg, so reizvoll ihr Besuch wäre, ist nicht unser Ziel. Sie liegt zu weit nördlich. Wir finden alsbald die Wegweisung: Refuge de Staufen mit dem gelben Viereck. Wir befinden uns nach zwei Stunden nicht beschwerlichen Aufstiegs jetzt auf der Kammhöhe. Wir benützen den Fußpfad nach Südwesten hinüber zum Staufenkopf (tête du Staufen 901 m) über Refuge de Staufen (721 m). Unser Pfad trifft nach einiger Zeit auf eine Fahrstraße. Jenseits dieser Straße sind zwei Wegweiser: Staufen par sentier (= Fußpfad) und Staufen par chemin (= Fahrstraße). Wir benützen den Fußpfad (Südroute) und kommen alsbald an einen Waldplatz mit einer Baracke. Das ist aber noch nicht unser Nahziel Refuge de Staufen. An diesem Waldplatz links steht die Tanne Nr. 8 auf einem Felskegel. Daran befindet sich unser

Wegweiser, der uns wieder in eine weithin sichtfreie Hangstraße führt mit herrlichem Blick in die unter uns liegenden Täler und, immer wieder, auf die drei Exen. An der großen Kurve dieses Weges sieht man links unten in der Rheinebene Colmar, im Nordwesten das Bergplateau der Ruine Hohlandsburg und im Norden Drei Ähren. Der Weg führt an einer größeren Buche vorbei, die rechts am Stamm auffallend tief einen Ast angesetzt hat. Dort befindet sich der schwer sichtbare Wegweiser links an der Buche. Kurze Zeit später kommt eine Wegweisung: Refuge de Staufen mit gelbem Kreuz, dem wir folgen. Alsbald sind wir an unserem Nahziel: eine neue, gemauerte Hütte mit Herd und Holzbettstatten an einem Platz, an dem sich mehrere Wege kreuzen. Wir haben bis hierher drei Stunden gebraucht.

Der Aufstieg zum Staufengipfel, wieder dem gelben Viereck folgend, ist dank eines sehr vernünftig angelegten Serpentinenpfades in einer halben Stunde mühelos zu bewältigen. Vom Gipfel bietet sich uns »eine der schönsten Bergaussichten in den Vogesen«, wie der Vogesenführer Mündel sagt. Zwar ist nach Osten hin die Aussicht seit damals durch Baumwuchs gestört. Aber im übrigen hat Mündel recht, und wer noch einen aussichtsklaren Tag erwischt, dem winkt ein überwältigendes Panorama von den Alpen bis in die Nordvogesen.

Für den Rückweg kann man über die drei Exen nach Egisheim gelangen (drei Stunden), wobei man zunächst zurück zum Refuge de Staufen zu gehen hat. Wir nehmen einen anderen Weg. Wir steigen vom Staufengipfel zur Marbacher Höhe (Col de Marbach 706 m) dem gelben Viereck folgend in einer halben Stunde ab. Wo sich das schwer sichtbare Fußpfädchen kurz unter dem Gipfel teilt, muß man rechts halten und nicht dem verblichenen gelben Zeichen an einer Eiche, der ein Grenzstein gegenüber steht, links hinunter folgen.

An der Marbacher Höhe treffen mehrere Wege zusammen. Es steht dort ein Tisch mit Bänken. An der ersten Buche, auf die wir vor dem Tische treffen, ist ein weißes Viereck. Von dieser Buche ziehen wir eine Gerade 40 Meter links an den Waldrand auf eine Zwillingsbuche. Dort geht, ohne Wegzeichen, ein vergraster Weg links hinunter ins Tal, der nach einiger Zeit auf eine große, zum Teil mit kleinen Tännchen bepflanzte, verschilfte Wiese trifft, die Bumatt. Wir gelangen auf deren nördlicher Seite immer geradeaus das Tal hinunter gehend an das ehemalige Präventorium des früheren Augustiner-Chorherrenstiftes (1094) St. Markus (Marbach). Außer einer zerfallenen Mauer ist ähnlich wie in Ettenheimmünster nichts mehr von den alten Gebäuden zu sehen. Die in »Der romanische Kirchenbau im Elsaß« von Rudolf Kautzsch im Bildanhang enthaltenen Tafeln 112, 113 und 118 (Lithographien von Rothmüller nach Zeichnungen um 1820) lassen erkennen, daß die Auflösung des Klosters durch die französische Revolution und der Verkauf der Grundstücke in Verbindung mit einem Brand der leerstehenden Gebäude und deren Abtragung eines der bedeutendsten Denkmäler alter elsässischer Kirchenbaukunst zerstört hat.

Der Weg am Waldrand entlang über den Rebbergen führt uns in Kürze nach Häusern unter den drei Exen (französisch Husseren-les-Châteaux), einem verträumten Winzerdörfchen, das jetzt in der Stille des Nachmittags wie ausgestorben erscheint. Die erste Wirtschaft rechts mit einer schattigen Terrasse über einer Treppe lädt zum bitter nötigen Erfrischungstrunk ein. Die alte Wirtin meinte zwar, sie hielten am Nachmittag geschlossen, weil ja doch kein Gast komme und alle ihre Leute in den Reben schafften. Aber Durst wolle sie niemand leiden lassen, vor allem, wenn wir so weit herkämen, und sie erzählte uns beim kühlen Trunke, ihr Mann habe beim Ausbruch des Ersten Weltkrieges nach Lahr einrücken müssen, und da war der Gesprächsfaden geknüpft. Der kurze Weg von Häusern nach Egisheim, vor der Kirche rechts hinunter und dann links in einen Feldweg hinein, war leicht gefunden, immer durch die Reben hindurch.

Die Wanderung mit den Blicken von den Bergen über die Weingärten der Vorberge zeigt uns noch heute das Elsaß als das Land mit den grünen Hügeln, »auf denen Bacchus wohnt und der Weinstock reift«, wie es der Dichter Ermoldus Nigellus schon im 8. Jh. besang.

Wir haben für den Rückweg vom Staufengipfel über die Marbacher Höhe – Bumatt – Häusern nach Egisheim zwei und eine halbe Stunde gebraucht, für die gesamte Wanderung also sechs Stunden.

Scheiden wir von dem reizenden alten Weinstädtchen Egisheim nicht ohne einen kurzen Rundgang innerhalb der Stadtmauer auf dem ehemaligen Wallgraben gemacht zu haben (Wegweiser: Circuit de visite). Schauen wir uns den Stadtgrundriß (s. S. 164) an, der sagt alles! Was nördlich von Colmar Reichenweier, das ist südlich von Colmar Egisheim, das Städchen, das sich um seine Burg herum entwickelt hat, wie dies bei uns in Lahr die Altstadt von der Tiefburg her nach Norden getan hat. Der Kern Egisheims war die mit einem Graben umgebene Wasserburg der Grafen von Egisheim. Aus diesem Geschlecht kam Bruno, der zunächst Bischof von Toul wurde und dann als Leo IX. (1048–1054) den Stuhl Petri inne hatte. Er hat 1049 den noch heute erhaltenen oktogonen Zentralbau der Benediktinerinnen-Abteikirche in Ottmarsheim eingeweiht und blieb der einzige elsässische Papst. Die aus dem 13. Jahrhundert stammende Burg, auch Pfalz genannt, ursprünglich mit Wassergraben umgeben, hatte einen Achteckgrundriß und einen achteckigen Turm. Sie wirkte fast wie ein bäuerliches Gutsanwesen (vgl. Abb. in »Burgen und Schlösser im Elsaß« von Fritz Bouchholz 1962 S. 243). Sie wurde bis auf die zweistöckige Mauer in der französischen Revolution abgebrochen. Im Südteil sind spätgotische Gebäude an die Mauer angelehnt. Im Burghof ließ der Bischof von Straßburg 1886–1894 durch Winkler die neoromanische Leokapelle errichten und die »Pfalz« wieder herstellen. Diese nicht ganz geglückten Gebäude bilden mit mittelalterlichen Häusern die Umrahmung des heutigen Schloßplatzes, in dessen Mitte der Brunnen mit der Statue Leos IX. steht. Eine große Anzahl gut erhaltener und gepflegter Fachwerkhäuser, zum Teil mit Laubengängen und mit Erkern, und schöne alte Höfe, alle zur Unterrichtung des Besuchers beschildert und mit Jahreszahlen versehen, machen Egisheim zu einem Kleinod des Elsasses. So Nr. 277 hinter der alten Schule der Pairiser Hof, Nr. 273 der Kaiserding-Hof mit Fachwerk und Giebelgalerien, Nr. 285 der Eschauer Hof von 1581, Nr. 260 von 1603, Nr. 270 das Heuhaus mit geschweiftem Giebel von 1598, Nr. 285 der Marbacher Hof von 1590 u. a. m.

Die jetzige Pfarrkirche mit dem Storchennest auf dem Kirchturm ersetzt die alte, 1807 abgebrochene dreischiffige romanische Pfeilerbasilika, von der noch einige Teile übrig sind, so in der als Taufkapelle eingerichteten Turmhalle das Säulenportal mit dem Türsturz (Christus flankiert von Petrus und Paulus) aus dem 13. Jahrhundert. Im Turm hängt die alte Glocke aus dem Kloster Marbach. Ihr Klang grüßt uns als eine Stimme aus der längst entschwundenen mittelalterlichen Welt.

Frühling und Herbst

19 Tännchel

Aufstieg:
Thannenkirch – Rotzel – Rocher des Géants – Felsengalerie bis zu den Großen Drei Tischen (Les 3 Grandes Tables), 2 Stunden 45 Minuten.

Abstieg:
Große Drei Tische – Rocher des Géants – Mur païen – Höhe 920 – Spitzfelsen (Roche pointue) – Thannenkirch, 2 Stunden.

Gesamtzeit der Wanderung 5 Stunden.
Höhenunterschied 450 bis 969 Meter.
Karte des Vogesenclubs Blatt Ribeauvillé – Sainte-Marie-aux-Mines.

Abänderung des Aufstiegs von der Rotzel ab:
Rotzel – Richtung Croix de Ribeauvillé (rotweißes Rechteck), bei der zweiten Abzweigung, die erscheint, nachdem der Weg sich erstmals leicht abwärts senkt, Fußpfad links hoch zum Rammelstein; der Fußpfad trifft auf den Kammweg 4b (blaues Kreuz), den wir links hochgehen. Er führt zum Reinoltstein und weiter zum Rammelstein und von dort zur Felsengalerie auf dem Kamm des Tännchels (1 Stunde 30 Minuten).

Der Tännchel (franz. Taennchel) ist ein ausgedehntes Bergmassiv, das zwischen dem Lebertal (Ste-Marie-aux-Mines – Ste-Croix-aux-Mines – Lièpvre – Val de Villé – Scherwiller) und dem Strengbachtal hinter Rappoltsweiler (franz. Ribeauvillé) einen großen Dreiangel mit Höhen bis an die 1000 Meter bildet. Die Südspitze dieses Dreiangels ist der vordere Tännchel (franz. T. antérieur) mit 901 Metern Höhe, über die Rappoltsteiner Schlösser, Schwarzer Kirschbaum von Süden her erreichbar. Die Westspitze ist der Rammelstein mit 992 Metern Höhe. Zwischen diesen beiden Punkten liegt eine Reihe äußerst imposanter Felsgebilde z. T. gigantischen Ausmaßes, weshalb das Mittelstück auch Felsengalerie (franz. Galerie des Rochers) heißt. Die Höhenlage mit prächtigen Aussichten und diese bizarren Felspartien machen einen Besuch des Tännchels sehr lohnend.

Den Aufstieg zum Tännchelmassiv nehmen wir von Thannenkirch (450 m) aus, dem in einem abseits gelegenen Hochtälchen sich ausdehnenden kleinen, verträumten Luftkurort von einigen hundert Einwohnern. Um ihn herum stehen an den zu den Bergen hinaufführenden Wiesenhängen Kirschbäume über Kirschbäume, die zur Blütezeit um den ganzen Ort herum eine bezaubernde Kulisse legen. Wir parken beim Touring-Hotel. An der Fahrstraße, die einer der Zubringerstraßen zur Hohkönigsburg ist, links über dem Touring-Hotel ist ein Wegweiser angebracht. Dort ist unser nächstes Ziel, die Rotzel (726 m), mit dem Wegweiser blaues Kreuz verzeichnet.

Wir gehen die Fahrstraße leicht hoch bis zur Autowegweisung Haut-Koenigsbourg. Dort nehmen wir die linke Fahrstraße gemäß dem dort auf geschnitzter Wegweisertafel gewiesenen Weg: Rotzel, blaues Kreuz. Die Fahrstraße schlängelt sich mäßig hoch am Hause und der Werkstatt des Holzbildhauers Bosshardt und

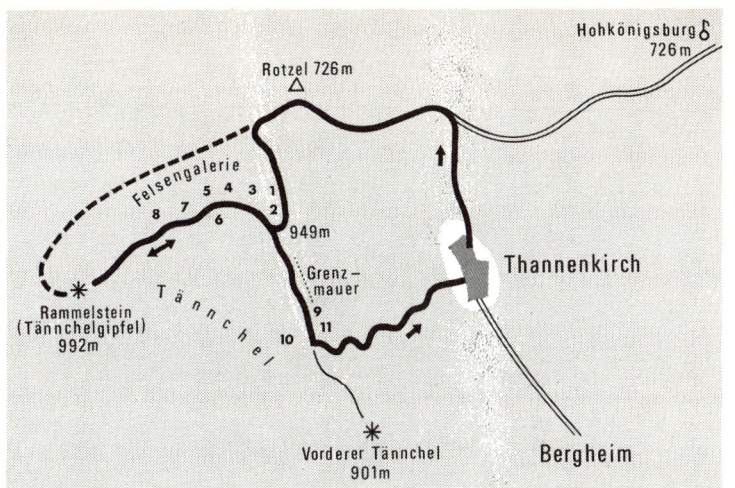

1 Schuhmacherfelsen (Rocher du Cordonnier); 2 Riesenfelsen (Rocher des Géants); 3 Kleine Fee; 4 Reptilfelsen; 5 Welscher Hochfelsen (Rocher Haut); 6 Geisterbrünnleinfelsen; 7 Kleine 3 Tische; 8 Große 3 Tische; 9 Rocher Abri; 10 Rocher des Titans; 11 Rocher Pointu.

dem Restaurant »Taennchel« vorbei bis zu dem weißen Häuschen, bei dem sich die Straße nach links und rechts scheidet. Wir gehen rechts dem blauen Kreuz nach. Wir kommen am Müllabladeplatz vorbei, der allerdings ordentlich abgedeckt ist, wie es einem Kurort geziemt. Danach steigt der Weg rechts den Kirschbäumen entlang hoch. An einem der ersten Kirschbäume ist das blaue Kreuz angebracht. Wenn der Weg vor einem rechts vor uns stehenden Wochenendhaus, geschaffen aus einem alten Bauernhaus, sich teilt, ist es gleichgültig, welchen Weg wir nehmen. Beide Wege führen hinauf zu dem von Nordosten, der Hohkönigsburg her kommenden Fahrweg, der uns alsbald zur Rotzel bringt. Der an dem genannten Ferienhaus vorbei steil aufführende Weg bringt uns zum Wanderheim der »Vogesen-Trotters«. Man beachte bei der Einmündung des Weges das links dort stehende sehr schöne Barockkreuz.

Wir haben jetzt zur Rotzel-Tännchel als Wegzeichen den rot-weiß-roten Streifen, dem wir in linker Richtung folgen. Der Weg führt unter einem mit fast weißen Felsen bestückten Hang und blühendem Ginster nach links hoch. Vom Kamme bietet sich uns ein herrlicher Blick auf Thannenkirch, die Rheinebene, den Kaiserstuhl und den Schwarzwald, dessen Kette wir nun, je höher wir steigen, desto breiter sehen. Nach einer Stunde Aufstieg haben wir die Rotzel, eine größere Waldlichtung mit einer Wegekreuzung erreicht. Dort befindet sich eine große Wegweisertafel.

Von den vielfachen Zielen, zu denen von dort aus der Weg gewiesen wird, ist unser Ziel der Rocher des Géants (969 m), also der Riesenfelsen. Unser

Wegzeichen ist von jetzt ab der gelbe Streifen. Wir gehen noch ca. 80 Meter an der großen Wegweisertafel vorbei weiter geradeaus. Dort teilt sich der Weg. Beide Wege führen auf den Tännchel, links mit dem gelben Streifen, rechts mit dem rot-weißen Zeichen.

Wir folgen dem gelben Streifen, der uns links leicht aufwärts führt. Nach ca. 80 Metern geht rechts ein Fußpfad hoch. Wir dürfen diese Abzweigung nicht übersehen. Der gelbe Streifen führt uns in angenehmer Steigung höher und höher den meist freien Hang hinaus. Schon grüßt von Nordwesten die Hohkönigsburg herüber, die nun fürderhin wieder und wieder unseren Blick fesseln wird. Wir überqueren in kurzem Abstand zweimal einen grasbewachsenen Fahrweg. Wir brauchen nur dem beide Male angebrachten gelben Streifen zu folgen, um sicher auf dem richtigen Pfad aufwärts geführt zu werden. Je höher wir mit diesem Fußpfad den Hang hinauf gelangen, um so herrlicher wird von dem von Baumwuchs fast freien Hang der Ausblick: Hohkönigsburg, Dambacher Berg mit der Ruine Ortenberg an der rechten Ecke, das Weiler Tal, links daneben der Schloßberg mit der Ruine Frankenburg, dahinter links im Hintergrund der Ungersberg. Drüben im Schwarzwald läßt sich jetzt rechts von der Hohkönigsburg die Kuppe des Moos ausmachen. Der Weg geht nun zwischen hohen Bäumen hinauf, und dort muß man den scharf rechts abgehenden Pfad, durch den gelben Streifen markiert, beachten mit der Wegweisung: Rocher des Géants. Wir kommen an dem Schusterfelsen (Rocher du Cordonnier) vorbei und erreichen in Kürze das Massiv des Rocher des Géants (969 m). Wir haben bis herauf von Thannenkirch aus 2 Stunden immer ansteigenden, aber nicht anstrengenden, und immer mit herrlichen Panoramen ausgestatteten Weges gebraucht.

Wir genießen zunächst von diesem Riesenfelsen aus die weite Aussicht nach Norden und Osten hin. Dann führt uns der Weg dem gelben Streifen nach rechts weiter auf dem ebenen Bergkamm folgenden Fußpfad (sentier de crête) durch Hochwald bizarrer Fichten, deren Äste bis zum Boden herunterhängen, auf weichem, moorigen Grund. Wir sind in 7 Minuten an dem weniger bedeutenden Rocher der kleinen Fee. Von dort gelangen wir in Kürze eben weiter zum zweiten Höhepunkt der Felsengalerie des Tännchels, dem Rocher des Réptiles (945 m). Man würde ihn deutsch am besten Echsenfelsen nennen. Denn auf einem nach Norden hinunter steil und wohl 200 Meter tief abfallenden Felsplateau liegen kreuz und quer verteilt drei einige Meter lange Steingebilde, urzeitlichen Riesenechsen gleich, die sich da aus dem Eiszeitmeer, das das Rheintal einst füllte, zur behäbigen Sonnenruhe ins Gebirge hinauf abgesetzt haben.

Eine herrliche Aussicht hat man von dort oben. Drunten im Lebertal sieht man Ste-Croix (St. Kreuz) und Lièpvre (Leberau) und über all den Bergketten in der Runde weit im Nordwesten den Climont. Es sei noch darauf hingewiesen, daß sich hinter dem Felsen nach dem Weg zu ein Wetterunterstand befindet, eine natürliche kleine Höhle unter einer großen Steinplatte – für den Fall, daß den Wanderer hier oben ein Wetter überrascht.

Wir bleiben weiter auf dem Kammweg. Bei einer Wegeteilung biegt man rechts ab zum Rocher Haut (949 m), mit herrlicher Aussicht. Wir gehen wieder zum Kammweg zurück und folgen dem gelben Streifen nach Westen durch moorigen Urwald mit zahlreichen, am Boden liegenden Baumruinen in Richtung Rammelstein. Wir kommen zunächst an die Wegekreuzung Rammelfelsen (945 m) – Zugang zum Rammelfelsen selbst ein kurzes Stück rechts vom Weg ab und

wieder zurück – und beachten gleich danach eine knorrige Buche und links von ihr im Walde eine selten anzutreffende Vierlingsbuche.
Alsbald kommen wir an die Drei Kleinen Tische (les 3 petites tables)
Wenige Minuten später stehen wir vor dem dritten Höhepunkt der Felsengalerie des Tännchels und bestaunen das Felsenwunder der »Drei Großen Tische« (les 3 grandes tables) auf 969 Metern Höhe, eine ungeheure Masse aufeinander getürmter und durch tiefe Spalten getrennter, meist quadratischer haushoher Felsblöcke, die mit fast ebenen breiten Platten abgedeckt sind und so das Bild von Riesentischen abgeben. Man kann mittels einer eisernen Leiter auf ihnen herumsteigen, den jähen Abfall nach Westen hinunterschauen und den Ausblick über die ins Unendliche wallenden Bergzüge genießen. Auf der Spitze des Felsens findet man – ein Scherz im Anklang an die Ringsagen der Vogesen – einen Ring, an dem einst, als das Rheintal einen großen See bildete, die Schiffe anlegten. Ein Witzbold hat die Inschrift angebracht: Salus in diluvio Noae J. J. Becker MCCCL XXIX, zu deutsch: Die Rettung des Noah bei der Sintflut J. J. Becker 1879.
Wir haben vom Rocher des Géants bis hierher knappe 45 Minuten gebraucht. Die höchste Spitze des Tännchels nach Westen ist der Rammelstein (992 m). Aber der Weg dorthin lohnt sich nicht. Der Rammelstein ist eine weite, von Bäumen bestandene und mit Felsen bedeckte Hochebene und bietet keinerlei Aussicht, es sei denn, man dringt der Wegweisung »plateau culminant« folgend, vor bis zu diesem Punkt über einer Steilwand, 10 Minuten vom Kammweg entfernt. Es wird daher abgeraten, von den drei Großen Tischen noch bis zum Rammelstein vorzudringen. Wir kehren lieber an den Drei Großen Tischen wieder um und nehmen denselben Weg, den wir gekommen sind, auf dem Bergkamm wieder zurück zum Rocher des Géants. – Dort gegenüber den Felsen finden wir den Wegweiser: Mur païen, rot-weiß-rotes Viereck nach Osten, also links. Einer Heidenmauer sind wir schon bei unserer Wanderung rund um den Odilienberg begegnet. Diese hier am Tännchel ist mit der Odilienbergmauer nicht zu vergleichen. Sie ist aus kleinem Steinmaterial geschichtet und auch nur 2,3 Kilometer lang. Sie ist wohl kaum eine prähistorische Verteidigungsmauer, sondern eine alte Grenzmarkierung zwischen dynastischen Territorien aus jüngerer Zeit. Wir folgen ihr und kommen am Wasserfelsen vorbei. An der Wegekreuzung Höhe 920 (Carrefour altitude 920) ist der Wegweiser nach Thannenkirch mit rot-weiß-rotem Viereck. Wir kommen am Baume Nr. 13 zum Wegweiser Rocher des Titans. Wir lassen dieses Felsmassiv liegen, ein Besuch lohnt sich, nach dem, was wir schon gesehen haben, nicht. Wir folgen dem rot-weiß-roten Zeichen nach Thannenkirch steil abwärts und kommen zum Roche pointue (Spitzfelsen). Er streckt eine riesige Nase hangabwärts und hat verblüffende Ähnlichkeit mit der Karikatur Charles de Gaulles. Kurz danach kommen wir auf ebenem Terrain im Walde auf eine Wegekreuzung und finden den Wegeweiser: Thannenkirch direkt, gelbes Kreuz. Gleich links an einer dürren Tanne steht das einen steilen Weg hinabweisende erste gelbe Kreuz. Wir überqueren bald einen Waldfahrweg. 10 Meter weiter geht der absteigende Pfad rechts hinunter. Wir treffen auf einen weiteren Wegweiser: links hoch zum Tännchel über Roche pointue (woher wir gekommen sind), rechts hoch zum Tännchel über Rocher des Géants. Unser Weg führt an dieser Stelle, mit dem gelben Kreuz markiert, den Hang hinunter. Wir kommen auf einen vergrasten Waldfahrweg, dem wir nach rechts hinunter folgen; das gelbe Kreuz kommt nach dreißig Metern.

Und nun sehen wir durch den lichten Wald hindurch schon die Häuser von Thannenkirch. Wenn wir aus dem Wald treten, lassen wir linker Hand das Wochenendhaus liegen und gehen einen steilen Weg an einem Schwimmbecken vorbei hinunter ins Dorf, wo wir unmittelbar auf unseren Parkplatz treffen.

Der Abstieg vom Ende der Heidenmauer an nach Thannenkirch hinunter ist steil und wäre als Aufstieg auf den Tännchel beschwerlich. Es rechtfertigt sich also rückblickend die Wahl des beschriebenen Wanderweges mit dem bequemen Aufstieg über die Rotzel und all den prächtigen Ausblicken auch von diesem Gesichtspunkt aus. Für den Rückweg von den Drei Großen Tischen entlang der Heidenmauer nach Thannenkirch hinunter haben wir 2 Stunden gebraucht. Die gesamte Wanderzeit der beschriebenen Tour beträgt also rund 5 Stunden, die Aufenthalte an den einzelnen Aussichtspunkten mitgerechnet.

Von Thannenkirch fahren wir das Waldtälchen des Bergenbachs hinunter. An dem im neuromanischen Stil hoch über der Straße erbauten Schlößchen Reichenberg beginnen die Rebberge. Wir kommen am Tempelhof, links von der Fahrstraße gelegen, vorbei, einst Besitztum des Templerordens. Das stattliche, im 16. Jahrhundert erbaute Komturhaus ist jetzt ein Bauernhof. Einige Reste alter Herrlichkeit sind noch vorhanden, so ein Portal, Wappenkonsolen und ein Teil der Fenster sowie ein großer zweischiffiger Keller mit Stein- und Eichensäulen, die einst den darüber liegenden prächtigen Renaissancesaal von 1558 stützten. Er wurde 1862 abgebrochen, ist aber in seinem Umfang noch heute erkennbar. Von der ebenfalls abgebrochenen Templerkapelle sind mehrere beachtenswerte Teilstücke im Unterlinden-Museum in Colmar, so eine gemalte Predella mit St. Georgs Drachenkampf (1450), gemalte Altarfriese (15. Jh.) und ein Schnitzaltar (1517).

Unser Fahrweg führt uns unmittelbar nach dem Tempelhof in das mittelalterliche Städtchen Bergheim, dessen einstige Wehrmauer noch gut im Stand ist. Wir lassen den Wagen gleich vor dem noch bestens erhaltenen Obertor (mit herrlichem Steildach aus farbigen glasierten Ziegeln und mit Laterne) stehen und machen zunächst einen Rundgang um das Städtchen entlang der Mauer auf der Rue des Remparts (Wallstraße). Die Mauer hat mehrere alte Türme. Dann suchen wir den romantischen Marktplatz auf, der abseits nördlich der Hauptstraße liegt. Malerische alte Häuser, meist Fachwerkbauten, umsäumen den langgestreckten Platz, dessen Mittelpunkt an der Nordseite das barocke Rathaus von 1776 mit schönem Giebel und Türmchen bildet. Die stattliche Kirche, eine dreischiffige gotische Basilika von 1347, wurde 1768 verändert. Im Chor befindet sich ein dreiteiliges Wandgrab der Herren von Hattstatt von 1550. Neben der Kirche steht das ehemalige Beinhaus. Frühjahr bis Oktober

Anmerkung: Vgl. hierzu des Verfassers »Späte Beichte« in dessen »Herbstblätter« (1985) S. 176

20 Königstuhl

Aufstieg:
Riquewihr (Reichenweier) – Sembachtälchen – Col du Seelacker – Wegekreuzung östlich der Bärenhütte – Ruine Bilstein und zurück zur Wegekreuzung östlich der Bärenhütte – Floderers Kreuz – Königstuhl, 3 Stunden.

Abstieg:
Königstuhl – Wegekreuzung 80 Meter östlich von Floderers Kreuz – St. Alexis – Höhe 671 – Reichenweier, 2 Stunden 30 Minuten.

Gesamtzeit der Wanderung 5 Stunden 30 Minuten.
Höhenunterschied 274 bis 938 Meter.
Karte des Vogesensclubs Blatt Münster Géradmer La Bresse.

Abkürzung:
Ohne Besuch des Königstuhls Aufstieg bis zu Floderers Kreuz – Wegekreuzung 80 Meter östlich davon – St-Alexis – Höhe 671 – Reichenweier, 4 Stunden 30 Minuten.

Der Königstuhl (938 m) ist der Gipfel eines Bergzuges zwischen dem Strengbachtal (hinter Rappoltsweiler, franz. Ribeauvillé) und dem Weißtale (hinter Kaysersberg), dessen markante Punkte im Nordosten die Ruine Bilstein (757 m) und im Südosten des Forsthaus Wasserfels (660 m) sind. Es ist ein Gebiet herrlicher Wälder mit mehreren nach Osten und Süden offenen Tälern, so dem Bogenbachtal nach Kaysersberg und dem Sembachtälchen nach Reichenweier zu.

Von hier aus wollen wir unsere Wanderung beginnen. Wir stellen den Wagen auf einem der Parkplätze vor dem unteren Tor ab und gehen zu Fuß durch das Städtchen hindurch und zum oberen Tor, dem Dolder, hinaus. Dort, an der Westseite des großen Platzes, führt ein von Mauern gesäumter, auf etwa noch 300 Meter geteerter Fahrweg halbrechts in die Rebberge. An seinem Beginn steht ein Wegweiser mit den Zielen: Château Bilstein, Königstuhl, weißes Rechteck. Wir wollen zunächst zum nördlichsten Punkt unserer Wanderung, zur Ruine Bilstein, und von dort zum Königstuhl. Wo die Teerung aufhört, kommt derselbe Wegweiser wieder, rechts ab. Wir folgen jedoch diesem Wegweiser nicht, sondern gehen geradeaus weiter an einer linker Hand gelegenen Gruppe großer Tannen vorbei ins Waldtälchen des Sembachs hinauf. Gleich nach der Tannengruppe ist links an einer Silberpappel der Wegweiser Ruine Reichenstein – Königstuhl. Wir wollen natürlich nicht zur Ruine Reichenstein, aber wir folgen dem Sembachflüßchen hinauf durch herrlichen Wald mit hohen Tannen, bis zu der Stelle, wo bei einer sich gabelnden Silberpappel vom Talweg rechts ein Seitenweg abbiegt, der den Hang hinauf zieht. 20 Meter nach der Abzweigung steht die Tanne mit der Nr. 1 auf gelbem Bande.

Jetzt säumt dichter Jungkastanienwald links und rechts den Weg. Nach etwa 10 Minuten treffen wir auf eine Kieferngruppe. Dort stoßen wir auf den Weg, der von unten herauf führt, wenn wir dem zweiten Wegweiser mit unserem Ziel Bilstein –

Königstuhl gefolgt wären, und damit wieder auf unser Wegweiserzeichen weißes Rechteck, das an der Kiefer angebracht ist. Vielleicht ist die früher dort vorhandene Bank jetzt wieder errichtet.

Wir gehen den Weg links hinauf; 20 Meter links gegenüber der Kiefer ist wieder das weiße Rechteck. Nach kurzer Zeit kommen wir an eine allein in einem Wiesenhang stehende auffallend schöne Eiche. Danach teilt sich der Weg. Wir folgen dem gelben Kreuz: Col du Seelacker, Bilstein, Bärenhütte, Königstuhl.

Der Weg zieht gemächlich durch den Wald den Hang hinauf. Bald lichtet sich dieser und gibt nach der Talseite die Sicht frei. Vor uns steht ein mächtiger, bewaldeter Riegel, ein Hochplateau, der Seelburg genannt, an dessen östlicher Seite das Felsmassiv, Königstuhl liegt. Jetzt säumen Kiefern den Weg mit hochgestellten Kerzen, und rötlich blühender Fingerhut löst die zu Ende gehende Blütenpracht des Ginsters ab. Tun wir einen Blick links hinunter in die Ebene, über der heute allerdings die Sicht auf den Schwarzwald sperrender Dunst liegt. Bald kommen wir zum Col du Seelacker (633 m). An dem Ahornbaum Nr. 62 ist der Wegweiser Bärenhütte, Königstuhl, Aubure (letzteres berührt uns nicht) mit rotem Rechteck auf weißem Emailschild., 30 Meter weiter steht der Wegweiser: Ruine Bilstein 0,9 Kilometer. Nach ca. 500 Metern kommt eine große Wegekreuzung (726 m). Wir sehen rechts am Waldrand das weiße Schild mit dem roten Rechteck: Ruine Bilstein 0,3 Kilometer.

Wir gehen hier von unserem Weg nach dem Königstuhl nun nach Norden ab, um die Ruine Bilstein zu besuchen, und kehren dann von ihr wieder hierher zurück. Die Bärenhütte, die etwas tiefer liegt, lassen wir unberührt. Von der Ruine Bilstein 757 m, seit 1324 wie Reichenweier württembergisch, steht im wesentlichen nur noch der Bergfried, der besteigbar ist. Von der Seite, von der wir ihn betreten, merkt man nicht, wie tief der Fels, der ihn trägt, nach Norden und Westen abfällt. Er bietet eine herrliche, freie Rundsicht, derentwegen wir die Ruine auch besuchen und die uns um so wertvoller bleibt, als unsere Wanderung im übrigen nicht sehr viele Fernsichten gewährt.

Im Westen liegt am Müsberg entlang das höchstgelegene Dorf des Elsasses Aubure (Altweier), ein Luftkurt (800–900 m), links davon der Bressoir, auch Brézouard (1229 m), im Norden das Tännchelmassiv (1000 m), im Nordosten die Hohkönigsburg, davor die Rappolsteiner Schlösser, im Osten die Rheinebene und, wenn Sicht, der Schwarzwald, und im Süden die auslaufende Vogesenkette. Wir gehen denselben Weg, den wir gekommen sind, wieder zurück, beachten also die Wegweisung nach der Bärenhütte kurz nach dem Abstieg von der Burg rechts nicht. Wir kommen wieder an den großen Wegekreuzungsplatz zurück. Am linken Rande dieses Platzes steht der Wegweiser, der links auf die breite, nicht geteerte Waldfahrstraße als Weg zum Königstuhl, noch 2,7 Kilometer verweist. Nach ca. 500 Metern kommt eine Wegekreuzung, an der die Tanne Nr. 67 steht. Links von ihr ist der Weg auf einen Pfad in den Wald hinein gewiesen, u. a. Königstuhl rotes Rechteck. Nach wenigen Metern trifft der Fußpfad auf einen breiteren Weg. An dieser Stelle steht ein schmiedeeisernes Kreuz, das an den unglücklichen Johann Floderer erinnert, der hier am 1. Juni 1887 vom Blitz tödlich getroffen wurde. Das Kreuz heißt noch heute in der Gegend »Floderers Kreuz«. Danach folgt gleich am Baume Nr. 76 das Wegzeichen rotes Rechteck Königstuhl. Wir bleiben nun auf dem breiten, schattigen Waldfahrweg, bei dessen Teilung wir rechts halten und alsbald an eine Rechtskurve kommen. Dort steht auf der linken Seite der Kurve der

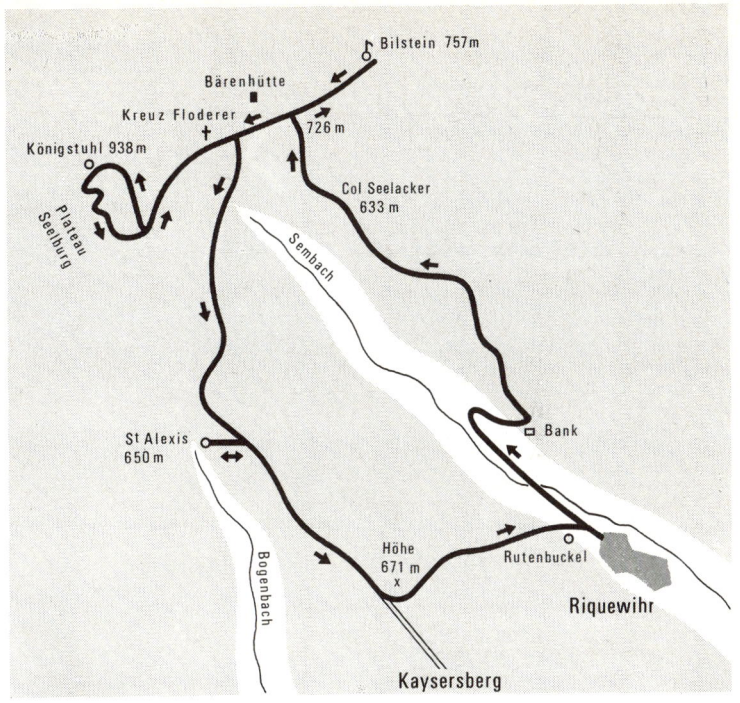

Wegweiser mit dem roten Rechteck und dem Schild Königstuhl. Es wird jedoch empfohlen, auf der sich leicht hochschlängelnden Fahrstraße zu bleiben. Sie führt uns mit einer späteren Linkskurve auf die Seelburgebene an einen großen baumfreien Platz. Dort steht am linken Waldrand der Wegweiser Königstuhl 0,3 Kilometer. Wo das Fußpfädchen sich teilt, geht es geradeaus hoch, und alsbald stehen wir auf dem allerdings mit bizarren, vermoosten Bäumen bewachsenen Berggipfel, den ein mächtiges zerklüftetes Felsmassiv krönt. Der obere Teil hat die Form eines mittelalterlichen Königthrons oder Rechtsstuhls, »ein steinen Gestuls« wie der Königstuhl zu Rhens am Rhein, 1803 zerstört. Das hat der Bergspitze den Namen eingetragen.

Wir haben bis hier herauf 3 Stunden ohne Beschwer ansteigenden Weges, meist durch herrliche, schattige Wälder gebraucht, wobei weite Aussichten nur vereinzelt geboten sind, weshalb der Besuch der Ruine Bilstein eingeplant ist, die schöne Fernsicht gewährte.

Den Abstieg vom Königstuhl nehmen wir mittels des Pfades, dem wir unten in der Rechtskurve mit Absicht nicht gefolgt sind. Rechts vor der steinernen Treppe, die zum Stuhl hinauf führt, ist das rote Rechteck, das uns auf einem Zickzackweg wieder an jene Rechtskurve zurückbringt. Beim Abstieg dorthin bietet sich durch hohe Tannen hindurch ein herrlicher Blick über die umliegenden Bergrücken zur Ruine Bilstein, und gleich danach auf die Rappoltsteiner Schlösser und in die Ebene hinaus bis zum Schwarzwald hinüber.

Von der Rechtskurve gehen wir jetzt ein Stück des Weges, den wir herauf gekommen sind, zurück, an Floderers Kreuz vorbei zu dem ca. 80 Meter dahinter liegenden Wegekreuzungsplatz. Dort sind mehrere Wegeschilder angebracht. Für uns ist maßgebend: Riquewihr, Kaysersberg, Ursprung mit blauem Kreuz, vorläufig eine Richtung nach allen diesen drei Zielen, bis dann später die Abzweigung nach Riquewihr kommt. Nach ca. 20 Minuten mündet der Waldweg in einen freien Hang mit Blick über die Bergzüge und hinunter ins nach Osten weisende Sembachtal. Wo der Weg sich teilt, halten wir rechts. Am Raine dort an einem Baumstumpf ist das Wegweiserschild, das blaue Kreuz gegenüber am Baum Nr. 78. Gleich darauf überqueren wir einen geteerten Fahrweg. Wir folgen dort der Wegweisung nach St-Alexis blaues Kreuz. Nach wenigen Metern bietet sich ein herrlicher Ausblick auf die Südvogesenkette vom Brézouard rechts bis hinunter zum Hartmannsweilerkopf.

Wir wollen zunächst St-Alexis besuchen und gehen geradeaus abwärts, lassen also den Weghinweis links nach Riquewihr blaues Kreuz einstweilen unbeachtet, merken ihn uns aber für später.

Der abwärts fallende Weg mündet in Kürze auf eine große Wiese, auf der, von oben, unserem Weg her noch durch Bäume verdeckt, das arkadische Idyll St-Alexis (650 m) liegt: eine Wallfahrtskapelle (angeblich 15. Jh.), dem hl. Alexius geweiht, das Portal von zwei Linden flankiert, gegenüber ein einfaches, ländliches Gasthaus, wo man im Schatten der rebenbewachsenen Pergola oder drin im Wirtschäftle bei Philemon und Baucis einen Erfrischungstrunk und auch ein Vesper zu sich nehmen kann*.

Es war gut, daß drei elsässische Pfarrherren einen Ausflug hier herauf gemacht hatten. So konnte ich einiges Umrißhafte über den heiligen Alexius erfahren, nachdem sich einschlägige Wanderbücher über die Alexiskapelle ausschweigen. Daheim dann weiter nachspürend kann ich nun berichten:

Alexius, um die Wende zum 5. Jahrhundert in Rom als Sohn vornehmer christlicher Eltern geboren, vermählte sich auf Wunsch seines Vaters mit einem schönen Mädchen, flieht aber noch am Hochzeitstage aus Rom, um sein Leben dem Dienste Gottes zu widmen. Er begibt sich nach Kleinasien, wo er sich in Laodicea niederläßt. Dort lebt er 17 Jahre lang, sich frommen Übungen widmend. Allmählich gelangt er in den Ruf der Heiligkeit. Um sich aber der Verehrung des Volkes zu entziehen, begibt er sich nach Rom zurück und wohnt dort in seiner Eltern Haus jahrelang unter der Treppe, von den Seinen nicht erkannt, von der Dienerschaft als der niederste Knecht verspottet. Als sein Ende herannaht, schreibt er in einem Brief an seine Eltern, den er auf seiner Brust verbirgt, sein Schicksal nieder und stirbt (417 n. Chr.). Durch ganz Rom aber ertönt eine überirdische Stimme, den frömmsten Mann zu suchen, und sie bezeichnet Euphemians, seines Dienstherrn Haus als den Ort, wo er zu finden sei. Der Papst und der ost- und weströmische Kaiser begeben sich dahin und erkennen in dem

---

*Freitag Ruhetag, jedoch vom 1. 7. bis 30. 9. immer offen, ca. 40 Plätze.

toten Bettler den frömmsten Mann, der nach dem vorgefundenen Brief der Sohn Euphemians ist. In der Bonifaziuskirche in Rom wird er begraben.

Der Vita des Heiligen hat sich 500 Jahre später die dort aufkommende volkstümliche Epik angenommen. Um 1050 entsteht eines der ältesten poetischen Sprachdenkmäler altfranzösischer Quelle: La Cançun de saint Alexis, das Alexiuslied, ein Versgedicht, vermutlich von Kanonikus Tetbald von Vernon zu Rouen in westfranzösischem Dialekt verfaßt.

Der Dichter hat an der durch die Acta Sanctorum überlieferten Vita vielfache Änderungen vorgenommen, besonders die Stellen weiter ausgeführt, die das Gemüt ansprachen. So sind die Klagen der Eltern und der Braut um den verlorenen und beim Sterben wiedergefundenen Alexis stark erweitert, aber durchaus von dichterischem Gehalt. Das Alexiuslied ist im Laufe der Zeit mehrfach umgearbeitet worden. Dabei wurden Ereignisse der Zeit mit der Person des Heiligen verbunden. So soll er mit den Kreuzfahrern über Konstantinopel nach Jerusalem gepilgert sein. In der Kapelle ist er in einem Deckengemälde im Brustbild als Pilger zum Grab des hl. Jakobus nach Santiago de Compostela in Nordwestspanien dargestellt, erkenntlich an den silbernen Muscheln, die an seine Brust geheftet sind, also als Pilger jener bedeutenden mittelalterlichen Wallfahrt, die frühestens nach 800 aufkam.

Die Sterbeszene ist auf dem Altar der Alexiskapelle in einem einfachen bemalten Holzschnitzwerk wiedergegeben (1515, einziges erhaltenes Werk des Luzerner Bildhauers Jörg Beringer). Auf einem Altan die Familie Euphemians, darunter das Sterbelager, um das Kaiser und Papst, Eltern und Braut, versammelt sind. Man entnimmt dem Sterbenden aus der Brusttasche den Brief, der ihn als den verlorenen Sohn ausweist.

Auf einer links vom Portal an der nördlichen Kapellenwand hängenden Votivtafel, von einem Peintre naïf geschaffen, ist die Szene dargestellt, wie die Stimme über Rom auf den frömmsten Mann, den toten Bettler in Euphemians Haus weist. Über der Sterbeszene erscheint auf Wolken Christus, ein feuriger Strahl zeigt auf den Toten.

Nach Alexis nannte sich die um 1300 aufkommende religiöse Gesellschaft, die in Zeiten der Pest die Kranken pflegte und die Toten bestattete, Alexianer. In jener Zeit kamen dann die Wallfahrten auf.

Mit der Monteverdi-Renaissance stieß man auch wieder auf den Vertreter der Frühbarock-Oper Stefano Landi (1590 – 1655), den Komponisten des musikalisch und textlich höchst bemerkenswerten musikzentrischen Werkes »Il Sant' Alessio«. Diese prunkvoll ausgestattete große Oper wurde bei der Eröffnung des von den Barberini in Rom gebauten Teatro delle Quatro Fontane 1632 uraufgeführt. Der die Alexislegende erzählende Operntext ist ein sprachliches Meisterwerk von Giulio Rospigliosi, dem späteren Papst Clemens IX. In Zürich ist Stefano Landis Alexisoper im November 1974 erstmals wiederaufgeführt worden.

Wir kehren aus der fernen Welt, die die Kapelle am Königstuhl mit der Alexislegende umschließt, wieder in die Gegenwart zurück und gehen jetzt den Weg bis zur Abzweigung nach Riquewihr wieder hinauf. Nach etwa einer halben Stunde weist auf der Höhe 671 ein Wegweiser mit gelbem Punkt nach Riquewihr. Der Fußpfad überquert eine Waldfahrstraße und setzt sich 30 Meter weiter auf der anderen Seite fort. Der gelbe Punkt ist an einer Tanne. Wir kommen bald an einen mächtigen Kahlschlag mit blühendem Fingerhut, von wo wir eine einzigartig gerahmte Aussicht über den Wald hinweg auf Reichenweier und in die Rheinebene haben. Rasch kommen wir am Rutenbuckel über Reichenweier an, dem mit Bäumen bewachsenen Kegel, den wir links umgehen. Als wir den Dolderturm passieren, zeigt die Uhr halb fünf. Wir haben vom Königstuhl bis St-Alexis eineinhalb Stunden und von dort bis Reichenweier eine weitere Stunde gebraucht. Die gesamte Wanderzeit betrug ohne Rast fünfeinhalb Stunden.

Wer jetzt noch Lust hat, der schlendere in Reichenweier umher, aber auch in den Seitenstraßen (Rundgang = Wegweiser: quartiers pittoresques = malerische, romantische Winkel). Das Renaissance-Städtchen bietet zu viel, als daß jetzt noch Raum wäre, es zu beschreiben. Ein Führer durch das Städtchen, der zu kaufen ist, hilft. Nur wähle man sich einen Werktag, um dem allzu großen Touristenrummel zu entgehen. Frühjahr bis Herbst

Anmerkung: Vgl. dazu »Das Glöcklein des hl. Alexis« in des Verfassers »Herbstblätter« (1985) S. 175

21 Brézouard

Aufstieg:
Echery (hinter Markirch-Ste-Marie-aux-Mines) – St. Pierre – Chauffour – Brézouardgipfel, 3 Stunden 30 Minuten.

Abstieg:
Brézouardgipfel – Haïcot – Echery, 2 Stunden

Gesamtzeit der Wanderung 5 Stunden, 30 Minuten.
Höhenunterschied 450 bis 1229 Meter.
Karte des Vogesenclubs Ribeauvillé-Ste-Marie-aux-Mines.

Südwestlich von Markirch (Sainte-Marie-aux-Mines) beherrscht der 1229 Meter hohe Rücken des Brézouard (auch Bressoir genannt) die Vogesenbergwelt. Die Einheimischen nennen den zweigipfligen, früher kahlen, jetzt an der Ostseite mäßig bewachsenen Berg die Brüschebückel (Brüsche = Heidekraut) und die in unmittelbarer Nähe nordwestlich davon gelegene kahle Höhe (1100 m) des Haïcot den Bluttenberg (blutt = bloß).

Wir beginnen unsere Wanderung in dem unmittelbar bei Markirch gelegenen kleinen Ort Echery (Zelle, Kloster des Achericus, eines romanischen Mönches, deutsch Eckerich), einem einstigen Bergwerksdörfchen, wie ja auch der französische Name Markirchs (= Marienkirch) Sainte-Marie-aux-Mines »Maria zu den Gruben« bedeutet und Markirch als die Zentrale des dort im Lebertal ehedem betriebenen Bergbaus auf Silber und Blei ausweist.

Die Blütezeit des Bergbaus währte von etwa 1450–1633. Geologische Veränderungen im Berg durch Wassereinbrüche, vor allem in dem wasserreichen Rauental, haben die Rentabilität der Schürfungen beeinträchtigt, so daß man den Bergbau einstellte. Noch einmal versuchte 1897 der neu gegründete »Markircher Berg- und Hüttenverein« die Ausbeutung der Blei- und Silberlager aufzunehmen,

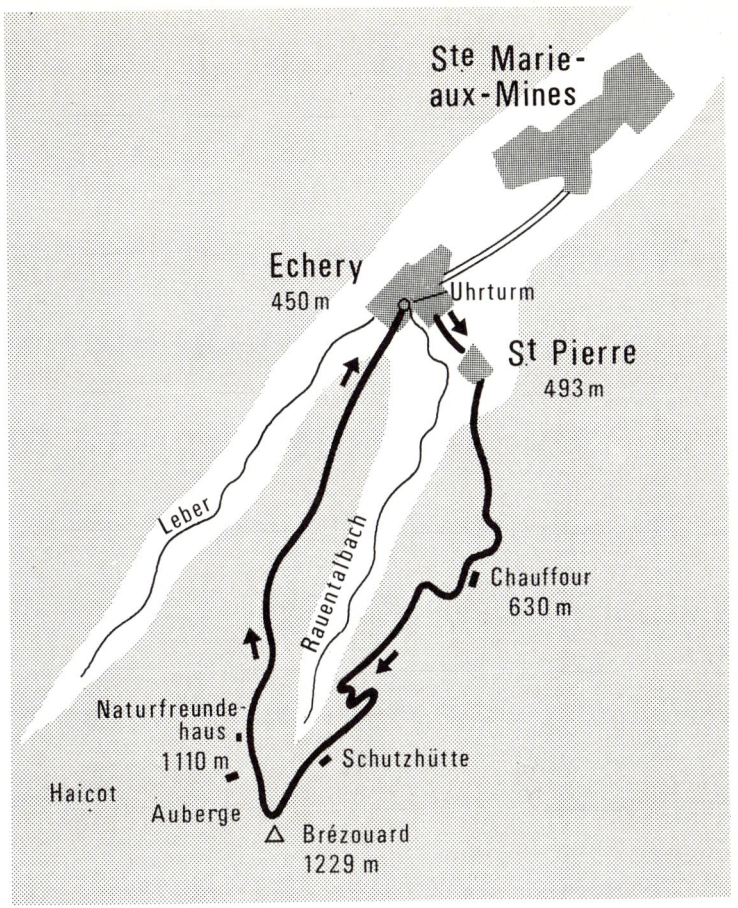

doch ohne den erhofften Erfolg. Der Bergbau wurde wieder eingestellt. Von Mülhausen her wurde 1755 die Baumwollweberei in Markirch und den Tälern dort eingeführt. »Articles de Sainte-Marie-aux-Mines« erlangten bald Weltruf. Heute ernährt auch die Textilindustrie kaum mehr die Bevölkerung. Als Prunkstück des einstigen Bergbaus wird noch jetzt die alte Silbermine St-Barthelmy gezeigt (1. 7. – 31. 8.).

Die Urzelle des Bergbaus der dortigen Gegend war jedoch Echery. Auch dort zeigen sich noch Reste der Bergbaubetriebe. So sind in den Bergen ringsherum noch zahlreiche stillgelegte Gruben, und in Echery selbst stehen aus der spätmittelalterlichen Bergwerkszeit noch einige alte Häuser, eines mit Wendeltreppenturm, einige mit Erkern, ein steinerner Brunnentrog von 1690 und vor allem der malerische Zeitglockenturm (Uhrturm), von dem herab einst die Bergmannsglocke klang.

Der höher gelegene Ortsteil Zillhardt birgt noch ein Kleinod, das wohl auf eine frühe Klostergründung zurückgehende Kirchlein der Benediktinerpriorei St. Peter auf Zillhardt (St-Pierre-sur-l'Hâte). Die Ordo des hl. Benedikt wich den Gesetzen der Bergmannszunft, und das Kirchlein wurde die Bergmannskapelle des Lebertals.

Auf dem Kirchhof sind noch heute einige Gräber von Bergleuten zu finden. Wenn man durch den Torbogen mit der Jahreszahl 1531 den Kirchhof betritt, findet man gleich zur Linken einen Grabstein mit den Bergmannssymbolen der gekreuzten Hämmer, und auf der Rückseite des verwitterten Grabsteins blieb noch ein »Glückauf« lesbar.

Das Kirchlein, etwas größer als die Burgheimer Kirche in Lahr, ist im 13.–16. Jahrhundert erbaut worden. Der romanische Glockenturm (13. Jahrhundert) mit dem schon gotischen Eingangsportal trägt ein Satteldach. Am inneren Portalbogen steht die Jahreszahl 1411. Eine allerdings schlecht erneuerte Holzbalkendecke kleidet das Mittelschiff warm. Noch gut erhalten ist die 1604 eingebaute, gedrungene, drei Viertel des Kirchenraums überspannende Empore aus derbem Holzwerk. Der gotische Chor ist gegenüber dem Mittelschiff erhöht und zeigt ein reizendes, in die Wand eingebautes spätgotisches Sakramentshäuschen. Alles in allem ist St-Pierre-sur-l'Hâte ein liebenswerter, malerischer Ort wohltuend verträumter Abgelegenheit.

Wir parken in Echery und gehen zu Fuß zum Kirchlein St-Pierre-sur-l'Hâte, das man von weitem sieht, im Ortsteil Zillhardt hinauf.

Doch jetzt beginnt der Aufstieg zum Brézouard. Unsere Route soll uns über den Chauffour zum Brézouard und von diesem hinüber zum Haïcot führen. Der Weg ist mit Haïcot-Brézouard firmiert und teilt sich am hohen Hang vor dem Brézouard erstmals nach beiden Zielen. Wohlgemerkt, wir wollen zuerst auf den Brézouard und von dort zum Haïcot, nicht umgekehrt, weil wir vom Haïcot den Rückweg nach Echery nehmen.

Unser nächstes Ziel ist der Chauffour, schon beim Anstieg von Echery zum Ortsteil Zillhardt am Berghang sichtbar, im Mittelalter ein Gutshof der Herrschaft Rappoltstein mit großer Schafzucht, daher später Schafhaus genannt, im letzten Jahrhundert noch unter diesem Namen ein landwirtschaftliches Gut eines Markircher Fabrikanten mit Wirtschaft, heute eine Ferienkolonie für Schulkinder, das ältere Gebäude, der ehemalige Wirtschaftshof umgebaut, und ein neues, modernes Gebäude hundert Meter daneben.

Wir nehmen den zwischen der Kirche und dem gegenüber liegenden Restaurant hochziehenden Fahrweg, der dem Talbächlein entlang hinauf zum Chauffour führt. Nach etwa 30 Minuten kommt man auf das Plateau mit etwas verwilderten Wiesen und Obstbäumen, auf dem die beiden Gebäude liegen. Über dem neuen Gebäude steht am Waldesrand eine Bank bei der großen Tanne Nr. 106.

Stehen wir vor dieser Bank, dann benützen wir den von dort rechts mäßig hochziehenden, breiten, sandbefestigten Waldfahrweg (ohne Wegweiser), der alsbald wieder eine Tanne Nr. 106 zeigt. Diesem Weg, der an den Waldhängen hochsteigt, bleiben wir nun für lange Zeit treu. Wir gehen immer geradeaus durch herrliche Bestände hoher Weißtannen. Beim Baum Nr. 114 kommt vom Hang auf unserer linken Wegseite der erste Bergbach herunter und eilt zu Tal. Das wiederholt sich noch zweimal. Wir befinden uns auf der Ostseite des Rauenbachtales, in einem außerordentlich wasserreichen Berggelände, in dessen hinteren Teil, den »Kessel«, kaum die Sonne dringt, so daß dort oft im späten Frühjahr noch der Schnee liegt.

Bald kommen wir zu einer Wegekreuzung, an der eine Hütte steht. Dort ist der erste Wegweiser: Haïcot-Brézouard geradeaus. Wenn nun der breite Weg eben wird und dann abwärts geht, heißt es Halt! Dort befindet sich das Schild Haïcot-Brézouard links am Wege und verweist uns auf einen Fußpfad, der uns links im Zickzack hoch führt. Wenn wir an eine rechts von unserem Pfädchen steil abfallende Felskante kommen, dürfen wir nicht versäumen, dem kleinen Trampelpfädchen zu einer aus dem Hang vorgeschobenen Kanzel zu folgen, von der aus man eine herrliche Sicht hinunter ins Rauental hat. Bald führt unser Pfad auf einen freien Berghang, von wo sich ein grandioser Überblick über die Bergwelt um Markirch herum bietet.

Wir kommen gleich an die erste Wegeteilung Haïcot-Brézouard. Rechts eben weist der Wegweiser nach Haïcot. Links eben zeigt der Wegweiser nach Adelsbach. An derselben Tanne, an der sich dieser Wegweiser befindet, ist auf der anderen Seite des Stammes der Tanne, von Ästen verdeckt, der Wegweiser halblinks hoch zum Brézouard. Der Fußpfad überquert zweimal einen Holzabfuhrweg. Wir kommen danach wieder an eine Kreuzung von zwei Fußpfaden. Wir kommen von links unten herauf und unser Fußpfad setzt sich jenseits des gekreuzten Pfades rechts hochziehend fort. Dort steht ein Baum mit dem weißen Punkt, der aber kaum mehr wahrnehmbar ist. Wir überqueren nun nochmals einen sandbefestigten Fahrweg, der vom nordöstlich gelegenen Hirzberg herkommt und als Markierungszeichen das rote Viereck trägt, das nun weiter für uns maßgebend ist. Es führt uns jenseits des Fahrwegs links hoch zur Brézouard-Schutzhütte (Refuge du Brézouard), womit wir nun eigentlich schon auf dem Brézouard sind.

Wir lassen die Schutzhütte rechter Hand liegen, folgen dem roten Viereck geradeaus und kommen in kurzem Anstieg durch niedere Latschenkiefern zum ersten Brézouard-Gipfel. In 5 Minuten sind wir auf dem zweiten Gipfel mit den zwei Marksteinen, von denen der eine die Höhe 1229 Meter markiert, somit also den höchsten Punkt des Brézouard.

Wir haben von Echery einschließlich des Aufenthalts beim Kirchlein St-Pierre-sur-l'Hâte in einem bequemen Anstieg 3½ Stunden gebraucht.

Leider sind beide Gipfel nach der Ostseite die Sicht störend bewachsen. Um so herrlicher ist dafür die Rundsicht nach Süden, Westen und Norden, bei klarer Luft von den Alpen im Süden über die Lothringer Vogesen im Westen bis hinunter zum Donon im Norden. Über den Brézouard verlief die Kampflinie im Ersten Weltkrieg. Reste von Schützengräben und Befestigungen sind noch sichtbar. Wenn man die Fußpfade auf den Gipfeln und Hängen benützt, kann man noch an Stacheldrahtresten hängen bleiben, erst recht außerhalb der Pfade!

Vom zweiten Gipfelpunkt führt nun, schlecht auf niederen Felsen mit roter Farbe markiert und im Heidekraut, das von weiten Flächen von Heidelbeeren und Preiselbeeren durchmischt ist, schwer erkenntlich ein Fußpfad südwestlich zum Haïcot, den wir drüben unter uns liegen sehen. Er bringt uns zu einem großen Waldplatz mit ebener Platte. An einer großen Tanne an der Talseite des Platzes ist das Schild zum Haus der Naturfreunde angebracht. Wir haben hier die Wahl, auf welchem von drei links wegführenden Wegen wir zum Haïcot gelangen wollen. Zwei dieser Wege führen in 15 Minuten zur Auberge Haïcot. Der andere rechts neben dem Straßenmaterialhäuschen beginnende, mit einem Sperrzeichen für Autos ausgestattete Weg, führt in drei Minuten zum Naturfreundehaus Haïcot (Refuge des amis de la nature Haïcot). Man erreicht damit die allernächste Erfrischungsstätte und sitzt auf der Terrasse vor dem am Hang breit gelagerten Fachwerkhaus, das wir schon auf unserem Anstiegsweg durch die Bäume herübergrüßen sahen, im Freien mit herrlicher Sicht hinab ins Rauental bis nach Echery und Markirch hinunter. Ebenso gut sitzt man vor der Auberge Haïcot angesichts der nahen herrlichen Bergwiesen mit den dunkelblauen und gelben Stiefmütterchen.

Vom Brézouardgipfel bis Haïcot Auberge benötigt man 45 Minuten, bis Naturfreundehaus Haïcot 30 Minuten.

Zum Abstieg nehmen wir den sogenannten Uhrturmweg über den Uhrturmbuckel (le Rain de l'Horloge), so benannt, weil er über den Bergkamm zieht, der das Rauental nach Westen abschließt und unmittelbar auf den Uhrturm in Echery stößt.

In der Westecke des großen Wiesengeländes Haïcot, die man vom Naturfreundehaus in 5 Minuten geradeaus bleibend (nicht rechts hinunter abbiegend) erreicht, steht an einer Buche der Wegweiser: Rain de l'Horloge – Echery gelbes Kreuz.

Der Weg ist abwechselnd mit einem gelben Kreuz und dann wieder mit gelbem Strich gekennzeichnet, was uns nicht stören darf. Wir bleiben immer auf dem Kammweg, der uns von 1100 Metern langsam nach Echery hinunter bringt. An einer Wegekreuzung, an der sich ein Hochsitz befindet, ist der Wegweiser an einem Ahornbäumchen angebracht. Dort folgt man dem gelben Kreuz rechs ab und geht geradeaus über einen Baumlagerplatz hinunter; der gelbe Strich ist dann am Baum 141 zu finden. Man darf dann nicht links abbiegen, sondern muß immer geradeaus bleiben. Nach etwa 80 Metern vom Baumlagerplatz entfernt ebenfalls geradeaus bleiben, nicht rechts abbiegen! Man überschreitet eine kleine Waldwiese und bleibt auch dort geradeaus. Wir stoßen dann auf ein Schild Ste-Marie. Das ist unsere Richtung nach Echery. Wir kommen dann an eine Kehre, wo wir nun die Wahl haben: entweder folgen wir dem Wegweiser rechts ab: Rauental Echery. Der führt uns ins Tal hinunter und auf der Fahrstraße nach Echery. Oder aber wir folgen dem links kurz vor der Kehre an einem Baum angebrachten Wegweiser Echery mit Geradeauspfeil. Dieser Pfad führt immer durch den Wald, immer geradeaus hinunter, mehrmals einen Fahrweg überquerend, an den Reviernummern 124 und 175 vorbei und schließlich durch Gebüsch direkt auf den Uhrturm von Echery.

Wir haben für den Abstieg vom Haïcot bis hierher eine und eine halbe Stunde gebraucht. Die Geamtwanderung benötigt daher einschließlich der Besichtigung von St. Peter auf Zillhardt fünfeinhalb Stunden.

Es sei noch darauf hingewiesen, daß »Les Amis de la Musique«, Straßburg, alljährlich in den Monaten Mai/Juni dort einen Konzertabend* veranstalten, manchmal ausnahmsweise zwei Abende hintereinander am Samstag und Sonntag. Der Sonatenabend z. B. mit dem Duo der Künstler Alain Sabouret (Piano)

---

*Kartenvermittlung bei »L'Alsace«, rue Wilson, F 68 Sainte-Marie-aux-Mines.

und Jean-Pierre Sabouret (Violon), den der französische Rundfunk aufnahm, lockte viele Musikfreunde an. Das mit Scheinwerfern angestrahlte Kirchlein gab auf der Kulisse der nachtschwarzen Berghänge einen phantastischen Anblick. Das Innere der Kirche, von Kerzenlicht warm erleuchtet und mit den Blumen des Sommers geschmückt, war mit der ausgezeichneten Akustik der geeignete Raum, in dem zwei schon beachtliche junge Meister ihr Können an Schubert, Franck, Debussy und Brahms bewiesen. Zwei Bergmänner in der alten Eckericher Bergmannstracht flankierten während des Konzerts den Eingang vom Mittelschiff zum Chor. Daß das alte Bergwerkskirchlein, einst von den gregorianischen Gesängen der Benediktinermönche erfüllt, der Musik noch heute so aufgeschlossen ist, macht dieses Fleckchen Erde noch liebenswerter.   Sommer und Herbst

22   Hautes Chaumes

Aufstieg:
Pairis (bei Orbey = Urbeis) – Geishof – Blancrupt – Calvaire – Höhe 1236 – Soultzerner Eck – Roche du Gazon de Faing und zum Soultzerner Eck zurück, 4 Stunden 30 Minuten.

Abstieg:
Soultzerner Eck – Schwarzer See (Lac Noir) – Pairis, 1 Stunde 15 Minuten.

Gesamtzeit der Wanderung 5 Stunden.
Höhenunterschied 700 bis 1303 Meter.
Karte des Vogesenclubs Blatt Münster.

Abkürzung:
a) Calvaire – Höhe 1236 – links ab zur Seequelle – Observatorium Belmont – Schwarzer See – Pairis, 1 Stunde 30 Minuten.
Gesamtzeit der Wanderung ab Pairis 4 Stunden.

b) Calvaire – Treppel – Seeufer Weißer See – Sentier Cornelius – Schwarzer See – Pairis, 2 Stunden.
Gesamtzeit der Wanderung ab Pairis 4 Stunden 30 Minuten.

c) Calvaire – Treppel – Seeufer Weißer See – Weg Richtung Orbey bis zur Abzweigung nach Pairis – Pairis, 1 Stunde 45 Minuten.

Gesamtzeit der Wanderung 4 Stunden 15 Minuten

Auf dem Vogesenkamm hoch über dem Weißen und Schwarzen See, wo die alte deutsch-französische Grenze von 1871 bis 1918 verlief, ist ein eigenartiges, einige hundert Hektar großes, unbewaldetes Höhengebiet, das keinen deutschen Namen hat, die Hautes Chaumes. La chaume bedeutet Stoppelfeld, Weide,

gelegenen Weiden, die Firstweiden, Kammweiden oder Hochweiden. Damit ist die weite, nur mit Heidekraut und Heidelbeerbüschen, vereinzelten Gruppen vom Sturm niedergehaltener Latschenkiefern und da und dort mit einem sich mühsam behauptenden Tännchen bewachsene Hochebene gemeint, die vom durchweg auf 1300 Meter verlaufenden Kamm aus nach Osten steil abfällt zu dem Kessel des Weißen Sees (1054 m) und des Schwarzen Sees (954 m), aber auch weiter südlich zum Forlenweiher (1061 m) und zum Grünen See (1044 m). Dieses, man kann wohl sagen, einzigartige Wandergebiet soll unser Ziel sein.

Wir beginnen unsere Wanderung in Pairis (sprich: Peeriss) westlich von Orbey (Urbeis), einem 700 Meter hoch gelegenen Streudorf, dessen Mittelpunkt das der Straße zugekehrte große, mit langer Front ausgestattete Spital des ehemaligen Zisterzienserklosters ist. Wir stellen den Wagen dort ab. Wir benützen den Weg zwischen dem Spital und dem Friedhof, an dessen Beginn an der Fahrstraße schräg gegenüber dem alten Klostertor ein Wegweiser steht: Orbey par Geishof. Wir wollen selbstverständlich nicht nach Orbey. Wir wollen vielmehr den von Orbey über den Blancrupt zum Calvaire (1145 m), nordwestlich vom Weißen See gelegen, führenden Höhenweg gewinnen.

Geishof ist ein Zinken in einem Kirschbaumgebiet, der aus wenigen zerstreuten Bauernhäusern besteht. Wir befinden uns im französischen Sprachgebiet, besser gesagt im Sprachgebiet des romanischen Patois.

Jetzt sehen wir endlich auch einmal das Gegenstück zum Schwarzwaldbauernhaus, den Vogesentyp des Bauernhauses, ein traufseitig an den Hang gestelltes Einhaus, bei dem also Mensch und Vieh unter einem Dach sind. Durch diesen Raumbedarf ist die Front des Hauses sehr lang. Ein Teil des Hauses, der Wohnteil, ist mit Fenstern versehen, der Ökonomieteil ist nahtlos angeschlossen und äußerlich an den kleinen Stallfenstern und einem oder zwei Eingangstoren, die gerundet sind, erkenntlich. Es fällt auf, daß in der ganzen Umgebung von Pairis und Orbey diese Vogesenhöfe in bester Verfassung sind, meist weiß getüncht und mit neuem Dach versehen. Offenbar ist vor kurzem eine staatliche Förderung der Gebirgsbauernhöfe übers Land gegangen.

Da diese Bauernhäuser traufseitig am Hang stehen – im Unterschied zu unseren Schwarzwaldhäusern, die mit dem Giebel zum Tal schauen und daher von hinten mühelos Einfahrt in die Tenne unter dem Dach gewähren – ist hier die Einfahrt von der Bergseite ein Problem und erfordert mächtige, aus Mauersteinen gefertigte Auffahrtbauten, die fast eine halbe Brücke sind.

Beim zweiten Bauernhof im Zinken Geishof ist ein Wegweiserschild: Lac Blanc (Weißer See) mit gelbem Punkt, dem wir einstweilen folgen. Vor dem dritten Bauernhof kehrt dieser Hinweis wieder. Der Weg geht am vierten Bauernhaus vorbei leicht abwärts hinab ins Tal der Weiß, die als Bächlein vom Weißen See herabkommt, überquert den Bach und geht rechts herum den nördlichen Hang entlang, bis wir an eine Wegekreuzung kommen. Hier treffen wir auf den von Orbey heraufkommenden, über den Blancrupt zum Calvaire führenden, auf der Karte des Vogesenclubs mit 1b (blaues Viereck) gezeichneten Höhenweg.

An dieser Kreuzung steht ein Bauernhaus, an dessen Auffahrt zur Tenne sich ein Wegweiserschild befindet: Lac Blanc par Blancrupt (blaues Viereck). Etwa unterhalb dieser Wegekreuzung steht ein beachtenswertes altes Barockkreuz.

Wir sind auf einen sandbefestigten Fahrweg getroffen, der zwischen dem Kruzifix und dem Bauernhaus von rechts herauf kommt und links hoch führt. Das blaue

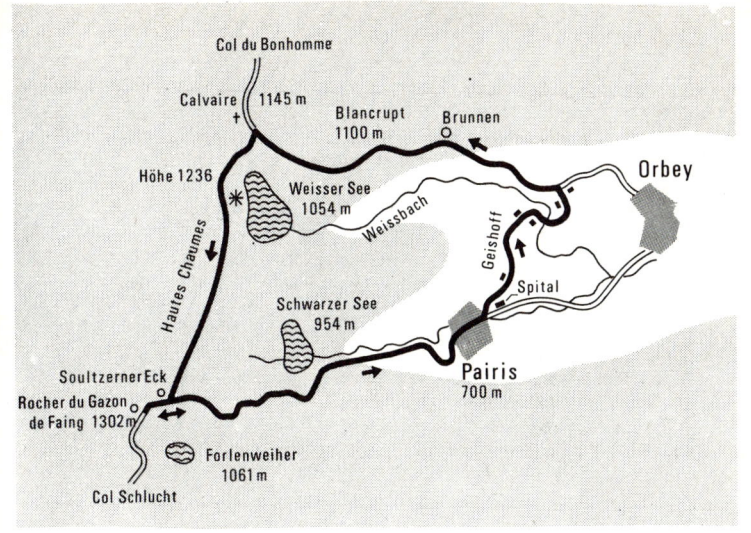

Viereck ist rechts auf ein Felsenstück im Hang gemalt. Der Fahrweg macht sofort eine Rechtskehre, der wir nicht folgen dürfen. Wir müssen in der Kehre geradeaus bleiben. Unser Anschlußschild ist linker Hand am Fuße eines Ahornbusches (Lac Blanc mit blauem Viereck).
Und nun folgen wir dieser Wegweisung, die uns in angenehmer Steigung am nördlichen Hang über dem Weißbachtal stetig höher hinauf bringt. Drüben links grüßt schon der mächte Kamm der Hautes Chaumes über dem Weißen See, der unsichtbar tief im Kessel liegt, von steil abfallenden Felswänden eingeschlossen. Bei einer Wegeteilung, wo ein Weg links ab zum Schwarzen und Weißen See mit blauem Kreuz markiert ist, bleiben wir geradeaus und folgen unserem Zeichen: blaues Viereck. 50 Meter danach bleiben wir wieder geradeaus, unserem Ziel, Blancrupt, blaues Viereck, treu. Unser Pfad führt auf einen sandbefestigten Fahrweg. Wir halten geradeaus und bleiben immer auf der Hanghöhe. Vor einer alten Ferme – sie ist nicht mehr in Betrieb und daher nicht erneuert, wie die Bauernhäuser unten – macht der Fahrweg eine große Kehre rechts hinauf und führt an einem aufwendigen Wochenendhaus vorbei.
Wir erreichen nun einen noch in voller Blüte stehenden Ginsterhang. Der Wegrand ist mit Fingerhüten gesäumt, die in sattem Rot blühen. Und es beginnen die Nester jener typischen Vogesenblume, der wilden Stiefmütterchen, die in violettem Blau, in Weiß und Gelb und gar gemischt in Gelb-Weiß und Violett-Gelb miteinander wetteifern. Ebenfalls in ganzen Nestern tritt der gelbe Bergklee auf. Wir sind auf der freien Höhe und kommen an einen Waldrand, an dem verrostete Wegweiser uns nicht betreffen. Wir biegen nach links und folgen dem sandbefe-

stigten Fahrweg entlang dem Hang nach Nordwesten – der Rücken über uns ist der Blancrupt –, immer der Telefonleitung nach.

Links unterm Weg rauscht ein Brunnen, der aus einem höher gelegenen Wasserreservoir gespeist wird und herrlich frisches Wasser spendet. Die Bergwiese entfaltet sich nun geradezu zum Naturlehrpfad für Pflanzen: Heidekraut über weite Flächen, die im Spätsommer in zartem Rosa glühen werden, Wacholderbüsche, das weiß blühende Wollgras, die gelbbraune Arnika, der flammende Bergklee, die Stiefmütterchen, verschiedene Doldengewächse mit weißer Krone und viele andere Blumen mehr. Des Bergsommers ganze Flora ist hier versammelt. Eine herrliche Sicht auf den Kamm über den Seen und zu den Steilhängen, die zum Weißen See abstürzen, hinüber zur Seekanzel auf steiler Felsenklippe und ostwärts hinunter nach Orbey und zu der östlichsten Vogesenkette lohnt den Anstieg über den Blancrupt, den wir gewählt haben, in vollem Maße. Ein leichter, kühlender Wind zieht über die Höhen und läßt die Hitze vergessen, die in den Tälern liegt.

Wir erreichen nun die Fahrstraße, die von Orbey-Pairis heraufkommt, und geraten für eine Viertelstunde in die Touristikzone. Am gut gelungenen modernen Bau des Hotels du Lac an einem älteren Sanatorium rechts und einer Ferienkolonie links vorbei gelangen wir alsbald zu unserem ersten Ziel »Le Calvaire«, einem Kruzifix an einer Autostraßenkreuzung (1145 m), wo die Fahrstraße sich teilt zum Col du Bonhomme nach Norden und zum Col de la Schlucht im Süden. Wir haben von Pairis bis hierher zweieinhalb Stunden gebraucht.

Wir entfliehen dieser Zone des Autoverkehrs möglichst rasch, indem wir uns links in den Wald wenden, wo an der Tanne Nr. 3 der Wegweiser steht: Hautes Chaumes – Schlucht, rotes Viereck. Bald macht der verwitterte Tannenwald den niedrigen Latschenkiefern Platz, und in einer knappen halben Stunde stehen wir auf der Höhe 1236, bei dem alten Grenzstein 2770 auf dem Gipfel des Reisberges, schon in den Hautes Chaumes drin.

Eine kerzengerade Linie entlang dem alten Grenzgraben von hier bis zum Soultzerner Eck (Gazon du Faing = Taubenklangkopf) scheidet den niederen Latschenkiefernbewuchs im Osten nach den Seen zu vom Weidefeld nach Westen. Die Latschenkiefern nehmen die Sicht nach Osten, aber es sind Wegeschneisen in sie gehauen, die immer wieder einen Blick hinunter in den Seekessel zulassen. So weist schon auf der Höhe des Reisbergs gleich nach dem Austritt aus dem Latschenkiefernwald beim Grenzstein 2770 ein Wegweiser auf einen Point de vue, einen Aussichtspunkt zum Weißen See hin, ein Trampelpfad, der jäh über dem Hang aufhört, aber einen prächtigen Blick zum See hinab tun läßt.

Die Wanderung auf dem Kamm durch die Hautes Chaumes, immer auf 1300 Meter Höhe, ist von einzigartiger Schönheit. Über das nach Westen hin sich leicht senkende Weidefeld hinweg, das in majestätischer Einsamkeit daliegt, sehen wir in der endlosen Weite Berg neben Berg, Bergrücken an Bergrücken, durch Täler zerklüftet, bis alles in westlicher Ferne im Dunste verblaßt.

Wir gehen auf dem Kammweg immer geradeaus, lassen Wegweiser zum Schwarzen See hinab unbeachtet und folgen dem Wegweiser: Soultzerner Eck – Schlucht, rotes Viereck.

Wir stoßen jedoch nur bis zum Soultzerner Eck (Gazon de Faing 1303 m) Grenzstein 2779 vor. Wir benötigen vom Grenzstein 2770 auf der Höhe 1236 bis hierher eine knappe Stunde. – Das Soultzerner Eck, so benannt nach dem etwa zwei Stunden entfernten südöstlich gelegenen Ort Soultzeren (Sulzern), ist eine kleine Felsenanhöhe, umgeben von einem Latschenkiefernwäldchen, an dem sich die bisher starr von Norden nach Süden verlaufende alte Grenze in einem Knick nach Westen wendet. Drüben in geringer Entfernung von dieser Anhöhe fällt der nun völlig kahle Kamm steil ab zum Forlenweiher (Lac du Forlet oder falsch übersetzt, Lac des Truites 1061 m), und gar vom Taubenklangfelsen (Rocher du Gazon de Faing), 1300 Meter, Grenzstein 2780 hat man einen jäh abfallenden Felshang zum See hinunter unter sich und einen weiten Ausblick, vor allem ostwärts in das Münstertal. Der kleine Abstecher dorthin, eine knappe halbe Stunde hin und zurück, lohnt sich unbedingt.

Der Forlenweiher (Forle = Föhre) ist mit seinen 1061 Metern der höchstgelegene See der Vogesen. Die grüne Seematte am Fuß der Felsenwand, die Forlenmatt, ist das Rütli des Münstertales. Hier versammelten sich in einer mondhellen Herbstnacht des Jahres 1726 Abgesandte der neun Dörfer des Tales und schworen auf die Bibel, die alte Ordnung und Obrigkeit im Münstertal wieder herzustellen. Es ging gegen den König von Frankreich, und im Frühling 1727 erfolgte der Aufstand der Bauern, die die Stadt Münster besetzten. Doch nur vier Tage dauerte die Freiheit, da kam von Colmar ein französisches Heer herbei und machte dem Aufstand ein Ende.

Am Soultzerner Eck ist für uns maßgebend – wir wollen nach Pairis zurück – der Wegweiser: Lac Noir (Schwarzer See). Wir gehen den Pfad dem Latschenkiefernwald entlang, der nach Osten in etwa 400 Metern zu einer Anhöhe führt. Auf dieser Anhöhe steht der Wegweiser Lac Noir, Col Wettstein. Wir gehen aber nicht bis zum Col Wettstein, sondern nur bis zu dem Waldeck, das östlich unter der genannten Anhöhe liegt. An diesem folgen wir dem Wegweiser Lac Noir hinunter ins Seebecken.

Wir hören bald links drüben das Rauschen des von den Felswänden in den Schwarzen See hinabstürzenden Baches und sehen auch schon den See selbst durch den Tannenwald heraufblinken. Bald erreichen wir ihn und flüchten aus dem sonntäglichen Touristikrummel auf den Fußpfad, der uns das Tälchen des Baches hinabgeleitet, das den Abfluß des gestauten Sees hinunter nach Pairis fließen läßt.

Wenn der Fußpfad auf den geteerten Fahrweg trifft, läßt uns die Wegweisung mit dem rot-weißen Zeichen im Stich. Nun, wir gehen abseits der Fahrstraße durch das Wiesengelände entlang dem Steinmäuerchen immer das Tal hinab. Unten winkt schon der weiße Bau der Spitalkirche. Wir können nicht fehl gehen Zum Schluß müssen wir allerdings noch ein Stück auf der Fahrstraße gehen, um wieder an den Wagen zu gelangen.

Wir haben vom Soultzerner Eck bis Pairis eine Stunde gebraucht und damit für die gesamte Wanderung rund fünfeinhalb Stunden. In herrlicher Wiesenlandschaft lag hier das im Elsaß neben Lützel im elsässischen Jura einst so bedeutende Zisterzienserkloster Pairis, das ab 1452 der Abtei Maulbronn unterstellt wurde. Verschiedentlich war Abt und Konvent von Maulbronn in den Zeiten der Reformationswirren jahrelang in Pairis, bis 1649 der Maulbronner Konvent endgültig nach Pairis übersiedelte. In der französischen Revolution wurde das Kloster auf Abbruch versteigert. Lediglich der Konventbau blieb übrig, in dem ein Spital eingerichtet wurde. Der heutige imposante Bau, in dem ein Altersheim

betrieben wird, ist eine gelungene Restaurierung nach einem Teilbrand 1910. Kurz vor 1900 wurde die neuromanische Kapelle an den Spitalbau angefügt.
Vom alten Kloster ist noch das Klostertor erhalten. Ein zum Weihwasserbecken umgestaltetes Kapitell in Würfelform steht in der Kapelle. Am Spitalbau ist das alte Abtswappen eingefügt. Von der alten Umfassungsmauer sind noch ähnlich wie in Ettenheimmünster längere Teile zu sehen. Die einst wertvolle Bibliothek mit liturgischen Handschriften und das Klosterarchiv befinden sich in Colmar.

Juni/Juli (wegen der Bergflora)

23 Grand Ventron

Aufstieg:
Kruth (im Thanner Tal) – Col du Bockloch – Bocklochkopf – Grand Ventron, 3 Stunden 30 Minuten.

Abstieg:
Grand Ventron – Petit Ventron – Katzenkopf – Wintergeeskopf – Bourbach – Kruth, 3 Stunden.

Gesamtzeit der Wanderung 6 Stunden 30 Minuten.
Höhenunterschied 500 bis 1209 Meter.
Karte des Vogesenclubs Blatt Thann – Guebwiller.

Das Tal der Thur, die bei Thann in die Ebene tritt, weitet sich ins Gebirge hinein zu einem breiten Hochtal. Nach dem im Mittelalter bedeutendsten Talort um die klösterliche Niederlassung St. Amarin, in der die Reliquien des hl. Amarinus seit dem 7. Jh. verwahrt wurden, hat das ganze Tal den Namen St. Amariner Tal erhalten. Es verengt sich weit hinten bei Wildenstein wieder. Von dort windet sich die Fahrstraße in vielen Schleifen zum Col de Bramont (958 m) hinauf. Von diesem Paß zieht der Thur entlang nach Süden, bis zum Tal des Seebachs, eines Nebenflusses der Thur, ein Höhenrücken, dessen Bergspitzen und Kämme alle auf einer Höhe zwischen 1000 und 1200 Metern liegen: der Altenberg, der Hasenlochkopf, der Rehwändelkopf, der Bocklochkopf, der Große Winterung (Grand Ventron) 1209 Meter, der Petit Ventron, der Katzenkopf, der Wintergeeskopf, der Große Felzachkopf, und über den Col de Ventron oder Col D'Oderen (889 m) hinweg der Felleringerkopf (Grand Drument), der Drument, der Petit Drumont bis schließlich zum Hagersbachkopf. Auf dieser Kammlinie verlief wieder einmal die Frankfurter Grenze von 1870/71, die dann allerdings über den Steinkopf zum Col de Bussang zog. Auf der östlichen Seite der Thur verläuft ein ähnlicher Höhenzug vom Rainkopf mit 1298 Metern bis weit nach Südosten über den Markstein und Großen Belchen hinweg zum Sudelkopf mit 1009 Metern. Die so gebotene weite Höhenschau macht das Wandern in diesem Teil der Vogesen außerordentlich reizvoll. Besonders vom Grand Ventron aus hat man eine einzigartige, nach allen Himmelsrichtungen offene Rundsicht. Deshalb wollen wir zu ihm aufsteigen.

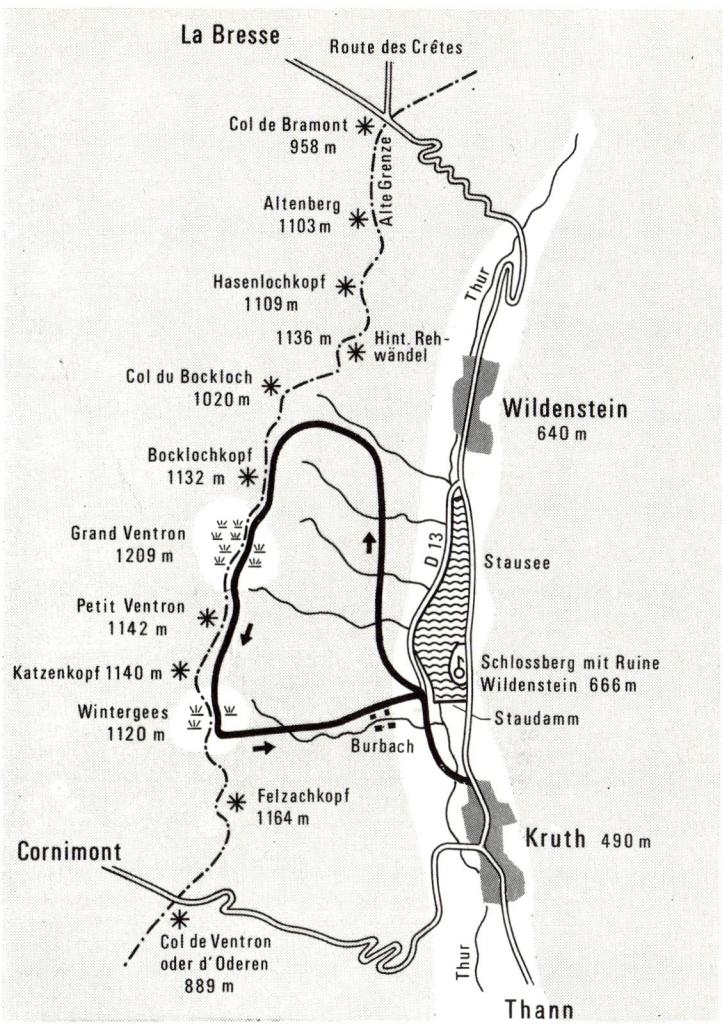

Ein Blick auf die Karte zeigt, daß die Kammlinie zwischen dem Col de Bramont und dem Col de Ventron knappe drei bis vier Kilometer Luftlinie von der Thur entfernt liegt. Das besagt also, daß bei einer Talhöhe von 500 Metern auf einer

Wegstrecke von 3 Kilometern auf diese Kämme hinauf fast 700 Meter Steigung gemeistert werden müssen. Wir wollen unsere Besteigung des Ventron weniger anstrengend machen und wählen keinen Aufstieg, der als Abstieg oben, von der Kammhöhe herab, als »rapide« bezeichnet ist.

Wir stellen den Wagen in der Rue de Bourbach in Kruth ab. Diese Straße erreichen wir, wenn wir Kruth auf der Talstraße von Thann her bis zum Nordausgang durchfahren. Rechts liegt dort der Fußballplatz, einzig an den zwei Toren erkenntlich. Nach links zweigt eine asphaltierte schmälere Straße nach Bourbach, einem Zinken von Kruth, ab. An der Abzweigung steht ein Schild, das für die Autostraße gilt: Barrage de Kruth – Wildenstein, ein Hinweis auf den Staudamm, den man von hier schon erkennen kann. Er schließt an der engsten Stelle des Tals, wo die Thur sich am Schloßberg (666 m mit der Ruine Wildenstein) vorbeizwängte, das Tal ab und bildet einen einige Kilometer langen Stausee. Das Stauwehr ist 1963/64 errichtet worden. Auf der Karte des Vogesenclubs ist es noch nicht eingezeichnet.

Unser Ziel ist zunächst der Col du Bockloch (1000 m). Am Eingang der Rue de Bourbach steht der Wegweiser: Col du Bockloch, rotes Dreieck. Wenn wir in der Straße geparkt haben, gehen wir über die Thurbrücke hinweg in Richtung Stausee. Die Straße trägt die Nummer D 13. Wir gehen dem Walde zu bis an das linke Ende der Staumauer. Den Zinken Burbach lassen wir links liegen. 100 Meter nach der Staumauer biegt von der Uferstraße ein Waldweg links hinauf ab. 50 Meter von dieser Abzweigung entfernt steht hoch am Rain rechts am Beginn eines Fußpfades der Wegweiser mit dem roten Dreieck zum Col du Bockloch und Grand Ventron. Von nun ab ist unser Weg mit dem roten Dreieck einwandfrei und sicher gezeichnet. Dieses Lob muß heute ausdrücklich gesprochen werden.

Er führt in mäßiger Steigung einen freien Hang hinauf und bietet bald einen herrlichen Blick auf den See. Dann empfängt uns der Wald. Vom hohen Kamm steil herab stürzen einige Bäche ins Tal der Thur und in den Stausee. Wir überschreiten gleich auf einem grünen Steg die Heidelbeerrunz, die einen kleinen Wasserfall abgäbe, wenn es z. Zt. nicht, wie allerorts in der Gegend, an Wasser mangelte. Auch der Wasserstand des Stausees ist sehr niedrig. Ein zweiter grüner Steg führt uns über die Tiefenrunz, jetzt auch nur ein Gerinnsel. Unser Pfad mündet bald darauf in die große Kehre eines Holzabfuhrwegs. Dort steht eine kleine Geschirrhütte. Neben ihr am Baume Nr. 48 sehen wir den Wegweiser mit dem roten Dreieck. Er verweist uns auf den links hochsteigenden Fußpfad mit dem Wegweiser am Baum Nr. 46. Wenig später bietet sich ein herrlicher Blick über das Thurtal hinweg zu den Höhen gegenüber. Wir sehen den Schweiselwasen (1268 m), den Batteriekopf (1310 m) und vor allem das »Matterhorn der Vogesen«, den Rothenbachkopf (1310 m). Wir erreichen den vorderen Bocklochbach, der vom Bocklochkopf (1132 m) herunter kommt. Über das Bachbrücklein treffen wir auf einen breiten Holzabfuhrweg, dem wir links hinauf folgen. Bei der Brücke steht eine Hütte. Links hinter der Brücke kommt ein großer Holzlagerplatz. Dort steht eine Gruppe riesiger Weißtannen mit auffälligen Moosbärten. An der vordersten befindet sich unser Wegweiser mit dem roten Dreieck. Der Weg führt uns in einen herrlichen Hochtalkessel mit urwüchsigen Tannen und Felsen an den den engen Kessel umrahmenden Hängen. Wir überschreiten auf einer steinernen Brücke die hintere Bocklochrunz. Kurz danach kommen wir wiederum an einen großen Holzplatz.

Hier verlassen wir nun den bisherigen Anstiegsweg mit dem roten Dreieck. Es war ein schöner, bequemer Aufstieg, der uns ohne merkliche Anstrengung auf 1000 Meter Höhe gebracht hat. Den Col du Bockloch lassen wir liegen. Wir folgen von nun ab dem blauen Viereck auf weißem Schild: Grand Ventron par Sentier de Crête, d. h. also zum Ventron über den Kammpfad. Der Pfad ist als »pittoresque« bezeichnet. Er führt uns durch vom Sturm niedergehaltenen, wildgewachsenen, knorrigen Buchenwald, nicht Märchenwald, vielmehr Zauberwald, mit vermoosten, am Boden liegenden Baumruinen und büschelweise gewachsenen alten Buchen. Wir erreichen die alte Grenze, deren vereinzelte Grenzsteine wir noch sehen, und folgen dem alten Grenzmäuerchen, immer durch diesen Zauberwald hindurch und vorbei am Bockslochkopf, bis auf einmal der Wald lichter wird und schließlich endet.

Im sommerlichen Gelb des versteppten Grases liegt die Kuppe des Grand Ventron in der Mittagssonne vor uns. Vom höchsten Punkte ragt ein Holzkreuz in die Luft. Ein herrlicher, erfrischender Südwestwind zieht über die Höhen. Er jagt auf dem Hintergrund des leuchtend blauen Himmels zerfetzte weiße Wolken hoch über die Kuppe hinweg. Keine 100 Meter tiefer liegt der Saum dunkelgrüner Wälder. Der würzige Geruch der von der Sonne gesengten Bergkräuter steht über dem Boden. Aus der Ferne ringsherum leuchten die kahlen Häupter der Nachbarberge und -kämme wie die erstarrten Wogen eines riesigen Meeres. Die Stille der Unendlichkeit liegt über all dem: ein Bergsommerbild vollendeter Schönheit lohnt die weite Anfahrt und den Aufstieg zum Grand Ventron.

Am Ostende der Hochfläche – ein Graspfädchen vom Grenzmäuerchen weg führt dorthin – liegt der Wolfsfelsen, der eine prachtvolle Aussicht auf das St. Amariner Tal bietet.

Nur eines vermissen wir auf diesem herrlichen Fleckchen Erde: das melodische Geläute der weidenden Herden! Die am westlichen Fuße der Kuppe in der Karte verzeichnete Ferme, zu der der Wegweiser Auberge hinweist, wird nur noch als Wirtschaft betrieben. Haben die neuzeitlichen Veränderungen der Vogesen-Land- und Weidewirtschaft so historische Hochweiden wie die des Ventron entbehrlich gemacht? Auf dem Ventron befinden wir uns nämlich in der Südecke eines ehedem einige hundert Sennereien umfassenden Weideterritoriums, das mit der Zentrale Münster, vom frühen Mittelalter her, den Münsterkäse produzierte.

Um das Jahr 660 erbauten Mönche am Zusammenfluß des Kleinbachs und der Großfecht ein Kloster und ein Münster zu Ehren des großen Papstes Gregor, das Monasterium im Gregoriental, wie das Münstertal noch heute heißt, der Grundstock der späteren benediktinischen Reichsabtei Münster. Unter Anleitung der Mönche wurde in die Täler hinein gerodet und Weidewirtschaft betrieben, die bald auf die Höhen vordrang. Aus dem Kloster Münster entstand die freie Reichsstadt Münster und mit den sich um sie scharenden neun Dörfern Eschbach, Breitenbach, Metzeral, Sondernach, Mühlbach, Luttenbach, Stoßweier, Hohrod und Sulzern der unter kaiserlichem Schutz stehende Freistaat »Stadt und Tal Münster im Gregoriental«, ein einzigartiges staatsrechtliches Phänomen, das nur mit einem schweizerischen Gebirgskanton verglichen werden kann.

An der Spitze dieses Staatswesens stand ein Rat aus sechzehn Mitgliedern. Die Stadt Münster stellte sechs, der Abt drei und die Dörfer sieben dieser Ratsherren. Von den sechs städtischen Ratsherren war einer der Bürgermeister der Stadt Münster. Ein gerade für uns heute erstaunlich frühzeitige Verwirklichung moderner Gemeindegestaltung! – Das wirtschaftliche Fundament dieses Talstaats war die Weidewirtschaft und die Käserei. Die Reichsabtei Münster an der Ostseite der Vogesen arbeitete eng zusammen mit der anderen Klostergründung im Westen der Vogesen, der späteren Reichsabtei der Benediktinerinnen in Remiremont an der oberen Mosel, damals nach dem Klosterheiligen Romaricus Romberg geheißen. Weil die Weiden an den Osttälern der Vogesen nicht ausreichten, benützte man die auf lothringischem Boden der Abtei Remiremont gelegenen »Hohen Weiden« als Herbst- und Winterweiden. Man schuf schon im 13. Jh. eine staatsvertragliche Regelung, daß das elsässische Vieh im Winter zur »Winterung« in den Ställen auf den Winterweiden der Äbtissin von Remiremont bleiben konnte. Aus einer solchen Stallgründung der Elsässer Hirten zur »Winterung« ist das Dorf Winterung jenseits des Passes von Odern entstanden. Der alemannisch-elsässische Name ist französisch in Ventron umgebildet worden. Unser Berg Ventron heißt ebenfalls nach diesem Dorf und heißt noch heute im Elsaß Winterung, eben der einstigen Winterweide wegen, wie auch der benachbarte Wintergeeskopf daher seinen Namen hat. Auch in der schweizerischen Alpwirtschaft ist der Name Winterung üblich, das Gegenstück zur Sömmerung, z. B. auf der Furka, wohin das Vieh mit der Furka-Oberalp-Bahn transportiert wird.

Die Reichsabtei Remiremont stellte natürlich ihre Hochweiden nicht kostenlos zur Verfügung. Besonders seit der Herzog von Lothringen in Nancy im Auftrag des Kaisers die Schutzherrschaft über die Reichsabtei Remiremont und damit die wirtschaftliche Teilhaberschaft an den Einkünften der Klostergüter übernahm, mußten die Münstertäler in Geld, aber vor allem in Naturalien bezahlen.

Als Entgelt für die Überlassung des Weidegebiets hatten die Elsässer den Butter- und Käseertrag eines Weidetages jährlich abzuliefern. Alljährlich im Juni, wenn die Kuh am meisten Milch gibt, erschien in Münster der Bote aus Remiremont und sagte den Tag an, an welchem der Käse darzubringen seien. Der Bürgermeister von Münster benachrichtigte die zahlreichen Senner auf den Weiden, und am bestimmten Tage machten diese sich mit ihren Fuhren auf nach Gerdsee, heute Gérardmer, wo schon der Bürgermeister und die Ratschreiber von Münster warteten, um die abzuliefernde Ware auf ihre Güte zu prüfen. Denn der gute Ruf des Münsterkäses war heilig, er war die wirtschaftliche Existenz und Zukunft des Reichstals mit inzwischen nahezu 10 000 Einwohnern! Man tauschte noch Salz, das man für die Käserei zu Hause brauchte und das die Abtei aus den Salinen von Marsal entnahm, die Karl der Große ihr geschenkt hatte. Nach Erledigung der Geschäfte luden die Beamten des Herzogs und der Reichsäbtissin die elsässischen Senner zum reichlichen Mahle. In Gérardmer war hoher Festtag.

Die naiv gezeichnete, panoramaartige Landkarte aus der Feder des herzoglichen Hofbeamten Tyrich Alix von etwa 1570, heute im Departementsarchiv von Nancy, zeigt die Bedeutung dieser lothringischen Hochweiden für die Münstertäler. Ganz im Hintergrund rechts sieht man die Breisacher Rheinbrücke, schön gezeichnet die Stadt Münster und den geschlängelten Weg zu den »Hautes Chaumes«, den Hochweiden, und von dort hinunter ins Lothringische. Die auf S. 115 wiedergegebene, aus der Zeit vor dem Ersten Weltkrieg stammende Karte verdeutlicht dieses sich weithin ausdehnende Weideterritorium des Münstertals. Der Name unseres Berges Ventron oder Winterung ist mit »Winterau« und die Wintergeesweide mit »Wintersee«, in alten Urkunden »Wyntervee« bezeichnet. Dagegen ist das südwestlich im Tal gelegene Dorf Ventron richtig »Winterung« benannt.

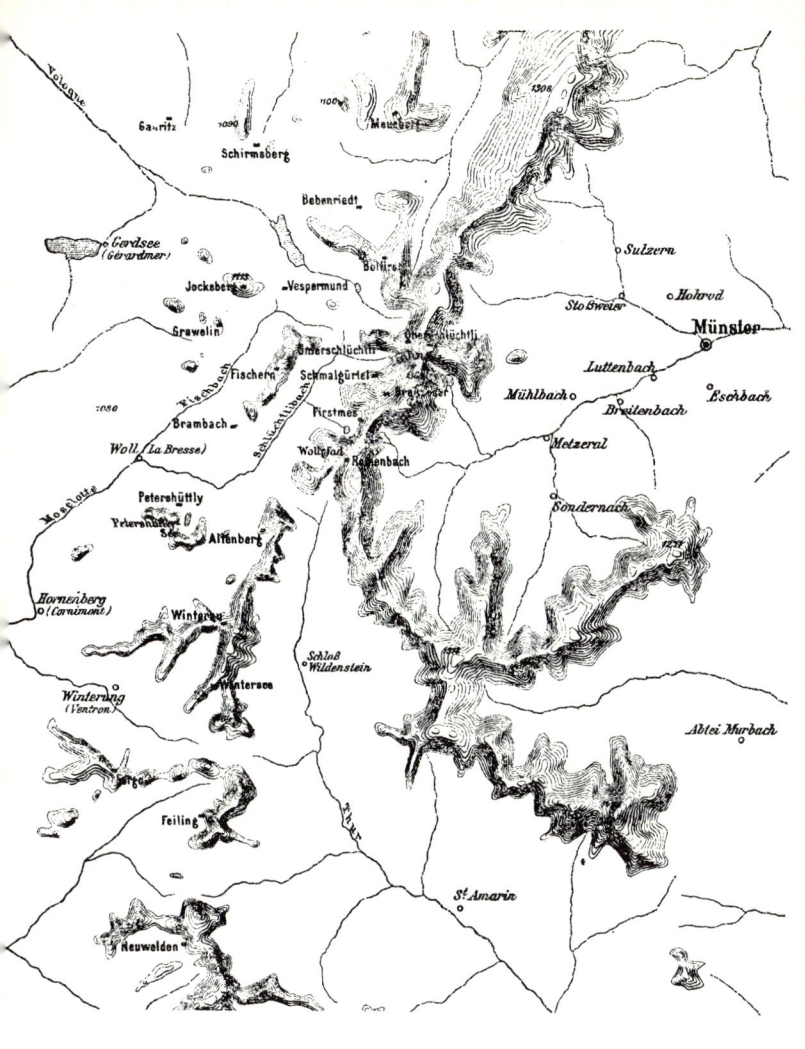

Die Hochweiden des Münstertals um 1900 (Skizze aus »Petershüttly« von Dr. Karl Kiesel, Verlag Dietrich Reimer, Berlin 1918, S. 14/15).

Nun, die moderne Zeit hat Änderungen gebracht. Auch die Euter der Vogesenkühe hängen heute an der Melkmaschine. Aber bleiben soll, so Gott will, der feine Duft des Münsterkäses – und mit diesem prosaisch-frommen Wunsch scheiden wir von der Höhe des Winterung-Ventron.

Wir haben für den Aufstieg dreieinhalb Stunden gebraucht. Wir folgen weiter unserem blauen Viereck auf weißem Grund: Wintergees – Col de Ventron. Wir steigen vom Ventrongipfel in die Senke hinunter, wo wir das Kammpfädchen durch die Wiesen hindurch sich von der Grenzmauer lösen und in den Wald hinein verlaufen sehen. Wieder durch bizarren Wald hindurch, wieder der Grenzmauer und den Grenzsteinen entlang, geht es am Gipfel des Petit Ventron (1142 m) vorbei. Wir lassen einen Abstieg nach Kruth unbeachtet und erreichen den Katzenkopf (1152 m), bei dem sich aus den Bäumen wie durch ein Fenster ein herrlicher Blick ins Tal hinab weitet. Kurz danach erscheint die freie Weidefläche Wintergees unter dem Wintergeeskopf (1120 m), allseits von Wäldern umrahmt. Die Weide wird nicht mehr betrieben. Die Ferme liegt still. Wir steigen in einen Sattel hinunter. Dort folgen wir dem wegweisenden gelben Punkt zum Abstieg nach Kruth. Im Zickzackpfad geht es hinunter an das ausgetrocknete Felsgeröllbett der Burbachrunz.

Wenn wir aus dem Wald an eine Jungtannenpflanzung kommen, wird der Blick frei nach rechts hinüber zum bedrohlich nahen hohen Massiv des Großen Felzachkopfes. Der Fußpfad geht dann links über einem Fahrweg entlang und trifft nach etwa 300 Metern auf diesen. Rechts unten liegt die tiefe Schlucht der Burbachrunz wie die Wolfsschlucht im Freischütz. Nach etwa zwanzig Minuten führt von der Straße rechts hinab ein Fußpfad mit dem gelben Punkt nach Kruth. Wir sehen bald die wenigen Häuser des Zinkens Burbach. Wenn wir aus dem Walde auf die geteerte Fahrstraße kommen, die wir heute morgen zum Stausee gegangen sind, folgen wir ihr rechts hinunter talabwärts und sind gleich an der Thurbrücke.

Wir haben vom Ventrongipfel ab für den Rückweg drei Stunden gebraucht. Die gesamte Wanderung beansprucht also sechseinhalb Stunden.   Hochsommer

24 Faux-Kopf

Aufstieg:
Lapoutroie (im Kaysersberger Tal) – Col de Bermont – Surcenord – Cimetière Duchesne – Tête des Faux, 3 Stunden.

Abstieg:
Tête des Faux – Rabenfelsen (Roche du Corbeau) – Hexenweiher (Etang du Devin) – Lapoutroie, 2 Stunden.

Gesamtzeit der Wanderung 5 Stunden.
Höhenunterschied 422 bis 1219 Meter.
Karte des Vogesenclubs Blatt Münster Gérardmer La Bresse.

Wer vom Brézouard (s. S. 100) nach Süden blickt, dem fällt auf der südlichen Seite des Tales, das das Gebirgsflüßchen Béchine nach Südosten hinunter eingeschnitten hat, eine kahle Bergkuppe auf, die die Gebirgslandschaft beherrscht, der Buchenkopf oder Tête des Faux (1219 m). Le fau ist das altprovencalische Wort für eine Buchenart (von lat. fagus). Es kommt auch in der Champagne vor. Wie kam es ins Elsaß? Zu diesem Berg wollen wir heute aufsteigen; denn seine beherrschende Lage gewährleistet eine schöne Rundsicht.

Wir beginnen den Aufstieg in Lapoutroie (Schnierlach). Das Flüßchen der Weiß, die bei Kaysersberg in die Ebene tritt, um nördlich von Colmar in die Fecht einzumünden, nimmt kurz hinter Hachimette die vom Col du Bonhomme (le Bonhomme = Diedolshausen) herabkommende Béchine auf. Dort teilt sich die Fahrstraße. Links hinauf führt sie nach Orbey (Urbeis) und zum Schwarzen und Weißen See. Rechts geht sie über den Col du Bonhomme nach St. Dié. Wenige Kilometer nach Hachimette (Eschelmer) liegt das stattliche Dorf Lapoutroie (422 m), das römische petrosa via (?).

Wir parken bei der Kirche. Unser nächstes Ziel ist der Col de Bermont (642 m). Wir gehen an der Eingangsfront der Kirche vorbei und überschreiten die kleine Brücke über den Altenbach, der vom Col de Bermont herabkommt. Wir benützen die von uns aus gesehen linke Talseite und gehen die Straße hinauf, wo wir alsbald einer flachgedeckten, weiß verputzten Garage mit den Buchstaben A und B an dem Gartentor den ersten Wegweiser entdecken: Col de Bermont, blaues Kreuz. Der Weg ist auf der Vogesenclubkarte mit der Nr. 4b bezeichnet.

Der Weg führt dem Tal des Altenbachs, der rechts unter uns fließt, entlang in 45 Minuten zum Col de Bermont, wobei wir in der ersten Kurve, an der in blauer Schrift die Wegweisung zum Ferienlager der »Jeunes de Champagne« erscheint, uns rechts hoch halten, also den großen, bewaldeten Bergkegel Faudé linker Hand liegen lassen. Der leider auf der gesamten Strecke nun mit Teerdecke versehene Weg führt dann immer geradeaus hinauf zum Col de Bermont.

Ein Schild »Col de Bermont« zeigt die Höhe 642 Meter an. Jenseits der Paßhöhe im Süden unten liegt der Zinken Remomont mit sauberen, schiefergedeckten Bauernhäusern. Die Fahrstraße schlängelt sich hinab nach Orbey (Urbeis). Man hat einen herrlichen Blick ins Tal der Weiß auf Orbey und Umgebung. Im Südwesten ragt die hohe Wand des Hautes Chaumes über dem Weißen und Schwarzen See hoch. Man sieht die Seekanzel am Weißen See.

In der Mitte der Paßhöhe steht ein sogenanntes Heiligenhäusle, ein vierseitiges Bildstöckle, leider nicht mehr in den Nischen mit Figürchen bestückt und schon stark vom Zahn der Zeit zernagt.

Wir folgen dem Wegweiser Tête des Faux – Lac blanc, an der Giebelseite des neben dem Wegweiserschild stehenden Bauernhauses vorbei. Die Wegweisung wiederholt sich gleich hinter dem in der Nähe des Bauernhauses stehenden Wochenendhaus, das sich – umgeben von zahlreichen Kirschbäumen – »La Cerisaie« nennt. Wir folgen dieser Wegweisung ein gutes Stück auf der nun leider auch hier geteerten Fahrbahn und immer leicht hoch der Straße folgend. Wie bei uns im Schwarzwald die Straßen in kleinen Tälern und die nebensächlichen Verbindungswege zwischen den Zinken und Höfen wegen des in der Landwirtschaft nun ebenfalls nötigen motorisierten Verkehrs geteert oder asphaltiert sind, so ist es jetzt auch hier in den Vogesen und hier bei unserer Wanderung mit Ausnahme eines Fußpfades, zu dem wir noch kommen, bis zum Zinken Surcenord auf 955 m Höhe, wo sich die letzten Fermen befinden.

Wir bleiben auf der sich langsam hochwindenden Straße, bis wir vor uns am Hang in etwa 300 Meter Entfernung ein Bauernhaus mit blauen Läden über uns sehen. Dort finden wir rechts am Weg ein Wegweiserschild mit dem Hinweis Surcenord – Tête des Faux und dem Kennzeichen rotes liegendes Kreuz (franz. chevalet = Gestell, Bock), Weg 6a der Vogesenclubkarte.

Diese Wegweisung führt uns ein schmales Pfädchen durch ein Laubwalddach hindurch steil hoch. Wir überqueren den Fahrweg, jenseits dessen sich der Pfad fortsetzt, bis er auf einer Hangwiese endet, wo links und rechts ein Bauernhaus steht.

Wir gehen am linken Bauernhaus vorbei und den Weg entlang, den einige Kirschbäume säumen. Nach etwa 100 Metern muß man aufpassen, daß man rechts an einer Kreuzung an einer Baumruine das verblaßte rote Kreuz sieht, das rechts den Hang hinaufweist. Wenn der Pfad auf einen nun nicht mehr geteerten Karrenweg trifft, folgen wir diesem rechts hoch in die Linkskurve, an deren Ende wir gleich das rote liegende Kreuz wieder verblaßt an einem Stein finden. Bald erreichen wir den Hang Surcenord, wo uns an einer Eberesche am Weg linker Hand das Standortschild ankündet, daß wir 955 m Höhe erreicht haben. Surcenord ist ein Hochmoor, das im ganzen gesamten Gebiet der Tête des Faux bis hinab zum Hexenweiher (Etang du Devin) unter Naturschutz.

Für den vom Col de Bermont bis hierher zurückgelegten Weg darf ich hier die allgemeine Bemerkung einschalten: Wenn der Wanderer die nicht sehr ins Auge fallenden Wegweisungen des roten liegenden Kreuzes nicht findet, bitte keine Beunruhigung! Man folgt dann eben dem sich hochziehenden Fahrweg. Das nimmt ein wenig mehr Zeit in Anspruch, ist aber bequemer und führt sicher zum Surcenord, wobei als Zielpunkt stets die schon von weitem sichtbaren zwei höchsten Fermen an dem von uns zu meisternden Berghang genommen werden können.

Unser nächstes Ziel vom Surcenord ab ist jetzt der Cimetière militaire Duchesne, ein Nationalfriedhof, für den schon da und dort eine Beschilderung auftauchte, auch hier an der ebengenannten Eberesche. Hinter dem zweiten Bauernhaus macht der Weg eine große Kehre nach rechts. Der folgen wir nicht, obwohl der eben hinausziehende Weg eine prächtige Aussicht auf den Kaiserstuhl, die Rheinebene und den dahinterliegenden Schwarzwald gibt. Wir kämen aber

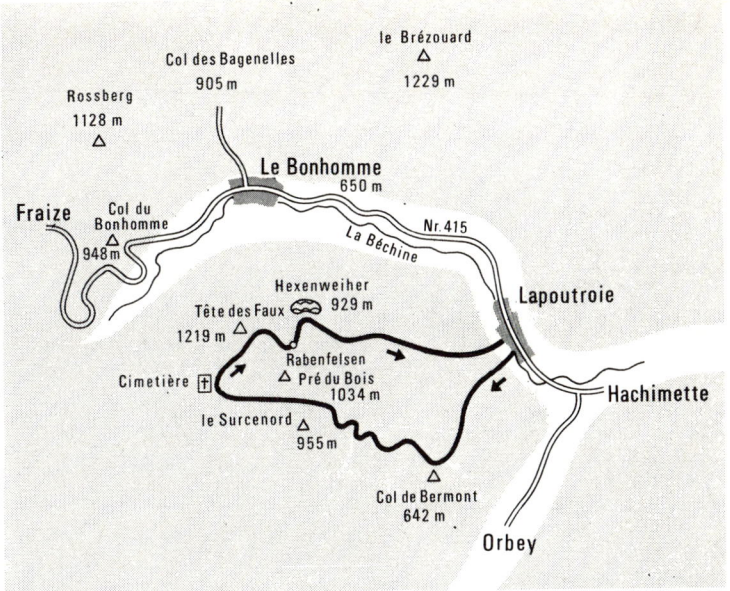

mittels dieses Weges von der Steilseite des Rabenfelsens zur Bergspitze Tête des Faux und würden den obengenannten Kriegerfriedhof nicht erreichen. Dieses Friedhofs wegen aber durchschreiten wir das dort links an der Kehre im Viehzaun angebrachte Törchen, an dessen rechtem Pfosten kaum erkenntlich das rote liegende Kreuz angebracht ist.

Wenn der Weg das uns linker Hand ein Stück weit begleitende Mäuerchen verläßt, halten wir uns geradeaus. Wir durchschreiten nun die Heide der Hochfläche mit den charakteristischen Terrassen, die von langen Steinmauern gestützt werden, ein weites Feld von Heidekraut, Ginsterbüschen, Wacholdersträuchern und vereinzelten verwitterten Laubbäumen. Wir befinden uns jetzt in 1000 m Höhe und haben einen herrlichen Blick links hinüber zum Gazon l'Hôte mit seinem einzelstehenden Bauernhaus und einem Brandweiher, hinunter ins Tal und nach Süden und Osten. Felsgeröll und immer spärlicher werdender Baumwuchs begleitet uns. Der Weg führt um das versumpfte Talende, eines der typischen Hochmoore der Vogesen, herum und leicht hoch.

Wir kommen an eine Wegkreuzung, an der sich zwei Wege treffen. zur Zeit fehlt dort die frühere Beschilderung. Wir müssen uns rechts halten und geradeaus bleiben. Wald nimmt uns auf, und bald stehen wir im dunklen Schatten der hohen Tannen vor dem Soldatenfriedhof aus dem Ersten Weltkrieg, der nach dem auf dem Faux-Kopf gefallenen französischen Kommandeur Duchesne benannt ist, dessen auch das Denkmal auf dem Friedhof selbst gedenkt.

Hier liegt ein kleiner Teil der Toten des französischen Alpenjägerregiments, das von 1914 bis 1918 in hartem Ringen die westliche Hälfte des Faux-Kopfes gegen die den östlichen Teil ebenso zäh haltenden Deutschen verteidigt hat. An die 200 schlichten Waldgräber mit einfachen Kreuzen, aber leserlichen Täfelchen, und ein Gemeinschaftsgrab (Ossuaire) mit vielen Toten mahnen zum Gedenken derer, die auf französischer Seite das Opfer des Kampfes um den nahen Buchenkopf oder Tête des Faux geworden sind, von dem aus die Artillerie dessen, der ihn besaß, den Paßübergang des Col de Bonhomme und das Tal der Béchine und die Höhen nach dem Weißen See hinüber beherrschen konnte.

An einem der Gräber ist noch das Emailleschild mit der Fotografie eines in stolzer Pose sich präsentierenden Alpenjägers zu sehen. Es berührt uns tief, wie die Freude an seiner Waffengattung im frühen Grab seine Vollendung fand: Mort pour la France, wie es die französische Sprache so kurz, aber inhaltsschwer zu bedeuten vermag.

Gegenüber dem Obelisk, der in der Nordwestecke des kleinen Waldfriedhofs steht, befindet sich am Weg der Wegweiser zum Tête des Faux. Zunächst noch eine kurze Zeit auf einem noch von den Kämpfen her mit Steinblöcken gepflasterten Waldweg, an dem links und rechts alte Granattrichter erscheinen, ersteigen wir den kahlen, von Westen nach Osten fast ebenen, langgestreckten Buckel, der mit der friedlichen Stille des sonnendurchglühten Sommertags noch heute nicht die grausigen Spuren der apokalyptischen Reiter verbergen kann, die hier vier lange Jahre verbissenen Kampfes hindurch über dieser so schönen und unschuldigen Natur eines herrlichen Berges gewütet haben.

Gemauerte Lauf- und Schützengräben, halbverfallene Unterstände, verbogene Eisenträger, Granattrichter mit verrosteten Stacheldrahtbergen und noch immer im Boden steckende Eisenpfähle der Spanischen Reiter umrahmen, als nie verstummendes höllisches Gelächter, das die Bergspitze krönende christliche Kreuz. Die dürftigen Tannen, in 50 Jahren kaum über Mannsgröße gewachsen, verweigern die Nahrung aus der blutgetränkten Erde.

Am östlichen Ende der Kuppe, wo es steil zur Senke nach dem Rabenfelsen hinüber abwärts geht, liegen die einstigen deutschen Stellungen. Tiefe, gemauerte Laufgräben führen von unten herauf zur Höhe, auf der mit Blickrichtung nach Westen zu den kaum 200 Meter entfernten französischen Stellungen hin die Ruine eines fortartigen Bauwerks steht, gemauert aus den Blöcken des Granits des Berges und gedeckt mit einem Dachgewölbe, dem man von außen ansieht, daß einfach feuchter Zement in Sandsäcke gefüllt wurde, die man aufeinanderschichtete und trocknen ließ. Die Säcke verfaulten und verschwanden, aber ihre Nähte sind in die gerundeten Zementlaibe eingepreßt. Das Innere des Bunkers ist noch gut erhalten, als seien seine Bewohner noch nicht allzu lange von hier weggezogen.

Der Faux-Kopf gehört mit dem Hartmannsweilerkopf (60 000 Tote), dem Lingekopf (30 000 Tote) über dem Dörfchen Basses Huttes im Kleintal, dem südlich davon gelegenen Schratzmännele, Barrenkopf und Kleinkopf, dem Reichsackerkopf südlich von Stosswihr und der Wettsteinhöhe nördlich von Soultzeren neben anderen zu den Kampffeldern der Vogesen, wo die Blüte zweier Nationen verblutete.

Wir haben von Lapoutroie über den Col de Bermont einschließlich des Aufenthalts auf dem Soldatenfriedhof Duchesne drei Stunden gebraucht. Der Aufstieg war mit Ausnahme eines kurzen Stückes, wo das Pfädchen durch den Laubwald hochstieg, ohne Anstrengung zu meistern und ging meist durch waldfreies Höhengelände, weshalb diese Wanderung für den Frühsommer, besonders die Kirschblütezeit, oder den Spätsommer und Herbst zu empfehlen ist.

Wir steigen jetzt vom Faux-Kopf in die unbewaldete Senke hinunter, die sich entlang der Nordseite des Pré du Bois (1034 m), der mit der Südseite zum Surcenord abfällt, hinauf zum Rabenfelsen (Rocher du Corbeau) zieht. Schon von weitem sieht man ihn als bizarres Steingebilde über der Waldgrenze stehen. Kurz nach dem Rabenfelsen kommt eine Wegeteilung: Rechts geht es am Wald entlang nach Orbey, links weist das Schild mit dem roten Rechteck für uns nach dem Etang du Devin (Hexenweiher) und Lapoutroie hinunter.

Es geht nun im Zickzackpfad steil den Berg abwärts durch einen 1962 zum Naturschutzgebiet erklärten Mischwald. Wir kommen bald an eine weitere deutsche Hinterlassenschaft aus dem Ersten Weltkrieg: Ein in den Berg hineingebauter, mächtiger Stahlbetonunterstand mit einer Grundfläche von 30 x 15 Metern und einer Höhe von vier Metern ist ein Teil der ehemaligen deutschen Stellungen. Bis hierher ging von Lapoutroie eine Drahtseilbahn hoch. Der große Unterstand ist das Tor zu einem 1100 Meter langen unterirdischen Tunnel, der durch den Berg hindurch bis zu den Stellungen auf dem Faux-Kopf führt. Damit brachte man den Nachschub an Material und Verpflegung zu den Truppen hinauf. Die Zugänge zu dem Tunnel sind heute zugeschüttet.

Wir folgen dem abwärts führenden Zickzackpfad bis zu einer Tanne, an der das rote Rechteck mit dem Zusatz »bis« erscheint. Dort biegen wir nicht rechts ab, obwohl auch dieser rechts abbiegende Pfad zu unserem Endziel Lapoutroie führt. Denn wir wollen nicht auf dem direkten Weg dorthin, sondern über den Hexenweiher, den wir mit dem geradeaus gehenden Pfad, der ebenfalls mit dem roten Rechteck gezeichnet ist, bald erreichen.

Der Hexenweiher (929 m) ist ein ehemaliges Gletscherbecken, das sich, von 200 Meter hohen Felswänden umschlossen, die heute von Buschwerk überwachsen sind, nach Nordosten zu öffnet. Er ist längst ausgetrocknet und bietet das Bild einer großen Sumpfwiese, die von einem kleinen Moorbächlein durchflossen wird. Nur in der Zeit der Schneeschmelze wächst es zu einem reißenden Bach an, dessen Wasser durch das Geröllbett, das sich ostwärts zum Tal hinabzieht, abfließen. Auch am Hexenweiher ist noch der Rest eines einstigen deutschen Unterstandes, und eine halbe Stunde von ihm entfernt, wenn man nach Norden um den Berg herum geht, lag der ehemalige deutsche Friedhof der Opfer des Faux-Kopfes. Er ist jetzt geräumt, die Toten sind auf andere, größere Friedhöfe umgebettet worden.

Zum Abstieg vom Hexenweiher folgen wir dem Weg, der unmittelbar am Geröllbett rechts eben in stattlichen Tannenwald hineinführt. Er ist mit rot-weiß-rotem Rechteck gezeichnet (Vogesenclubkarte Nr. 8). Nach etwa einer Viertelstunde erreichen wir einen freien Hang, der einen herrlichen Blick ins Tal hinab und hinüber zu den Hängen mit vielen einzelstehenden Gehöften, vor allem aber hinüber zum Brézouard und im Nordwesten zum Rossberg bietet. Beide Höhen waren Kriegsschauplätze.

Wir bleiben nun längere Zeit auf dem sich am Hang über Lapoutroie hinziehenden Weg der Vogesenclubkarte Nr. 8 (bitte Karte jetzt zur Hand nehmen!), gehen rechts an der auf der Karte verzeichneten Ferme Monge vorbei der Höhe 782 entlang, zweigen dann aber über den Zinken Barischire rechts ab, gehen also nicht weiter bis Kermodé, und stoßen so auf die schon weither sichtbare Kirche von Lapoutroie.

Bald stehen wir vor dem oberen Tor des den Berghang hinaufsteigenden Friedhofs oberhalb der Kirche. Der obere Teil ist ein kleiner Soldatenfriedhof. Französische Soldaten aus dem Ersten Weltkrieg sind hier begraben. Das einzige deutsche Grab mit einem schönen Grabstein geziert, ist die Ruhestätte des deutschen Hauptmanns Wiesner aus Wilhelmshaven. Französische Soldaten aus dem Endkampf des Zweiten Weltkriegs haben hier ihre Ruhe gefunden. Gräber von Söhnen des Dorfes Lapoutroie, die im Algerienkrieg in Afrika gefallen sind, reihen sich an. Algerier oder Marokkaner, die am Ende des Zweiten Weltkriegs in französischem Dienst fielen, liegen hier; ihre Gräber heben sich mit den Grabsteinen im maurischen Stil und der arabischen Schrift von der Vielfalt der sonstigen Gräber ab.

Der kleine Kriegerfriedhof reiht sich in die Besinnlichkeit, die wir vom Faux-Kopf mit uns heruntergetragen haben. Wir haben für den Abstieg vom Faux-Kopf über den Hexenweiher bis herunter zum Ausgangsort Lapoutroie rund zwei Stunden Weges gebraucht. Für die gesamte Wanderung benötigen wir also gut fünf Stunden, Besuch der Friedhöfe und Pausen auf dem Faux-Kopf nicht eingerechnet.

Es wird noch einmal darauf hingewiesen, daß die Wanderung zweckmäßigerweise im Frühsommer oder im Herbst zu machen ist, im Hochsommer nur an einem Tag, an dem einem die Sonne nicht allzusehr zusetzt. Zur Einnahme eines Vespers empfiehlt sich die Auberge »Keberpré« in der unmittelbaren Nähe von Lapoutroie, Wegweiser an der Kirche. Frühsommer und Herbst

25 Herbstwanderung zur Galz

Aufstieg:
Ammerschwihr (bei Kaysersberg) – Meiwihr Kreuz – Meiwihrköpfle – Galz – Main de fer – Drei Ähren (Trois Epis), 2 Stunden 30 Minuten.

Abstieg:
Drei Ähren – Main de fer – Katzenthal – Käferkopf – Ammerschwihr, 2 Stunden.

Gesamtzeit der Wanderung 4 Stunden 30 Minuten.
Höhenunterschied 220 bis 730 Meter.
Karte des Vogesenclubs Blatt Münster Gérardmer La Bresse.

Wenn wir die Weinstraße von Rappoltsweiler nach Süden fahren und Bennwihr mit seiner modernen Kirche, deren Fenster sehenswert sind, hinter uns gelassen haben, kreuzt die Weinstraße die von Colmar herkommende, ins Weißtal führende Ost-Weststraße Nr. 415. Von dieser Kreuzung aus sehen wir am Vorderrand der Vogesen im Südwesten einen Berg, der von einem turmartigen Gebilde gekrönt ist.

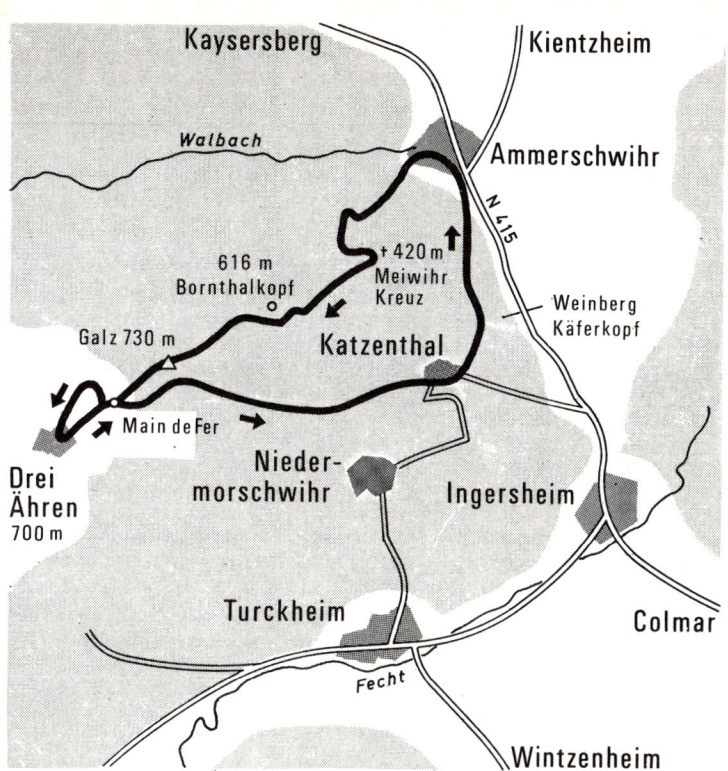

Ein paar hundert Meter südlich dieser Kreuzung zeigt es sich dann, daß wir es nicht nur, wie es schien, mit einer, sondern mit zwei Bergspitzen zu tun haben. Der im Vordergrund liegende Bornthalkopf (616 m) schiebt sich zur Seite und läßt erkennen, daß das turmartige Gebilde der im Hintergrund gelegenen Galz angehört. Was von der Kreuzung aus als ein Berg mit Turm erschien, löst sich in zwei Berge auf.

Die Galz, auf der Karte des Vogesenclubs mit einem großen Stern als Punkt mit besonders schöner Aussicht markiert, wollen wir heute besteigen. Deutsch heißt dieser Berg die Galz (s. Mündel »Führer durch die Vogesen«, 7. Aufl., 1913, S. 249). Im Französischen wird daraus »le Galtz«.

Wir steigen von Ammerschwihr aus auf. Es ist keine anstrengende Wanderung. Die Galz ist nur 730 m hoch. Wir parken in Ammerschwihr auf dem großen Platz vor dem Rathaus (Hôtel de Ville). Wir gehen links an der Rathausfront vorbei und hinaus zum Obertor. Ihm gegenüber steht am Rande der Weingärten die

Meiwihrkapelle. Meiwihr ist einer der drei Orte, die sich früh zum Städtchen Anmerschwihr zusammengeschlossen haben. Links gegenüber der Kapelle an der Gartenmauer ist der erste Wegweiser angebracht: Meiwihrer Kreuz – Bornthaler Kopf – Galtz – Drei Ähren (Trois Epis) mit blauem Punkt. Der Weg führt uns in die Rebberge hinein. Bei der ersten Abzweigung bleiben wir geradeaus. Der blaue Punkt ist links an einem Grenzstein. Bei der nächsten Abzweigung müssen wir links halten. Der verblaßte blaue Punkt befindet sich an einem liegenden Stein im Rain. Der Weg führt in die Talsenke hinunter, aber nicht zum gegenüberliegenden Waldsaum hoch. Er biegt vielmehr scharf rechts ab (ohne Zeichen) und führt das Tälchen hinauf. Wir finden nun wieder einmal für längere Zeit keinen blauen Punkt mehr. Wo die Reben enden, stehen rechts am Weg drei Birnbäume. An diesen vorbei führt ein Trampelpfädchen durch Haselgebüsch immer geradeaus hoch, dann durch dürftigen Wald von Akazien, die schließlich durch die hier in der Gegend stark verbreiteten Edelkastanien abgelöst werden. Wir treffen auf einen Waldweg, den wir links hochgehen. Jetzt endlich finden wir wieder den blauen Punkt auf einem im Wege liegenden Grenzstein, der von seinem Standort links vor einer Birke, die ein nicht mehr beschriftetes Wegweiserschild zeigt, offenbar von einem Traktor weggerissen worden ist. Wir sind beruhigt, daß wir also doch auf dem richtigen Weg sind!

Nach etwa 80 Metern finden wir denn auch das Wegweiserschild mit dem blauen Punkt Galtz – Trois Epis. Wenn wir höher kommen, lichtet sich der dichte Kastanienwald und macht Eichen Platz. Der blaue Punkt ist gleich an der ersten größeren Eiche links. Wir kommen alsbald an das Nordende eines Bergkammes, das ein hohes Holzkreuz trägt. Wir sind auf dem Meiwihrköpfle (426 m). Wir haben damit die Höhe erklommen, von der aus es nun langsam ansteigend, aber ohne Mühe zur Galz weitergeht.

10 Meter hinter dem Kreuz steht der Wegweiser, der uns weiterführt. Für längere Zeit nimmt uns Eichenwald auf, bis wir an einen Hangweg kommen. Dort steht das Wegweiserschild Mont (= Monument) du Galtz – Trois Epis geradeaus mit blauem Punkt. Wir erreichen alsbald eine Wegkreuzung mit dem Standortschild Col du Bornthaler Kopf (581 m). Durch die Bäume hindurch haben wir Aussicht nach Süden und zum Galzturm hin. Wir gehen geradeaus weiter und haben nach etwa 30 Metern nochmals einen Ausguck nach Süden in die Rheinebene hinunter. Wenig später geht der Weg links hoch, gut markiert gleich durch drei an verschiedenen Bäumen angebrachte blaue Punkte. Bei der darauf folgenden Gabelung halten wir halblinks, dem Wegweiser nach. Bei der nächsten Gabelung müssen wir rechts halten. Blauer Punkt und Wegweiserschild befinden sich an einer Tanne. Wir erreichen in kurzem Anstieg den Gipfel der Galz (730 m), und jetzt erst sehen wir unmittelbar über uns durch die Bäume hindurch, daß das den Gipfel krönende Gebilde, das wir bisher als Turm zu erkennen glaubten, die steinerne Kolossalstatue des die Hände segnend nach dem Rheintal hinunter erhebenden Christus ist.

Sie krönt die Spitze eines turmartigen steinernen Podestes. Eine Wendeltreppe im Turm führt auf eine Balustrade unmittelbar unter der Statue. Man hat von dort eine der imposantesten Rundsichten des vorderen Vogesenkammes. Der diesen Aussichtspunkt markierende Stern auf der Karte des Vogesenclubs ist also voll berechtigt. Eine Orientierungstafel gibt dem Wanderer über alles, was er sieht, Aufschluß.

Eine leichte Bewölkung lag über der Landschaft. Vor einer halben Stunde hatte es kurz geregnet. So zeigt sich der schon herbstlich angefärbte Wald von oben herunter in eigenartigem Grün. An seinen Rändern leitet das lichte Gelb der Rebberge in die in leichten Dunst gehüllte Rheinebene über. Ammerschwihr, Katzenthal und Niedermorschwihr liegen wie Dörfchen aus der Spielzeugschachtel in Wald und Reben eingebettet. Hatte die Wanderung bisher, und sie tut dies auch beim Abstieg, an Aussicht nicht viel geboten, so wird der Wanderer durch die Rundsicht von der Galz aus auf das Reichlichste entschädigt. Der Besuch dieses Berges ist ein einzigartiges, eindrucksvolles Erlebnis des Schauens, das unvergeßlich bleibt.

Die Christusstatue mit ihrem Sockel ist 1930 als Dank für die Verschonung der dortigen Landschaft vor Verwüstungen des Ersten Weltkrieges und zum Gedenken an die Opfer der elsässischen Bevölkerung aus jener Zeit erstellt worden, wie eine Tafel verkündet. Der Dank nimmt Bezug auf die wundertätige Madonna von Drei Ähren, deren Verehrungsstätte nur eine halbe Stunde vom Galzgipfel entfernt liegt. Wir haben bis hierher zur Galz runde zwei Stunden gebraucht.

Wir beziehen in unsere Wanderung den Besuch des Höhenluftkur- und Wallfahrtsortes Drei Ähren ein. Um dorthin zu gelangen, steigen wir den breiten Weg abwärts nach Südwesten, dem Wegweiser Trois Epis folgend an einer grünen Bank vorbei, bis wir zum Wegweiser gelangen: Trois Epis sentier facile, der uns auf einem Zickzackweg zum Denkmal des Colmarer Vogesenclubpräsidenten und Vogesenkartenmachers Felix Spitz führt, wo auch der weniger bequeme Direktweg wieder einmündet.

In Kürze erreichen wir den Waldplatz La Main de Fer (eiserne Hand, so benannt nach einer von früher noch vorhandenen, drei Ähren haltenden krallenartigen Hand an einem Baume, wohl ein alter Wegweiser). Wir benutzen von diesem Platz aus den dort rechts abzweigenden, mit dem blauen Punkt versehenen Panoramaweg, der uns in einer guten Viertelstunde an dem Centre Medical vorbei in den Ort Drei Ähren bringt.

Der moderne Kurort Drei Ähren (700 m) liegt auf einem Höhenplateau, das nach Südosten hin zum Tal der Fecht abfällt und einen herrlichen Ausblick auf das vordere Münstertal, die Rheinebene, den Schwarzwald und Jura und die Alpen bietet.

Bedeutender als der derzeitige Kurort ist der alte Wallfahrtsort Drei Ähren. Seine Entstehung wird auf das Jahr 1491 zurückgeführt. Damals in Zeiten des Hungers war der Schmied Dietrich Schoere aus Urbeis (Orbey) mit seinem dürren Klepper auf dem Weg nach Niedermorschwihr, um drunten im Tal ein wenig Korn für das tägliche Brot zu ergattern. Als er auf dem Hinmarsch übers Gebirge kam, erschien ihm die Mutter Gottes. In der einen Hand hielt sie drei Ähren, das Sinnbild des Überflusses im Falle der Bekehrung, in der anderen einen Eiszapfen als Hinweis auf weitere Entbehrungen in der Unwirtlichkeit der Gebirgstäler, wenn die Menschen fortführen, sich durch die Not zu schlechten Taten verleiten zu lassen. Diese Botschaft sollte der Schmied drunten in Niedermorschwihr auf dem Markt verkünden. Er versuchte aber, sich um den heiklen Auftrag zu drücken, schwieg und wollte schon das Pferd mit dem Säcklein Weizen beladen, um heimzukehren. Das aber war so schwer, daß auch vereinte Kräfte es nicht auf den Rücken des Tragtiers heben konnten. Da merkte der Schmied, daß er die fromme Botschaft nicht verschweigen durfte, und verkündete den Marktbesuchern die Erscheinung der Mutter Gottes droben im Gebirge. Jetzt ließ sich der Sack Weizen ohne Mühe aufladen.

Alsbald errichtete man am Ort der Erscheinung eine Holzkapelle, und 1495 weihte man der Mutter Gottes von den drei Ähren eine steinerne Kapelle. Mönche kamen, u. a. die Antoniter von Isenheim, denen Mathis Nithart genannt Grünewald in ihrem Hauptkloster das bekannte Altarbild, heute im Unterlindenmuseum in Colmar, malte, die Zisterzienser von Paris, die Kapuziner von Weinbach, bis schließlich, und das bis heute, die Redemptoristen die Betreuung der Wallfahrt übernahmen.

Die kleine Kapelle wich einer größeren, von der an der heutigen Kirche aus dem 19. Jh. noch die gotischen Umfassungsmauern stammen. Das Gnadenbild aus dem Ende des 15. Jh. ist jetzt auf den Hauptaltar aufgestellt. Zahlreiche Votivtafeln künden von Wundern der Heilung und Rettung aus Krankheit und Not. Das Musée Notre Dame neben der Kirche birgt Stücke aus der Geschichte der Wallfahrt. Man versäume nicht, auch die am Berghange gelegene moderne Kirche zu besuchen. Sie zeigt sehr schöne Glasmalereien.

Wir verlassen Drei Ähren, um nach Katzenthal abzusteigen. An dem Platz vor der Kirche am Garten eines im Hintergrund liegenden Sanatoriums befindet sich der Wegweiser Katzenthal, der uns an Villen und Sanatorien vorbei wieder an den Waldplatz La Main de Fer bringt. Dort ist am rechten Ende der Wegweiser Katzenthal mit blauem Punkt zu finden. Wenig weiter beim Felix-Spitz-Denkmal wird der Weg nach dem Rocher du Pfaffenrod – Katzenthal gewiesen. Die Abzweigungen nach Rocher du Pfaffenrod mit blauem Punkt kommt nach 5 Minuten. Sie berührt uns nicht. Wir bleiben geradeaus und finden nach einer Viertelstunde eine Abzweigung rechts hinunter nach Katzenthal, ab jetzt blaues Dreieck. Eine nach 10 Minuten erscheinende Abzweigung links nach Ammerschwihr lassen wir unbeachtet. 5 Minuten später kommt die Abzweigung links mit einem als Graben erscheinenden Weg. Das blaue Dreieck ist an einer Kiefer und am linken Grabenrand auf einem Grenzstein. Wir gehen immer abwärts und erreichen bald das Weindörfchen Katzenthal, gekrönt von der Burg Wineck.

Wir gehen hinüber zur nördlichen Bergseite, wo die Dorfstraße beginnt, die uns durch den sauberen, mit viel Blumen geschmückten Ort zur Kirche führt. Katzenthal hat noch am Schluß des letzten Krieges starke Zerstörungen erlitten. Der Wiederaufbau ist gut gelungen. Das gilt auch für die Dorfkirche, deren Fenster schöne, moderne Glasmalereien mit biblischen Szenen zeigen.

Wir gehen links an Kirche und Pfarrhaus vorbei und finden hinter diesem an der linken Seite einen Wegweiser zum Gang durch die Reben: Ammerschwihr über Käferkopf. Wir freuen uns, einem alten Bekannten zu begegnen. Ist doch das Etikett »Kaefferkopf« auf einer Flasche elsässischen Weines die Bürgschaft für jene Art des spritzigen, harmonisch-säuerlichen Weines, die wir hierzulande bei uns leider nicht immer antreffen. Durch die in vollem Behang stehenden Weingärten führt uns der Weg in einer halben Stunde nach Ammerschwihr, unserem Ausgangsort zurück.

Ammerschwihr, eines der drei alten Städtlein in einem Tal, die das Elsaß nach dem bekannten Spruch überall hat, ist noch am Ende des Zweiten Weltkrieges von größeren Zerstörungen betroffen worden und hat leider, trotz des guten Wiederaufbaus unter der Leitung von Gustav Stoskopf, viel von seinem bis dort erhaltenen mittelalterlichen Gesicht verloren. Das alte Rathaus, ein herrlicher

Renaissancebau von 1552, die Kornhalle, die Zunfthäuser zum Hirsch und zum Stern, die zahlreichen Patrizierhäuser und die vielen Höfe von adligen Geschlechtern und Klöstern, meist um den malerischen Marktplatz gruppiert, sind das Opfer des Krieges geworden. Erhalten sind uns von den drei Türmen geblieben der Obertorturm aus dem 13. Jh. und die alten Häuser in den engen Gassen, die zu ihm führen, der Schelmenturm, der Wilde-Mann-Brunnen von 1560 und die Pfarrkirche St. Martin. Sie ist eine gewölbte Basilika mit rechteckigem Chor, 1585 vollendet und birgt einige Holzskulpturen aus dem 15. und 16. Jh. sowie die bedeutende Orgel von 1758 aus der elsässischen Meisterwerkstatt des Martin Bergänzle.

Überkommen aus dem 15. Jh. ist auch die Weinbruderschaft St. Stephan, die »Herrenstubengesellschaft«, die die Tradition der Weingesetze von 1561 pflegt und damit den guten Namen der elsässischen Weine wahrt. Ammerschwihr ist mit seinen 320 Hektar Reben die drittgrößte Weinbaugemeinde des Elsasses. Der Abstieg von Drei Ähren über Katzenthal nach Ammerschwihr benötigt 2 Stunden. Die gesamte Wanderung nimmt daher knappe 4 Stunden 30 Minuten in Anspruch, den Aufenthalt in Drei Ähren nicht mitgerechnet.

Frühling und Herbst

26 Zum »Thürgestell« auf dem Katzenberg

Aufstieg:
Oberhaslach – M. F. (Forsthaus) Weinbächel – Col du Wildberg – Porte de pierre (Thürgestell) – Berggipfel Katzenberg,
3 Stunden 30 Minuten.

Abstieg:
Berggipfel Katzenberg – Porte de pierre – Col du Wildberg – Soultzbachwasserfall – Forsthaus Klintz – Oberhaslach,
2 Stunden 30 Minuten.

Gesamtzeit der Wanderung 6 Stunden.
Höhenunterschied: 270 bis 903 Meter.
Karte des Vogesenclubs Blatt Mont Ste. Odile – Vallée de la Bruche.

Das »Thürgestell«, wie der volkstümlich-primitive, antiquierte Name dieses wohl merkwürdigsten Phänomens der Vogesen lautet, haben wir auf der Wanderung zum Mutzigfelsen (Nr. 12) schon einmal besucht. Es ist aber ein so bedeutsames Ziel, daß es durchaus zu einer nur ihm speziell gewidmeten Wanderung gemacht werden darf, zumal der Aufstieg dorthin von der Ostseite aus, von Oberhaslach erfolgen soll, während die Wanderung zum Mutzigfelsen, die das »Thürgestell« berührt, von Lützelhausen, der Südseite her begann.

Das »Thürgestell«, so zum Teil noch auf alten Wegweisern und in der Wanderliteratur genannt, heißt auf den Wegweisern des Vogesenclubs »Porte de pierre«, auf deutsch »Steinernes Tor«. Es ist auf der neuesten Karte des Vogesenclubs unverständlicherweise nicht mehr als Punkt benannt, liegt aber dort, wo der Höhepunkt 858 auf der Linie zwischen dem Mutzigfelsen (1010 m) im Westen und dem Katzenberg (903 m) im Osten angegeben ist. Das »Thürgestell« ist sowohl ein Naturwunder als auch wohl ein prähistorisches Stück. Die Verwitterung eines riesigen, vom Boden etwa fünf Meter in die Höhe ragenden Sandsteinfelsens hat ein Doppeltor gezeitigt. Wenn wir dann aber die schweren, im Gegensatz zu den Trägerpfeilern nicht aus verwittertem Sandstein, sondern aus massiven Felsblöcken bestehenden Türstürze genau ansehen, kommen Bedenken, ob dieses Phänomen in der Tat allein das Werk der Natur ist. Vor allem ein fachmännisch in Beherrschung der Gewölbetechnik eingeklemmter Querteil läßt Menschenhand vermuten. Aber welche Riesen sollten hier ein Baukastenspiel betrieben haben? Es bleibt ein Rätsel, wie das »Thürgestell« zustande gekommen sein mag; ob die Version, es handele sich um ein druidisches Kultmal, zutrifft, ist ungewiß. Ähnliche Denkmäler in der Bretagne und in Irland bestätigen diese Version. Urzeitliche Erosion der tragenden Teile, ja, aber die oben darauf quer gelegten Blöcke dürften von Menschenhand hochgewuchtet worden sein. Auf jeden Fall ist das »Steinerne Tor« eines der zahlreichen merkwürdigen Steingebilde in den Vogesen, vielleicht, wie man vermutet, der symbolische Eintritt in einen geheiligten keltischen Bezirk, worauf die zahllosen auffallenden Steine, auch mit sogenannten Stampflöchern, rund herum und die Nähe des Cromlechs der Grande Côte schließen lassen.

Wir beginnen unsere Wanderung in Oberhaslach (Mutzig – Urmatt, kurz vor Urmatt Abzweigung nach Richtung Wangenburg), einem Dörfchen, das am Nebenfluß der Breusch (la Bruche) liegt, dem Haslachbach oder kurz Hasel genannt. Die Hasel entspringt zwischen dem Noll (990 m) und dem nördlich davon gelegenen Großmann (986 m), fließt nach Osten hinab und nimmt mehrere Seitenbäche aus den Bergen dort auf, den Nideckbach, den Schieferbach und den Luttenbach von Norden sowie das Weinbächel von Westen, um schließlich zwischen Urmatt und Heiligenberg in die Breusch zu münden, die vor nach Molsheim, der Rheinebene zu fließt.

Wir fahren bis zum westlichen Ortsrand durch das Dörfchen Oberhaslach hindurch, an der Kirche und der Mühle vorbei, und stoßen, schon außerhalb des Ortsetters, auf eine große Scheune an der Fahrstraße. Ihr gegenüber liegt die Festhalle. Dort finden wir Parkgelegenheit. Wir verlassen dort die Fahrstraße, lassen die Scheune rechts liegen und gelangen so in den Neubauteil von Oberhaslach, wo zahlreiche Einfamilienhäuser und Chalets neuer Bauart stehen. Gleich hinter der Scheune ist ein Fischteich.

Wir gehen zunächst ein kurzes Stück die rue Klintz hinauf, biegen aber alsbald in die rechts zum Wald hochziehende asphaltierte rue de la forêt ein und finden dort rechts den Wegweiser: Scie Weinbächel (Sägerei Weinbächel) rotes Rechteck. Es ist ein Teilstück des Weges Urmatt – Nideck (Weg Ia der Vogesenclubkarte). Wir folgen dem roten Rechteck bis zur Sägerei (229 m), die am Ausgang des Weinbächeltales liegt, an der Einmündung des Weinbächels in die Hasel. Von dort führt uns der Weg 4b (blaues Kreuz) zum idyllisch im Wiesengrund gelegenen Forsthaus Weinbächel (460 m), unserem nächsten Ziel.

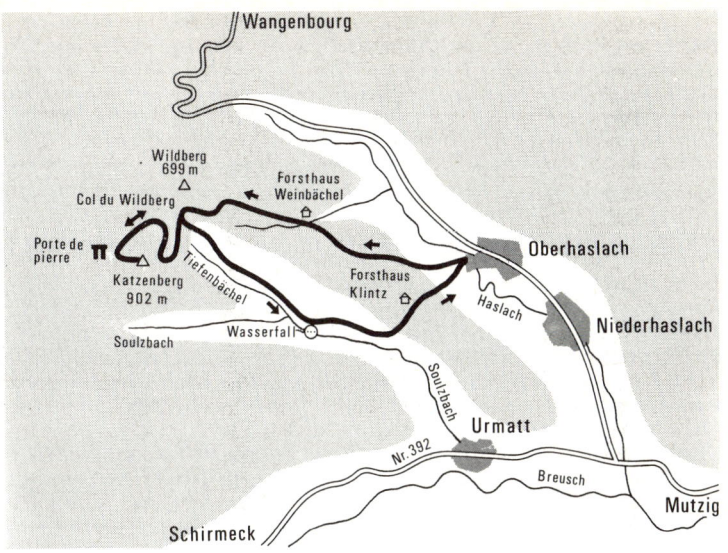

Der früher benutzte Weg 5a der Vogesenclubkarte, der vom Waldrand in Oberhaslach auch zum Forsthaus Weinbächel führt, aber pfadfinderisches Geschick erfordert, ist damit umgangen.

Dort gebe es nichts zu trinken, dorthin brauchten wir nicht zu gehen, meinte ein biederer alter Mann am Fischteich in Oberhaslach, mit dem wir ins Gespräch kamen, offensichtlich, um die Illusion zu zerstreuen, die der Name Weinbächel bei Fremden etwa auslösen könnte!

Wir gehen am Forsthaus vorbei. Unser nächstes Ziel ist jetzt der Col du Wildberg (636 m). Man könnte an sich auf der Fahrstraße bleiben. Wir nehmen aber den Fußpfad, der etwa 100 Meter nach dem Forsthaus rechts in den Wald hinauf geht. Dort steht der Wegweiser mit dem blauen Kreuz. Nach fünf Minuten kommt auch ein roter Punkt. Der Pfad steigt gemächlich den Berghang hinauf durch den Wald und trifft auf der Höhe auf eine Wegkreuzung. Hier finden wir die Fortsetzung unseres Weges mit dem blauen Kreuz. Sie ist aber nicht zu empfehlen. Wir folgen dem gelben Rechteck links hinaus.

Dieser Weg mündet auf den Fahrweg, der von unten, vom Forsthaus Weinbächel her, sich in vielen Windungen heraufschlingt. Wir haben von diesem Punkt aus eine herrliche Sicht auf die Berge vor uns und hinunter ins Breuschtal und auf die Bergkämme beiderseits des Tales. Wir bleiben auf der Fahrstraße. An einer stattlichen Jagdhütte vorbei erreichen wir alsbald den Col du Wildberg (636 m), eine Wegekreuzung mit Holzlagerplatz, ohne Standortschild. Rechts hinten steht der Wildberg selbst (699 m).

Wir haben bis hierher 2¹/₂ Stunden für einen angenehmen, in keiner Weise anstrengenden Aufstieg von Oberhaslach aus gebraucht. Jetzt müssen wir allerdings auf dem Weg zu unserem nächsten Ziel, der in der Luftlinie kaum einen Kilometer entfernten Porte de pierre, einen starken Höhenunterschied überwinden.

Vom Col du Wildberg erreichen wir dieses Ziel, indem wir dem gelben Kreuz folgen mit dem Wegweiser Porte de pierre. Es ist zunächst ein neuer Forstweg, der links leicht hoch zu dem großen Kahlschlag führt, dem sich der Osthang des Katzenbergs leider unterziehen mußte. Der einst herrliche Hochwald mit hohen Weißtannen und knorrigen alten Buchen ist fast bis zum Berggipfel hinauf verschwunden. Dort, wo der Kahlschlag nach unten über die Forststraße hinunter reicht, ist rechts am Weg ein Steintreppchen, gekennzeichnet mit dem gelben Kreuz, das uns auf einen Serpentinenweg führt.

Wir haben an diesem in die Höhe steigenden Hangweg herrliche Ausblicke ins Breuschtal hinab und auf Oberhaslach, Niederhaslach, dessen hohen gotischen Kirchturm man deutlich sieht, und Urmatt. Der Serpentinenpfad ist mit dem gelben Kreuz neu gezeichnet und mündet am Ende der Kahlschlagfläche in einen bequemen Waldpfad.

Alsbald stehen wir auf dem Bergkamm, der von Felsen und Tannen ausgefüllt ist, vor der Porte de pierre. Wir haben bis hierher ab Col du Wildberg eine Stunde gebraucht. Von der Porte de pierre führt uns der Weg mit dem roten Dreieck links hinaus in 15 Minuten auf den Bergkamm, einer alten Grenzmauer entlang durch lichten Tannenwald und Felsgeröll fast eben zum Gipfel des Katzenbergs (903 m). Es hat sich hier im Mittelalter eine Befestigung befunden, wie noch vorhandene Buckelquader erkennen lassen.

Der Gipfel des Katzenbergs besteht aus einem mächtigen Felsplattenmassiv, ähnlich wie andere Berge dieses Vogesengebietes, so der Schneeberg, der Mutzigfelsen und der Große Donon. Man hat eine prächtige Rundsicht auf die Kämme und Berge der Nordvogesen, ins Breuschtal und in die Rheinebene. Bei guter Sicht zeigt sich der Turm des Straßburger Münsters. Die Ballade des elsässischen Dichters Adolf Stöber (1810–1892) »Die Feenbrücke« spielt am Katzenberg (s. Scholz, Balladen S. 288).

Der Katzenberg ist ein nach allen Seiten, ausgenommen nach Westen, so steil abfallender Bergvorsprung, daß es keinen anderen Rückweg als den zur Porte de pierre und von dort ab wieder zum Col du Wildberg gibt.

Von hier wollen wir dann aber den Rückweg durch das Tal des Tiefenbächels (?) und des Sulzbachs, an den Sulzbachwasserfällen vorbei, nehmen.

Von der Kurve, die die Straße am Col du Wildberg macht, 60 Meter abwärts befindet sich, von uns, die wir jetzt von oben kommen, aus gesehen auf der linken Fahrwegseite ein Wegweiser. Wir wollen dieser Wegweisung bis zum Wasserfall folgen und von dort über das M. F. (Forsthaus) Klintz nach Oberhaslach zurückkehren.

Also das Pfädchen mit dem gelben Kreuz hinunter! Wenn wir auf die Waldfahrstraße kommen, ist dort der Wegweiser: Cascade du Soultzbach – Urmatt, jetzt gelbes Rechteck, Weg 1c der Vogesenclubkarte. Wir nehmen also, wenn die Waldfahrstraße sich teilt, den linken Fahrweg. Nach 20 Metern ist links das gelbe Rechteck, das uns den Fußpfad hinabweist. Dieses Pfädchen bringt uns alsbald an ein Bächlein, je nach Jahreszeit auch nur ein Bachbett. Jenseits des Bächleins erscheint das gelbe Rechteck. Dem folgen wir aber nicht. Wir bleiben vielmehr auf dem linken Ufer, haben also das Geröllbett zur Rechten, und nehmen den links hinunterziehenden vergrasten Weg, der dem Bächlein mal links, mal rechts bis zur Einmündung in den Sulzbach folgt. Die Orientierung ist einfach: Immer dem Bächlein entlang!

Nach einiger Zeit wird der Weg normal. Er trifft auf einen Fahrweg und setzt sich jenseits fort. Das Bachtal ist von bizarren Felsen und hohen, alten Buchen gesäumt. Das Bächlein führt uns sicher auf die Waldfahrstraße, die dem Sulzbach abwärts folgt. Bei der Einmündung auf die Waldfahrstraße hört man den Wasserfall rauschen, den der Sulzbach bildet. Man sieht rechts tief unten das eingeschnittene Sulzbachtal. Der Sulzbach stürzt meterhoch in eine tiefe Schlucht hinab. Wenn er genügend Wasser führt, gibt er ein imposantes Schauspiel ab.

Wir folgen dem Fahrweg entlang der Schlucht talab. Wo dieser sich dann teilt – und das ist nun ein entscheidender Punkt –, müssen wir den Talweg verlassen und nach links abzweigen, den Fahrweg nehmend, der in den Wald leicht hochzieht. An dieser Wegeteilung steht links im Hintergrund eine hohe Tanne, darunter eine Bank. Links am Weg, etwas durch Laub versteckt, ist ein Schild: Maison for. Klintz. Es ist der Weg 6c der Vogesenclubkarte. Das Forsthaus Klintz liegt schon am westlichen Rand von Oberhaslach. Kurz hinter ihm teilt sich der Weg. Wir gehen nicht am Forsthaus vorbei, sondern halten uns geradeaus und kommen alsbald in das Neubaugebiet im Bereich von Oberhaslach und erreichen den Fischteich, in dessen Nähe wir geparkt haben.

Wir haben für den Rückweg vom Katzenberg aus nach Oberhaslach 2 Stunden und 30 Minuten gebraucht. Die gesamte Wanderung nimmt daher rund 6 Stunden in Anspruch.

Versäumen wir nicht, der idyllisch gelegenen Kapelle des hl. Florentius am Nordausgang von Oberhaslach zu Füßen des Ringelbergs einen Besuch abzustatten. Florentius soll ein irischer Einsiedler gewesen sein, der sich an dem Ort, wo heute die Kapelle steht, seine Klause errichtete. Die Legende erzählt von ihm ähnliches wie vom hl. Landolin in Ettenheimmünster. Auch zu Florentius flüchteten die Tiere vor den Jägern des merowingischen Königs Dagobert II. (656–673). Dieser hatte eine blinde und taubstumme Tochter, Rathildis. Als er von dem wundersamen Klausner hörte, rief er ihn zu sich. Florentius heilte das Kind. Zum Dank schenkte ihm Dagobert das Land am Ringelberg. Florentius gründete später eine Abtei im benachbarten Niederhaslach. Von ihr steht heute noch die aus der gotischen Zeit stammende Stiftskirche mit den sehr schönen, in herrlichen Farben leuchtenden mittelalterlichen Glasfenstern. Näheres darüber ist bei der Wanderung Nr. 25 (Schneeberg) ausgeführt. Florentius wurde schließlich Bischof von Straßburg (gestorben 676).

Die Florentiuskapelle in Oberhaslach, als steinerner Bau erstmals 1315 erwähnt, hat viele Zerstörungen erlebt. Der heutige Bau von 1750 wurde 1967 einer totalen, kunstgerechten Renovation unter Leitung des Straßburger Künstlers Valentin Jaeg unterzogen.

Im Chor ist die Statue des Florentius im Bischofsornat aufgestellt (18. Jh.), zu seinen Füßen Rathildis, die er heilte. Dasselbe Motiv ist im rechten Chorfenster dargestellt. Schon früh wurde die Kapelle zum Wallfahrtsort. Eine Tafel aus dem Jahr 1790 zeigt den feierlichen Pilgerzug zu Florentius, dem Tierheiligen, als im benachbarten Wangenburg und Engenthal eine Viehseuche wütete. Zahlreiche

Votivtafeln, die meisten mit Tierdarstellungen von Hand bäuerlicher Maler aus dem 18. und 19. Jahrhundert, stellen den Dank des Volkes für die Hilfe des Heiligen dar. Frühsommer bis Herbst

27 Winterwanderung um den Schauenberg

Aufstieg:
Pfaffenheim (südlich von Colmar) – Wallfahrtskirche Notre-Dame de Schauenberg – Osenbühr, 2 Stunden.

Abstieg:
Osenbühr – St-Marc – Kuckuckstein – Schauenberg – Pfaffenheim, 2 Stunden.

Gesamtdauer der Wanderung 4 Stunden.
Höhenunterschied 220 bis 580 Meter.
Karte des Vogesenclubs Blatt Münster Gérardmer La Bresse.

Zwischen Geberschweier (Gueberschwihr) und Pfaffenheim, einige Kilometer südlich von Colmar an der Route Nationale Nr. 83 gelegen, bis nach Westhalten hin fällt das Gebirge nach Osten herunter steil ab. Vom Gebirgsrand nach Westen liegt ein fast ebenes Plateau, das weite Wälder birgt, den Pfaffenheimer Wald mit dem Breitenburger Kamm im Nordwesten und im Süden den Westhaltener Wald. Das ganze Plateau liegt auf einer Höhe zwischen 500 bis 600 m, ist also lange schneefrei. Wenn die Wetterlage, wie oft im Dezember, vom Hochdruck bestimmt wird und gute Sicht verspricht, bietet sich diese winterliche Wanderung zum Wallfahrtsort Notre-Dame de Schauenberg bei Pfaffenheim an, der wie ein Balkon an den Steilhang über der Ebene angeklebt ist und sich einer begehrten Aussicht auf die Vogesenberge im Norden, den Schwarzwald gegenüber und die Alpen im Süden rühmt. Fünf Münster soll man vom Schauenberg aus sehen: Straßburg, Freiburg, Breisach, Colmar und Basel. Man kann auch Pech haben: Victor Hugo stieg, wie er in seinen »Lettres à un ami« schreibt, sensationslüstern hinauf, bei schlechtem Sichtwetter, und sah von allem nichts.

Wir lassen den Wagen im reizvollen Weindörfchen Pfaffenheim auf dem Platz stehen, der südlich der Kirche liegt. Wir kommen am besten dorthin, wenn wir auf der Nationalstraße die südlichste Einfahrt nach Pfaffenheim bei den Gebäuden der Winzergenossenschaft benützen. Auf dem Platz befindet sich ein stillgelegter Dorfbrunnen mit einem mächtigen Sandsteinbecken, das im Sommer mit Blumen bepflanzt ist. Gleich links gegenüber ist der Wegweiser zum Schauenberg. Wir benützen bewußt die Fahrstraße, die werktags kaum von einem Auto befahren wird. Sie führt in harmloser Steigung durch das Rebgelände, in die die Pfaffenheimer Winzer schon wieder fleißig alles für die nächste Weinernte rüsten. Sie gibt, je höher man steigt, schöne Sicht über die Rebgärten hinab aufs Dorf und

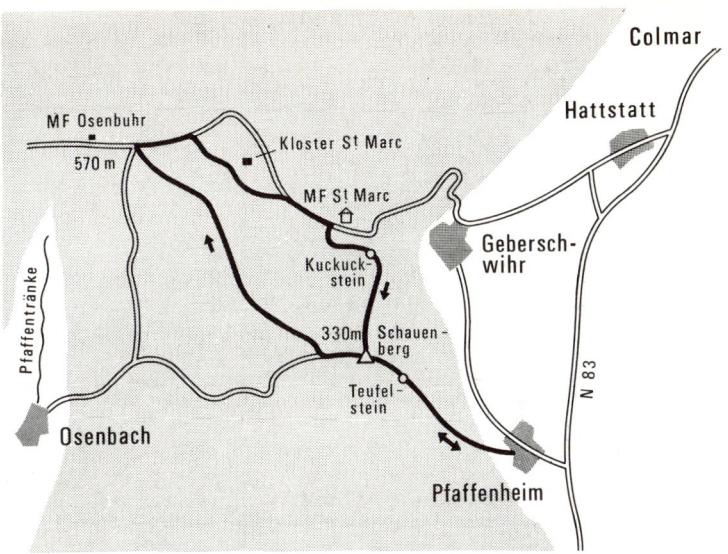

in die Ebene. Man sieht das Langhaus der Kirche hoch über die Dächer hinwegragen. Es ist ein neugotischer Bau von 1893, der jedoch an den Chor und Turm des früheren romanischen Baus angegliedert ist. Vom Turm ist nur noch das Untergeschoß erhalten. Im letzten Krieg wurde er bis dort hinunter verstümmelt. Gleichwohl bleibt Turmstumpf und Chor eines der Zierstücke des Elsasses, »ein Hauptwerk oberelsässischer Dekorationskunst« (Dehio) aus spätstaufischer Zeit. Im Innern des Chors ist beachtenswert ein spätgotisches Sakramentshaus (um 1500) aus der Hand desselben Meisters, der das Breisacher Sakramentshaus errichtet hat.

Es lohnt sich nicht, beim Kruzifix auf der Straße, etwa 150 m von den letzten Häusern des Dorfes entfernt, den im übrigen nicht gezeichneten Stationsweg geradeaus den Berg hinauf zu benützen. Er führt bald in den Wald und bietet keinerlei Aussicht. Wir bleiben also auf der sich rechts vor dem Kruzifix hochziehenden geteerten Fahrstraße, bis wir zu einer Wegkreuzung kommen, bei der sich die Straße nach rechts zu einem Platz ausweitet. Dort sehen wir links von der Fahrstraße an einem Baum einen blauen Pfeil, der uns in einen links hinaufziehenden Weg weist.

Der Weg führt uns auf den von den Jesuiten im 18. Jahrhundert errichteten, während der französischen Revolution demolierten, aber 1811 wiederhergestellten Stationenweg noch frühzeitig genug, um uns an einer Anzahl der schönen alten Barockkreuze zu erfreuen, die das letzte Drittel des Weges vor dem Wallfahrtsbalkon säumen. Wir kommen an den Teufelsstein. Den hat der Sage nach der Teufel von den Felshängen herab gegen die im Bau begriffene Kapelle geschleudert oder auch den Pilgern in den Weg gewälzt, um die frommen Schritte zu hemmen. Aber eine Eiche hat ihn von der Bergseite her mit ihrer mächtigen Wurzel festgebannt. Die Eiche ist ähnlich wie beim Balzer Herrgott um das Steinende herumgewachsen, so daß Wurzel und Stein als einziger Körper erscheinen. Mächtige Felswände, von knorrigem Eichenwald bewachsen, die sich über den Schauenberg hinaus noch einige Kilometer nach Norden dem Gebirgsrand entlang ziehen, sind die Kulissen der Stationenwege, die von Pfaffenheim her im Süden und von Geberschweier her im Norden zur Wallfahrtskapelle Notre-Dame de Schauenberg führen.

Kurz bevor wir zur Kapelle kommen, steht links am Stationenweg die Gruppe der um den Herrn schlafenden Jünger aus der Werkstatt des Rufacher Bildhauers Barta (19. Jahrhundert); das Kreuz von Friedrich aus Rufach von 1821. Der Torso eines Barockkruzifixes (in der Größe eines Grenzsteines) mit einem von kleinen Engelsköpfchen umrahmten, beschrifteten Medaillon lag bis vor wenigen Jahren einige Meter davor achtlos am Wegrand im Laub.

Vom Balkon des Wallfahrsortes hatte man an diesem Tag in der Tat die erwartete Sicht: ein breites violettgraues Band des Hochnebels lag über der Rheinebene und hüllte sie in ein eigenartig gedämpftes Licht. Auf der Sohle des Tales leuchteten die Häuser und Kirchen im herrlichen, aber verhaltenen Sonnenschein. Über das wie mit einem Lineal schnurgerade gezogene obere Ende des Nebelbandes lugten die Kämme und Spitzen der Schwarzwaldberge hervor, riesenhoch erscheinend, weil der Nebel den Gebirgsfuß verhüllte, und in so greifbarer Nähe, als stehe man vor einer nur wenige Kilometer entfernten Wand. Feldberg und Schauinsland ließen ihre weißen Kuppen so plastisch erkennen, als seien dort riesige großmütterliche Betten ausgelegt. Im Süden ragte die ununterbrochene Alpenkette über den Dunststrich hinaus wie die Kulissen einer phantastischen Oper. Wahrlich, man müßte Notre-Dame de Schauenberg ein Dankgebet sprechen für dieses unvergleichbare Schauspiel der Natur, das sie den sehen ließ, der zu ihr hinauf pilgerte. Aber die Pforte zur Kapelle war verschlossen, das Pilgerhaus und die Sommerwirtschaft rechneten zu der schon vorweihnachtlichen Zeit nicht mehr mit einem verspäteten Wallfahrer.

Gehen wir also weiter, Notre-Dame de Schauenberg war ja auch nur unser Anfangsziel. Wir wollen hinauf auf die Hochebene jenseits des Steilhangs, und unser Ziel heißt Osenbühr, das auch als Ossenbühr geschrieben wird. Wenn wir Schauenberg durch das nördliche Tor verlassen, finden wir linker Hand die Wegweiser: Kreuzlein-Osenbach blaues Kreuz und für uns maßgebend, Osenbühr mit rotem Kreuz. Zunächst ist das für beide Ziele ein Weg, der uns links über dem Fahrweg, der vom Parkplatz herkommt, am Hang entlang durch den Wald führt, immer geradeaus, bis wir auf einen breiten Fahrweg treffen, der eine kalte, sonnenlose Schlucht herabkommt. Dort trennen sich die Wege. Jenseits des Fahrweges, kaum sichtbar, beginnt unser Weg nach Osenbühr mit Wegweiserschild und rotem Kreuz.

Ein Fußweg steigt leicht hoch und stößt auf einen Waldfahrweg. Wir überqueren ihn und stehen vor einer mächtigen Eiche, an der ein Marienhäuschen angebracht ist: Notre-Dame du Chêne. Das rote Kreuz ist am Baum.

Wir gehen jetzt auf schnurgeradem Pfad weiter, auf dem in Abständen Grenzsteine stehen. Beim Baum Nr. 29 ist eine Wegkreuzung, gegenüber auf der anderen Seite ist das rote Kreuz an einer Tanne. Kurz danach gabelt sich der Weg. In der

Mitte der Gabelung steht eine Buche. Wir nehmen den Weg links von der Buche. Wir schreiten immer von Grenzstein zu Grenzstein geradeaus.

Beim Baum Nr. 31 bietet sich, wenn wir zurückschauen – aber nur, wenn die Bäume unbelaubt sind –, ein märchenhaftes Bild: das Vogesenplateau, auf dem wir uns westwärts bewegen, endlos mit grünen Kiefern bewachsen, über die wir hinwegsehen, mündet in ein weißes Meer – der Hochnebel, der die Rheinebene füllt –, an dessen Ende wie ein rettendes Ufer die schwarzen Kämme des Schwarzwaldes winken. Hinter ihnen, hochaufragend und gezackt, die weite Kette der Alpen. Solche Bilder bieten nur wenige Tage des Jahres, und wir hatten das Glück, daß der ausgesuchte Tag ein solcher war!

Unser Weg trifft auf einen Waldfahrweg. Vor uns geradeaus schimmern ein paar Häuser durch die kahlen Bäume. Über ihnen steht der grünbewaldete Kamm des Geberschweirer Kopfes (700 m). Wir folgen an einer Wegegabelung bei den Bäumen 35 und 36 dem Waldfahrweg rechts hinab – es stehen rechts des Weges Masten der elektrischen Leitung – und stehen in wenigen Minuten am Waldrand vor einem Idyll: am Südhang des Bergkammes, eingebettet in eine weite, nach Süden, dem Tälchen der Pfaffenheimer Tränke folgend, abfallende Wiesenlandschaft liegt der ehemalige Klosterhof Osenbühr, heute ein Forsthaus neben einer noch in klösterlicher Obhut befindlichen Ferienkolonie, nur im Sommer betrieben und jetzt still und leer. Eine Ferme-Auberge, auch im Winter geöffnet, läßt eine Einkehr zu. Wärmend fängt sich die Sonne in der weiten Mulde, deren Horizont im Südwesten der Kleine Belchen (Kahler Wasen 1268 m) mit seiner Schneekappe abschließt.

Wir verlassen das idyllische Plätzchen, indem wir ein Stück weit die rechts nach Osten hinziehende Fahrstraße benützen, aber nur bis zu der am rechten Straßenrand stehenden Brücke, die sich durch ein Heiligenhäuschen mit einer Josefsfigur auszeichnet. Dort zweigt ein Fußpfad rechts ab. Wir stehen vor einer Eiche, an der ein die Jagd betreffendes rotes Schild angebracht ist. Links vor dieser Eiche zweigt ein Fußpfad ab (ohne Wegweiser), er führt uns durch den Wald in wenigen Minuten zum Frauenkloster St.-Marc. Wenn wir aus dem Wald auf eine große Wiese treten, folgen wir dem Weidezaun rechts und sehen alsbald innerhalb hoher Mauern den weiträumigen Gebäudekomplex des Klosters liegen: ein großes, neues, modernstes Stallgebäude, weite Fronten und Dächer bestgepflegter Wohngebäude aus dem 18. Jahrhundert, eine ältere Kirche mit dem Klosterfriedhof an der Mauerseite, der wir entlang gehen, ein großer Innenhof mit schönen Gartenanlagen und in der Nordostecke eine neuere, vor kurzem einer Renovation unterzogene Kirche mit langgestrecktem Schiff und modernem Barockturm. Man sollte ihr einen Besuch abstatten. Sie ist von außen zugänglich. St.-Marc ist ein uralter Klostersitz, eines der ersten Benediktinerklöster in der Reihe von Murbach Schuttern, Schwarzach, Ettenheimmünster u. a., oftmals zerstört und abgebrannt, seit 1105 Frauenkloster als Filiale von St. Georgen im Schwarzwald. Der Straßburger Bischof Heinrich von Geroldseck (bei Zabern) baute 1262 den heute nicht mehr erhaltenen Turm. Die heutigen Kostergebäude stammen aus der Zeit des Neubaus durch das Kloster Ebersmünster von 1760 bis 1762. In der französischen Revolution wurde das Kloster aufgehoben. 1845 wurde es von einer Schwesternkongregation bezogen, die sich seit 1862 die »St. Josefs-Schwestern zu St.-Marc« nennen. Einige kunsthistorisch beachtliche Relikte der mittelalterlichen Klosterzeit befinden sich heute im Museum in Colmar.

Wir gehen der unteren Klostermauer entlang auf der Fahrstraße ein Stück das Tal hinab Geberschweier zu bis zum M. F. (Forsthaus) St.-Marc, wo wir die Fahrstraße verlassen und dem Wegweiser Schauenberg (rotes Kreuz) rechts hinauf zum Waldrand folgen. An der Tanne daneben ist das Wegweiserschild: Schauenberg. Wir steigen links den Waldhang hinauf und kommen alsbald an den Aussichtspunkt Kuckuckstein (ohne Standortschild), eine Bergnase, von der aus man eine herrliche Aussicht in die Rheinebene hinaus und auf die Weindörfer Vögtlinshofen, Geberschweier, Hattstatt und Obermorschweier hat. Der alte romanische Glockenturm in Geberschweier mit seinen dreigeschossigen Arkaden, der für sich den Ruhm des schönsten Turmes des ganzen Elsasses hat, grüßt zu uns herauf. Dann beginnt wieder jene schon über dem Stationenweg von Pfaffenheim herauf zum Schauenberg vermerkte Felsenwand, die den Ostabhang der Vogesen in dieser Gegend markiert. Hochaufgetürmte Felsmassen, manchmal durch Menschenhand geschichtet erscheinend, hängen bergseits über dem Fußpfädchen, das sich steil am Hang zum Parkplatz am Schauenberg hinschlängelt. Noch einmal bietet sich eine Aussicht auf Schwarzwald und Alpen. Wir gehen wieder zum Schauenberg zurück und nehmen denselben Weg hinunter nach Pfaffenheim, den wir gekommen sind.

Die Wallfahrtskirche Notre Dame auf dem Schauenberg, schon 1441 als berühmte Kapelle erwähnt, hat eine weit zurückreichende Geschichte, um die sich wie bei allen Wallfahrtsorten üppig der Efeu der Legenden rankt. Ein elsässischer Ritter habe auf der Pilgerfahrt nach dem Heiligen Land gelobt, nach gesunder Rückkehr der Mutter Gottes eine Kapelle zu bauen. Auf der Suche nach dem Ort in der Rufacher Gegend habe eine geheimnisvolle Stimme hinauf zum Berg Hohburg gewiesen: »Schau den Berg!« Dort oben habe er ein von Flammen umhegtes wunderbares Marienbild gefunden. An dieser Stelle habe er die Kapelle gebaut. Eine andere Lesart: Die Landgräfin Anna von Hessen, 1483 an unheilbarer Krankheit im Sterben, habe im Traum das in ihrem Zimmer hängende Marienbild auf einem fernen Berg gesehen, von wo ihr Heilung werden soll. Ein Bote fand den Berg und ließ das Bild dem Eremiten, der die Kapelle hütete. Das sei das erste Gnadenbild gewesen. Wieder eine andere Lesart: dem Eremiten bei der Kapelle sei das Gnadenbild von wunderbarer Hand zugetragen worden.

Diese Szenen aus der Legende, dazu noch die vom Teufelsstein, aber auch das verbriefte Wunder der Rettung des beim Feste der Rückführung des Gnadenbildes, das vor den Zugriffen der Revolution in Sicherheit gebracht worden war, am 3. September 1811 von der hohen Mauer abgestürzten Rufacher Mädchens, sind in den neueren Glasfenstern im Chor der Kapelle und in der Seitennische der rechten Kirchenwand dargestellt. Auch der Beschießung des Schauenbergs, auf dem sich Francitreurs eingenistet hatten, durch deutsche Artillerie am 30. Oktober 1870 ist dort gedacht. Diese Nische, die nach außen in den an der Südwand stehenden spätgotischen Turm mündet, ist der Chor der 1515 vergrößerten, noch geosteten und 1695 nochmals umgebauten Vorgängerin der heutigen Kapelle.

Mit einer weiteren Renovierung 1810/11 und der neuesten Renovierung 1964/68 zeigt sich uns die Kapelle in ihrer heutigen Gestalt: ein schlichter, von allen unnötigen Zutaten befreiter Raum in einfachem Hell gehalten, durch die Freilegung der alten Balkendecke im Chor und die Angleichung der Decke des Hauptraums gut kontrastiert, lenkt die Aufmerksamkeit des Beschauers auf die wesentlichen Elemente des sakralen Raumes: das von draußen hereingeholte

Holzkreuz und die Mensa im Chor, auf das Gnadenbild links neben dem Choreingang, die bunten Fenster und den holzgeschnitzten Altar im alten Chor. Das ursprüngliche Gnadenbild sagenhafter Herkunft ging zwischen 1575 und 1590 verloren. Ein Colmarer Holzschnitzer schuf das heutige, ein allerliebstes, kaum mehr als handgroßes Figürchen, die Madonna mit dem Kinde, denen man später prunkvolle Kronen aufgesetzt hat. Es steht in der Nische des Gnadenaltars, der 1695 der Wallfahrtskapelle von Franz Josef von Schauenburg und dessen Ehefrau gestiftet worden ist. Im alten Seitenchor steht der holzgeschnitzte Flügelaltar mit der zentralen Figur der Madonnal im Schutzmantel, ein Werk des Oberbergheimer Künstlers Saur von 1947.

Was aber den Besuch dieser Wallfahrtskapelle noch reizvoll macht, sind die an der Innenwand zu beiden Seiten des Eingangsportals aufgehängten Votivtafeln. Hier spiegelt sich in echter, naiver Volkskunst die Seele des Landes drunten im Tal wieder Sorgen und Nöte, die die Menschen bedrückten, ihr Tageswerk, die Begegnung mit dem Unglück und gar dem grausigen, jähen Tod und die einfache, natürliche Resonanz im Transzendentalen. Die Freude am Drastischen, Derben, die auch aus der Sprache des alemannischen Elsässers überall herausdringt, breitet sich da in satten, behaglichen Farben und unmißverständlichen, wenn auch oft unbeholfenen Gesten aus. Nicht nur als Dank für die Errettung aus Gefahr für Leib und Leben ließ man Votivtafeln malen, sondern auch für das Seelenheil in diesem Leben nicht mehr Geretteter. Es waren wohl verschiedene Maler, peintres naïfs, die im Verlauf von 20 bis 30 Jahren von 1828 ab da auf Bestellung malten. Unfälle des bäuerlichen Lebens, so ein Sturz vom Baum bei der Obsternte, ein Sturz in den Ziehbrunnen, ein Sturz von der Tenne, ein Sturz von der Treppe im Weinkeller, die Rettung eines Schiffbrüchigen, der Dank eines vom Schlachtfeld heil heimgekehrten Soldaten, das sind einige der Motive, die die Votivtafeln zeigen. Der Weinbau spielt eine große Rolle. Das Militärische wird mit besonderer Exaktheit dargestellt. Der aus der Schlacht zurückgekehrte Soldat wird in feinster Uniform mit der einem Offizier nun einmal zustehenden schlanken Taille gezeichnet. Die jüngste und aktuellste Votivtafel stammt aus dem Jahre 1977: unverkennbar Atomkraftwerke am Rhein, dahinter der Kaiserstuhl und der Schwarzwald, und ins Bild hineingeschrieben: »Bitten um himmlischen Schutz für unser Land und unsere Nachbarn.« Und auf allen Bildern thront auf naturalistischen Wolkengebilden in kunstvoll gemalten und liebevoll designierten Prachtgewändern, umgeben von Himmelsstrahlen, meist pausbäkkig lächelnd, wie eine Bauernmagd im Sonntagsstaat, die Heilige Jungfrau mit dem Kinde.

Von Pfaffenheim zum Schauenberg benötigt man ein starke halbe Stunde, von dort nach Osenbühr noch eineinhalb Stunden. Von dort zurück über St-Marc – Kuckuckstein – Schauenberg nach Pfaffenheim knappe zwei Stunden. Die Gesamtdauer der Wanderung beträgt daher runde vier Stunden.

Dezember, aber auch Blütezeit (in den Reben wilde Tulpen und Milchsterne) und Herbst

28 La Grande Bellevue
Blütenwanderung im Weiler Tal

Aufstieg:
Villé – Eselspfad (Chemin des Anes) – Col de la Bellevue – La Grande Bellevue, 2 Stunden 30 Minuten.

Abstieg:
La Grande Bellevue – Col de la Bellevue – Wegkreuzung Höhe 675 am Ungersberg – Colonie de Vacances Albéville – Villé, 3 Stunden 30 Minuten.

Gesamtzeit der Wanderung 6 Stunden.
Höhenunterschied 260 bis 857 Meter.
Karte des Vogesenclubs Blatt Ribeauvillé – Ste-Marie-aux-Mines.

Abänderung:
Vom Col de la Bellevue direkt zum Ungersberg über die Wegkreuzung Höhe 675 am Ungersberg – Ungersberggipfel (901 m) – Abstieg Wegweisung Richtung Dambach, aber 30 m vor dem Baum Nr. 3 (rotes Kreuz 30 Meter unterhalb) Fußweg rechts ab nach Villé über Colonie de Vacances Albéville wie oben.

Geamtzeit der Wanderung ab Villé und dorthin zurück 6 Stunden.

La Grande Bellevue, deutsch »Wie schöne Leite«, 857 m, ist das Ziel einer Wanderung im Weilertal, das jetzt eben im Schmuck der weißen Blüte der Kirschbäume und noch mehr des Schlehdorns steht. Denn der Schlehdorn ist in der dortigen Gegend auffällig stark verbreitet und gibt den Hängen in den Tälern jenen zauberhaften, verhaltenen Schleier, der zur Blütenwanderung lockt.
La Grande Bellevue liegt auf dem Bergkamm, der vom Ungersberg nach Westen zum Hochfeld (Champ du Feu) zieht. Sein Name sagt uns schon, daß er eine herrliche Aussicht bietet, obwohl seine Höhe im Verhältnis zu anderen Vogesenbergen eine bescheidene ist.
Wir steigen zu ihm von Weiler (Villé, Autostraße Schlettstadt – St.-Die D 424) auf. Wir benützen den sogenannten Eselspfad (Chemin des Anes), der in der Mitte des kleinen Städtchens Weiler beginnt. Wo die Fahrstraße D 424 sich teilt und geradeaus nach Senones-Saales-Hohwald geht, befindet sich hinter einem Brunnen mit rundem Trog das Eckhaus der Sparkasse. Schräg gegenüber steht ein neueres Fachwerkhaus mit einer Laube. An diesem Haus ist der Wegweiser angebracht: La Grande Bellevue, Chemin des Anes, Hohwald, rotweißrotes Rechteck. Dort beginnt zwischen den Häusern der unscheinbare Eselspfad. Warum er so heißt? Vermutlich, weil in früherer Zeit, als andere Wege noch nicht zur Verfügung standen, die Esel die Lasten zu den Weiden des Hohwalds und der Kälberhütte hinauf- und hinabtrugen. Heute ist es ein Fußpfad, der uns in unbeschwerlichem Anstieg in knappen 2 Stunden auf den Gebirgskamm hinauf-

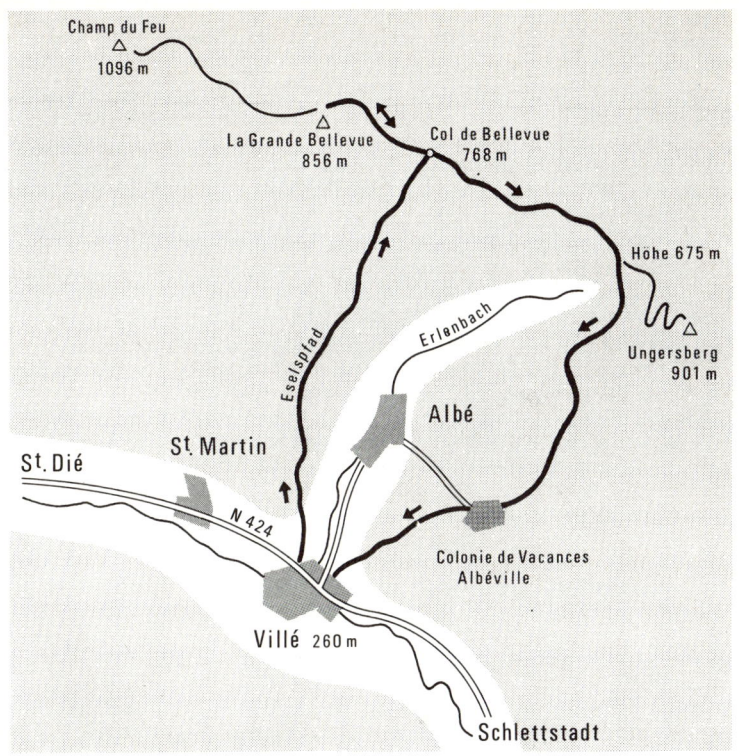

bringt zum Col de la Bellevue (768 m). Er führt uns rasch auf dem Wiesenhang über Weiler links am Wasserreservoir vorbei immer geradeaus hoch. Nach einem kurzen Waldstück kommen wir auf eine Wiese, in deren Mitte ein von Gebüsch umrandeter Graben hochzieht. Wir gehen links vom Graben hoch. Am Ende des Grabens steht in etwa 30 Metern Entfernung ein größeres Schlehengebüsch. Vor diesem gehen wir links hoch und kommen in einen Hohlweg, wo dann nach 50 Metern endlich das rotweißrote Rechteck wieder erscheint.

Der Weg führt jetzt längere Zeit durch Jungkastanienwald, durch dessen Lücken man rechts hinab ins liebliche Erlenbachtal mit dem kleinen Dorf Erlenbach (Albé) und auf die Talhänge gegenüber blicken kann. Im Nordosten thront der Ungersberg mit seinem mächtigen Buckel, den wir jetzt aus unmittelbarer Nähe und umgekehrt wie vom Schwarzwald aus, von hinten sehen. Er wird uns die ganze Wanderung hindurch begleiten. Die südliche Hälfte seines Hauptes zeigt sich neuerdings kahlgeschoren. Man hat die Hänge abgeholzt. Jetzt steht der mäßig hohe Turm, der noch bei einem früheren Besuch kaum über die ihn umgebenden Bäume hinaussehen ließ, frei, so daß die Aussicht vom Ungersberg nun voll gewährleistet ist.

Wir kommen an eine Stelle, wo sich beim Austritt aus dem Wald neben einem links hinabweisenden Schild nach Breitenbach ein Wegweiser befindet: Hohwald – Grande Bellevue mit einem nach rechts hinüber weisenden Pfeil. Man geht also durch die Wiese bis zu dem großen Kirschbaum am Waldrand und schlägt dort den von rechts kommenden Weg links hoch ein. Das rotweißrote Rechteck kommt etwa 100 Meter danach.

Der Weg führt jetzt fast eben geradeaus hoch. Wir kommen schon näher an den kahlen Bergbuckel, der dem Col de la Bellevue vorgelagert ist, den Groß-Gietzig (769 m). Linker Hand im Westen ragt der Climont über seine Nachbarberge hinaus. Man sieht deutlich in einer Lücke des Tannenwaldes den Turm.

Der Weg zieht nun eine Talschlucht hoch, deren beide Seitenhänge kahl sind. Links unter uns liegt das Niedermatt-Tälchen und dahinter das Dorf Breitenbach. Rechts vom Climont grüßt die Höhe des kegelförmigen Roffling (856 m) und rechts von ihm liegt das weite Weidegebiet der Kälberhütte (Chaume des Veaux) mit dem Tannenstein (Pélage) 982 m, dahinter das nicht mehr sichtbare Hochfeld (1099 m). Wir sind inzwischen auf dem Col de la Bellevue angelangt (768 m), einer auf dem Kamm liegenden Wegkreuzung. Schon von hier aus hat man eine herrliche Aussicht: im Osten ganz nahe der Ungersberg, im Norden der Männelstein, an seinem Südhang die Burg Landsberg, im Süden die Hohkönigsburg und rechts von ihr die Burgruine Frankenberg, im Südosten der Dachfirst mit der Ruine Ortenberg und Ramstein und auf einem Berg die Wallfahrtskirche St-Gilles bei Hohwart, die wir bei unserer Wanderung um den Dambacher Berg (s. S. 49) und bei mehreren anderen Wanderungen schon gesehen haben. Sie ist ein berühmtes Heiligtum und wurde früher, auf dem Ägidiberg (347 m) gelegen, Ägidienkirche genannt. Die Kirche stammt aus dem 13. Jahrhundert, sie ist seitdem öfter erneuert worden. Der heutige Bau wurde von 1789 bis 1811 errichtet.

Auf dem Col de la Bellevue sind an einem Baumstumpf verschiedene Wegweiser angebracht: nach rechts auf dem Kammweg bleibend zum Ungersberg, nach links zur Grande Bellevue (30 Minuten) und weiter zum Kreuzweg und Champ du Feu (2 Stunden).

Wir wollen noch bis zur Grande Bellevue vorstoßen und folgen daher der Wegweisung mit dem weißen Rechteck. Der Weg geht fast eben auf dem Kamm in den Wald hinein. Bei der Tanne Nr. 2 mit einem gelben, die Jagd betreffenden Schild, teilt sich der Weg. Der Tanne links gegenüber ist ein weißes Schild: Kreuzweg 40 Minuten. Halblinks geht es nach Hohwald. Wir folgen der Wegweisung zum Kreuzweg. Das weiße Rechteck verweist uns auf den Pfad dem Waldrand entlang, der alsbald auf einen gesteinten Fahrweg mündet. 80 Meter weiter treffen wir auf eine lichte Gruppe herrlicher alter Tannen und auf den Wegweiser: Bellevue 1 Minute. Wir gehen durch die Tannen hindurch und folgen dem Pfädchen nach Westen bis zur Spitze der Grande Bellevue, die durch ein Stangendreieck markiert ist. Ginsterbüsche umsäumen das Berghaupt und drängen einen Vergleich mit unserem heimatlichen Hünersedel auf. Ein weiter Rundblick ist uns geboten, der nur nach Westen durch Wald unterbrochen wird, der den Blick nach dem Climont verdeckt.

Wir gehen den Weg, den wir gekommen sind, wieder bis zum Col de la Bellevue zurück und folgen dort der Wegweisung nach dem Ungersberg mit weißem Rechteck. Wenn der hohe Tannenwald endet, führt ein Pfad rechts hinab und durch einen von jungen Tannen eingesäumten Weg zu einem Waldplatz, wo das weiße Rechteck am Baum Nr. 28 angebracht ist. Immer eben fort kommen wir näher und näher an den Ungersberg und nach etwa 45 Minuten vom Col de la Bellevue ab gerechnet an eine Wegkreuzung (Höhe 675 m), an der sich, nach Osten zeigend, ein Wegweiserschild zum Ungersberg und nach Andlau befindet. Wir wollen von hier aus nach Weiler absteigen und nehmen den breiten Waldfahrweg, der rechts von dem genannten Wegweiserschild hinabführt. Das ist der Weg 4a der Karte des Vogesenclubs mit dem roten Kreuz. Kurioserweise ist der Weg an dieser Wegkreuzung nicht markiert. Der Wegweiser befindet sich vielmehr 30 Meter weiter östlich. Offenbar hat der Wegemarkierer nicht damit gerechnet, daß ein Wanderer auch von Westen her, wie wir gegangen sind, kommen könnte.

Wir gehen also den breiten Waldfahrweg abwärts bis zum Baum Nr. 3. An diesem befindet sich dann aber ein rotes Rechteck, das den Weg 1a der Karte des Vogesenclubs anzeigt. Dieser Weg führt jedoch südlich um den Ungersberg herum nach Osten mit dem Endziel Dambach. Aber 30 Meter vor dem Baum Nr. 3 zweigt ein Fußpfad vom Fahrweg rechts hinunter ab. Das ist unser Weg nach Weiler. Das rote Kreuz kommt dann auch 30 Meter unterhalb auf der Abzweigung. Wenn der Fußpfad auf einen breiten Waldfahrweg trifft, sehen wir unseren Wegweiser an der Tanne Nr. 5. Er weist uns nach links auf den Waldfahrweg, auf dem dann auch gleich an zwei hintereinander stehenden Buchen das rote Kreuz angebracht ist. Bei einem Jägerhochsitz führt das Pfädchen geradeaus, überquert die Waldfahrstraße, zeigt uns jenseits links an einer Tanne mit dem roten Kreuz die Fortsetzung an und bringt uns in Kürze zur Ferienkolonie Albéville, zu der von Albé aus ein Seitental des Erlenbachtales heraufführt.

Dieses Tal endet am Mäusebuckel, auch Meisebuckel, einem dem Ungersberg vorgelagerten breiten Bergplateau, das sich bis zum Sauloch hinzieht.

Auf diesem Plateau vor der imposanten Kulisse des nach Südwesten steil herabfallenden Ungersberges hat der französische Staat ein Feriendorf errichtet, in der Gesamtanlage bestens in die Berglandschaft eingepaßt und in den Einzelbauten hervorragend gestaltet. Man trifft in den Vogesen und überhaupt in Frankreich oft solche Colonies de Vacances, und ich meine, Frankreich sei uns in solchen Erholungseinrichtungen voraus. Diese hier am Ungersberg ist ein Musterbeispiel und verdient höchstes Lob. Das einzige, was fehlt, ist ein Schwimmbad. Man erhält dort Getränke.

Am Südende der Gebäude verlassen wir die neue Fahrstraße, die nach Albé hinabführt, und nehmen den Parallelweg, der bei einer Bank beginnt. Er führt uns an einem kleinen Flugplatz (Aérodrome) vorbei bis zu einer Wegteilung hoch über der unten liegenden Fahrstraße nach Albé. Wir biegen dort links ab. Der Wegweiser nach Villé mit dem roten Kreuz befindet sich an einer Telegrafenstange. In 30 Minuten sind wir durch die Wiesenlandschaft hindurch an einem größeren Schlehdorngebüsch und einem Wäldchen aus niederen Kiefern entlang wieder in Weiler.

Wir haben für die gesamte Wanderung runde 6 Stunden gebraucht, also von Weiler zum Col Bellevue 2 Stunden, von dort zum Gipfel La Grande Bellevue und zurück 1 Stunde, vom Col Bellevue bis zur Wegkreuzung vor dem Ungersberg 45 Minuten und von dort über die Ferienkolonie Albéville nach Weiler 2 Stunden 15 Minuten, zusammen also 6 Stunden.

Der beschriebene Weg eignet sich auch als Zugangsweg zum Ungersberggipfel. Von der Wegkreuzung, von der aus wir den Abstieg nach Weiler genommen haben (Höhe 675 m), steigt man in 45 Minuten zum Gipfel des Ungersberg (901 m) auf und trifft, den Aufstiegsweg als Abstieg benützend, dann aber links haltend auf den Weg 4a mit dem roten Kreuz und damit der Wegweisung nach Weiler. Man läßt dann den Abstecher vom Col Bellevue zur Grande Bellevue weg und geht gleich vom Col Bellevue rechts dem weißen Rechteck nach zum Ungersberg. Die Gesamtwanderung mit der Besteigung des Ungersbergs macht dann auch runde 6 Stunden aus.

April/Mai und Herbst

29 La Chatte Pendue (Katzenstein)

Aufstieg:
Forsthaus (M. F.) Ruine Salm – Ruine Salm – Chatte Pendue, 2 Stunden.

Abstieg:
Chatte Pendue – Wegweisung Richtung Col de Prayé – Donon – eingezäunter Kahlschlag – Baum Nr. 208 und 209 – Blockhütte – Etang du Coucou (Kuckucksweiher) – Forsthaus Ruine Salm, 3 Stunden.

Gesamtzeit der Wanderung 5 Stunden.
Höhenunterschied 650 bis 933 Meter.
Karte des Vogesenclubs Blatt Mont Ste. Odile Vallée de la Bruche.

Akürzung:
Chatte Pendue – zurück in Richtung Ruine Salm bis zur Abzweigung linker Hand mit der Wegweisung Etang du Coucou (roter Punkt) – Etang du Coucou – Forsthaus Ruine Salm, 1 Stunde 30 Minuten.

Gesamtzeit der abgekürzten Wanderung 3 Stunden 30 Minuten.

Der französische Militärschriftsteller der Zeit vor dem Ersten Weltkrieg Bruté de Rémur hat unter dem Gesichtspunkt der Verteidigung der Ostgrenze Frankreichs einmal darauf hingewiesen, daß die Vogesen zwei fast parallele Bergketten bildeten, die durch das Breuschtal und das Favetal getrennt seien und sich bei der Mulde von Saales aneinander annäherten. Beide Ketten verliefen von Nordost nach Südwest. Die vordere Kette gehe von Molsheim über den Climont zum Elsässer Belchen, die zweite gehe von den Donongipfeln über den Solamont, Ormont nach Epinal. Geographen lächeln, doch an keinem Punkt in den Vogesen wird die Beobachtung Bruté de Rémurs so deutlich wie beim Blick von der Chatte Pendue (900 m). Liegt sie doch als einzigartige Aussichtskanzel eben an jener

Stelle der Vogesen, wo sich die beiden Ketten im Tale der Breusch nach der Mulde von Saales hin auf das Engste einander nähern.
Deshalb ist die Chatte Pendue ein lohnendes Wanderziel, über Schirmeck – Rothau leicht zu erreichen. In Rothau verlassen wir beim links an der Straße gelegenen Restaurant Central die Hauptdurchgangsstraße und biegen rechts ab nach dem Ortsteil Maisonneuve und an dessen Ende links nach dem Miniaturdörfchen Les Quevelles (auch Les Quelles oder Yquell, deutsch Quellen) zu. Der Fahrweg führt durch ein stilles Flußtälchen, und man meint, daß sich dahinten Füchse und Hasen gute Nacht sagen. Aber dem ist nicht ganz so. Les Quevelles (500 m), einst durch aus dem Berner Oberland eingewanderte schweizerische Mennoniten gegründet, bietet das dort nicht erwartete Hotel Neuhauser, und kaum einen Kilometer entfernt liegt auf der höheren Etage am Fuße der Ruine Salm auf einer großen Bergwiese beim Forsthaus (M. F.) Ruine Salm (650 m) nicht nur ein modernes Landschulheim, sondern auch das sehr gut in den Bergwald eingepaßte moderne Heim des Bergwandervereins »Les Montagnards« von Straßburg, und vor allem ein beachtenswerter Bergcampingplatz.
Wenn wir von Rothau heraufgefahren kommen, treffen wir auf der Höhe auf einen Wegekreuzungsplatz, auf dem sich ein großes Schild des Hotels Neuhauser befindet. Unser Fahrweg zum Forsthaus Salm schwenkt dort in einer Rechtskurve hoch, gekennzeichnet durch ein großes Schild »UTO Salm«. Salm selbst ist ein aus wenigen Häuschen und Fermen, einem weiteren Forsthaus und einer Auberge bestehendes, kaum geschlossen sichtbares Dörfchen.
Wir parken beim Forsthaus Ruine Salm, also dort wo das Schullandheim (weißer Bau am Hang) und der Campingplatz sind.
Der Wegweiser befindet sich auf der Anhöhe, kurz hinter dem Forsthaus an einer Telegrafenstange rechts am Weg: Ruine Salm 1 Stunde, La Chatte Pendue 2½ Stunden, gelbes Rechteck. Die beiden hier angegebenen Zeiten sind weit übersetzt. Der Weg zur Burgruine Salm beginnt gleich vor dem Straßburger Bergsteigerheim mit einem Graspfädchen. Dort korrigiert ein neues Wegweiserschild nach der Ruine Salm die vorherige Zeitangabe auf 25 Minuten, was auch richtig ist. Nach ca. 80 Metern geht es rechts ab dem gelben Rechteck nach über die Ruine Salm zur Chatte Pendue. Der Aufstieg ist gut gekennzeichnet. Wir kommen nach einigen Minuten an einem wuchtigen Felsen vorbei, der zwei Höhlen anbietet, und sehen schon über uns das Felsmassiv, auf dem einst die Burg Salm stand. Viel ist von ihr nicht mehr erhalten. Ein Treppchen führt auf den Felssockel, den höchsten Punkt (809 m) der Burganlage. Von hier aus ist ein weiter Rundblick geboten hinaus auf das Breuschtal und vor allem nach Norden zum nahen Donon und die ihn umgebende Bergfamilie.
Salm? Der Name schien mir irgendwie bekannt. Im Geschichtsunterricht der Oberprima sind wir noch mit Einzelheiten der badischen Geschichte geplagt worden, und da gab es hinten im Bauland ein Territorialstädtchen Salm-Reifferscheidt-Krautheim. Und dieser Faden ist richtig. Die Salm haben tatsächlich mit dieser Burg zu tun. Sie hatten noch Burgen im Moselgau. Hermann I. Graf von Salm war in den Jahren 1081 bis 1084 Gegenkönig Heinrichs IV. Die männliche Linie der Vogesen-Salm, Obersalm genannt, starb 1457 aus und wurde durch Heirat von Johann V. Rheingraf von Stein, Wildgraf zu Dhaun-Kyrburg* beerbt.

*Anm.: s. Ballade von Gottfried August Bürger (1747–1794) »Der wilde Jäger« in Scholz, Balladen, S. 60.

Die andere Linie war Niedersalm, die sich 1455 in die Grafschaft Salm-Reifferscheidt (in den Ardennen)-Reitz und Salm-Reifferscheidt-Krautheim teilte. Die Vogesenburg Salm wurde 1220 erbaut. Die Grafen von Salm waren Schutzherren der benachbarten Abtei von Senones. Sie spielten in der territorialen Geschichte ihrer Stammsitze, aber auch in der deutschen Geschichte bis in die Neuzeit hinein eine Rolle. So war ein Graf von Salm Verteidiger Wiens gegen die Türken. Ein anderer hat die Festung Philippsburg in den französischen Revolutionskriegen gehalten. Zwischen 1675 und 1690 wurde die Vogesenburg zerstört. Über die Salm s. auch S. 185 ff.

Wenn man das Treppchen vom Felssockel herabsteigt, führt der Pfad rechts weiter und in das einstige Burgreal hinein, an größeren Mauerresten und dem Rest eines Rundturms vorbei und schließlich durch den Burggraben hindurch zur äußeren Mauer, einem natürlichen Felswall von einigen Metern Dicke. Wir stehen vor einer Inschriftwand. Der Text stammt von 1779, als ein Fürst von Salm die Ruine besuchte.

Beim Verlassen des Burgareals geht es zunächst über eine kahlgehauene Kammhöhe mit schöner Aussicht. Die Wegweisung ist gut und führt uns nach einiger Zeit auf leicht alpinem Pfad einen Hang hinauf durch lichten Hochwald mit schönen Ausblicken ins Osten. Wenn wir etwas höher gestiegen sind, wird der Blick über das Breuschtal hinaus in die Rheinebene frei. Wenn darüber nicht der Schönwetterdunst des herrlichen Junitages läge, würde man das Straßburger Münster und die Kette der nördlichen Schwarzwaldberge sehen. Beim kurzen Anstieg auf steilerem Pfad lassen wir die Abzweigung rechts hinunter nach dem Etang de Coucou (Kuckucksweiher) und links hinunter nach Yquell liegen und kommen, schon auf dem Gipfel, an einen Baum, an dem sich ein Wegweiserschild befindet: Rond Pertuis, Bipierre, Col de Prayé, Donon rechts vorwärts. Wir merken uns diesen Punkt für später. Wir müssen links halten und stehen in wenigen Schritten aus den schon lichten Bäumen herauskommend auf unserem Ziel, der etwa 100 m² großen ebenen Felsplatte der Chatte Pendue, gut mit Geländer abgeschirmt! Denn vom Rand der Platte geht es jäh und senkrecht turmhoch hinab!

La Chatte Pendue heißt wörtlich »die aufgehängte Katze«. Bietet vom Tal unten her gesehen das imposante, steil abfallende Felsmassiv etwa das Bild einer aufgehängten, einer am Abfall hängenden Katze? Dr. Lucien Sittler erklärt in seinem französisch geschriebenen Vogesenführer »Guide des Vosges« (SAEP Colmar-Ingersheim 1967) den Namen so, daß im Patois der Gegend dort – die alte deutsch-französische Grenze von 1871, der sogenannte Frankfurter Kamm, läuft in geringer Entfernung westlich unseres Wanderzieles und noch verbliebene Grenzsteine und Reste des Grenzmäuerchens werden uns heute öfters begegnen – der Name Pierre haut pendue (hoch oben hängender Fels) laute. Durch Verballhornung sei der Name Chatte Pendue entstanden. Deutsch heißt der Bergfelsen Katzenstein. Wir befinden uns an einem der eigenartigsten Aussichtspunkte der Vogesen.

Nach Westen hin, aus welcher Richtung wir auf das Plateau kommen, verbirgt der Waldwuchs die Sicht. Aber nach den anderen Himmelsrichtungen ist der Blick frei und bietet ein Landschaftsbild von bezaubernder Schönheit – eine Sicht wie aus dem Flugzeug, sagt man heutzutage.

Wir lassen uns auf einer von der Natur gebildeten Steinbank nieder. Die Sonne

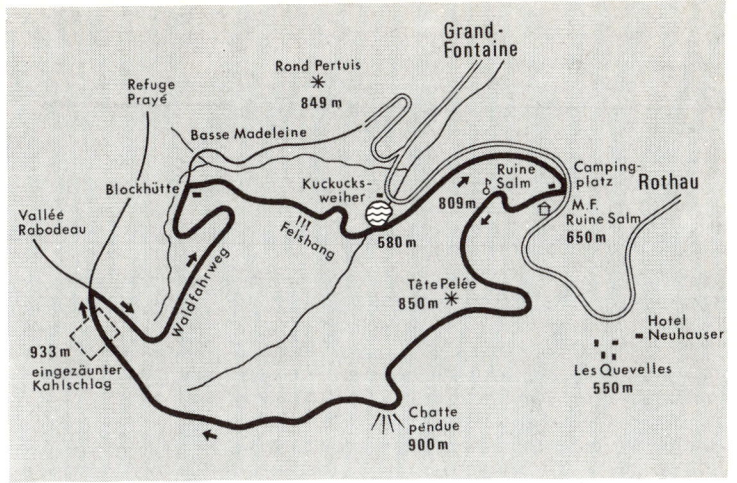

des herrlichen Tages hat sie warm gemacht wie die »Kunscht« in der Schwarzwaldstube. Ein leise kühlender Wind kommt aus den Bäumen in unseren Rücken. Soweit das Auge reicht, Wald, Wald, grüner, herrlicher Wald. Unter uns liegt das Tal der Breusch, die hier von Südwesten nach Nordosten fließt. Jenseits der Breusch steigen die Hänge von der Talsohle (400 m) sanft hinauf auf die Höhe der vorderen Vogesenkette. Man sieht das Hochfeld (Champ du Feu) mit dem Turm (1099 m). Die Tälchen der Seitenflüsse hinauf kriechen die kleinen Dörfchen. Weite Flächen blühenden Ginsters, die von der Ferne eine gedämpfte ockergelbe Farbe abgeben, fressen sich in das dunkle Grün der Wälder, während die Weideflächen zu dieser Farbensymphonie ein helleres Grün beisteuern. Wohl selten kann man sich in den Vogesen aus solcher Nähe einer derartigen Schau über so weitflächige, ununterbrochene Berghänge erfreuen wie hier von der Chatte Pendue aus. Halblinks drüben auf der Höhe leuchtet der weiße Turm des Denkmals von Struthof. Im Süden schließt der Climont das Bild ab und läßt noch den Blick frei nach den Südvogesen und über die Talöffnung des Weilertales hinüber zum Schwarzwald und zu den Alpen, wenn es der Schönwetterdunst zuließe. Im Norden, ganz in der Nähe, wacht der Donon mit dem Noll, Narion, Mutzigfelsen und Langenberg über der Landschaft.

Fürwahr, der seltsame Bergname Chatte Pendue, der beim Studium der Vogesenkarte auffällt, und die sich nach Westen über die alte Grenze hinweg zum Tal des Flüßchens Rabodeau ziehende riesige Waldfläche, die den wanderlustigen Kartenbetrachter lockt, hat in ein Wandergebiet geführt, das nicht genug gepriesen werden kann: von der Breusch bis weit nach Westen zum Flusse Plaine über Berge und Flußtäler hinweg viele Kilometer weite, tiefe, einsame Wälder, keine Dörfer, Städte, Autofahrstraßen, nichts als Wälder, einzig von einer von Grandfontaine unterm Donon in zwei Trassen ausgehenden kaum befahrenen Waldstraße, der sogenannte Waldbahn durchzogen, die ins Tal des Flüßchens Rabodeau führt und Holztransporten dient.

Wir gehen von der Felsenplatte der Chatte Pendue bis zu dem Baum zurück, an dem sich der Wegweiser Rond Pertuis-Prayé-Donon befindet. Wir folgen dem am Baume dort angebrachten Wegzeichen roter Kreis nach Westen. Wir tun dies, weil wir noch nicht gleich absteigen, sondern einen einzig schönen Weg talabwärts gewinnen wollen. Man kann bei uns im Schwarzwald kaum mehr Talwanderungen machen, weil der Grüne Plan bis in die hintersten Tälchen hinauf geteerte Sträßchen geschaffen hat, auf denen sich schlecht wandern läßt.

Der rote Kreis, und mit ihm abwechselnd gleichzeitig ein blaues Kreuz, führt uns nun auf einem Fußpfädchen durch einen auf moorigem Grunde gewachsenen, wetterzerschlagenen Urwald mit Dürrstümpfen und am Boden liegenden Baumruinen. Man muß schon aufpassen, um die in kurzen Abständen kommenden roten und blauen Markierungen immer zu finden. Aber bei einigem Geschick bewältigen wir die etwa 1 Kilometer lange Waldstrecke auf dem moorigen Weg und kommen auf einen Fahrweg, an dem sich der Baum Nr. 335 befindet. Wir überqueren das Dreieck, das sich durch die Fahrwegteilung bildet, und kommen auf den rechten Strang der von unten heraufziehenden Fahrstraße. Den so erreichten Waldfahrweg, der nun etwa 1 Kilometer geradeaus zieht, gehen wir, an einer Jagdhütte vorbei, bis zum Ende weiter, immer dem roten Dreieck nach, ohne die Abzweigung mit dem blauen Kreuz zu beachten.

Dieser Waldfahrweg, nicht geteert, führt uns nach kurzer Zeit wieder auf eine Wegekreuzung, an der wir einem Schild begegnen: Chatte Pendue, mit dem Pfeil in umgekehrter Richtung. Gegenüber diesem Wegweiserschild führt der rote Kreis über eine Kahlschlagstelle, wo er gleich wieder am Waldrand erscheint und uns auf einen Fußweg bringt, der leicht geradeaus aufsteigt. Ohne Rücksicht auf zwei Abzweigungen nach links gehen wir immer geradeaus bis zu dem Wegweiserschild: Prayé roter Punkt, Lac de la Maix roter Kreis. Wir gehen darüber geradeaus hinaus und kommen an einen weiträumigen Kahlschlag, der eingezäunt ist, aber unsern Pfad durchläßt. Auf der anderen Seite des Kahlschlags treffen wir auf einen Waldfahrweg, den wir nun in umgekehrter Richtung, also rechts hinab gehen, am Nordende des Kahlschlags, und den Bäumen links und rechts des Weges mit der Nr. 208 und 209 vorbei.

Und jetzt beginnt der Abstieg, verblüffend einfach und ohne das bereits lästige Schielen auf Wegmarkierungen: wir gehen die nicht geteerte Waldfahrstraße rechts hinunter und immerfort hinunter. Wir freuen uns, mit den Beinen nun richtig ausholen zu können. Wir machen alle Kehren mit und genießen bei der Haarnadelkurve auf dem kahlgeschlagenen Bergvorsprung die herrliche Aussicht hinüber zur Rheinebene. Wir kommen bei dem munteren Abwärtsgang in das herrliche Waldtal der Madeleine-Senke mit einem kühlenden Gebirgsbach. Wenn nach einer großen Kehre rechts an der Straße eine kleine Wiese mit einer Blockhütte, erscheint, verlassen wir die Waldfahrstraße und gehen links an der Blockhütte, die zwar hinter Bäumen versteckt ist, aber gesucht werden muß, hinab auf einen dort rechts hinunter führenden grasigen Waldweg. Dieser bringt uns weiter, unbeschwert durch Wegweiser bald einem freien Hang entlang und hoch über dem links unter uns liegenden Tal, mit Blick links hinüber zum bewaldeten

Massiv des Rond Pertuis (849 m), an den Fuß eines mächtigen Felsensteilhangs. Dort teilt sich der Weg. Wir gehen links herum und rechts hinab in ein anderes Tälchen, immer abwärts durch herrlichen Wald, und kommen alsbald an den Kuckucksweiher. Das ist ein kleiner, am Waldrand gelegener See mit einem Ferienheim. Von dort bringt uns die Fahrstraße oder deren Parallelweg an der Streusiedlung Salm vorbei in einer knappen halben Stunde zum Forsthaus Ruine Salm, wo uns unser Wagen erwartet.

Wir haben für die gesamte Wanderung 5½ Stunden gebraucht. Ein Erfrischungstrunk auf der Terrasse des Hotels Neuhauser, mit Blick auf die Burgruine Salm, mag den Aufenthalt in dieser schönen Landschaft beschließen, bevor wir nach Rothau hinunter fahren (wo Friederike Brion zwischen Sesenheim und Meißenheim einige Jahre gewohnt hat).

Sommer und Herbst

30 Grüner See

Aufstieg:
Col du Wettstein – Wegweisung zum Lac du Forlet (Forlenweiher) – eiserne Wegweiserstange über Les Hautes Huttes – Lac du Forlet – Lac Vert (Grüner See) – Seestättle – Le Tanet (Tanneckfelsen), 3 Stunden.

Abstieg:
Le Tanet – Kammweg zum Gazon de Faing (Taubenklangkopf) oder Soultzerner Eck – Waldeck – Haufenwannkopf – eiserne Wegweiserstange – Col du Wettstein, 2 Stunden 30 Minuten.

Gesamtzeit der Wanderung 5 Stunden 30 Minuten.
Höhenunterschied 880 bis 1303 Meter.
Karte des Vogesenclubs Blatt Münster Gérardmer La Bresse.

Abkürzung:
(ohne Grüner See und Kammwanderung).
Lac du Forlet – Wegweiser am Nordende des Staudamms zum Lac Noir (Schwarzer See) mit rotem Punkt (5a der Karte des Vogesenclubs) – Waldeck westlich des Haufenwannkopfes – Lac Noir – Les Hautes Huttes (gelbes Rechteck, Weg 1c der Karte des Vogesenclubs) – Col du Wettstein.
Gesamtzeit der abgekürzten Wanderung 3 Stunden.
Höhenunterschied 880 bis 1100 Meter.

Weitere Kürzungsmöglichkeit:
(ohne Seestättle und Tanet).
Vom Grünen See direkt zum Kamm (Weg, den wir zum See herunter gekommen sind, zurück, dann aber die nächste Abzweigung links hoch in angenehmen Serpentinen zum Kamm) – Autoparkplatz an der Route de crêtes – Vogesenkamm – Soultzerner Eck. Zeitersparnis bei der Gesamtwanderung von 5 Stunden und 30 Minuten eine Stunde und 15 Minuten.

Zwischen dem Col du Bonhomme und der Schlucht fallen vom Gebirgskamm der Vogesen steile Felswände alpinen Charakters nach Osten ab. Am Fuße dieser Wände haben sich in den einstigen Gletscherkesseln Seen gebildet, der Berglandschaft dort ihr Gepräge geben. Bei der Wanderung über die »Hautes Chaumes« (s. S. 105) haben wir den Weißen und Schwarzen See (Lac blanc und Lac noir) berührt. Heute wollen wir die beiden nur wenig südlich davon gelegenen weiteren Seenkleinode der Vogesen besuchen, den Grünen See (Lac vert) und auf dem Weg zu ihm den Forlenweiher (Lac du Forlet).
Wir parken den Wagen am Col du Wettstein, 880 m (Kaysersberg – Orbey – Col du Wettstein), wo wir ihn an sonnigen Tagen auf dem Parkplatz westlich des französischen Kriegerfriedhofs sogar in den Schatten des Waldes stellen können. Auf dem Kriegerfriedhof der Wettsteinhöhe fanden 3000 französische Soldaten, in

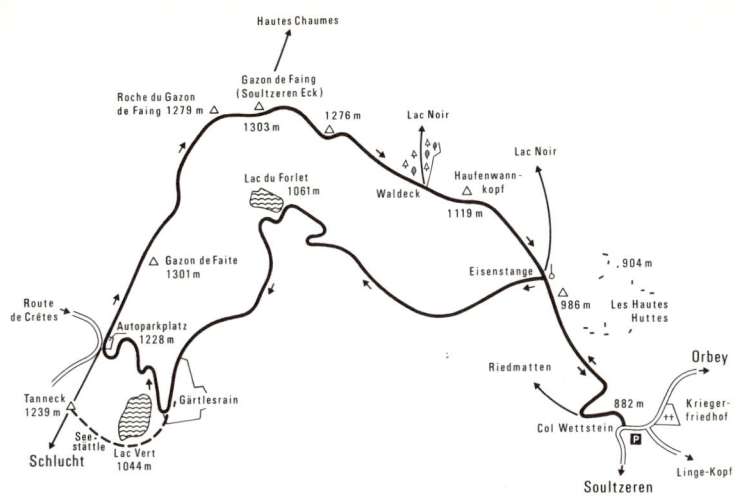

der Hauptsache Alpenjäger, aus den für beide Teile verlustreichen Kämpfen des Ersten Weltkriegs am Lingekopf, am Schratzmännele und am Barrenkopf ihr Grab. Die Opfer auf deutscher Seite ruhen auf dem einige Kilometer östlich der Wettsteinhöhe gelegenen Bärenstall-Friedhof. Nur etwa 4 km vom Parkplatz Wettsteinhöhe entfernt in Richtung Südosten an der Fahrstraße liegt das einstige Frontstück Lingekopf mit den noch erhaltenen Grabenstellungen und einem kleinen Museum.

Unser Ziel ist zunächst der Lac du Forlet (Forlenweiher), mit seiner Höhe von 1061 Metern der höchstgelegene Vogesensee. Die Übersetzung Lac des Truites (= Forellenweiher) ist falsch. Aber dieser Name steht nun einmal auf den Wanderkarten und ist nicht mehr wegzubringen. Wir haben den See auf unserer obengenannten Wanderung über die Hautes Chaumes dort vom Taubenklangfelsen (Roche du Gazon de Faing), 1300 m, am Fuße der jäh abfallenden Steilwand unter uns liegen sehen. Heute werden wir ihn und seinen benachbarten Bruder, den Grünen See, besuchen.

Gegenüber dem Parkplatz am Col du Wettstein jenseits der Straße beginnt unser Weg. Neben anderen Wegweisungen finden wir dort auch: Lac du Forlet, gelbes Rechteck. Den dort auch markierten Aufstieg über den Drei-Länder-Weg (Sentier des trois pays) nehmen wir nicht. Seine Markierung wird auch nicht fortgesetzt. Wir steigen den freien Weidehang, der zum Teil stark von Farnkraut überwuchert ist, in einer Schleife bequem hoch und haben alsbald freie Sicht links hinab in das Sulzerner Tal, wohin sich auch in großen Schlingen die Autostraße vom Col du Wettstein hinabwindet. Wir sehen schon die Kämme südlich und nördlich der Schlucht, das Sanatorium Altenberg und nach Süden hin die Berge bis zum Markstein.

Die heutige Wanderung geht meist über freie Hänge und Kämme und bietet viel freie Sicht. Der Wanderer ist überwiegend der Höhensonne ausgesetzt, aber hier oben weht fast immer ein frischer Wind, der sich auf den Kämmen, die wir noch erreichen werden, zu einer recht steifen Brise, wie sie an der Waterkant sagen, auswirken kann. Noch stehen die Weidewiesen in der vollen Pracht der Vogesenflora. Der Bergklee erstrahlt zwar nur noch in höherer Lage in seiner goldgleißenden Blüte, wo auch das Heidekraut bereits mit sanftem Rosarot leuchtet. Aber die blaue Bergglockenblume und das Stiefmütterchen in seinen Variationen vom tiefen Violett über Gelb zum Weiß steht überall zwischen den Weidegräsern, an denen sich das schwarz-weiße Vieh sättigt.

Unser Weg führt am Hang entlang leicht hoch. Zwei Gebäude liegen unter uns. Wenn wir uns über dem zweiten befinden, biegen wir dem dort stehenden Wegweiser gemäß rechts ab den Hang leicht hinauf, bis wir linker Hand auf ein Fußpfädchen treffen, das uns zu einer Steinmauer führt. Wir gehen an ihr vorbei und immer geradeaus. Nach etwa 400 Metern kommen wir an eine eiserne Wegweiserstange und sehen den nach links zeigenden Wegweiser: Lac du Forlet, gelber Punkt. (Rechts über uns liegt der Hauffenwannkopf, 1119 m, über den wir später zurückkommen werden.)

Also diesem sich eben am Berghang hinziehenden (nicht dem gleich nach der Tanne zur Ferme Breitmiß [1035 m] rechts abbiegenden) Weg folgen wir. Er führt uns nach etwa einem Kilometer in den Wald und durch diesen hindurch auf einen von links unten heraufkommenden breiteren Fahrweg. Er führt uns aufwärts. Der gelbe Punkt ist rechts von der Einmündung an einem Baum. Nach einigen Wegschlingen stehen wir an der Staumauer des Sees (1061 m), der sich als ein großes Rechteck in den Bergkessel hineinschiebt, der da von den den See wie eine antike Zirkusarena umschließenden, steil abfallenden Hängen des Gazon de Faing gebildet wird.

Wir verstehen, daß die grüne Seematte am Fuße der Felsenwand den Abgesandten des freien Talstaats Münster (s. S. 113) als der rechte Ort erschien, in einer mondhellen Herbstnacht des Jahres 1726 den Rütlischwur auf die Bibel zu vollziehen, die alte Ordnung und Obrigkeit im Tal gegen den französischen König wieder herzustellen. Gewiß ein romantischer Ort, aber ein pragmatisch nutzloses Beginnen; denn der im Frühling 1727 begonnene Aufstand, wo bereits auf dem Platz um den Löwenbrunnen in Münster der Sieg ausgerufen wurde, wurde durch das von Colmar her mit zehnfacher Übermacht anrückende französische Heer jäh ausgelöscht.

Der Lac du Forlet ist als Gletschersee entstanden. Er hatte einen bescheidenen Abfluß, der aber in Zeiten der Schneeschmelze nicht genügte, so daß die Wasser zu Tal stürzten und manches Unheil anrichteten. Heute ist der See durch eine Mauer gestaut, so daß das Wasser gesammelt und in reguliertem Abfluß zu Tal geleitet wird. Im hinteren Seekessel ist ein Wirtshaus mit schöner Terrasse. Heute, an einem Werktag, sind nur wenige Besucher da oben. Junges Volk in Zeltlagern wählt sich gern diesen herrlichen Seekessel zum Ferienaufenthalt.

Wir haben vom Col du Wettstein bis hier herauf zum Forlenweiher eine Stunde und 20 Minuten gemächlichen Wanderns gebraucht.

Unser Weg zum Grünen See führt links am Seewärterhäuschen vorbei in den Wald hinein. An einer Tanne am Waldrand ist der Wegweiser Lac Vert mit gelbem Punkt angebracht. Zunächst ein Zickzack-Wegchen leicht aufwärts, geht der

Weg dann eben weiter und bietet da und dort durch den Wald hindurch herrliche Blicke ins Tal. Wir kommen an einer Tannengruppe vorbei, wo fünf oder sechs mächtige alte Tannen miteinander Zwiesprache halten, dabei Zwillings- und Drillingsbäume. Bald kommt eine Berghütte, neben der eine auffallend schöne, ebenmäßig gewachsene Bergtanne steht. Unter uns liegt der Gärtlesrain, eine Ferme mit Wirtschaft und einigen Chalets. Beim Wegweiser Gärtlesrain – Lac Vert halten wir rechts und finden beim letzten Chalet an einer Tanne den Wegweiser: Lac Vert 15 Minuten. Es geht nun abwärts in den Seekessel hinab, und gleich sehen wir durch den Wald die Seefläche heraufschimmern. Wo der Weg sich teilt, biegen wir scharf links hinunter, denn der Geradeausweg führt nicht zum Seeufer. Der Lac Vert, auch Sulzerner See, 1044 m, ist ähnlich umwaldet wie unser Glaswaldsee, nur ist er wesentlich größer. Auch hier herrscht heute am Werktag beschauliche Stille, so daß man am sonnigen Ufer nach zweistündiger Wanderung das verdiente Vesper genießen kann.

Unser nächstes Ziel ist nun der Tanneckfelsen (Le Tanet), 1293 m, auf dem Kamm, und zwar des interessanteren Aufstiegs wegen über das Seestättle. Das ist eine am Fuß des Tanneckmassivs gelegene Ferme mit Wirtschaft südwestlich des Grünen Ses und von dort auf ebenem Weg in wenigen Minuten zu erreichen. Wir benützen am besten die (nicht geteerte) Fahrstraße vom Seewärterhaus des Grünen Sees aus, beachten aber, daß wir uns immer rechts halten müssen, wenn zwei Abzweigungen nach links kommen. Zwar ist beim Seewärterhaus am Grünen See ein Fußweg links hinauf durch den Wald zum Seestättle mit gelbem Punkt gewiesen, der mit der Fahrstraße in geringer Entfernung parallel verläuft. Er ist aber nicht zu empfehlen.

Wir gehen am Fermegebäude Seestättle vorbei (oder kehren dort ein) und steigen den Hang nach Westen eine breite Rutsche, die offensichtlich als Skiabfahrt so breit ausgewalzt wurde, bis zum nahen Buckel hinauf. Dort sehen wir einen Skilift und eine Holzhütte. Links vor dem Skiliftmast steht ein Wegweiser Le Tanet (Tanneck), der auf einen Pfad weist, der rechts zu dort sichtbaren Masten hochführt und dem Grat zustrebt. Für eine halbe Stunde muß jetzt steil hochgestiegen werden. Aber dann ist das herrliche Tanneckfelsmassiv erreicht, und damit sind wir auf dem Kamme (Crête) und dem wunderbaren Höhenpfad, der einzigartig in den Vogesen von weit im Norden zum Ballon d'Alsace im Süden zieht. Gegenüber diesem Fußpfad gibt die während des Ersten Weltkriegs gebaute Autostraße (Route des Crêtes), die in tieferer Lage parallel zu ihm geführt ist, nur einen beschränkten Teil der Bergschönheit. Denn der Höhenpfad gewährt meist freie Sicht nach beiden Seiten des Kammes, nach Osten und nach Westen. Bald nach dem Tanneckfelsen führt der Kammweg durch niederen Bergwald verwitterter, verkrüppelter und vom Sturm gebeugter Windbuchen und läßt nach Westen, also nach links, den Blick frei auf ein einige Hektar großes, eben wie eine Platte daliegendes Hochmoor (Tourbière), von Wald umrandet, in seiner einsamen Weite geradezu bedrückend. Seit wir den Tanneckfelsen und damit den Kamm erreicht haben, pfeift ein Südwestwind über die Höhen, herrlich kühlend, aber so aufdringlich blasend, daß man gerne wieder eine Mulde erreicht, in der er einen nicht erwischt. Allenthalben begleiten uns nun wieder die Grenzsteine der einstigen deutsch-französischen Grenze, bei denen auf der Ostseite ein D (Deutschland) und auf der Westseite ein F (Frankreich) eingemeißelt ist. Die Schmalseite trägt eine Zahl, die auf dieser Strecke zwischen 2795 und 2780 liegt.

Diese Grenzsteine helfen den Weg finden. Es kommen jetzt auch rote Rechtecke auf den Grenzsteinen oder auf in der Erde liegenden Felsstücken. An einer Stelle, wo die für Autos gesperrte Straße zum Grünen See hinunter geht, kommt die Autostraße an den Höhenpfad heran. Kurz vorher weist ein Wegweiser im Buchenwald zu einem »Belvedere«, einem Aussichtspunkt, von dem aus man auf den Grünen See hinabblicken kann. Unser Weg überquert einen Parkplatz, nach dem wir, dem roten Rechteck folgend, uns von der Autostraße wieder entfernen und hinauf ins Weidegelände zum Gipfel des durch nichts als den höchsten Punkt am Horizont auffallenden Gazon de Faite (Ringbühlkopf), 1301 m, steigen. Nach einem Grenzstein liegt ein Felsstück mit dem roten Zeichen im Boden, das uns rechts hoch zum Gipfel bringt. Schon sehen wir drüben im Nordosten das Felsmassiv des Taubenklangfelsens (Roche du Gazon de Faing), auf dem eine Orientierungstafel steht. Vom Rand des Kammes und besonders von dem Felsmassiv aus mehreren übereinandergeschichteten Blöcken hat man eine herrliche Sicht hinunter auf den Forlenweiher. Das Seegasthaus und die farbigen Zelte grüßen wie Häuschen aus der Spielzeugschachtel herauf. In Kürze stehen wir drüben am Sulzerner Eck (Gazon de Faing oder Taubenklangkopf), 1302 m. Man störe sich nicht an der Uneinigkeit der Kartenmacher und Wegmarkierer, die den Namen Gazon de Faing, so auf der Orientierungstafel, teils diesem Punkt, teils aber auch dem Sulzerner Eck geben.

Wenn man vom Sulzerner Eck weiter auf dem Kamm nach Norden wandert, liegen unter diesem Kammstück nach Osten hinab der Schwarze und der Weiße See (vgl. die früher erwähnte Wanderung zu den Hautes Chaumes, wie das Kammstück zwischen dem Sulzerner Eck und der Paßhöhe Le Calvaire heißt, S. 105).

Wir wollen jedoch vom Sulzerner Eck direkt zum Col du Wettstein zurück und folgen daher dem Weg nach Osten entlang dem Saum des Latschenkiefernwaldes. Wir nehmen als Richtungspunkt die am Ende des Waldrands gelegene Bergspitze, die wir ebenen Weges erreichen. Der Gipfel und der Hang nach Osten sind ein Wirrwarr von der Sonne weißgebleichter Granitfelsen und Geröllls. Das Fußpfädchen – bei Teilung rechts halten! – führt den Hang in mäßigem Abfall nach Osten hinab zwischen niederen Büschen und Wacholderbäumchen hindurch zu dem Waldeck, von dem wenige hundert Meter östlich entfernt etwas höher der Haufenwannkopf (1119 m) liegt, den wir heute Morgen beim Anstieg an der eisernen Wegweiserstange vor uns haben liegen sehen. Wir können aber auch auf der vorhin genannten Bergspitze dem neuen Wegweiser Col Wettstein folgen, der uns auch zum Waldeck bringt.

An dem Waldeck treffen mehrere Wege mit Wegweisern zusammen. Ein Weg kommt von Norden her vom Schwarzen See (950 m) herauf (roter Punkt, Weg 5a der Karte des Vogesenclubs) und setzt sich mit dieser Markierung nach Westen hinunter zum Lac du Forlet fort. Man hat es auch schon angetroffen, daß sämtliche neu angebrachten Wegweiserschilder abgerissen am Boden lagen. Der Vogesenclub hat's nicht leichter als der Schwarzwaldverein.

Wir streben nach dem Gipfel des Haufenwannkopfes, den wir mit wenigen Schritten nach Südosten hin erreichen. Er ist ein unbewaldeter Bergrücken mit Felsen übersät und bietet eine prächtige Rundsicht. Halbrechts unter uns sehen wir schon die eiserne Wegweiserstange, vor der wir am Morgen zum Lac du Forlet abgebogen sind. Sie erreichen wir auf den bergabwärts führenden Fußpfädchen in Kürze. Dort benützten wir den Hangweg rechts hinunter zum Col du Wettstein zurück.

Wir haben von unserem Ausgangspunkt am Col du Wettstein bis zum Lac du Forlet eine Stunde und 20 Minuten gebraucht, von dort bis zum Grünen See 40 Minuten, weitere 25 Minuten zum Seestättle und 35 Minuten zum Tanneckfelsen. Von dort benötigen wir für die Kammwanderung bis zum Sulzerner Eck eine Stunde und 30 Minuten. Für den Abstieg vom Sulzerner Eck zum Waldeck und dann über den Haufenwannkopf muß noch eine Stunde gerechnet werden. Die gesamte Wanderung ist also insgesamt in 5 Stunden und 30 Minuten zu meistern.

Sommer

31 Der Sérichamp

Aufstieg:
Le Rudlin-Xéfosse – Sérichampsattel – Chaume de Sérichamp, 2 Stunden 30 Minuten.

Abstieg:
Auberge du Sérichamp – Richtung Habeaurupt – Tal der großen Meurthe – Xéfosse, 2 Stunden 40 Minuten.

Gesamtzeit der Wanderung rund 5 Stunden.
Höhenunterschied 664 bis 1143 Meter.
Karte des Vogesenclubs Blatt Münster, Gérardmer, La Bresse.

Wenn man vom Gebirgskamm nördlich der Schlucht, etwa vom Tanneckfelsen (le Tanet 1293 m) oder vom Sulzerner Eck (Gazon de Faing 1302 m) auf die Berge und Kämme der Vogesen nach Westen hinüber blickt, fällt auf, daß es dort kaum kahle Höhen gibt, sondern alle Erhebungen von grünen Wäldern überzogen sind. Das mag daran liegen, daß, wie der Schwarzwald nach Osten, die Vogesen nach Westen langsam abfallen. So liegt Epinal im Tal der Mosel, etwa 50 km vom Gebirgskamm der Vogesen entfernt, nur noch 300 bis 400 Meter hoch. Daher bleiben die Berggipfel fast alle unter der Baumwuchsgrenze, woraus sich die ununterbrochene grüne Decke der Wälder ergibt.

Eine Ausnahme kann man, gar nicht weit vom Kamm entfernt, feststellen: Das kahle Haupt, das da herüberschaut, ist der Sérichamp mit 1143 Metern, westlich vom Tal der Grande Meurthe gelegen, zu der der Vogesengebirgskamm zwischen Schlucht und Sulzerner Eck nach Westen hin abfällt.

Die Grande Meurthe wird von ihren Quellflüssen westlich der Schlucht gebildet und fließt über Le Valtin, Le Rudlin, wo sie den Luschbach aufnimmt, nach Nordwesten über St. Dié, Baccarat, Lunéville nördlich von Nancy in die Mosel. Es gibt noch die Kleine Meurthe, die von Le Grand Valtin um das Massiv des Sérichamp westlich herumfließt und westlich von Fraize in die Große Meurthe mündet.

Der »Guide des Vosges« (französisch) von Jean Braun/Lucien Sittler (zwei Bände 1974) nennt den Sérichamp »einen der schönsten Aussichtspunkte der Vogesen mit einem prächtigen Panorama«. Er empfiehlt den Aufstieg von dem kleinen Kurort südlich des Sérichamp, dem vorhin genannten Le Grand Valtin (846 m), hinauf und zurück in insgesamt drei Stunden, eine etwas zu kurze Wanderung in Anbetracht der uns obliegenden Anfahrt.

Das Kartenstudium und die Befragung Einheimischer ließ es zweckmäßig erscheinen, einen anderen Weg für den Aufstieg zum Sérichamp zu wählen, nämlich von Le Rudlin – Xéfosse aus auf der nördlichen Seite (664 m).

Diesen Ausgangspunkt unserer Wanderung erreichen wir am besten über Kaysersberg – Orbey – Lac Blanc – Calvaire. Dort befindet sich ein Autowegweiser zum Col du Louschbach (auch Louschpach geschrieben). Dieser Col ist erkenntlich an einem an der Straßenkreuzung stehenden, verlassenen mehrstöckigen Gebäude, wohl eine ehemalige Ferme. Dort biegen wir links die geteerte Fahrstraße in den Wald hinein. Zu Beginn steht eine Eisenstange, an der ein kleines Blechschild haftet. Die Fahrstraße führt durch schöne Wälder in Windungen hinab ins Tal der (Großen) Meurthe.

Wenn wir auf die Talstraße stoßen, sehen wir jenseits einer Straßenbrücke eine Kapelle über einem kleinen See, dem Etang des Dames. Vor dieser Brücke biegen wir rechts ab nach Le Rudlin und fahren dem Flüßchen entlang an einer Tankstelle mit abgestellten Kraftwagen vorbei. Ein wenig hinter dieser Tankstelle führt nach links über das Flüßchen eine Brücke, mit der wir einen nicht geteerten Weg erreichen, der zu einem verlassen erscheinenden, aber doch bewohnten Bauernhaus führt. Dort stellen wir den Wagen ab. Wir fragen um die Erlaubnis. Es sind nette Leute. Sie wird gewährt.

Unser Aufstieg zum Sérichamp beginnt links neben diesem Bauernhaus. Wir steigen gemächlich den den kahlgeschlagenen Hang durchziehenden Weg hoch. Unter uns liegt das stille Tälchen, das ein Bächlein vom Sérichamp herunter zur Meurthe leitet. An der Mündung liegt der Zinken Xéfosse, ein paar zerstreute Häuser, wie denn die ganze Gegend dünn besiedelt ist und zahlreiche verlassene Gebäude und aufgegebene Anlagen von Sägereien aufweist, ein Zeichen, daß die Holzwirtschaft auch hier schwer um ihre Existenz zu ringen hat. Uns gegenüber liegen steile Fels- und Geröllhänge, die von 1000 Metern ins Tal hinabstürzen.

Nach 30 Minuten der Sonne ausgesetzten Aufstiegs beginnt der Hochwald, der uns nun mit Ausnahme der Kuppe des 1143 Meter hohen Sérichamp, eine Hochweide, Chaume genannt, bei der gesamten Wanderung nicht mehr verläßt. An den Bäumen erscheinen Rechtecke in Blau, auch Nummern auf blauem Grund mit weißer Schrift. Es ergab sich im Laufe der Wanderung, daß das blaue Rechteck mit Einschränkungen das für uns maßgebende Wegzeichen ist. Es erschien am Beginn des Hangwegs nicht, weil man eben nach dem Fällen der Bäume sich um die Erneuerung der Wegzeichen nicht mehr gekümmert hat. An sich kein Wunder in dieser so einsamen, aber schönen Gegend.

Es ist zunächst ein Graspfad. Der trifft aber nach einiger Zeit auf einen Waldfahrweg, dem wir geradeaus leicht hochgehend folgen. Der Weg teilt sich später an einer Stelle, wo zwischen dem oberen Weg und dem breiteren, leicht abwärts ziehenden Weg im Hintergrund eine Geröllhalde mit weißen Steinen leuchtet. Wir nehmen den linken hochgehenden Weg, der alsbald in einen

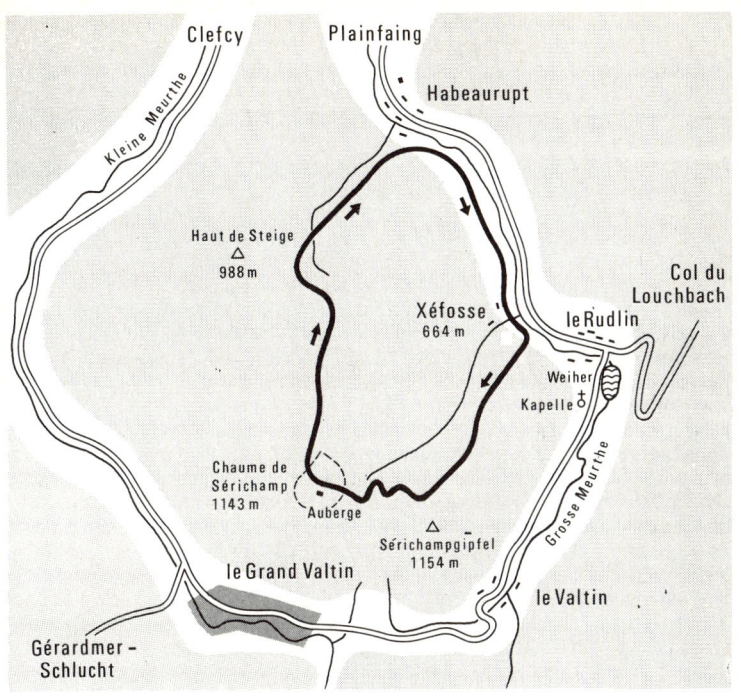

steinigen, nicht immer leicht zu erkennenden Pfad übergeht. Von hier ab wird der Aufstieg beschwerlich. Mehrmals geht es über alte Baumruinen oder auch vor kurzem vom Sturm und Blitz gestürzte Tannen, die über unserem Pfad liegen. Bald beginnt sich dieser im Zickzack hochzuwinden. Wir treffen auf einen von rechts, der Schlucht, die der nach Xéfosse abstürzende Bach bildet, hochkommenden Grasweg, der uns in Kürze auf den schon sichtbaren Sattel bringt. Wir kommen damit auf den Kamm hinauf, der sich zwischen die Höhe des Chaume de Sérichamp mit 1143 Metern, unser Ziel, und den weiter östlich liegenden, im Hochwald verdeckten eigentlichen Gipfel des Sérichamp mit 1154 Metern legt.
Auf diesem Sattel treffen wir gleich auf einen Grenzstein, neben dem ein Pfahl steht, wohl eine Markierungshilfe bei Nebel oder Schnee. Dort gehen wir rechts hoch den Pfad den Wald hinauf, der uns in wenigen Minuten nach zweieinhalbstündigem, nicht anstrengendem Aufstieg zum freien Weidefeld des Sérichamp bringt, auf dem ein geographischer Signalturm steht.
Wir sind auf einer herrlichen, fast ebenen Bergkuppe im Ausmaß von 44 Hektar angekommen, die rings an den Rändern von Wald eingesäumt ist. Auf der Karte des Vogesenclubs ist diese Bergkuppe mit einem roten Stern ausgestattet, was

besagt, daß es sich um den eingangs erwähnten, von Braun/Sittler betonten Punkt mit besonders schöner Aussicht handelt. Das bewahrheitet sich auch voll. Im Süden sehen wir die unendlich erscheinende Bergwelt, die sich mit ihren Kämmen und Tälern in weite Fernen verliert. Besonders imposant ist aber die Sicht nach Osten, weil wir nun den uns bekannten Kamm der Vogesen einmal von Westen, also gemessen an unserer gewohnten Betrachtung von hinten her sehen. Von den Hautes Chaumes über dem Weißen See bis hinunter zur Schlucht und weiter zum Hohneck liegt der ganze Kamm in greifbarer Nähe. Am Südhang der Weidefläche liegt die ehemalige Sennerei. Sie ist aufgegeben. Aus den Gebäuden wurde eine Auberge. Sie wird nicht mehr betrieben und ist jetzt wohl ein Wanderheim eines Vereins. Aber der Brunnen neben dem Gebäude mit herrlichem Wasser ist noch da und labt den Wanderer.

Den Rückweg nehmen wir nun nach Norden in Richtung Habeaurupt. Dies ist ein sehr bequemer Abstiegsweg, der uns bis fast ins Tal hinab immer durch herrlichen Hochwald mühelos in zwei Stunden und 40 Minuten zum eingangs erwähnten Standort unseres Wagens im Tälchen Xéfosse bringt. Der Weg ist folgender:

Westlich der ehemaligen Auberge du Sérichamp ist am Waldrand eine Wegkreuzung. Von dort nehmen wir den unmittelbar am Weidefeld entlang nach Norden ziehenden, nicht geteerten Waldfahrweg. Das ist der in der Karte des Vogesenclubs mit 7b bezeichnete und rotem Strich markierte Weg, der weit hinauf nach Nordwesten, nach Clefcy ins Tal der Kleinen Meurthe zieht. Wir verlassen diesen Weg an der Wegeteilung nordöstlich des Haut de Steige (988 m) und biegen dort ins Tälchen des Gebirgsbachs hinunter, der bei Habeaurupt in die Große Meurthe fließt.

Wir gehen also von der Wegekreuzung westlich der Auberge den Waldweg hart am Weidefeld des Sérichamp entlang und bleiben immer auf diesem leicht abwärts führenden Weg, auch wenn der rote Strich einmal auf einen rechts abzweigenden Weg verweist. Er kehrt auf dem Hauptweg wieder. Rechts über uns, durch den Wald da und dort sichtbar, liegt der auf der Höhe von 1100 Metern verlaufende Bergkamm, der auf der anderen Seite nach Osten steil und mit unzugänglichen Hängen ins Tal der Großen Meurthe abfällt. Wir bleiben immer auf dem deutlich erkennbaren Hauptweg. Nach etwa einer Stunde kommen wir an einen rechts des Weges gelegenen Holzlagerplatz, an dessen Ende eine sehr schöne, große Zwillingsbuche steht. An der Wegegabelung dort halten wir geradeaus. Nach weiteren zehn Minuten geht ein Grasweg rechts ab. Den lassen wir unbeachtet. Aber 50 Meter danach treffen wir auf eine Wegegabelung, wo der Hauptweg, dem wir bisher folgten, in großem Bogen nach links führt. Ein anderer Weg geht geradeaus abwärts. Ein dritter Weg biegt scharf rechts ab. Diesen nehmen wir. Er führt uns, immer leicht abwärts gehend, nach etwa 15 Minuten, wenn der Wald sich lichtet, zu einer Sumpfwiese, dem Quellgebiet des Flüßchens, das uns nun ins Tal der Großen Meurthe hinuntergeleitet.

Wir folgen immer dem Hauptweg, der deutlich erkennbar ist. Er führt einmal im großen Bogen links hinunter und dann wieder auf der rechten Seite des Gebirgsbächleins hinab. Das rauscht, vom Wald überdeckt, als nun schon größer gewordener Bach in steilem Gefälle links unter uns. Schon sehen wir die Häuser von Habeaurupt. Der Weg biegt nun nach Osten ins Tal hinunter. Beim ersten Haus im Tal halten wir uns weiter in Richtung Osten und nehmen das kleine Nebensträßchen, an dessen Beginn ein Schild steht: Chemin sans issue (Sackgasse). Das darf uns nicht stören. Das Sträßchen und später ein Fußpfädchen führen uns nun um die Bergnase herum, immer auf dem linken Ufer der Meurthe. Sie fließt in geringer Entfernung links von uns in entgegengesetzter Richtung hinab. Wenn das Fußpfädchen vor einer Brückenmauer aufhört, erklettern wir diese und gehen rechts durch das Gelände eines Bauernhofes hindurch, jenseits dessen sich der Pfad fortsetzt. Über ein Brückchen kommen wir auf das rechte Ufer der Meurthe, benützen aber, die etwas höher gelegene Autostraße vermeidend, das geteerte Sträßchen, das rechts nach der Brücke sich anbietet und uns in Kürze zu dem Bauernhaus führt, über dem rechts in der Höhe der schon seit einiger Zeit sichtbare, mächtige kahlgeschlagene Hang liegt, den wir am Morgen hochgestiegen sind. Dort steht unser Wagen.

Wir haben für den Abstieg vom Sérichamp, wie bereits oben erwähnt, zwei Stunden und 40 Minuten gebraucht. Die gesamte Wanderung benötigt daher (ohne Aufenthalt auf dem Sérichamp) rund fünf Stunden.

Bemerkt sei noch, daß der Sérichamp noch in den Vogesen, aber nicht mehr im Elsaß liegt. Er gehört dem Departement Vosges an. Daher begegnen uns die Kraftfahrzeuge mit der Nummer 88 am Schluß. Aber so genau brauchen wir es bei Wanderungen nicht zu nehmen, daß wir an der Grenze des Elsasses Halt machen müßten.

Wir fahren von unserem Parkplatz nach Le Rudlin zurück. Dann nehmen wir nicht den Weg über den Col du Louschbach. Es lohnt sich nämlich, das Tal der Kleinen Meurthe hinabzufahren, also über die Brücke bei der Kapelle am Weiher nach Le Valtin – Le Grand Valtin, einem mit modernen Chalets versehenen Luftkurort, in Richtung Gérardmer. Wir treffen dann auf die Straße Gérardmer – Schlucht und fahren dem Lac de Longmer entlang hinauf zur Schlucht und von dort hinab in die Rheinebene nach Hause. Sommer und Herbst

Anmerkung: In der früher noch betriebenen Auberge auf dem Sérichamp fand die Begegnung mit dem Wirt Henry Rose statt, von der in den »Herbstblättern« (1985) des Verfassers in der Episode »Pinot noir« berichtet wird S. 177).

32 Fünf-Burgen-Wanderung

Hageneck – Hohlandsburg – Drei Exen

Aufstieg:
Eguisheim – Hageneck – Repos des Chasseurs – Hohlandsburg, 2 Stunden 20 Minuten.

Abstieg:
Hohlandsburg – Repos des Chasseurs – Burgenstraße – Drei Exen – Eguisheim, 2 Stunden.

Gesamtzeit der Wanderung 4 Stunden 20 Minuten.
Höhenunterschied 200 bis 644 Meter.
Karte des Vogesenclubs Blatt Münster – Gérardmer – La Bresse.

Abkürzung:
Aufstieg wie oben bis Repos des Chasseurs – von dort ohne Hohlandsburg Abstieg wie oben über Burgenstraße – Drei Exen – Eguisheim.

Gesamtzeit der abgekürzten Wanderung 3 Stunden.

»Drei Schlösser auf einem Berg«, wie der bekannte elsässische Spruch beginnt, das sind neben den Rappoltsteiner Burgen auch die drei Burgruinen über Egisheim (fr. Eguisheim) und Häusern (fr. Husseren-les-Châteaux), jene drei Türme, die vom Berg herab wie treue Wächter auf das Rebland schauen, die drei Egisheimer Schlösser, im Volksmund »Drei Exen« (Egisheim = Egse) genannt.
Sie haben uns schon auf unserer Wanderung zum Staufenkopf (s. S. 86) begleitet. Damals war schon fast hochsommerliches Wetter, so daß es ratsam war, zu größeren Höhen zu streben und die Drei Exen (594 m) sowie die weiteren in der Nähe liegenden Burgruinen Hageneck (fr. Hagueneck), 420 m, und Hohlandsburg, 644 m, einem späteren Besuch vorzubehalten.
Wir wandern von Egisheim zuerst zum Hageneck, von dort zur Hohlandsburg und kommen über den Bergkamm, der zum Staufen (901 m) führt, von hinten, also von Westen her zum Schloßberg mit seinen drei Schlössern (594 m).
Wir beginnen unsere Wanderung in Egisheim, etwa 5 km südlich von Colmar gelegen, Einfahrt an der Route Nationale Nr. 83. Wir fahren durch Egisheim hindurch nach den Rebhängen zu und stellen den Wagen am Place de l'école (Schulplatz) ab, wo ein großer Marienbrunnen mit rundem Trog steht. Am Fachwerkhaus, dort wo die Obertorstraße (rue Porte haute) beginnt, ist ein Wegweiser Hagueneck (blaues Kreuz) angebracht. Wir gehen etwa 150 Meter auf der geteerten Fahrstraße dem Gebirge zu und sehen schon von weitem am zweiten Feldweg, der rechts abzweigt, den Wegweiser, der uns in die Rebberge hineinführt. Der Weg ist neu gezeichnet und bringt uns in Kürze auf die Höhe des leicht nach Egisheim zu abfallenden Rebhügels, senkt sich rechts nach Norden ab und führt zum Waldrand. Nach kurzer Zeit kommen wir an einen Kahlhang,

um den der Weg links herum aufwärts führt. Der Wegweiser ist links an einer Eiche. Nach etwa 150 Metern erscheint rechts an einem Felsen wieder ein Wegweiser, der uns nun mit weißem Rechteck quer über den Kahlhang hoch in einen Kastanienwald führt. Er trifft auf einen Weg von rechts unten herauf, der wieder mit dem blauen Kreuz ausgezeichnet ist. Dieser geleitet uns zu einer Wegekreuzung, an der auf einem glatten Felsen die Wegweisung zu Repos des Chasseurs, Refuge Staufen und Hohlandsbourg aufgemalt ist, während für uns die darunter stehende Wegweisung Hagueneck – Wettolsheim gilt. Nach 50 Metern geht links ein Fußpfädchen hoch, an dem der Wegweiser Hagueneck blaues Kreuz steht, schräg gegenüber der letzten Kiefer unseres bisherigen Weges. Nach 150 Metern kommen wir zu einem Brünnlein. Dort steht rechts an einer Buche das blaue Kreuz und das frühere weiße Rechteck, und gleich gelangen wir zur Burg Hageneck. Sie liegt etwas versteckt am Ende eines steil abfallenden, stillen Tälchens und bietet einen herrlichen Blick hinunter in die Ebene. Wir haben bis hierher eine Stunde gebraucht.

Gut erhalten ist noch der Bergfried (fr. Donjon), um den herum das Wohngebäude gelegt war. Ein alter Stich, vermutlich von Roßbach, oder eine danach gezeichnete Lithographie, vermutlich von Rothmüller, zeigt uns die Ruine um etwa 1820 in noch weit besserem Zustand als heute. Man kann auch heute noch klar den mehrfach wiederholten, ineinander verschachtelten quadratischen Grundriß erkennen (äußere Mauer, innere Mauer, Wohngebäude, Bergfried), ein in Anbetracht des auf dem Burgkegel knapp zur Verfügung stehenden Raumes zweckmäßiges Schema.

Aus der Geschichte der Burg ist nicht viel bekannt. Ein Ritter Burkhard von Hageneck nahm an der Schlacht bei Hausbergen (1262) teil, und zwar auf seiten des Straßburger Bischofs Walter I. von (der badischen) Geroldseck, der im sogenannten Schloß St. Johann, dem Rest des ehemaligen Klosters in Dorlisheim begraben liegt. Derselbe Burkhard geriet, als er auf seiten Adolfs von Nassau gegen Albert von Österreich kämpfte, 1298 in Gefangenschaft und verkaufte seine Burg an die Johanniter in Colmar. Zerstört wurde die Burg 1335 während einer Fehde zwischen den Herren von Wettolsheim und denen von Hattstatt; nach neueren Forschungen erst im Dreißigjährigen Krieg.

Wir wollen nun von hier weiter zur Burgruine Hohlandsburg. Einen Wegweiser finden wir zunächst nicht. Wir gehen aber vom Eingang der Burg Hageneck zurück bis zum etwa 20 Meter davor stehenden Wegweiser nach Wettolsheim. Wenn wir dann zur Burg schauen, sehen wir links vor uns den Burggraben. Den steigen wir hinauf und betreten den Wall nördlich des Burgturms. Jenseits des Walles beginnen zwei Fußwege, einer rechts leicht abwärts zu drei großen Tannen hin, der andere nach links als Grasweg, über dem linker Hand eine auffallend große Kiefer hoch am Hang steht. Diesen Grasweg nehmen wir zum Weitermarsch. Er zieht sich, bald auf weite Strecke von herrlichen Tannen gesäumt, leicht hoch. Nach etwa 10 Minuten, von der Burg ab gerechnet, finden wir den Wegweiser Repos des Chasseurs, Hohlandsburg mit dem blauen Kreuz. Der Weg geht nun in gemächlichen Serpentinen, immer von großen Tannen gesäumt und mit gelegentlichen Ausblicken die Ebene hinab, fast als Promenadenweg höher und höher. Wenn er auf einen Kahlschlag trifft, halten wir uns scharf rechts herum. Das blaue Kreuz ist an einer großen Kiefer rechts in der Kurve. Wir bleiben immer auf diesem breiten Serpentinenweg und folgen seinen Kurven. Einmal kommt links am Weg ein Schild Hageneck mit uns entgegengesetztem Richtungspfeil. Unser blaues Kreuz ist rechts in der Kurve an einer Kiefer. Wenn später an einer Kiefer rechts plötzlich ein gelber Punkt auftritt, gehen wir an ihm vorbei unseren bisherigen Weg weiter und kommen alsbald zum Punkt Repos des Chasseurs (Jägersruh).

Dies ist eine Anlage mit grünem Tisch und Bänken an einem Tümpel. Sie liegt an der geteerten Fahrstraße, der Route des Châteaux (Burgenstraße), die von Husseren-les-Châteaux über den Egisheimer Schloßberg an der Hohlandsburg und tiefer liegenden Plixburg vorbei ins vordere Münstertal führt. Man kann diese Schlösser auch mit dem Auto bei geringem Zuweg zu Fuß erreichen.

Wir aber gehen weiter, nur ein kurzes Stück auf der Autostraße – werktags ist sie unbefahren – dem gegenüber den Ruhebänken auf der anderen Straßenseite angebrachten Wegweiser Hohlandsburg folgend und kommen nach wenig mehr als 100 Metern an den Fußweg, der auf der linken Straßenseite abzweigt und uns mit einem gelben Rechteck in Richtung Hohlandsburg bringt.

Er führt oberhalb des Frauenbrunnens vorbei, dem Fräuleinsbrunnen, genannt nach dem »wyß Fräule«, das der Sage nach auf der benachbarten Plixburg haust. Die Übersetzung der deutschen Bezeichnung Frauenbrunnen mit »Fontaine des Dames« ist daher falsch. Richtig wäre »Fontaine de la Dame blanche« (s.

Oper von Boieldieu oder z. B. aus dem Sagenkreis von Lahr das »Burghardswiibli«). Vom Fräuleinsbrunnen bringt uns der Fußpfad rasch zur Hohlandsburg. Vom Hageneck bis hierher haben wir 1 Stunde und 20 Minuten gebraucht.

Die Hohlandsburg, erbaut um 1280, ist eine das Bergplateau erheblichen Ausmaßes krönende Burg, die auch jetzt noch als Ruine mit ihren weißgebleichten Mauern weithinaus ins Land leuchtet. Noch heute dient die langgestreckte Südmauer den Baslern als Wettermarke. Ein großes, früher doppelt ummauertes Rechteck, das noch einen Burgberg im Südwesten einschloß, machte sie zu einer der stattlichsten mittelalterlichen Bergbefestigungen. Die Herrschaft Hohlandsberg war mit den Dörfern Winzenheim, Ingersheim, Sigolsheim und Kienzheim alter Besitz der Habsburger im Elsaß.

Mit der europäischen Geschichte wurde sie in dem Zeitpunkt verbunden, den Merian (Elsaß 1663) vermerkt: »Kayser Maximilian der Ander / hat Herrn Lazarum von Schwendi / einen Schwäbischen von Adel / und berühmten Kriegs-Obersten / wegen seiner Verdienste / zum Frey-Herren von Hohen-Landsperg gemacht: Und hat Ihme auch dieses Schloß gehört« (seit 1563).

Damit treffen wir auf einen Mann, dessen Namen wir nur sporadisch da und dort schon begegnet sind. In Colmar erinnert das Denkmal von Bartholdi (1898) an ihn. In Breisach war er Reichsvogt. In Burkheim am Kaiserstuhl steht die Ruine des nach einer Zerstörung von ihm 1562 wieder erbauten und bezogenen Schlosses, dessen Wehrmauer, bevor Tulla den Rhein in sein Bett zwang, steil zum Strom abfiel (zerstört 1672). In Mittelbiberach in Oberschwaben ist er 1522 geboren, in Kienzheim (Kientzheim) bei Kaysersberg (dort das Schwendischloß) baute er schließlich, als er sich von den Geschäften der Welt zurückzog, die, wie man ihm nachsagt, aus Ungarn mitgebrachten Tokayerreben an. In der alten Wasserburg im badischen Kirchhofen ist er 1583 gestorben. Sein Grabmal ist in der Oberkirche in Kienzheim.

Wichtiger als seine Verdienste als Kriegsmann im Schmalkaldischen Krieg unter Karl V., in der Schlacht bei St. Quentin unter dem spanischen Philipp II., in den Türkenkriegen unter Ferdinand I. und Maximilian II. ist sein Wirken als Staatsmann in dem durch Religionsstreit zerrissenen, von Territorialmächten zerlöcherten und gegen äußere Angriffe nur schwach verteidigungsfähigen Staatsgebilde, das sich das Heilige Römische Reich nannte. Das Studium hatte Lazarus von Schwendi nach Basel, Straßburg und Paris geführt. Diplomatische Reisen machten ihn mit England, den Niederlanden und Norddeutschland bekannt. Er war ein Freund Egmonts und Wilhelms von Oranien. Lutherisch und doch Vertrauter der katholischen Kaiser. Später kehrte er zwar wieder zum Katholizismus zurück, blieb aber der von höchster Toleranz beseelte Kämpfer um den religiösen Frieden und Verfechter der von allen politischen Fesseln gelösten Glaubensfreiheit. Frühzeitig erkannte er die verheerenden Mängel im staatspolitischen Gerüst des Reiches. Die Türkenkriege (1560 bis 1606), die er 1562 bei Sultan Suleiman II. nur durch einen kargen Waffenstillstand für acht Jahre mit schmählichen Tributleistungen unterbrechen konnte, erwiesen ihm die völlige militärische Ohnmacht des Reichs. Er ahnte voraus, was sich dann im Dreißigjährigen Krieg als Geschick Deutschlands vollzog. Er suchte Reformen auf allen Gebieten durchzusetzen, um das Unheil abzuwenden. So trat er auf allen Reichstagen von 1566 bis 1576 als reformerischer Aktivist in die vorderste Front. 1570 erstattete er im Auftrag des Kaisers ein aufhorchenlassendes Gutachten »Diskurs und Bedenken über den

Zustand des Heiligen Reiches«. Er forderte eine gemäßigte zentralistische Umgestaltung des Reiches auf dem Gebiete der Religion, des Rechtswesens, des Kriegswesens und der damit zusammenhängenden Reichskreisverfassung. Vor allem die Reform des Heeres lag ihm am Herzen. Oberste Befehlsgewalt für den Kaiser, Verbot der Söldnerwerbungen, Musterung aller Truppen für den Kaiser, Anlage von Kriegskassen für Rüstung im Ernstfall, Einrichtung von Zeughäusern im ganzen Reiche verteilt und mit der Zentrale Straßburg. Verbot von Verträgen deutscher Fürsten mit dem Ausland und ähnliche wichtige Forderungen waren seine Pläne, die z. T., z. B. in Richtung auf die Einführung einer allgemeinen Wehrpflicht, geradezu modern genannt werden müssen. In einer zweiten »Denkschrift über die politische Lage des Reiches« von 1574 wollte er vor allem die militärische Macht der Bekenntnisse brechen und durch absolute religiöse Gewissensfreiheit und Toleranz die Spannungen des Augsburger Religionsfriedens beseitigen und damit von ihm vorausgesehene Glaubenskriege verhindern. Konnte er auf dem Reichstag zu Speyer 1570 noch eine ernsthafte Diskussion seiner Reformgedanken erreichen, so erlitten seine Pläne auf dem Reichstag zu Regensburg 1576 eine Niederlage. Es blieb im Ringen zwischen religiösem Fanatismus, territorialem Egoismus und ohnmächtiger Reichszentrale alles beim alten und lief dem Unheil entgegen. Erfolglose Reformatoren gehen nicht in die Geschichte ein, und daraus erklärt sich, daß Lazarus von Schwendis Name in Vergessenheit sank, bis ihn in der jüngsten Vergangenheit die Fachwissenschaft wieder ans Licht hob. Und so mögen uns die gebrochenen Mauern und gesprengten Türme seiner einstigen Feste Hohen-Landsberg als stumme Zeugen an diesen trefflichen Mann erinnern.

Von der höchsten Spitze, dem Rest eines Rundturms, oder von den Mauern aus, auf denen man weite Strecken herumgehen kann, hat man eine umfassende, schöne Aussicht, die neben der Geschichtsträchtigkeit der Stätte die Wanderung hier herauf lohnenswert macht. Im Norden grüßen die Hohkönigsburg, der Dambacher Berg, die Rappoltsteiner Schlösser, Ungersberg, Tännchel, Königsstuhl und vor allem fast auf gleicher Höhe mit uns schräg gegenüber Drei Ähren mit der Galz. Nach Südwesten und Süden sieht man die Vogesenberge bis hinab zum Großen Belchen, ganz nah vor uns die Drei Exen und dahinter bei Sichtwetter Schwarzwald und Alpen. Drüben im Osten der Kaiserstuhl, in der Ebene Colmar und links davon das Straßburger Münster.

Wir haben vom Hageneck bis hierher eine Stunde und 20 Minuten gebraucht. Der Weg von der Hohlandsburg zu den Drei Exen ist schon in der Burg mit der Beschriftung Trois Châteaux und gelbem Punkt gezeichnet. Wir gehen zunächst bis Repos des Chasseurs zurück, kommen also wieder für ein Stück auf die geteerte Burgenstraße, auf der wir auch über Repos des Chasseurs hinaus noch lange bleiben, bis nach links hinab ein großer, weit ins Tal hinunterreichender Kahlschlag eine herrliche Sicht ermöglicht. Wo der geschlossene Bergwald wieder beginnt, zweigt ein Sandfahrweg links ab. Der gelbe Punkt erscheint, und dazu der Wegweiser Trois Châteaux. Außerdem steht am Eingang dieses Weges das große rotweißrote Sperrzeichen für Fahrzeugverkehr. Wir sehen schon längst drüben die Drei Exen in den Horizont hineinragen. Der Weg führt leicht abwärts. Wo von links ein Weg heraufkommt, bleiben wir geradeaus. Der gelbe Punkt ist rechts an einem Stein. Nach 100 Metern geht ein Fußpfädchen von unserem Sandweg rechts hoch, das uns in Kürze zu dem großen Parkplatz bringt, der vor dem Kegel des Schloßberges, auf dem die Drei Exen stehen, angelegt ist. Von dort zu den Schlössern sind es nur noch ein paar Schritte, von der Hohenlandsburg bis hierher an Zeit eine knappe Stunde.

Die drei Burgen, die – ein Kuriosum – im Abstand von etwa 60 Metern von Norden nach Süden nebeneinander stehen, tragen die urgermanischen Namen Dagsburg, Wahlenburg (Mitte) und Weckmund (südlich). Die 1966 begonnenen Forschungsarbeiten und Restaurierungen haben ergeben, daß es sich ursprünglich wohl um eine einzige langgestreckte Burganlage gehandelt hat, deren Kernstück Wahlenburg war. Das kam auch im Namen Hoh-Egisheim zum Ausdruck. Aber sichere Erkenntnisse liegen nicht vor.

Herren der Burg waren die unten im Städtchen Egisheim in ihrer Wasserburg sitzenden Grafen von Egisheim. Später errichteten die Grafen von Dagsburg aus dem unteren Elsaß, die 1144 mit dem Aussterben der Egisheimer deren Erben wurden, als nördliche Burg neben der Wahlenburg die Dagsburg. Schließlich bauten die Grafen von Pfirt, die ebenfalls in die Erbschaft der Egisheimer hineinspielten, um 1200 die südliche Burg Weckmund. Zerstört wurden die Burgen im sogenannten »Sechsplappertkrieg« 1466, als der damalige Burgbesitzer Peter von Regisheim, schon ein Raubritter, den Mahlknecht Hermann Klee, einen Hasardeur, bei sich aufnahm. Dieser Klee, von Esslingen stammend, behauptete, sein Meister Johann Beck in Mülhausen habe ihm von seinem Lohn 6 Plappert (1 Plappert = ca. 6 Pf.) unrechtmäßigerweise zurückbehalten, und als ihm die Stadt den Schaden nicht ersetzen wollte, verkaufte er seine Forderung an einen Erbfeind Mülhausens, eben Peter von Regisheim, welcher die sich bietende Gelegenheit, Mülhausen zu befehden, mit Freude ergriff. Gegen ihn wurden die Schweizer zu Hilfe gerufen. Die Schlösser des Regisheimers wurden erstürmt, und er mußte an Mülhausen 825 Goldgulden bezahlen.

Die Restaurationsarbeiten sind noch in vollem Gange, stören aber den Besucher nicht. Es ist gut, daß das Wahrzeichen der Reblandschaft südlich von Colmar, die Drei Exen, im nun seit Jahrhunderten gewohnten Bild erhalten bleibt.

Den Abstieg kann man über Husseren (Häusern), unmittelbar am Fuße des Schloßbergs, und dann durch das Rebgeläinde (vor der Kirche in Häusern rechts in einen Feldweg hinein) nach Egisheim nehmen. Er ist an dem Treppchen vor dem Weckmundturm mit gelbem Punkt angezeigt. Will man unter Umgehung von Husseren direkt nach Egisheim, so zweigt man nach der zweiten Bank in Richtung Hageneck ab, bis die Wegweisung nach Egisheim kommt. Wir erreichen Egisheim von den Drei Exen ab in einer Stunde. Gesamtzeit der angenehmen, mühelosen Wanderung also rund 4 Stunden und 30 Minuten. Und nun muß wiederholt werden, was schon bei der Wanderung zum Staufenkopf (s. S. 86) gesagt wurde, bei der das Endziel auch Egisheim war:

Scheiden wir von dem reizenden alten Weinstädtchen Egisheim nicht, ohne einen kurzen Rundgang innerhalb der Stadtmauer auf dem ehemaligen Wallgraben gemacht zu haben (Wegweiser: Circuit de visite). Schauen wir uns den Stadtgrundriß an, der sagt alles!

Was nördlich von Colmar Reichenweier, das ist südlich von Colmar Egisheim, das Städtchen, das sich um seine Burg herum entwickelt hat, wie dies z. B. in Lahr die Altstadt von der Tiefburg her nach Norden getan hat. Der Kern Egisheims war diese mit einem Graben umgebene Wasserburg der Grafen von Egisheim. Aus diesem Geschlecht (Mutter von Dagsburg) kam Bruno, der zunächst Bischof von

Toul wurde und dann als Leo IX. (1048–1054) den Stuhl Petri innehatte. Er hat 1049 den noch heute erhaltenen achteckigen Zentralbau der Benediktinerinnen-Abteikirche in Ottmarsheim eingeweiht und blieb der einzige elsässische Papst. Die später als Kaiserpfalz benützte Stadtburg wurde während der Französischen Revolution abgebrochen, aber gegen Ende des vorigen Jahrhunderts von Winkler im neuromanischen Burgenstil der Zeit wieder aufgebaut. Damals wurde die sehr überladene Leokapelle beigefügt. Auf dem Platz vor der Pfalz steht der Brunnen mit der Statue Leos. Eine große Anzahl gut erhaltener und gepflegter Fachwerk-

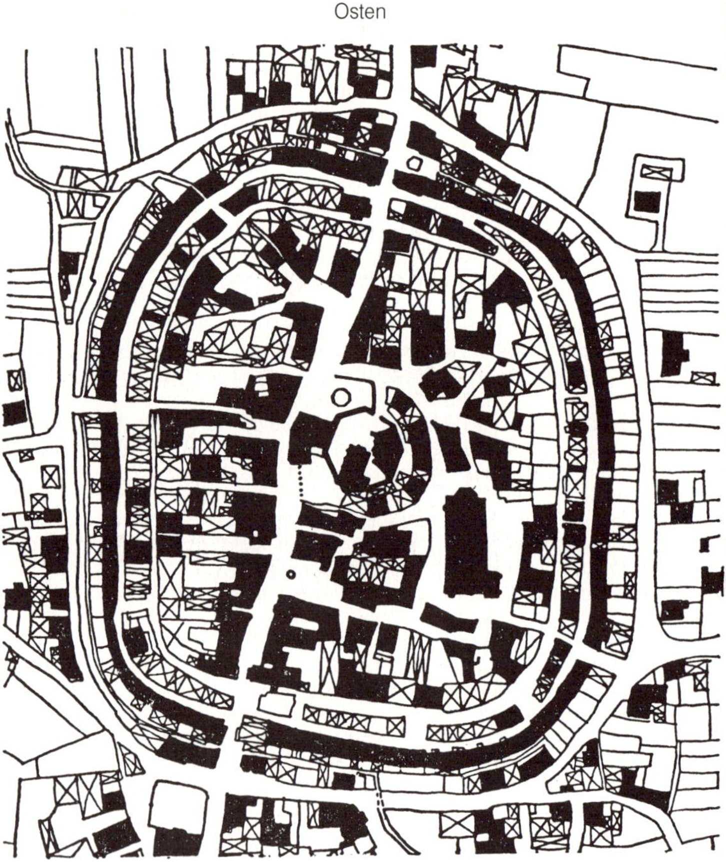

Osten

Aus »Handbuch der Kunstdenkmäler im Elsaß und Lothringen« von Walter Hotz, Deutscher Kunstverlag, 1977, 3. Auflage: Egisheim

häuser, z. T. mit Laubengängen und mit Erkern, und schöne alte Höfe, alle zur Unterrichtung des Besuchers beschildert und mit Jahreszahlen versehen, machen Egisheim zu einem Kleinod des Elsasses. Die jetzige Pfarrkirche mit dem Storchennest auf dem Kirchturm ersetzt die alte, 1807 abgebrochene dreischiffige romanische Pfeilerbasilika, von der noch einige Teile übrig sind, so in der als Taufkapelle eingerichteten Turmhalle das Säulenportal mit dem Türsturz (Christus flankiert von Petrus und Paulus) aus dem 13. Jh. Im Turme hängt die alte Glocke aus dem ehemaligen Kloster Marbach. Ihr Klang grüßt uns als eine Stimme aus der längst entschwundenen mittelalterlichen Welt.

Frühling und Herbst

33 Haut-Barr – Geroldseck – Brotschberg

Aufstieg:
Haut-Barr – Große Geroldseck – Kleine Geroldseck – Hexentisch – Brotschbergturm – Brotschbergfelsen – Schäferplatz, 2 Stunden.

Abstieg:
Schäferplatz – Langental – Stambach – Wasserreservoir Zabern – Haut-Barr, 1 Stunde 45 Minuten.

Gesamtzeit der Wanderung 4 Stunden.
Höhenunterschied unbedeutend.
Karte des Vogesenclubs Blatt Saverne.

Die Wanderung führt uns in die Nordvogesen, in die Umgebung von Zabern. Wir stellen den Wagen auf dem Parkplatz vor der Ruine Hohbarr (Haut-Barr) ab. Dorthin gelangen wir, wenn wir, bevor wir die Altstadt von Zabern berühren, links abgehend der Richtungsweisung Nancy folgen. Wir sehen nach etwa 300 Metern links an der Straße das schwarz-weiße Schild Haut-Barr, das uns in wenigen Minuten hinauf zum Parkplatz vor der Ruine bringt.

Die Ruine Hohbarr (470 m) ist, weil mit dem Auto anzufahren, eines der beliebtesten Ausflugsziele in den Nordvogesen, bietet sie doch eine wohl einmalige Rundsicht nach allen Himmmelsrichtungen hin, bei guter Sicht auch nach Osten über das Rheintal hinweg zum Schwarzwald. »Das Auge des Elsasses« nannte daher auch der Abgesandte der Stadt Straßburg auf dem Konzil zu Konstanz (1414 bis 1418) die um 1170 erbaute Feste Hohbarr.

Drei Felsquader gigantischen Ausmaßes bilden den Sockel der einstigen Burg: der nördlichste, nach Zabern zu schauende, mit den Resten des einstigen Burgturms und zu seinen Füßen die noch erhaltene Burgkapelle aus dem 12. Jahrhundert, geringfügig im 19. Jahrhundert restauriert; der mittlere Fels, der den Palas trug, und schließlich der südliche Fels, der »Markfelsen«, der der benachbarten Abtei Maursmünster gehörte und als Grenzmarkstein diente, wie denn der

Martinstein und der Kühbergfelsen nach dem Dagsburger Lande zu des weiten Maursmünsterer Gebiets Grenze (am Südende) andeuteten.
Den Markfelsen erwarb der Straßburger Bischof Rudolf von Rottweil um 1170 und bekrönte ihn mit einer Burg. Dieses Jahr gilt daher als Baudatum für die gesamte Burg Hohbarr, obwohl die beiden anderen Felsen schon vor 1170 bebaut waren. Den Markfelsen verband mit dem mittleren Felsen einst die »Teufelsbrücke«, sicher ein romantischeres Brückengebilde, als es heute die Zementstangenbrücke darstellt.
Von den Barrfelsen sieht man im Süden in unmittelbarer Nähe die Ruinen Groß- und Klein-Geroldseck und im Westen jenseits des Tals der Zorn, dem der Rhein-Marne-Kanal und die Eisenbahnstrecke Straßburg-Paris folgt, die Ruine Greifenstein (Griffon) mit ihrer Höhe von 360 Metern.
Im Jahre 1583 hat der Straßburger Bischof Johann von Manderscheid (Eifel) die stark heruntergekommene Burg wieder hergestellt und im Stil der Zeit zu einem großräumigen befestigten Renaissanceschloß umgebaut (siehe die lateinische Inschrift über dem Haupttor). Nach dem Dreißigjährigen Krieg wurden die Mauern der Stadt Zabern und auch das Schloß Hohbarr geschleift. Ein im Spanischen Erbfolgekrieg 1710 geplanter Wiederaufbau unterblieb, ebenso der Versuch eines Wiederaufbaus dreißig Jahre später im Österreichischen Erbfolgekrieg. So bietet sich uns heute Hohbarr ähnlich wie der Fleckenstein als riesiger Felsstumpf, aber in seinen Bauresten noch eindringlich genug, um uns das einst mächtige Burgenbauwerk vorstellen zu können.
Man versäume nicht, über das Haupttor hinaus nach Norden am Fuß des Felssockels entlang zu gehen. Man bekommt dort die eindrücklichste Vorstellung von den gigantischen Ausmaßen der Sandsteinquader, wie sie in den Nordvogesen nicht nur als Burgenfundamente so häufig sind und wie sie uns bei dieser Wanderung noch weiter mit den Brotschbergfelsen begegnen werden.
Dorthin wollen wir heute unsere Wanderung richten, zunächst von Hohbarr aus die Große und die Kleine Geroldseck besuchen, über den Hexentisch zum Brotschbergturm aufsteigen und alsdann über die Brotschbergfelsen und die Brotschberggrotte bis zum äußersten Punkt vorstoßen, dem M. F. (Forsthaus) Schäferplatz, von dem wir uns wieder auf anderem Wege zu unserem Ausgangsort zurückwenden.
Gegenüber dem Burgtor Hohbarr ist an einem Baum der äußeren Baumreihe, die den langgestreckten Parkplatz vor der Burg säumt, eine Orientierungstafel für Wanderungen ab Hohbarr angebracht. Dort ist auch unsere Route verzeichnet.
Am Baum Nr. 44 am Beginn des Parkplatzes ist der Wegweiser mit dem roten Rechteck, und (für den kurzen Umweg über die beiden Geroldseckruinen) mit dem roten Kreuz. Es geht am Tour Chappe vorbei, einer im 19. Jahrhundert für den Telegrafenverkehr Straßburg-Paris benützten Anlage mit wieder erneuertem Turm, und dann links der Fahrstraße in den Wald hinein, durch den der Bergfried der Ruine Großgeroldseck bereits hindurchlugt. Und schon sind wir auch dem Touristenrummel am Hohbarr entflohen. Bei der Großen Geroldseck treffen wir kaum noch einzelne Autospaziergänger; aber schon die Kleine Geroldseck wird kaum besucht, und von dort ab sind wir allein..
Wir folgen also jetzt zunächst nicht dem roten Rechteck, das unter Umgehung der beiden Geroldseckruinen direkt zum Hexentisch führt, sondern dem roten Kreuz. Beim Betreten des Burgareals der Großen Geroldseck fällt uns links eine Buche

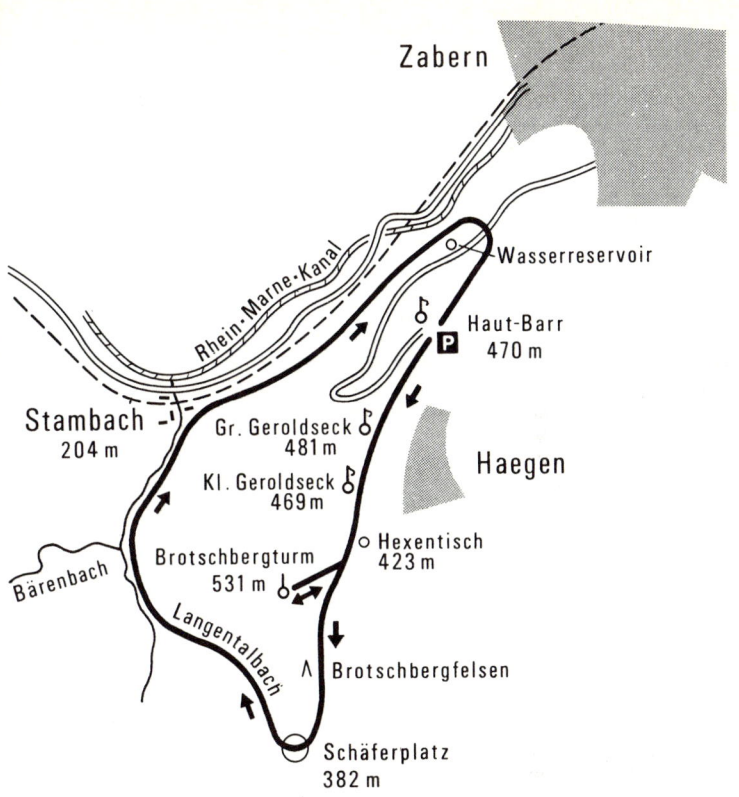

auf, die ihre Wurzeln mit erstaunlicher Zähigkeit in den Rest einer Mauer gesenkt hat, die mit ebensolcher Zähigkeit dem Eindringling stand hält. Daß die Große Geroldseck (481 m), die Geroldseck »am Wasichen«, in Unterschied zur Hohengeroldseck bei Lahr und zur Wasserburg Geroldseck an der Saar bei Finstingen (Fénétrange/Moselle), der Stammsitz auch der Lahrer Geroldsecker gewesen sein soll, ist nirgends bewiesen. Zum Komplex der Sagen um die genannten Burgen Geroldseck: Rudolf Ritter »Die Geroldsecker Sage« in »Geroldsecker Land« Jahrb. des Ortenaukreises 17/1975, S. 32 ff. und ebenda die Ballade von Fritz Heiler »Die Brüder von Geroldseck«, S. 49 ff. Außer dem Bergfried sind im weiträumigen Burggelände noch eindrucksvolle Reste, besonders vom Palas und den mächtigen Burgkellern, die einen Gang durch das Burgareal lohnen.

Die Burgen Groß- und Kleingeroldseck, die an sich zusammengehören, sind einstens zum Schutz der bedeutenden Abtei Maursmünster angelegt worden. Die

Geroldsecker waren »Kastenvögte« von Maursmünster, d. h. die Rechte des Klosters wahrnehmende Schutzherren. 1390 erlosch das Geschlecht der Wasichen-Geroldsecker. 1486 wurde Großgeroldseck, schon zum Raubritternest abgesunken, zerstört.

Von hier zur Ruine Kleingeroldseck (469 m) sind es nur wenige Minuten, immer dem Wegzeichen des roten Kreuzes folgend. Im Südwerk ist noch eine interessante Mauernische erhalten. Der Rest eines Gewölbebogens mit Sandsteinköpfen vom Hauptfels zum Vorfelsen fällt auf, wenn man im Westen um die Ruine herumgeht. Eine Tafel verkündet, daß Kleingeroldseck 1381 durch den Bischof von Metz erbaut und im Jahre 1471 zerstört wurde. Links unten am Rande des Gebirges liegt das Dörfchen Haegen, von dessen einstiger romanischer Kirche der erhalten gebliebene Turm heraufgrüßt.

Zum Weitermarsch benützen wir den leicht abwärts führenden Fußpfad links gegenüber dem hinteren Felsen, der oberhalb eines neuen Kahlschlaghangs entlang führt, und erreichen in wenigen Minuten den Hexentisch (423 m), auch steinerner Tisch genannt. Von Hohbarr bis hierher sind es 40 Minuten fast ebenen Wegs. Am Hexentisch sind mehrere Wegweiser. Für uns maßgebend ist die Weisung: Tour (Turm) du Brotsch, Schäferplatz, Haberacker (berührt uns nicht) mit rotem Rechteck. Der Weg führt leicht aufwärts durch schönen Tannenwald und immer an Sandsteinfelsen vorbei. An einer Lichtung bietet sich ein Blick auf den in der Nähe rechts von uns gelegenen Krappenfelsen mit der charakteristischen einsamen Tanne auf seiner Nase. Wenn wir kurz danach an eine größere Lichtung kommen (beim Schild aus der Gegenrichtung Hexentisch-Saverne) müssen wir links den Waldrand entlang gehen. Eine durch Sturm in halber Höhe abgeknickte Tanne trägt das Wegweiserschild: Tour du Brotsch mit dem roten Rechteck. Bald teilt sich der Weg. Wir wollen von dort zuerst auf die Höhe des Brotschbergs, wo sich der Turm befindet, und kehren dann wieder an diese Wegteilung zurück. Wir nehmen dorthin den Weg, der rechts leicht aufwärts führt. Rechts von uns liegt ein ausgedehnter Felsenhang. Nach 100 Metern geht es dem Wegweiser folgend rechts herum, und in wenigen Minuten (vom Hexentisch ab gerechnet 25 Minuten) stehen wir vor dem Brotschbergturm (536 m). Er bemüht sich, mit einer Höhe von 18 Metern, 1897 vom Vogesenclub einsam inmitten immer höher werdender Tannen erbaut, gerade noch über sie hinwegzuschauen. Er bietet eine prächtige Aussicht, vor allem zurück auf die beiden Geroldseckburgen und Hohbarr und hinunter ins Zorntal, aber auch weiter nach Norden zur Burg Lichtenberg und im Nordosten zum Groß-Wintersberg, im Süden zur Dagsburg, zum Schneeberg und weiter entfernt zum Klosterberg St. Odilien.

Wir gehen denselben Weg, den wir heraufgekommen sind, also vom Turm der Wegweisung Hexentisch folgend, wieder zurück bis zur oben erwähnten Wegteilung, wo zum Brotschbergturm gewiesen wurde, und folgen dort rechts weitergehend der Wegweisung: Rocher et Grotte du Brotschberg, M. F. Schäferplatz (Brotschbergfelsen, Brotschberggrotte, Schäferplatz). Der ebene Weg führt durch einen verwitterten Wald, in dem Baumruinen am Boden liegen, und stößt alsbald auf der ebenen Bergnase des südlichen Brotschbergs, immer an kleineren Felsen vorbei, zu den Brotschbergfelsen. Die Mehrzahl ist entgegen der Wegweisung (Rocher) berechtigt, denn es handelt sich um drei gigantische Felsmassive urzeitlicher Prägung, die zu Unrecht in der Karte des Vogesenclubs nicht vermerkt sind. Der Wanderer ist daher überrascht, welche Schaustücke ihm die Natur hier bietet. Die Wanderung ist daher nicht nur wegen der drei berührten Burgen und der weiten Ausblicke, die sie ebenso wie der Brotschbergturm bieten, sondern vor allem wegen dieser imposanten, überwältigenden Felsgiganten unbedingt lohnend.

Der Weg führt uns zunächst an das Prunkstück, nämlich das Felsmassiv, das nach Westen turmhoch senkrecht abstürzend an seinem Fuß die von oben herunter nicht sichtbare Grotte birgt. Es sind ähnlich übereinander getürmte Sandsteinblöcke mit tief eringesägten Spalten, wie wi sie z. B. auf dem Schneeberg oder am Mutzigfelsen antreffen. Es lohnt sich, bis auf die vorderste Platte vorzusteigen. Sie bietet eine herrliche Aussicht und läßt den steilen Abfall nicht ahnen, den wir nachher so recht eigentlich erst unten vor der Grotte stehend und hinaufblickend wahrnehmen.

Ein Fußpfädchen führt dann zum in geringer Entfernung nördlich etwas tiefer gelegenen zweiten Felsmassiv mit bedrohlich unterhöhlten und überragenden Sandsteinplatten jeder Dimension, von meterdicken Quadern bis zu dünnsten, Schiefergestein ähnlichen erosierten Plättchen. Man hat das Gefühl, daß das alles in der nächsten Minute den Hang herabstürzen könnte.

Der Fußpfad führt dann im Zickzack den Berghang hinab zur Brotschberggrotte, gewissermaßen dem Keller des erstberührten Felsmassivs. Man kann sich gut vorstellen, daß sich dort der Zyklop Polyphem mit seiner gesamten Schafherde zur nächtlichen Ruhe niedergelegt haben könnte. Ein Blick hinauf zu dem mächtigen turmhohen Felsklotz, auf dessen Spitze wir vorhin standen, zeigt erst dessen wirkliche Höhe.

Wenn wir den nun fast eben am Hang hinziehenden Pfad weiter verfolgen, kommt ein nicht minder gigantisches drittes, bizarres Felsenungetüm, das uns sein Gesicht aus der Urzeit mit zersägten, erosierten Furchen und Steingebilden phantasievollster Art entgegenstreckt. In der Tat, die Brotschbergfelsen sind ein Wanderziel lohnendster Art, unverdientermaßen nirgends in Wanderführern gebührend vermerkt.

Am Ende des dritten Felsmassivs geht der Fußpfad geradeaus abwärts und trifft auf einen Waldweg (Kennzeichen eine weißstämmige Birke), der uns rechts abwärts alsbald zur großen Waldlichtung rings um das Forsthaus Schäferplatz (382 m) führt, vom Brotschbergturm aus in einer Stunde.

Hier kommt die Fahrstraße von Zabern über Hohbarr zum Haberacker vorbei und bringt einigen Autoverkehr, dem wir aber gleich entfliehen, indem wir nun nach Stambach hinunter ins Tal der Zorn steigen. Der Wegweiser befindet sich gegenüber der äußersten Ausbuchtung des Hühnerhofs rechts von der Fahrstraße: Stambach blaues Rechteck. Wir kommen in das idyllische, stille Waldtälchen des Langenbachtals, im oberen Teil zur Zeit ausgetrocknet. Bei der ersten Wegegabelung an einer Zwillingstanne müssen wir rechts halten (Wegweiser fehlt). Der Langentalbach mündet dann etwa ein Kilometer vor Stambach kurz nach dem Wasserreservoir Zabern an einer Fahrstraße in den Bärenbach. Dort führt ein Brückchen kurz vor einem kleinen Stausee hinüber auf das linke Ufer des Bärenbachs. Beim Brückchen ist der Wegweiser Stambach. Dieser Übertritt aufs linke Ufer muß unbedingt beachtet werden, weil man damit die Fahrstraße nach Stambach vermeidet und einen schönen Waldweg auf der linken Seite des klaren Bachs gewinnt.

Gleich kommen wir kurz vor dem Bahnhof Stambach (ab Schäferplatz 45 Minuten) an einen rechts hinaufziehenden, neu angelegten Waldfahrweg (autofrei). Vor der Bank vor der Schranke am Bahnhof Stambach steht an einem Steintreppchen der Wegweiser: Haut-Barr mit rotem Dreieck. Wir können aber diesen Waldfahrweg gleich an seinem Beginn, ohne bis zur Schranke zu gehen, benützen. Er führt in weiten Schlingen mühelos über dem Tal der Zorn hinauf in Richtung Hohbarr. Es empfiehlt sich nicht, von der Abzweigung nach dem Zimmereck Gebrauch zu machen, die etwa 100 Meter nach dem Beginn des Waldfahrwegs kommt. Wir bleiben vielmehr auf diesem mit rotem Sand ausgelegten Waldfahrweg, bis er kurz nach dem neuen großen Wasserreservoir der Stadt Zabern auf die Autofahrstraße Zabern-Hohbarr stößt. Wir sehen dort schon die letzten Villen Zaberns am Waldrand.

Gleich links an der Fahrstraße beginnt ein Fußpfädchen, das uns in Kürze, nun also von Norden, von Zabern herkommend, zum Parkplatz vor der Ruine Hohbarr (ab Bahnhof Stambach in einer Stunde) zurückbringt.

Die gesamte Wanderung (von Hohbarr bis zum Hexentisch 40 Minuten, vom Hexentisch bis zum Brotschbergturm 25 Minuten, vom Brotschbergturm bis zum Schäferplatz eine Stunde, vom Schäferplatz bis Bahnhof Stambach 45 Minuten und von dort bis zurück zum Parkplatz Hohbarr eine Stunde) benötigt also ohne Burgbesichtigung usw. knappe vier Stunden.

Die auf Hohbarr einst tagende Hornbruderschaft, ein vom Bischof von Manderscheid gestifteter Trinkorden (2 Maß = 4 Liter mit einem Zug zu leeren), soll der Kuriosität wegen hier noch erwähnt werden. Frühling und Herbst

34 In den Wäldern von St-Jean

Aufstieg:
St-Jean – Friedhof – Treppe – Kapelle St-Michel – Langenthaler Kreuz – Heidenstadt und zurück – Stampflöcher – Rothlach, 2 Stunden.

Abstieg:
Rothlach – Rocher des Dames – Felsenplatte – Kapelle St-Michel – St-Jean, 2 Stunden.

Gesamtzeit der Wanderung 4 Stunden.
Höhenunterschied 275 bis 405 Meter.
Karte des Vogesenclubs Blatt Saverne.

Zur Maienzeit lohnt sich eine Wanderung in den Nordvogesen in besonderem Maß. Bestehen doch die Wälder dort überwiegend aus Laubbäumen, in der Hauptsache Buchen. Das frische Grün, das mancher ausgedehnte Winter lange zurückgehalten hat, erquickt das Auge. Und da die Gebirgszüge dort mäßige Höhen aufweisen und nur da und dort die 500-Meter-Grenze überschreiten, besteht auch nicht die Gefahr, in höheren Lagen noch in Schneegefilde zu geraten. Aber auch abgesehen davon bieten die Nordvogesen so viel Interessantes an einstigen Klosterkirchen, Burgen, Felsen, alten keltischen Kultstätten u. ä., daß eine Fahrt dorthin immer bereichernd ist. Zum keltischen Kult gehörten in gebirgigen und felsenreichen Gegenden die Heiligtümer auf Bergen, in Felsen und Hainen. Die zahllosen wuchtigen, bizarren Felsbildungen der Sandsteinvogesen und die durchweg aus Felsmassiven bestehenden Berggipfel (Donon, Schneeberg, Mutzigfelsen und zahllose kleine Gipfel) kamen diesem Kult entgegen. Die auf den Gipfeln, in Felsen und Steinen hausenden Götter und Geister sollten durch dargebrachte Gebete und Opfer günstig gestimmt werden, und so finden wir in den Nordvogesen noch allenthalben Reste mutmaßlicher ehemaliger Kultstätten, an denen keltische Priester Opfer darbrachten. Diese Opferstätten waren meist kreisförmig angelegt (Steinkreis oder Cromlech). Unbehauene Felsblöcke, ohne Mörtel aufeinander geschichtet, umgeben im Dreieck den steinernen Opfertisch, der zum Teil die Ausmaße von größeren Felsplatten hat.

Nach Prof. Dr. J. Braun, Straßburg, ist der einzig noch erhaltene Steinkreis auf der Grande Côte (bei Lützelhausen im Breuschtal) keine Opferstätte, sondern ein keltisches Heiligtum, vielleicht zur Ehre eines gallischen Fürsten errichtet (so auch Prof. Dr. Hatt, Straßburg). Der Opfertisch ist stets abwärts geneigt und zeigt deutlich die Rinne zur Aufnahme des Blutes. So sind in der Gegend von Rothbach östlich der Ruine Lichtenberg noch mehrere mutmaßliche Opfertische (heute autel sanglant = Blutaltar genannt) erhalten. Aber auch auf unserer heutigen Wanderung stoßen wir auf einen solchen Opferstein. Von den Zeugen der alten Steinverehrung, den Steindenkmalen, Menhire oder Spindelsteine genannt, finden wir in den Nordvogesen zwischen Niederbronn und Schirmeck noch Beispiele an acht Orten, besonders in den Wäldern bei Zabern und des Dagsburger Landes. Der bekannteste ist das heute »Zwölf-Apostel-Stein« oder auch »Breitenstein« genannte Steindenkmal bei Wingen im Tal der Moder westlich von Ingwiller. Es ist ein schon 713 n. Chr. lata petra geheißener Steinpfeiler von 3,60 Metern Höhe und 4,30 Metern Umfang. Ende des 18. Jahrhunderts wurde er »christianisiert«. Ein Holzhändler ließ ihn in Erfüllung eines Gelübdes mit den Skulpturen der zwölf Apostel und einem ihn krönenden Kruzifix versehen. Der Stein diente seit 1170 n. Chr. als Grenzstein zwischen dem Elsaß und Lothringen. In eine solche keltische Kultgegend soll uns unsere heutige Wanderung führen.

Es muß aber ausdrücklich betont werden, daß wir uns damit in die graue Vorzeit begeben, aus der nichts in wissenschaftlicher Exaktheit erwiesen werden kann. Es ist nicht der Sinn eines Wanderbuches, in Erörterung des Für und Wider einzutreten. Mit diesem Vorbehalt möge sich daher diese Wanderbeschreibung gewertet wissen.

Wir folgen dem westlichen Stadtteil Zaberns, wo es schon zur Zaberner Steige in Richtung Phalsburg (Pfalzburg) – Nancy hinaufgeht, der rechts abbiegenden Wegweisung nach St-Jean und durchfahren Ottersthal und Eckartswiller. Ohne sichtbare Dorftrennung schließt sich dort um die enge, abfallende Straße gleich das Dorf St-Jean an, unser Ausgangspunkt für die heutige Wanderung.

In St-Jean selbst benützen wir die zweite Abbiegung links, um hinauf zur einstigen Benediktinerinnen-Klosterkirche St. Johann (Jean) zu gelangen. Dort parken wir auf dem Platz vor der Kirche. Unser heutiger Wanderweg ist durch die Formation des Berges St-Michel (Höhe zwischen 393 und 424 Meter), auf dessen nordwestlicher Nase die gleichnamige Kapelle liegt, insoweit bedingt, als bei der Wegkreuzung Rothlach (378 m) das Tal des Michelbachs beginnt (weiter unten Champagnertal geheißen). Und schon dort reihen sich mit dem Rocher des Faucons (Falkenstein) und dem Rocher des Dames ausgiebige Felsmassive aneinander, die sich über die Felsenplatte (Roches Plates) fortsetzen und mit dem »Großen Riesengebirge« und den Wildthalfelsen nach der Kapelle St-Michel zu einen mächtigen, steil abfallenden Felsenkranz bilden. Der gesamte Rückweg vom Rocher des Dames bis St-Jean verläuft innerhalb dieses Felsenkranzes. Von unserem Weg aus läßt er da und dort den Blick auf die tief unten verlaufende Autobahn Straßburg – Paris und die Sicht in die Rheinebene hinein bis zum Schwarzwald hinüber zu.

Den Besuch der ehemaligen Klosterkirche St-Jean sparen wir uns für die Rückkehr von der Wanderung auf. Wir gehen von unserem Parkplatz zunächst zu dem in der Nähe liegenden Friedhof und steigen der dort angebrachten Wegweisung folgend die steinerne Treppe, wohl früher schon von den Wallfahrern benützt, zur Michaelskapelle hoch, die wir in wenigen Minuten erreichen. Eigentlich heißt der gesamte Berg »Mont St-Michel«, aber im allgemeinen wird schon der Kapellenplatz als Mont St-Michel bezeichnet.

Der Michelsberg (Kapelle), 375 m, ist ein ebener Bergvorsprung am Rande des Gebirges. Er gewährt eine bezaubernde Aussicht auf die Zaberner Senke, besonders wenn die Bäume blühen, hinüber zu den Schwarzwaldbergen und nach Süden hinunter zu den Vogesen. Eine Orientierungsplatte hilft, sich in der Geographie zurechtzufinden.

Es handelt sich hier beim Michelsberg um eine einstige keltische Kultstätte. Der Steinkreis am nördlichen Bergvorsprung hatte, wenn er wirklich aus keltischer Zeit stammen sollte, eine Funktion im Sonnensystem, ähnlich wie wir solche Kreise in größerem Ausmaß aus Steinsäulen in England finden. Das Volk hat daraus einen Versammlungsort der Hexen gemacht, die vom Steinkreis, dem Hexenring aus zum nächtlichen Tanz auf dem Bastberg bei Buchsweiler abflogen. Die Kirche hat diesen Berg dem hl. Michael geweiht und schon früh darauf eine Kapelle gebaut. Der heutige Bau stammt von 1593. Bei den Hexen soll auch die Ehefrau des Grafen Peter von Lützelburg mitgewirkt haben. Zur Rettung ihrer Seele stiftete der Graf 1126 die Benediktinerabtei St. Johann drunten am Fuß des Michelsberges. Unterhalb des Plateaus liegt eine Felsenhöhle, bei der ein Grab in Form eines merowingischen Sarges in den Felsboden gehauen ist. Die Menschen scheinen damals kleiner als heute gewesen zu sein.

Sehr wahrscheinlich ist aber das vertiefte Rundell auf der Terrasse nichts weiter als ein Sitzplatz für die Pilger gewesen, vielleicht zum Füßewaschen, woran das Steintreppchen am Innenrand denken läßt.

Ein Rundgang, soweit es um das Felsplateau der Michaelskapelle möglich ist, sollte gemacht werden. Er zeigt eindrücklich ein Beispiel eines der charakteristischen Gipfelmassive der Sandsteinvogesen.

Unser nächstes Ziel ist das Langenthaler Kreuz (Croix de Langenthal, 403 m). Wir folgen dem Wegweiser Croix de Langenthal (blaues Rechteck) an der Pilgerwirtschaftshütte vorbei. Bald folgt auch ein Wegweiser: Stampflöcher, Rothlach, Rocher des Dames mit rotem Ring. Alle diese Punkte liegen an unserem Weg, so daß wir getrost auch der Häufung der Wegzeichen (roter Ring, blauer Ring, blaues Rechteck) folgen können. Wir gelangen in 20 Minuten ans Langenthaler Kreuz.

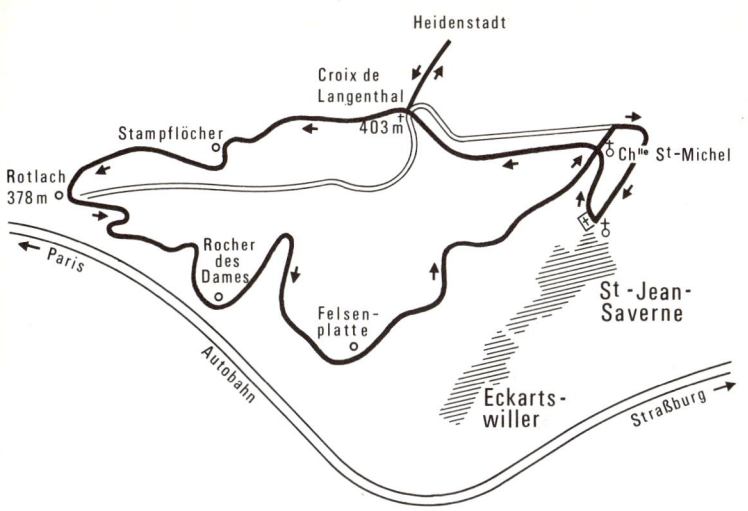

Dieser Punkt ist eine Wegkreuzung an der Fahrstraße, die unten von St-Jean-Saverne (St. Johann bei Zabern, im Unterschied von anderen Orten mit dem Namen St-Jean) kommt und über Rotlach nach Pfalzburg führt. Das steinerne Kreuz dort am Weg ist mit der Inschrift »A. Elrichsen 16...« (Zahl nicht mehr lesbar, Kreuz zum Teil verfallen) zur Erinnerung an einen mansfeldischen Offizier, der hier, wohl 1621, einem Meuchelmord zum Opfer fiel, versehen.

Von hier führt in 15 Minuten ein ebener Weg zur »Heidenstadt« (405 m), den Resten einer keltischen Fliehburg mit noch vorhandenen hohen Wällen. Wir statten diesem Relikt aus keltischer Zeit einen Besuch ab und kehren wieder zum Langenthaler Kreuz zurück. Wir haben vom Beginn der Wanderung bis hierher eine Stunde und 15 Minuten gebraucht.

Von jetzt ab folgen wir, um unser nächstes Ziel, die »Stampflöcher«, zu erreichen, dem Weg, der mit dem Wegweiser: Stampflöcher – Rotlach – Rocher des Dames (roter Ring) ausgestattet ist. Nach etwa 25 Minuten weist uns das Schild mit der oben genannten Bezeichnung und dem roten Ring links vom bisher benützten Waldfahrweg ab auf einen Fußpfad, der in wenigen Metern zu den Stampflöchern führt und damit zu einem merkwürdigen Phänomen:

Fast eben liegen da Felsplatten im Waldboden in einem Ausmaß von etwa 80 Quadratmetern, deren Oberfläche wahllos mit etwa 20 bis 30 cm tiefen runden Löchern von bis zu 50 cm Durchmesser, großen Waschschüsseln vergleichbar, besät ist. Man sieht deutlich an zwei Stellen eingehauene Verbindungs- oder Abflußkanäle. Diese Löcher dürften also von Menschenhand stammen. Was wurde da in diesen Löchern gestampft? Standen sie in Verbindung mit dem nur 50 Meter von ihnen entfernten Opferstein, zu dem ein Fußpfädchen führt? Das ist ein rund gehauener Stein, etwa in der Größe eines runden Brunnentrogs, aber innen nicht hohl, sondern mit einer sich schräg nach unten absenkenden Liegeplatte. An deren oberem Teil ist ein etwa 10 cm breiter und ebenso tiefer Rand gehauen. Die Zweckbestimmung dieses Kanals ist eindeutig. Die der Stampflöcher (cupules) ist zwar naheliegend, muß aber offen bleiben.

Wenn wir vor der Bank vor den Stampflöchern stehen, ist das Wegweiserschild für unser nächstes Ziel an dem etwa zehn Meter von ihr stehenden Baum angebracht: Rothlach, Rocher des Dames, St-Michel (bei letzterem Ziel ist nun unser Rückweg dorthin entlang dem südöstlichen und nordöstlichen Rand des Michelsbergmassivs gemeint) mit rotem Ring.

Rothlach ist ein Straßenkreuzungspunkt, früher von mehreren Waldfahrstraßen. Es sind starke Wegveränderungen dort vorgenommen worden, die im Zusammenhang mit dem Autobahnbau stehen dürften. Das einstige Hüttenidyll ist verloren gegangen. Der Punkt liegt dort, wo der Sandweg aufhört und die geteerte Straße beginnt. Dieser folgen wir nach links und finden nach etwa 300 Metern den Wegweiser Rocher des Dames, Mont St-Michel, Felsplatte mit rotem Ring. Wir überqueren die Straße und finden auf einem weiteren Teerweg das Schild mit dem roten Ring. Nach weiteren 300 Metern weist der rote Ring von dieser Sandstraße rechts weg in einen Fußpfad zum Rocher des Dames. Dem folgen wir an zwei Wegweisern vorbei, deren Beschriftung jetzt unerheblich ist, immer geradeaus, über eine kahlgeschlagene Fläche hinweg bis zu der von weitem erkennbaren Bank auf dem steil abfallenden Felsplateau Rocher des Dames. Dies ist ein hoch über dem Champagnertal liegendes Felsmassiv (282 m), das eine imposante Aussicht bietet. Tief drunten auf der Autobahn scheinen Spielzeugautos Wettrennen abzuhalten.

Wir kehren wieder zu den beiden erwähnten Wegweisern zurück und folgen jetzt dem Schild Mont St-Michel mit dem roten Ring. Der Pfad führt auf den vorhin verlassenen Sandfahrweg, auf dem wir rechts ab dem roten Ring folgen. Wir zweigen bei einem Grasweg ab. Der rote Ring befindet sich an der Tanne links.

Wir kommen alsbald zur Felsplatte (Roche Plate) mit der Aussicht hinunter auf Eckartswiller, gehen immer am Felsenkranz entlang über das Wildthal hinweg und gelangen in Kürze wieder an die Kapelle St-Michel zurück.

Zum Abstieg nach dem Dorf St-Jean benützen wir nun nicht die Treppe, auf der wir heraufgestiegen sind, sondern die Fahrstraße, die vom Langenthaler Kreuz herunterkommt. Dies deshalb, weil wir den mächtigen Felssockel, auf dem die Kapelle gebaut ist, von unten her sehen können.

Das Dorf St-Jean am Fuß des Michelsbergs hat seinen Namen von dem einst bedeutenden Kloster St. Johann, das Peter von Lützelburg zur Rettung der Seele seiner der Hexerei verfallenen Gemahlin gestiftet hat. Es stand da hart am Fuß des Michelsbergs an den grünen Hängen zur Zaberner Senke hinab eine alte, baufällige Kirche. Das Land um sie herum und reichen Waldbesitz schenkte der Lützelburger dem Frauenkloster St. Georgen im Schwarzwald und dazu das Geld zum Bau des von ihm gestifteten Klosters.

Ein Teil dieser alten Kirche wurde in den Bau der neuen und größeren Klosterkirche einbezogen. In zwei Baustufen zwischen 1127 und 1145 entstand, der idyllischen Lage am grünen Berghang inmitten von Obstbäumen und Reben wegen »St. Johann im Grünen« genannt, die Benediktinerinnen-Abtei, von der über Zerstörungen, Plünderungen, Revolution und Brände hinweg die heutige

Kirche verblieben ist. Auch wenn heute das Dorf, prosaischer als einst St-Jean-Saverne geheißen, bis hart an den einstigen Klosterbezirk herangewachsen ist, bietet sich dem Besucher noch ein Rest des früheren Idylls im Grünen. Das verträumte, fast selbstgenügsam breit und behäbig an den Hang gelagerte Kirchlein strömt noch immer die Ruhe klösterlicher Abgeschiedenheit aus, so als ob die Zeit hier stehen geblieben sei. St. Johann ist eine dreischiffige gewölbte Pfeilerbasilika von fünf Doppeljochen ohne Querhaus und mit drei Apsiden nebeneinander. Das Mittelschiff ist mit einem Kreuzrippengewölbe eingewölbt und gibt so ein überraschendes frühes elsässisches Beispiel der Form der Kreuzrippen, wie sie um diese Zeit (12. Jahrhundert) in Nordfrankreich, zum Beispiel in der Kathedrale von Beauvais, verbreitet waren. Die Seitenschiffe sind schlichter mit derben Gurtbogen gewölbt.

Der quadratische Turm mit der Barockhaube und Laterne ist 1733 erstellt worden. Man muß sich die zwei ursprünglichen romanischen Türme etwa wie die der Adelphikirche in Neuweiler (bei Zabern) vorstellen.

Die Kirche birgt noch zehn Wandteppiche, zum Teil nur noch in Teilstücken erhalten, aus dem 15. und Anfang des 16. Jahrhunderts Man wende sich wegen deren Besichtigung an das Pfarrhaus. Sie sind allerdings nicht so interessant wie die Wandteppiche in der Sebastianskrypta von St. Peter und Paul in Neuweiler, die ein Thema fortlaufend in vier großen Wandteppichen schildern, nämlich die Adelphilegende in Verbindung mit den geschichtlichen Personen aus der Zeit der Stiftung (1506). Die treffendste Charakterisierung von St. Johann im Grünen gibt Rudolf Kautzsch in »Der Romanische Kirchenbau im Elsaß«: »Die Kirche hat ihren eigenen Reiz. Die derbe Gediegenheit, ja eine gewisse Unbeholfenheit des inneren Aufbaus, die geradezu zyklopische Wucht der Seitenschiffe, die volkstümliche Pracht der großen Apsis, das alles wirkt eigentümlich anziehend. In St. Johann im Grünen weht eine andere Luft als in Murbach. Dort eine tadellose Exaktheit, eine vornehm strenge und doch wieder reiche, elegante Architektur, ein vergeistigter Raum, hier alles schwer, körperlich nah, irdisch beschaulich.«

Verlassen wir St. Johann nicht, ohne einen Gang um die Kirche herum zu den herrlichen Apsiden zu machen (Zugang durch die Holztür links vom Turm). Zwei Bestien auf dem Gesims des Mittelfensters der Hauptapsis glotzen mit gutmütig-dummdreistem Blick neugierig auf uns herunter, als könnten sie nicht verstehen, was es da zu schauen gibt, wo sich seit 700 Jahren hier nichts verändert hat. Wir aber freuen uns, daß dem so ist, und versprechen St. Johann im Grünen, daß dies nicht unser letzter Besuch gewesen sein wird. *Frühling und Herbst*

35 Die Weißen Felsen

Aufstieg:
Parkplatz am Gouttybach – Forellenbach – Bipierre – Tête de Bipierre – Tête des Blanches Roches, 2 Stunden.

Abstieg:
Tête des Blanches Roches – Roche (Pierre) à cupules – Wegweiser 3,3 km zur Chatte Pendue – eingezäunter Kahlschlag – Blockhütte – Parkplatz, 3 Stunden.

Gesamtzeit der Wanderung 5 Stunden.
Höhenunterschied 500 bis 918 Meter.
Karte des Vogesenclubs Blatt Mont Ste-Odile, Vallée de La Bruche.

Auf der Wanderung zur Chatte Pendue (Katzenstein) 900 m (s. S. 142) kamen wir an jene Stelle, wo sich der vordere, östliche Vogesenkamm, der von Molsheim über das Hochfeld, den Climont, den Roßberg bis hinunter zum Elsässer Belchen läuft, dem westlichen, der vom Donon in Richtung Epinal zieht, zwischen dem Solamont und dem Climont im Quellgebiet der Breusch bei Saales auf das Engste, nämlich weniger als 20 km, nähert.
Dieser westliche Kamm, auf dem dort die alte deutsch-französische Grenze von 1871 verlief, der sogenannte Frankfurter Kamm, bietet mit seiner Höhenlage von durchschnittlich 900 Metern und den zahlreichen Felsengipfeln ein lohnendes Wanderziel. Wir wollen heute zu einigen dieser aneinandergereihten Gipfel aufsteigen: Bipierre (Zwei-Fels), 862 m; Tête de Bipierre (Bipierre-Spitze), 905 m; Tête des Blanches Roches (Weiße Felsenspitze) 918 m; und schließlich noch zum Pierre à cupules 910 m. Wir bewegen uns damit auf dem Kamm, der das unermeßliche Waldgebiet zu beiden Seiten des Flüßchens Rabodeau nach Osten hin abschließt, das hinab nach Senones fließt und in die Meurthe mündet. Ein alter Holztransportweg, die »Waldbahn«, der vom Gouttybachtal südlich von Grandfontaine in weiten Schlingen hinüber ins Tal von Senones zieht, wie das Tälchen des Rabodeauflusses auch heißt, erschloß dieses Waldgebiet der Holzwirtschaft. Wir fahren das Breuschtal hinauf über Schirmeck in Richtung Dononpaß (Col du Donon). Wenn wir das Dorf Wackenbach hinter Schirmeck durchfahren haben, steht links an der Autostraße eine alte Fabrik mit hohem Schornstein. Kurz danach, bevor man das Dorf Grandfontaine erreicht, zweigt links von der Straße ein Nebensträßchen ab mit der Beschilderung Salm, Haut-Fourneau. Dieser Abzweigung folgen wir. Sie führt durch Streusiedlungen, die noch zu Grandfontaine gehören, hinduch in das reizende, einsame Tälchen des Gouttybachs am Kuckucksee vorbei hinauf nach Salm. Aber so weit fahren wir nicht. Vielmehr stellen wir den Wagen dort ab, wo, etwa einen Kilometer nach den letzten Häusern von Grandfontaine, die Waldstraße eine große Linksbiegung macht und ein weniger benütztes Stück Fahrweg das so gebildete Halbrund kerzengerade durchschneidet. Zwischen den beiden Wegstücken liegt ein Grünstreifen, der gegen die Fahrstraße mit einem Holzzaun abgeschirmt ist.
Dort beginnt auch gleich unser Wanderpfad: Zwischen dem Baum Nr. 21 und 26,

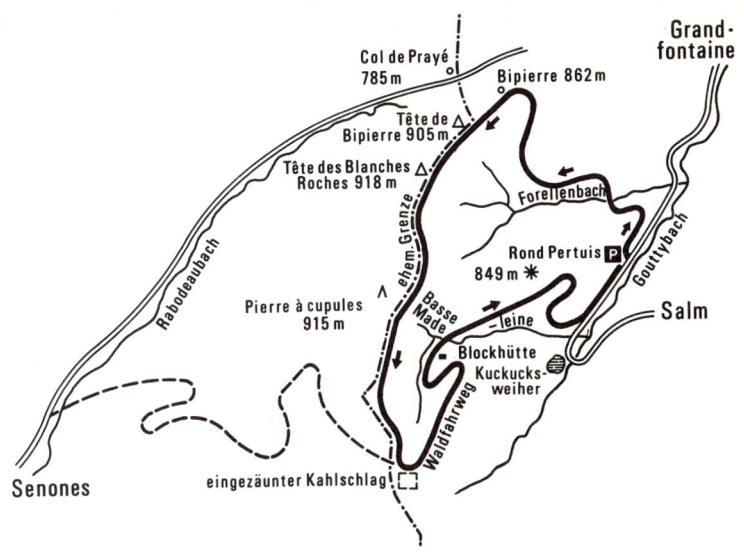

die beide mit einem gelben Dreieck und einem blauen Kreuz versehen sind, steigen wir das Pfädchen hinauf, überqueren den Waldfahrweg und folgen nun längere Zeit den beiden genannten Markierungen. Man muß bei der heutigen Wanderung dem Vogesenclub ein Lob spenden: die Wegmarkierung ist erneuert worden und ist zuverlässig.

Wenn das Fußpfädchen alsbald auf eine Waldfahrstraße trifft, die dort zu einem Holzlagerplatz ausgeweitet ist, wenden wir uns links der Fahrstraße hinauf. Unsere beiden Zeichen sind alsbald rechts an einer Tanne angebracht. Etwa 300 Meter folgen wir der Waldfahrstraße, bis ein Fußpfädchen, mit unseren beiden Zeichen markiert, rechts abgeht. Es bringt uns in das Tälchen des Forellenbachs (Ruissau de la Truite), überquert den Bach auf einem Baumstammbrückchen, schneidet die auf dem linken Ufer hochziehende Waldfahrstraße und setzt sich über dieser fort mit dem Wegweiserschild: Bipierre, Col de Prayé 1½ Stunden. Nach ca. 50 Metern kommt eine Wegteilung: Bipierre gelbes Dreieck, Col de Prayé blaues Kreuz.

Wir folgen der Wegmarkierung Bipierre gelbes Dreieck. Der Fußpfad zieht gemächlich links den Hang hinauf und bringt uns in ein Seitentälchen des Forellenbachs. Es geht jetzt stetig leicht hoch, das Bächlein rauscht links unter uns und spendet angenehme Kühle, das Tälchen wird eng und enger und läßt drüben auf der gegenüberliegenden Seite steile Hänge sehen. Baumruinen liegen herum, Felsgeröll ist allenthalben verteilt. Ein romantischer Wald.

Das Fußpfädchen trifft auf einen Waldfahrweg und setzt sich auf der anderen Seite fort. Das gelbe Dreieck führt sicher dem Bächlein entlang in bequemen Serpentinen hinauf. Die Felsen sind mehr und mehr von Moos überzogen, der

Pfad wird sumpfig. Das darf uns nicht stören, es hört bald auf. Der Fußpfad zeigt leicht alpinen Charakter, trifft wieder auf einen Waldweg, zieht rechts hinüber und links hinauf. Das gelbe Dreieck begleitet uns immer.

Alsbald kommt von oben vom umwaldeten Berggipfel herab ein Graben. Diesen müssen wir hinaufsteigen, die dreimal sich wiederholenden gelben Dreiecke beachtend. Ein kurzer breiter Anstieg bringt uns an den mächtigen Felsen des Bipierre (882 m).

Wir haben von unserem Ausgangspunkt bis hierher 1 Stunde und 30 Minuten gebraucht. Die Zeitangabe auf dem Wegweiser unten am Forellenbach mit derselben Zeit war also reichlich bemessen.

Von der Felsplatte des Bipierre hat man, allerdings durch Baumwuchs etwas beeinträchtigt, eine herrliche Aussicht auf die Berge des Breuschtals, den Großen und Kleinen Donon, Mutzigfels, Narion, im Osten den Heidenkopf mit Turm, das Hochfeld mit Turm, im Südosten den Climont. Drunten in der Nähe liegen auf grünen Wiesen die weit verstreuten Häuser des Örtchens Salm, rechts darüber die im Wald verdeckte Ruine Salm, dahinter die Waldspitze der Chatte Pendue. Wir bleiben nun auf dem erreichten Kamm, auf dem die alte Grenze, markiert mit Grenzsteinen (auf der einen Seite F = Frankreich, auf der anderen Seite D = Deutschland) verlief. Etwa 50 Meter hinter dem Fels Bipierre kommt ein Schild: Standort Bipierre, hier nun mit 862 Meter Höhe bezeichnet, rechts ab zum Col de Prayé, links auf dem Kamm weiter zur Tête de Bipierre, markiert mit einem blauen Kreis, dem wir nun in Richtung Tête de Bipierre folgen. Die Abzweigung mit dem blauen Kreuz zur Chatte Pendue lassen wir unbeachtet, weil sie uns vom Kamm hinunterführt.

Wenn man zum ersten Grenzstein beim Baum Nr. 40 kommt, ist das Wegzeichen auf die Oberfläche des vor diesem Grenzstein stehenden Steins gemalt: links abbiegen! Alsbald stehen wir auf der Tête de Bipierre (905 m). Auch hier ist die Aussicht durch Baumwuchs beschränkt.

Wir folgen dem Pfad durch immer bizarrer werdenden Tannenwald weiter der Grenzmarkierung entlang, an die sich auch der blau-weiße Kreis hält. Beim Baum Nr. 37 führt der Kreis, auf einen Felsen gemalt, zu einer Waldschneise, die entlang der Grenze führt. Alle 100 Meter ist diese mit zwei Steinen gekennzeichnet. Da und dort lassen Lücken im vom Wind arg zerzausten Wald herrliche Ausblicke zu. Der Pfad führt immer unmittelbar den Hang entlang. Beim Grenzstein 2155 (die Nummern sind nicht mehr auf allen Steinen erhalten) geht man auf die Kammhöhe. Der blau-weiße Kreis folgt gleich zweimal und führt zu einer eben zerstreuten Felsgruppe. Dahinter steht die Standortbezeichnung Tête des Blanches Roches, 918 m.

Wir haben vom Bipierre bis hierher eine halbe Stunde gebraucht, haben also die Tête des Blanches Roches in 2 Stunden erreicht. Warum dieser Punkt Weiße-Felsen-Spitze heißt, ist nicht ersichtlich. Vielleicht erscheint dieses Felsmassiv von unten, vom Tal her gesehen, weiß. Auch hier ist die Aussicht durch den Baumwuchs hindurch beschränkt, es sei denn, daß man auf die hinausragenden Felsplatten (mit Vorsicht) tritt.

Von der Tête des Blanches Roches folgen wir nun der Wegmarkierung mit dem blauen Kreis weiter durch eine kerzengerade Waldschneise, in der zudem die flankierenden Tannen noch mit weißen Querstreifen versehen sind. Wir treffen leicht abwärts gehend nach kurzer Zeit auf einen rund um die Bergkuppe führenden Waldfahrweg, wo sich mehrere Wege kreuzen. Dort sind einige Wegweiser angebracht, wobei für uns maßgebend ist: Roches à cupules, Chatte Pendue, roter Punkt. Unser Weg ist also der von der Schneise aus gesehen links leicht abwärts gehende breite Fahrweg, an dem gleich zweimal der rote Punkt an Bäumen angebracht ist.

Nach etwa 500 Metern verlassen wir den Waldfahrweg und folgen dem Fußpfad, der uns zur Kammhöhe bringt und mit dem roten Punkt an der letzten Tanne zu einer weiten Lichtung mit Jungwuchs, durch den der Pfad zu einem Gipfel führt, auf dem Wettertannen in den Horizont ragen. Jetzt bietet sich eine herrliche freie Aussicht eine längere Strecke hindurch hinüber auf den Donon mit seiner Fernsehspitze und seinen Nachbarbergen. Wir erreichen auf dem Gipfel den Punkt, der vorhin auf dem Wegweiser mit Roches à cupules bezeichnet war. Eine einige Meter lange vierkantige Steinsäule liegt am Boden unmittelbar vor einem Grenzstein und trägt ein offenbar auf den Grenzverlauf ausgerichtetes eingemeißeltes Kreuz. Lag der Stein immer so? Ist er nicht eher einmal aufrecht in die Höhe gestanden? Sachverständige Frühgeschichtler müßten klären, ob es sich hier nicht um einen umgestürzten Spindelstein (Menhir) aus der Keltischen Zeit handelt. Denn die Nähe der Pierres à cupules einige Meter davon ist auffallend. Da sind mehrere mächtige, zwischen einem und zwei Meter hohe Felsblöcke mit Oberflächen von mehreren Quadratmetern, die wieder die merkwürdige runden Löcher aufweisen, die wir bei der Wanderung in den Wäldern von St-Jean bei Zabern (s. S. 170) bei jenem keltischen Opferstein auf dem Weg zwischen dem Langenthaler Kreuz und Rothlach gefunden haben. Jene Felslöcher trugen den Namen »Stampflöcher« und gaben in der Nähe des Opfersteins zu gewissen Vermutungen Anlaß. Hier diese Felslöcher heißen französisch Pierres à cupules. La cupule bedeutet das Schälchen, das Näpfchen. Auch hier finden wir wenigstens an einer Stelle einen künstlich gehauenen Auslauf von einem Loch zur Erde. Dieser Ort wäre des frühgeschichtlichen Untersuchens wert. Im übrigen besagt ein Schild hier oben, daß der Kamm »Hautes Chaumes« heißt, also Hochweiden. Das deutet doch wohl an, daß dieser Kamm, einst unbewaldet, als Weide diente (s. auf der Carte de France ganz in der Nähe »Ruines de la Marcairerie« = Sennerei!). Aber wohl ist diesem Wald hier oben nicht. Die Stürme zerschlagen ihn arg und er sieht aus, als ob gerade ein Artilleriefeuer des 1. Weltkrieges darüber getobt habe. Die Bäume stehen als weiß gebleichte Gerippe klagend in den Himmel, und wenn ein Gedicht Klopstocks vom »geschmetterten« Wald spricht, hier oben läßt die wilde Bergnatur ihre Gewalten ahnen. Drunten in der Tiefe, geschützt durch diesen Kamm gegen die Nord- und Weststürme, wogen unendliche Wälder, und so weit das Auge reicht, scharen sich grünbewaldete Gipfel und Bergrücken aneinander. Der Gang hier herauf wird reich belohnt.

Wir gehen weiter und kommen an eine Stelle, wo ein Wegweiser eine Entfernung von noch 3,3 Kilometern zur Chatte Pendue mit rotem Punkt ankündigt. Wir haben bis hierher von der Tête des Blanches Roches 1 Stunde und 30 Minuten gebraucht. Wir sind also jetzt 3^{1}/$_{2}$ Stunden unterwegs. Es ist Zeit zum Abstieg, denn unser Ausgangspunkt, wo der Wagen steht, liegt weit westlich von der Chatte Pendue.

Wir verlassen also jetzt den mit dem roten Punkt ausgezeichneten Weg und steigen auf dem links unmittelbar unter dem eben genannten Wegweiserschild hinabziehenden Waldfahrweg, der einen großen Kahlschlag durchzieht, hinab ins Tal. Wir haben bei diesem Kahlschlag noch einmal einen herrlichen Ausblick nach Norden.

Wir folgen nun dem Talweg hinab immer in seinen Schlingen hinunter in das Tal des tief eingeschnittenen Baches Madeleine (daher la Basse Madeleine), vorbei an einer Blockhütte, die wir rechts liegen lassen, immer den Kehren des breiten Waldfahrweges nach, der uns durch herrliche, kühle Wälder nach einer Wanderzeit von 1 Stunde und 30 Minuten auf die Fahrstraße Grandfontaine – Haut-Fourneau – Salm bringt. Dort, wo hinter einer Telegrafenstange ein farbiges Warnschild »Attention Feu« gegen Waldbrände steht und dahinter das etwas verblichene Schild »Salm«, treffen wir auf die Straße, auf der wir 500 Meter talabwärts unseren Wagen abgestellt haben.

Die Gesamtzeit der Wanderung beträgt runde 5 Stunden. Die Wanderung ist trotz des Absteigens auf die Kammhöhe von 900 Metern mühelos, weil der Anstieg auf die Bipierre, wo wir schon 882 Meter erreicht haben, dank der vernünftigen Wegführung ohne besondere Anstrengung zu bewältigen ist. Sommer

36 Lac de la Maix

Aufstieg:
Col du Donon – Col de Prayé – Chemin des Bannes – Haut du Bon Dieu – Lac de la Maix, 2 Stunden 45 Minuten.

Abstieg:
Lac de la Maix – Südweg zum Refuge de Prayé – Col de Prayé – Etoile de Minières – Etoile – Col du Donon, 2 Stunden 15 Minuten.

Gesamtzeit der Wanderung, 5 Stunden.
Höhenunterschied unbedeutend.
Karte des Vogesenclubs Blatt Mont Ste-Odile, Valleé de La Bruche.

Noch einmal soll uns der Weg in das Gebiet der weiten Wälder führen, die die alte deutsch-französische Grenze von 1871 südlich des Donon vom Col de Prayé zur Chatte Pendue hin zerschnitt. Ein Blick auf die Karte (Vogesenclubkarte, siehe oben) zeigt zwischen der Breusch südlich von Schirmeck und dem Fluß Rabodeau, nördlich von Senones, eine handgroße grüne Insel, die keinerlei menschliche Besiedlung aufweist. Sie setzt sich noch über das Tal des Rabodeau hinweg nach Nordwesten bis zum Tal der Plaine fort, durch das die Paßstraße vom Donon herab über Vexaincourt nach Lunéville zieht. Les Bois Sauvages, die wilden Wälder, heißt zwischen dem Rabodeau und der Plaine das Waldgebiet, durch das das Flüßchen la Maix de Plaine zueilt. Mitten in diesem Gebiet, das eine Höhenlage zwischen 900 und 700 Metern aufweist, liegt der Lac de la Maix (663 m) in einer vielleicht in der Glaziärzeit durch Schnee-Einwirkung entstandenen Mulde, ein einsames smaragdgrünes Auge inmitten der unendlichen Wälder.

Dieser See sei unser heutiges Ziel. Wir stellen den Wagen am Dononsattel (Col du Donon), 738 m, erreichbar über Schirmeck, ab und treten westlich vom Hotel du

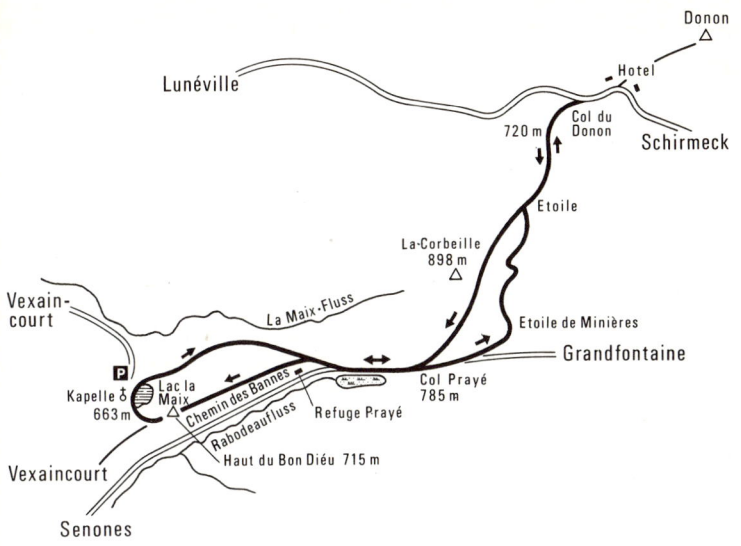

Donon, linker Hand der Straße, in den Wald ein. Wir befinden uns damit gleich auf dem Weg zum Col de Prayé, 785 m, unserem nächsten Ziel, ausgezeichnet mit dem blauen Kreuz (Weg 4b). Es ist ein eben verlaufender Waldfahrweg, ungeteert, der uns bald zu einer Wegkreuzung bringt, Etoile (Stern) genannt, 715 m hoch. Dort steht ein Denkmalstein mit einer Tafel, deren Inschrift an die Kämpfe von 1940 erinnert.

Links von diesem Stein führt unser Weg mit dem blauen Kreuz weiter, zunächst noch eine Weile eben, bis er ansteigt. Wir sind dann am Osthang des Berges La Corbeille, 898 m, angekommen. Wo der Weg sich teilt, blickt rechts vom steilen Hang ein großer verlassener, in den natürlichen Fels eingebauter Unterstand aus der Zeit des Ersten Weltkriegs, wo die Front hier verlief, mit seinen Schießscharten drohend auf uns herab. Wir halten links; das blaue Kreuz ist links an einer Tanne und gleich wieder rechts an einer Tanne. Die Wegmarkierung ist heute gut. Bei einer weiteren Wegteilung gehen wir links den ebenen Pfad, das blaue Kreuz ist an der Tanne links und gleich an einer Buche rechts. Kurz danach lichtet sich der Wald und gibt nach links die Sicht frei auf das in der Sonne weiß leuchtende Denkmal des Struthofes und auf den Champ du Feu (Hochfeld) mit seinem Turm. Der Pfad biegt jetzt nach links hinüber, und schon haben wir den Col de Prayé, 785 m, erreicht, vom Col du Donon ab in einer Stunde und 15 Minuten. Der Col de Prayé (Prayé-Sattel) ist eine Wegkreuzung mit einem größeren Waldplatz.

Wir verlassen jetzt die Markierung blaues Kreuz. Denn diese führt auf den Bipierre, 882 m. Wir bleiben nun ein kurzes Stück auf der von hier ab geteerten Fahrstraße, die kerzengerade eben und dann weiter im Tal des Rabodeau hinab nach

Senones zieht. Senones und das benachbarte Moyenmoutier waren alte Abteisitze, weshalb das Rabodeautal auch Valleé des Abbayes heißt.
Unser Wegzeichen ist von nun ab das gelbe Dreieck, das gleich an einer Tanne und nochmals 30 Meter weiter erscheint. Links von der Straße zieht sich ein fast ebenes Gelände, das Bett eines großen ausgetrockneten einstigen Sees hin, an dessen westlichem Ende die Quelle des Flüßchens Rabodeau liegt.
Wir erreichen in einer starken Viertelstunde das rechts am Weg gelegene ehemalige Forsthaus Prayé, 766 m, ein lange Zeit verwahrlostes Steingebäude, das als Refuge auf der Karte verzeichnet ist. Es befindet sich eben im Wiederaufbau. Kurz vor diesem Steingebäude steht rechts am Weg eine Tannengruppe, wo mehrere Wegweiserschilder angebracht sind. Für uns ist maßgebend der Wegweiser Chemin du Bannes, gelbes Dreieck, rechts leicht hoch. La banne heißt die Plane, Wagendecke, aber auch der Kohlenkorb, und unser Weg hat seinen Namen daher, weil man früher auf ihm die Holzkohlen transportierte, die zur Eisenverhüttung in der unmittelbaren Nachbarschaft benötigt wurden. Einige Ortsbezeichnungen auf der Karte deuten dies noch an. Wenige Kilometer vom Col de Prayé entfernt heißt die Wegkreuzung auf der Höhe 770 noch heute Etoile de Minières und erinnert an einstige Erzgruben (minières). Weiter nördlich davon heißt das von Grandfontaine steil hochziehende Tal auf der Höhe »Les Minières«. Drunten im Gouttybachtälchen hat sich noch die Ortsbezeichnung »Haut-Forneau« (Hochofen) erhalten. Wir folgen dem Chemin des Bannes mit dem gelben Dreieck, der bald von einer neu angelegten Sandfahrstraße überquert wird. Auf dieser bleiben wir links haltend ein kurzes Stück, bis von hinten her eine zweite Sandfahrstraße heraufkommt und sich mit der ersten vereinigt. An dieser Stelle geht linker Hand der Chemin des Bannes wieder in den Wald hinein. Ein fast verblichenes gelbes Dreieck an einer Tanne ist dort zu beachten, gegenüber dem Baum Nr. 22, der seine Nummer allerdings von der Straße nach dem Wald zu abkehrt.
Wir bleiben nun immer geradeaus und kommen an einer Lichtung vorbei, an deren Rand der nun als Grasweg erscheinende Chemin des Bannes verläuft. Rechts von uns liegt auf der Hochebene ein riesiger Kahlschlag, dessen weißgraue Baumstumpföde von gerade beginnendem Jungwuchs belebt wird.
Nach wenigen Minuten erreichen wir einen großen Wegkreuzungsplatz. Der Punkt heißt »Haut du Bon Dieu«, die Liebgott-Höhe, 715 m, gleichzeitig ein großer Wendeplatz für Holzfuhrwerke. Auf einem Hügelchen am linken Rand des Platzes steht, im Baumwuchs fast versteckt, ein altes steingemauertes Nischenhäuschen, in dem ein Kruzifix dem Wanderer den Namen des Ortes deutet. Es war früher Ziel der Fronleichnamsprozession. Rechts am Platz fällt der Hang steil hinab in die Tiefe, aus der man durch die Bäume den Spiegel des Sees La Maix blinken sieht. Ein Wegweiserschild kündet noch eine Entfernung von 0,9 km hinab zum See an, dem Weg nach Vexaincourt mit dem roten Dreieck folgend, die breite Sandfahrstraße abwärts bis zur Kehre, und dann rechts hinab in die Seemulde. Den Steilabstieg vor der Liebgott-Höhe zum See benützen wir nicht.
Dort empfängt uns gleichsam als Wächter des Sees die uralte Wallfahrtsstätte über dem See, 1090 von Bischof Pibon von Toul gegründet, ursprünglich eine Kirche viel größeren Ausmaßes als die heute aus dem 19. Jahrhundert stammende kleine Kapelle. Wenn man auf dem Kapellenplatz umhergeht, kann man noch die guterhaltenen Mauerreste der alten Fundamente sehen, und bis hinunter zum

fast 100 Meter tiefer gelegenen Seeufer liegen noch alte Bausteine, zum Teil mit Ornamenten versehen, herum. Eine durch Eingreifen des Vogesenclubs vor dem Einsturz bewahrte Krypta (hinter dem Kapellenchor) ist mit den Mauerresten noch letzter Zeuge der einstigen Herrlichkeit. Im Giebel über dem Portal der Kapelle ist eine Steinskulptur (leider sehr verwittert, wohl eine Tierdarstellung) aus dem alten Bestand eingemauert. Links vom Portal der Kapelle steht ein fränkischer Steinsarkophag, über dessen Herkunft nichts zu finden ist. Von der Bergplatte, auf der die Kapelle steht, führt eine aus den alten Steinresten gemauerte Treppe hinab zum See, um den ein Rundweg geht.

Wir haben vom Col de Prayé bis hierher eine Stunde und 30 Minuten gebraucht, von unserem Ausgangspunkt Col du Donon also insgesamt 2 Stunden und 45 Minuten.

Wir lassen uns in der beschaulichen Stille am Ufer des Sees nieder. Er ist wohlweislich vom Autoverkehr abgeschirmt. Eine neue Fahrstraße vom Tal des Flüßchens La Maix herauf mündet in einen Parkplatz, der wohl 50 Meter tiefer unter der Seemulde liegt und nur über eine Treppe den Zugang zum See offen läßt. Man muß dafür der französischen Forstverwaltung, die das Ende des Fahrwegs, der bis an den See reicht, mit großen Sandsteinquadern abgesperrt hat, ein großes Lob aussprechen, ebenso für die peinliche Sauberkeit um den See herum, gefördert durch allenthalben unaufdringlich aufgestellte Papierkörbe, die von den Seebesuchern auch angenommen werden. So ist der Lac de la Maix eine Oase der Ruhe und ein Idyll inmitten weiter Wälder.

Die Sage erzählt – und welcher See in den Bergen wüßte nicht irgend etwas von sich zu berichten –, die Seemulde sei einst eine grüne Wiese gewesen, auf der das junge Volk, wenn es die alte Kirche besucht hatte und zur Höhe des Lieben Gottes hinauf gewallfahrtet war, sich am fröhlichen Tanz erfreute. Eines Tages habe ein fremder Spielmann so betörend und verführerisch zum Tanz aufgespielt, daß das junge Volk darob den mahnenden Ruf des Glöckleins der Kirche überhörte und den Gang zu den heiligen Stätten versäumte. Da stürzte die Wiese unter den Füßen der Tanzenden ein, und die Tiefe verschlang das eben noch lustige Volk. Das Grauen des Geschehens wurde vom kreischenden Gefiedel des Spielmanns übertönt. Er war der Böse gewesen. Keiner hatte unter der schlampernden Hose den Bocksfuß bemerkt. Wo die Wiese blühte, spiegelt sich seit dort das unergründliche Wasser des Sees. Aber von Zeit zu Zeit soll aus seinem Grund noch ein Klagen ertönen, das der Wind hinauf zur Höhe des Lieben Gottes trägt. Und aus den Dörfern am Rand der einstigen Klosterwälder der Abteien von Senones und Moyenmoutier um die Flüsse Rabodeau und la Maix trug man noch lange Zeit die Leichen ungetauft gestorbener Neugeborener hinauf zur Kapelle, wo Engel sie des Nachts mit dem Wasser des blaugrünen Sees tauften und die kleinen Gebeine in seinen tiefen Grund zur ewigen Ruhe versenkten.

Ein leiser Wind treibt kräuselnde Wellen auf der Oberfläche des Sees dahin. Er gibt sein Geheimnis nicht preis. Und ewig singen die Wälder.

Am See, und zwar auf der Seite, wo es hinab zum Parkplatz geht, steht eine Tafel mit mehreren Zielen und Markierungen. Für uns maßgebend zur Rückkehr zum Col de Prayé ist der Weg, der mit dem roten Kreuz markiert ist. Wenn wir vor der Tafel mit dem Blick zu ihr stehen, müssen wir links halten und finden nach wenigen Schritten bei der Absperrung den rechts leicht hochgehenden Fußpfad, auf der Vogesenclubkarte mit 4a bezeichnet. Der Weg ist neu gezeichnet und führt in einer starken halben Stunde zum Refuge de Prayé und bringt uns damit wieder in einer weiteren Viertelstunde zum Col de Prayé. Um nun vom Col de Prayé nicht wieder den mit blauem Kreuz gezeichneten Weg am Osthang des Berges La Corbeille zurückgehen zu müssen, nehmen wir den vom Col leicht abwärts ziehenden, breiten ungeteerten Waldfahrweg, immer links haltend, der uns nach etwa 1,5 km zu einer Wegkreuzung bringt, auf der Karte, aber nicht in der Natur als Etoile de Minerès, 770 m, bezeichnet. Dort nehmen wir den breiten links hinausführenden Waldfahrweg, der uns in einer halben Stunde zum Etoile führt, wo wir morgens den Denkmalstein gesehen haben. Von dort aus geht dann derselbe Weg, den wir gekommen sind, zum Col du Donon zurück. Wir haben für den Rückweg vom See 2 Stunden und 15 Minuten gebraucht. Die gesamte Wanderung benötigt ohne Aufenthalt am See 5 Stunden.

Bevor wir uns zur Rückfahrt dem Rhein zuwenden, wollen wir, wenn wir schon in den Wäldern der alten Abteien gewandert sind, wenigstens eines der beiden Städtchen, die Sitz der bedeutenden Vogesenklöster gewesen sind, besuchen, und zwar das wichtigere Senones, um dort aufzuspüren, was von der älteren Zeit noch verblieb.

Wir fahren vom Col du Donon nach Westen in Richtung Lunéville das Tal der Plaine hinab, biegen in Raon l'Etape links ab und erreichen in wenigen Kilometern das östlich davon gelegene Moyenmoutier und gleich danach Senones, ab Donon rund 40 km.

In Senones, heute ein Städtchen von 5000 Einwohnern ist um die 640 n. Chr. die gegründete Benediktinerabtei entstanden, die ihre letze Blütezeit unter dem Abt Dom Calmet (1672-1757) erlebte. Er hat durch grundlegende Reformen die Abtei zu einem Zentrum der »Wissenschaft und Weisheit« gemacht, das 1754 sogar Voltaire für einige Zeit anzog. Das barocke Grabmal Dom Calmets ist daher eines der Prunkstücke in der Kirche von Senones, leider etwas in Dunkel, links vom Eingang unter der Orgelempore stehend, wie die ganze Kirche als solche dringend der Hand des Restaurators bedürfte, wenn Feuchtigkeitsschäden Einhalt geboten werden soll. Rechts vom Portal der Kirche ist mit dem Kreuzgang abschließend ein Durchgangsbogentor zum ehemaligen Klostergarten, den barocke Bauten umrahmen, die heute als Fabriken dienen. Von diesen Torbogen geht es rechts in ein sehr schönes Treppenhaus, das zu den einstigen Gemächern Dom Calmets und Voltaires führt. Das Treppenhaus ist als kleines ortsgeschichtliches Museum ausgestattet und zeigt u. a. eine Kopie des interessanten Stadtgrundrisses von Senones im 18. Jahrhundert, den wir im Original in der Kirche bei dem Grabmal Dom Calmets sahen. Er führt uns eine angesichts der damaligen, fast kuriosen Herrschaftsgemeinschaft zwischen dem Kloster und dem weltlichen Fürstentum Salm-Salm verblüffende klare Stadteinteilung aus einer Bauzeit vor, die noch heute beibehalten ist.

In der Mitte die Gebäude der kommunalen Verwaltung des Städtchens, vor allem die Mairie mit dem Arkadendurchgang auf weitem Platz, links davon die Abteikirche mit den Klostergebäuden und -gärten, rechts von der Mairie der fürstlich Salmsche Bezirk mit Schloß, Verwaltungsgebäuden und Schloßgarten, zugänglich durch ein breites Torgebäude. Das alles steht noch heute, wenn auch die fürstlichen und klösterlichen Gebäude anderen Zwecken als ehemals dienen, und zeigt, daß geistliche und fürstliche Herrschaft in langer Tradition mit den Bürgern von Senones in beneidenswerter Harmonie gelebt haben. Glücklich der

Architekt, der diese Harmonie großzügig in Stein bannen durfte, und bewundernswert zugleich das Geschick, ja die hohe Kunst, mit der sie im Stadtbild von Senones zur Darstellung brachte.
Wie kam es zu dieser Doppelherrschaft? Im Jahr 1111 bedurfte die Abtei weltlichen Schutzes. Sie wandte sich an die Grafen von Salm (Niedersalm im Moselgau). Auf die verwickelte Genealogie der Salm soll hier nicht eingegangen werden, aber nicht weit von Senones am Rande des Breuschtales liegt die Ruine der mittelalterlichen Burg Salm (Ober- oder Vogesensalm s. S. 143). Der Sohn des Gegenkönigs Heinrichs IV., Hermann I. von Salm-Luxemburg (1081-1084), Hermann II. übernahm die Schirmherrschaft der Abtei, und damit saßen die Salm in Senones und gaben mit Burg und Mauern dem Kloster und der Stadt Schutz. So entstand das Fürstentum Salm-Salm zu Senones. Als die Macht des Herzogs von Lothringen wuchs, wurde 1736 zwischen den Salm, dem Kloster und dem Herzog ein Vertrag geschlossen, der den Bestand des Fürstentums garantierte. Neue Gefahr wuchs herauf, als der polnische Schwiegersohn Ludwigs XV., der vertriebene Polenkönig Stanislaus Lesczinski, Herzog von Lothringen wurde. Der Vertrag von Paris sicherte 1751 Salm-Salm wiederum den Bestand, und noch eine Weile lebte man in Senones an der Grenze zwischen Frankreich und Deutschland unter gemeinsamer Herrschaft von Fürst und Abt in Frieden und Wohlstand. Doch die Jakobiner machten wie manchem anderen auch diesem Idyll ein Ende. Aber mit fliegenden Fahnen, wie es das Denkmal im Schloßhof glauben machen will, ging die Vereinigung der Fürst-Abtei-Herrschaft Senones mit der einzigen und unteilbaren Republik nicht vonstatten. Eine Hungerblockade, vom Nationalconvent in Paris im Winter 1792 verhängt, mußte die Bürger von Senones erst mürbe machen, bis sie nach dem Anschluß an die Republik riefen. Das war das Ende der Principauté Salm-Salm und zugleich der Abtei. Aber ausgelöscht in den Herzen der Bürger von Senones sind beide nicht. Dom Calmet und die Fürsten von Salm haben ihr Grabmal in der Abteikirche, und von der einstigen 60-Mann-Armee der Salm-Salm zeugt noch die Bürgergarde von Senones, die alljährlich im Juli, wie dann große Plakate mit 2 Salmgardisten an den Ortseingängen verkünden, ihr Bürgergardenfest feiert. Zu ihm kommt als gern gesehener Gast auch der deutsche Fürst von Salm von seinem Schloß Anholt (Niederrhein). An den Zufahrtsstraßen zu seiner ehemaligen Vogesenresidenz grüßt noch heute das Wappen der Salm-Salm: Auf rotem Schild zwei silberne Salme.

Frühling und Herbst

37 Hohneck

Aufstieg von Metzeral

Aufstieg:
Metzeral – Auberge Braunkopf – Gaschney – Auberge Schiessrot – Schäfertalsattel – Hohneckgipfel, 3 Stunden 15 Minuten.

Abstieg:
Hohneckgipfel – Schäfertalsattel – Schiessrot Ferme – Schiessrotriedsee – Fischbödle – Wormsatal – Metzeral, 3 Stunden 30 Minuten.

Gesamtzeit der Wanderung 6 Stunden 45 Minuten.
Höhenunterschied 478 bis 1361 Meter.
Karte des Vogesenclubs Blatt Münster – Gérardmer – La Bresse.

Abkürzung:
Im Auto bis Gaschney und Rückweg ohne Schiessrotriedsee, Fischbödle und Wormsatal.

Aufstieg:
Gaschney – Hohneckgipfel wie oben.

Abstieg:
Hohneckgipfel – Schäfertalsattel – Restaurant Schalleren – Gaschney.

Gesamtzeit der abgekürzten Wanderung 3 Stunden.

Weitere Variation:
Gaschney – entlang der Sesselliftbahn – Kleiner Hohneckgipfel – Schäfertalsattel – Großer Hohneckgipfel – Schäfertalsattel – über Auberge Schiessrot oder über Restaurant Schalleren nach Gaschney, 2 Stunden 30 Minuten.

Abänderung mit 2 Wagen:
1. Wagen bleibt in Gaschney, wo die Wanderung beginnt (s. oben Aufstieg ab Gaschney). 2. Wagen steht in Steinabruck (Fechttal), 1,5 km westlich von Metzeral. Das ist also die volle Tour, jedoch ohne die Strecke Metzeral – Auberge Braunkopf – Gaschney.

Der Hohneck (1361 m) ist nächst dem Großen Belchen (auch Sulzer Belchen, Grand Ballon, 1426 m) und dem diesen benachbarten Storkenkopf (1362 m) die höchste Kuppe der Vogesen. Abgesehen von seiner Höhe, die eine weite, herrliche Aussicht ermöglicht, ist er aber neben dem Rothenbachkopf (1315 m), dem »Matterhorn der Vogesen« (Mündel), wohl der typischste Vogesenberg. Bietet er doch, vor allem von Südosten her, das Bild einer wilden, fast alpinen Gebirgslandschaft. Und von Südosten her will er auch erwandert sein. Man kann ihn

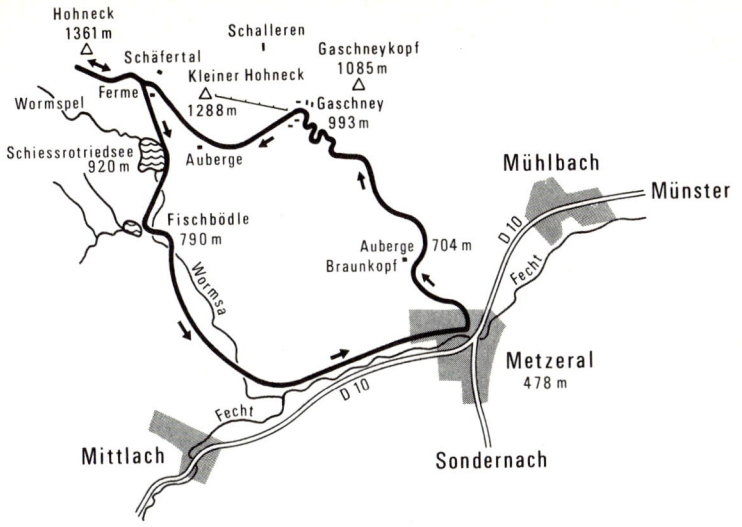

bequemer, ja mühelos von Norden, von der Höhe der Schlucht (Col de la Schlucht, 1139 m) her zu Fuß in einer Stunde und 15 Minuten erreichen. Man kann von der Kammstraße (Route des Krêtes) südlich der Schlucht bis auf den Gipfel des Hohneck mit dem Auto gelangen. Und früher, als die erst im Ersten Weltkrieg von der französischen Armee für den Nachschub gebaute Kammstraße noch nicht vorhanden war, ging von der Schlucht eine elektrische Bahn, die den Wanderer in 17 Minuten für 1,20 frs bis fast an den Gipfel brachte. Die Bahn lag auf französischer Seite. Diese von Norden her gesehen leichte Zugänglichkeit des Hohneck ist auch sein Nachteil. Sie löst einen Touristenrummel auf den Gipfel aus, weshalb man sonntags eine Besteigung nicht vornehmen sollte. Wir wollen den Hohneck also erwandern, und zwar seines oben erwähnten bestens Gesichts wegen von Südosten, und zwar von Metzeral aus. Diesen reizenden Ort im Tal der Fecht erreichen wir über Münster, indem wir dort die mit der Autowegweisung Metzeral versehene Linksabbiegung in der Mitte der Stadt beachten. In Metzeral parken wir auf dem großen Platz vor der Mairie, gehen wieder über die Fechtbrücke zurück und biegen in die erste Straße nach der Brücke gegenüber der Tankstelle Antar links ein. Der Straße (ohne Namen) folgen wir bis zum Haus Nr. 133, vor dem das Wegweiserschild steht: Braunkopf, Gaschney, Hohneck, blauer Punkt, 3¹/₂ Stunden.

Wenn der Weg am Berghang ankommt, steht dort eine Telegrafenstange mit dem selben Wegweiser, der uns auf einen links hochgehenden Fußpfad weist. Bald darauf geht es an einer roten Bank geradeaus vorbei, einen Hangweg hinauf mit schöner Aussicht hinunter ins Fechttal und hinüber zum Ilienkopf und Kahlen Wasen (Petit Ballon, 1268 m). Noch blüht der gelbe Bergklee, die blaue Glockenblume, die Steinnelke mit ihrem tiefen Rot, und bald kommt in höherer

Lage der Fingerhut am Wegrand und an den mit Felsen und Buschwald bestückten Hängen. Wir bleiben immer geradeaus. Bei einer Abbiegung ist der blaue Punkt etwa zehn Meter weiter an einem Felsen und fünf Meter weiter an einer Birke. Wir kommen an einem Wasserreservoir von 1938 vorbei. Kurz danach macht der Weg bei einer Telegrafenstange eine Rechtskurve, der wir folgen; der blaue Punkt ist links an einem Felsen. Vor einem Stallgebäude geht es rechts herum; der blaue Punkt mit Richtungspfeil ist auf einem Stein. Gleich erreichen wir einen Bergcampingplatz mit etlichen Wohnwagen und bald darauf stehen wir vor der Ferme-Auberge Braunkopf, womit auf den Wegweisern das Ziel »Braunkopf« gemeint ist.

Leider setzt sich nun der mit dem blauen Punkt gezeichnete Wanderweg etwa 1,5 km auf der neuen Autostraße fort, die nach Gaschney hinaufführt, und zwar, wenn wir mit dem Blick zur Front des Wirtschaftsgebäudes stehen, rechts hinauf. Dort, wo die Autostraße bei den ersten Chalets des Zinkens Schneidenbach eine große Linkskurve macht, ist sie auf der rechten Straßenseite mit einer Leitplanke versehen. Am Ende dieser Leitplanke geht es kurz rechts und dann gleich links wieder als Wanderpfad den Hang hinauf. Dort ist der Wegweiser Gaschney – Hohneck angebracht. Bald kreuzt der Fußpfad einen von unten heraufkommenden Weg. Der blaue Punkt ist an zwei Birken 25 Meter weiter. Wieder kreuzt der Pfad die Fahrstraße. Der Wegweiser für seine Fortsetzung steht gegenüber. Schließlich überquert er eine Sandfahrstraße, setzt sich rechts gegenüber markiert fort, bis wir wiederum auf eine Sandfahrstraße stoßen, über der schon die ersten Chalets von Gaschney stehen. Diese umgehen wir rechts und kommen dann links einbiegend in die Mitte des modernen Ferien- und Wintersportortes, auf dem Plateau zwischen dem Gaschneykopf (1090 m) im Osten und dem Kleinen Hohneck (1287 m) im Westen gelegen.

Gaschney (993 m) war früher eine Sennerei mit Wirtschaft. Der Skisport hat daraus ein Wintersportzentrum gemacht, und heute ist Gaschney ein Ort mit etwa 50 privaten und vereinseigenen Ferienhäusern, eigenem Postamt und einigen Gasthäusern, auf einer neuen Autofahrstraße von Mühlbach bequem zu erreichen. Von Gaschney aus führt ein Sessellift (télésiège) den Wanderer und Skisportler auf den dem (Großen) Hohneck vorgelagerten Kleinen Hohneck (Petit Hohneck), deutsch auch Nächster Bühl genannt. Das alles bringt natürlich einigen Touristenrummel, dem man gerne bald entflieht.

Man kann nun den Kleinen Hohneck zu Fuß ersteigen und jenseits des Gipfels den Weg zu seinem großen Bruder fortsetzen. Man kann den Kleinen Hohneck aber auch umgehen: einmal nach Norden, um über das Restaurant Schalleren – Refuge Schäfertal zum Sattel vor dem Großen Hohneck zu kommen; oder auch nach Süden, um über die Auberge Schiessrot jenen Sattel zu erreichen.

Wir ziehen letzteres vor, also die Südroute, und folgen der bei der Sesselliftstation angebrachten Wegweisung Schiessrot – Hohneck, rotweißrotes Rechteck, halbrechts den breiten Weg leicht hoch, bald auf freiem Hang mit schon weiter Sicht nach Süden. In einer Stunde stehen wir über der Auberge Schiessrot, auf deren Höhe das rotweißrote Rechteck an einem Stein bei einer Wegteilung angebracht ist. Wir müssen den linken, unteren Weg nehmen.

Schon von hier bietet sich ein imposanter Blick hinunter ins Schiessrotried, zum Schiessrotriedsee und dahinter auf die einstigen Gletschergraben, das Wormspel, links darüber auf die Zacken der Spitzköpfe und im Norden dahinter den majestätisch daliegenden (Großen) Hohneck, während rechts der Kleine Hohneck mit bizarren Felspartien mit den Spitzköpfen gegenüber zu wetteifern sucht. Wir nehmen den Weg nach dem schwarzen Berghaus zu, der unterhalb der Felsen hinzieht. Bald haben wir den Sattel zwischen dem Kleinen und dem Großen Hohneck erreicht, nach der darunter liegenden Ferme auch Schäfertalsattel genannt, und folgen dem mit Pfählen, die mit einer runden Blechscheibe versehen sind, markierten Skiweg zum Gipfel des Hohneck.

Die Zeitangabe auf dem ersten Wegweiser drunten in Metzeral war gut bemessen. Wir haben drei Stunden und 15 Minuten gebraucht. Mit stetigem, doch immer leicht zu überwindendem Anstieg war ein Höhenunterschied (Metzeral 468 m, Hohneckgipfel 1362 m) von 883 Metern zu meistern.

Auf dem Gipfel des Hohneck steht ein Höhenwirtshaus, das sich Hotel nennt. Man kann heute, an dem zwischen einer Reihe von Nebeltagen mit raschem Entschluß günstig gewählten Wandertag, in herrlicher Sonne im Freien sitzen und zu den preiswerten Getränken sein Vesper verzehren. Danach genießen wir die Aussicht. Eine Orientierungstafel aus alter deutscher Zeit hilft die Sehziele auszumachen. Vom Donon im Norden bis zum Großen Belchen im Süden war alles in Nähe und Ferne zu erkennen. Schwarzwald und Alpen blieben im Dunst verhüllt. Eindrucksvoll erscheint vom Hohneck aus die Leistung des Baus der Schluchtpaßstraße (Münster – Gérardmer), die übrigens nicht in deutscher Zeit erbaut wurde, sondern in den Jahren 1842–1869 unter wesentlicher Förderung Napoleons III., der die Schlucht dreimal von Plombières in den westlichen Vogesen, seinem Lieblingsbad, aus besuchte.

In der warmen Sonne kann man sich noch ein Stündchen auf der Kuppe im Gras lagern und dem Wolkenspiel am Himmel zusehen. Wieder und wieder ziehen unter dem blauen Himmel phantastisch sich ballende und in immer neue Formen quellende Wolkenburgen hoch über der Kuppe als ein ungeheueres, majestätisches Walhalla dahin.

Als Abstiegsroute nehmen wir den Weg über den Schiessrotriedsee und das Fischbödle durchs Wormsatal nach Metzeral. Wir gehen zunächst vom Hohneckgipfel zum Sattel zwischen den beiden Hohneck zurück und unter den Felspartien des Kleinen Hohneck und dem schwarzen Berghaus vorbei und erreichen damit den Hangweg, den wir am Morgen von der Auberge Schiessrot her gekommen sind. Wir stoßen kurz nach dem schwarzen Berghaus auf einen rechts am Weg stehenden Wegweiser zum Schiessrotriedsee mit dem roten Rechteck. Er führt zunächst zur Schiessrotferme, und von dort geht rechts ein Serpentinenpfädchen mit dem roten Rechteck hinab zum See. Der Abstieg auf dem Pfädchen wäre kein Problem, wenn man mehrere Bäume, die über den Pfad am steilen Hang gestürzt und nun zu umgehen oder zu überklettern sind, entfernt hätte. Schon blinkt der See durch die Bäume, und alsbald (in einer guten Stunde ab Hohneckgipfel) stehen wir an seinem Ufer.

Der See (920 m) ist ein Stausee, 1887–1891 erbaut, um die vom Hohneck den einstigen Gletschergraben des Wormspel namentlich zur Zeit der Schneeschmelze herabkommenden Wasser, die den Talboden, das Ried, zum Sumpf machten, zu sammeln und geordnet abzuführen. Er umfaßt 5,6 Hektar Wasserfläche und ist 12,50 Meter tief. Eingebettet zwischen die herabfallenden Hänge der beiden Hohneck im Norden und Osten und die Felswände der Spitzköpfe im Westen gibt er ein Wanderziel von einmaliger Schönheit ab.

Am westlichen Ende des 150 Meter langen Staudammes befindet sich der Wegweiser für unseren weiteren Abstieg: Fischbödle (durchs Wormsatal) nach Metzeral, rotes Rechteck, links dem Bach entlang hinab, der den Abfluß des Sees ableitet. Wenn das Fußpfädchen auf einen Waldweg trifft, wo zwei große Steine am Boden liegen, müssen wir rechts halten und nach 30 Metern links in ein abwärts führendes Pfädchen einbiegen. Das rote Rechteck mit Richtungspfeil ist auf einem Stein hinter einer Weide verborgen. In 20 Minuten vom Schiessrotriedsee ab sind wir am Fischbödle (790 m), ein prächtiger, kleiner künstlicher See in wilder Felsgegend, anstelle eines eingegangenen Gletschersees zur Züchtung von Forellen ausgangs des letzten Jahrhunderts angelegt, daher auch der Name.

Vom sogenannten Wasserfelsen über dem See stürzt in der Schneeschmelze ein imposanter Wasserfall herab. Das Fischbödle wird von zwei Tälchen, die von den Spitzköpfen und den Schwalbennestern in seinen Kessel herabfallen, dem Ammeltälchen und dem Wormsatälchen, mit Wasser gespeist. Der Gebirgsbach, der sich aus dem Abfluß des Schiessrotriedsees und des Fischbödles bildet, heißt daher die Wormsa. Sie stürzt in wilden Fällen vom Fischbödle aus zu Tal, das Bett da und dort wechselnd und Wasserfälle bildend, bis sich das Tal nach Südosten zu breiter öffnet und die Wormsa in immer noch wildem Lauf, aber doch schon mehr gebändigt der Fecht zueilt. Durch dieses wegen seiner fast alpinen Wildheit berühmte Tal führt uns nun der Weg, teils am Bach entlang, mit Brückchen über ihn und um ihn herum, von Wasserfällen durchrauscht und von mächtigen Tannen und Buchen in geheimnisvolles Dämmern gehüllt, auf schmalem, steinigem Pfad hinab. Es lohnt sich, immer wieder einen Blick zurück zu wenden, sowohl noch im vom Wald bedeckten Sturzbachtal, als auch später, wenn das Tal sich dem Himmel öffnet. Immer wieder bietet sich ein neues Bild der wilden Gebirgslandschaft.

Zur Wegführung ist nachzutragen, daß wir beim Fischbödle dem kleinen Staudamm entlang die hölzerne Brücke überschreiten und nach dieser gleich links dem roten Rechteck folgend die steinerne Treppe hinabsteigen, wo wir auf einen breiten Waldweg treffen, dem wir nach links folgen. Nach wenigen Minuten finden wir an einer Buche am rechten Wegrand das Wegweiserschild Sentier (Fußpfad) de la Wormsa – Metzeral, das uns rechts hinabweist.

Wenn im freien Tal das alpine Steinpfädchen endet, freuen sich unsere Beine, nun statt des Hüpfens von Stein zu Stein wieder kräftig ausschreiten zu können. Bald sind wir am Talende angekommen und treffen aus dem Wormsatal ins Tal der Fecht, der wir links talabwärts folgen. Wir bleiben am linken Fechtufer, denn auf dem rechten verläuft die Autostraße D 10, die von Metzeral über Mittlach zum Col Hahnenbrunnen auf die Vogesenkammstraße führt. Am Zinken Steinabruck vorbei erreichen wir rasch die ersten Häuser von Metzeral und kehren zum Standort des Wagens zurück. Für den Abstieg haben wir vom Hohneckgipfel aus drei Stunden und 30 Minuten gebraucht, nämlich vom Hohneckgipfel zum Schiessrotriedsee eine Stunde zehn Minuten, von dort zum Fischbödle 20 Minuten und von dort durchs Wormsatal nach Metzeral zwei Stunden. Diese letzte, verhältnismäßig lange Zeit ist durch den steinigen Pfad im oberen Wormsatal bedingt. Die Gesamtzeit der Wanderung beträgt also rund sieben Stunden. Die Wanderung ist weniger des Aufstiegs als des Abstiegs wegen nur einigermaßen geübten Wanderern zu empfehlen. Einkehr im Hotel du Pont Metzeral.

Wer es kürzer machen will, hat die Möglichkeit, bis nach Gaschney mit dem Wagen zu fahren und von dort zum (Großen) Hohneck aufzusteigen: entweder über den oben beschriebenen Weg von der Sesselliftstation über die Auberge Schiessrot – schwarzes Berghaus – Sattel zwischen den beiden Hohneck – Hohneckgipfel und zurück vom Hohnecksattel über Restaurant Schalleren nach Gaschney (drei Stunden). Oder wir erklimmen den Kleinen Hohneck, steigen von dort hinab zum Sattel zwischen den beiden Hohneck und von dort hinauf zum Hohneckgipfel und nehmen den Rückweg südlich oder nördlich um den Kleinen Hohneck herum, also über die Auberge Schiessrot oder Schalleren nach Gaschney. Diese Variation dürfte weniger als drei Stunden benötigen.

Den Aufstieg zum Großen Hohneck die Wormsa hinauf über das Fischbödle – Schiessrotriedsee – Auberge Schiessrot – Sattel zu nehmen, sollten sich nur ans andauernde Steigen gewöhnte Wanderer erlauben.   Sommer und Herbst

38 Rothenbachkopf

Aufstieg:
Mittlach – Col Herrenberg – Ferme Hüs – Batteriekopf – Rothenbachkopf – Col Rothenbach, 3 Stunden 30 Minuten.

Abstieg:
Col Rothenbach – Steinwasen – Kolbenfechttal – Brücke – Mittlach, 2 Stunden 30 Minuten.

Gesamtzeit der Wanderung 6 Stunden.
Höhenunterschied 526 bis 1316 Meter.
Karte des Vogesenclubs Blatt Münster, Gérardmer, La Bresse.

Der Rothenbachkopf (1316 m) wird gerne mit dem Matterhorn verglichen, natürlich in der zu beachtenden Relation, die zwischen den Vogesen als Mittelgebirge und dem Hochgebirge der Alpen besteht. Es ist schon etwas an diesem Vergleich. Die in einen breiten ehemaligen Gletscherkessel steil nach Osten ins Mittlachtal hinunter abstürzende Wand verleiht dem Berg, in seinem Profil von Norden oder Süden gesehen, die Ähnlichkeit mit dem Matterhorn. Aber diesen Vergleich hat der Rothenbachkopf an sich gar nicht nötig. Er ist ein Berg von derartiger Wucht und Schönheit, daß er schon sich selbst genug sein kann. Eigentlich hat er zwei Spitzen. Seine Südspitze nämlich heißt Batteriekopf (1310 m), genannt nach einer Artillerieschanze, die in den Kriegszeiten 1814 errichtet wurde. Der Batteriekopf ist sozusagen ein Auswuchs im Nacken des Rothenbachkopfes, aber an Schönheit übertroffen von der Nordspitze, dem eigentlichen Rothenbachkopf, durch die unmittelbar vom Gipfel abstürzende Steilwand nach Osten.

Da der Rothenbachkopf ein Glied des Vogesenkamms ist, kann er selbstverständlich in einem kurzen Anstieg von 20 Minuten von der Kammstraße (Route des Crêtes) her erreicht werden, und zwar von Westen her, von der Ferme-Auberge

Rothenbach, die an der Fahrstraße liegt. Aber der Vogesenwanderer will den Berg von unten her ersteigen; denn nur so erschließt er sich ihm und macht das Bezwingen des Gipfels zum Erlebnis.

Wir beginnen unsere Wanderung in Mittlach (526 m), dem kleinen Dörfchen hinter Metzeral, am Zusammenfluß der beiden Fecht, der Kolbenfecht, die vom Osthang des Rothenbachs herunterkommt, und ihrer größeren Schwester, der eigentlichen Fecht, die ihr Einzugsgebiet in den Bergen südlich von Mittlach und ihre Quelle am westlichen Lauchenkopf hat und von zahlreichen Nebenbächen wie der Bispenrunz und der Pfahlrunz vom Schweiselwasen herab gespeist wird.

Um Mittlach herum rücken die Berge schon nahe zusammen und geben mit den hohen Hängen, die zum Tal herunterfallen, und den weiten Einblicken in die vielerlei Täler hinauf zu den drohenden Riesen des Vogesenkamms dem Dörfchen eine imposante Kulisse.

Wir fahren von Metzeral (dort Autowegweiser nach Mittlach am Platz vor der Mairie) kommend durch das Dörfchen hindurch, an der Kirche und dem Hotel Valneige vorbei. Wenige Meter von diesem Hotel entfernt liegt auf der rechten Seite der Fahrstraße ein eingezäunter Campingplatz. Davor, also vor dem Eingang, können wir, bei Freihaltung der Ausfahrt, den Wagen in den Schatten unter die großen Tannen abstellen. An diesen Tannen sind auch gleich die Wegweiser angebracht. Für uns ist maßgebend: Kiwi – Herrenberg, rotes Rechteck, gleichzeitig Markierung für den Dreiländer-Weg (Sentier des Trois Pays). Wir müssen ein kurzes Stück der geteerten Fahrstraße folgen, kommen aber gleich, wenn wir den Bogen entlang der Fecht ausgelaufen haben, an eine Tannengruppe rechts an der Straße neben einem alten Giebelhäuschen, an der sich der weitere Wegweiser befindet: Herrenberg – Hüs – Crête. Hüs ist der Name der Ferme-Auberge an der Kammstraße (Crête), Markierungszeichen wieder das rote Rechteck. Nach etwa 100 Metern teilt sich der Weg: Links herum geht unser Pfad nach dem Herrenberg – Hüs.

Der Weg ist gut gezeichnet und führt in zwar stetem, aber mäßigen, angenehmen Anstieg allmählich bis auf 1200 Meter hinauf, fast immer durch den Wald, so daß man nicht der Sonne ausgesetzt ist. Bald geht er in einen Zickzack-Pfad über, der sich durch lichten Wald hoher Tannen hochzieht. Er überquert dreimal einen Waldfahrweg, die Fortsetzungsanschlüsse sind jeweils mit dem roten Rechteck gut gezeichnet. Bei der dritten Überquerung befindet sich rechts an einer Tanne das Wegweiserschild Herrenberg – Hüs – Crête mit dem roten Rechteck und einem Richtungspfeil nach links.

Wenn der Pfad nach etwa zehn Minuten wieder auf einen breiten Waldweg trifft, bleiben wir auf diesem; das rote Rechteck mit dem Richtungspfeil ist gegenüber der Einmündung unseres bisher benützten Pfades an einer Buche. Dieser breite Waldfahrweg führt nun an einem mächtigen gelichteten Hang in einer großen Linkskurve herum und gibt nach Vorbeischreiten an mehreren Riesentannen, z. B. der letzten am Hang vor Beginn der Lichtung, eine herrliche Sicht hinunter ins Fechttal und hinüber auf den Schnepfenriedkopf (1254 m), alles etwas in den heute herrschenden Höhendunst gehüllt und daher mit einem leichten Blau fast unwirklich getönt.

An dieser letzten Riesentanne ist auch wieder der Wegweiser Hüs mit dem roten Rechteck und nach weiteren 100 Metern das Schild Herrenberg – Hüs – Crête mit dem roten Rechteck und einem Richtungspfeil angebracht. Auf der Höhe am

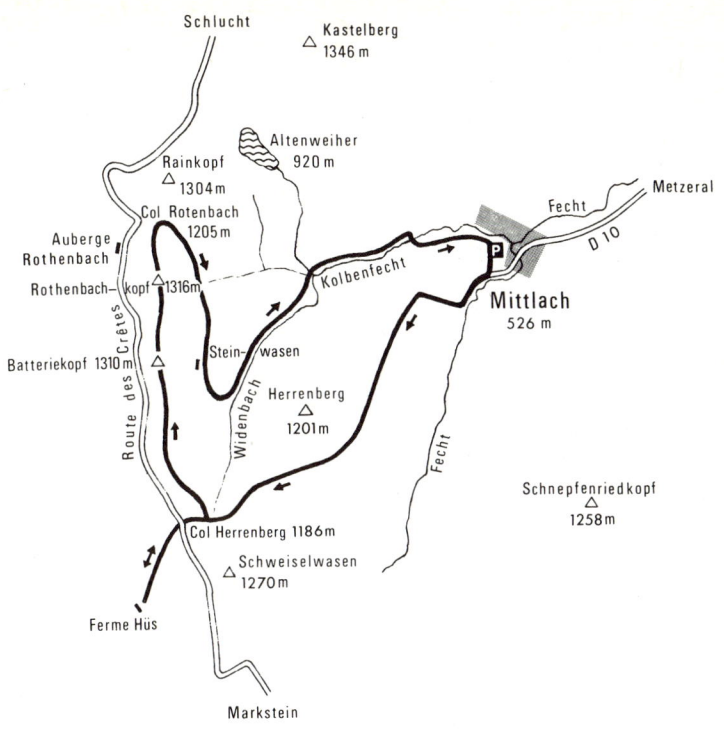

Ende der Kurve bietet sich ein herrlicher Blick hinunter auf das Dörfchen Mittlach. Den breiten Waldfahrweg säumen ausgedehnte Himbeerschläge, die dem Wanderer in Unmengen die herrlichsten Himbeeren wie im Schlaraffenland entgegenstrecken, was im übrigen auf der heutigen Wanderstrecke unterhalb der Baumgrenze den ganzen Tag, auch beim Rückweg, der Fall sein wird. Auf den Höhen wird die Himbeere durch ebenso dichten Besatz von Heidelbeeren und Preiselbeeren abgelöst. Man sieht daher auch allenthalben Beerensammler, die beachtliche Ergebnisse ihres Sammelfleißes zusammenbringen.

Bei der ersten Teilung unseres Waldfahrwegs bleiben wir auf dem breiteren Weg, bei der zweiten Teilung müssen wir rechts halten. Das rote Rechteck mit dem Richtungspfeil weist uns. 15 Meter danach ist das Rechteck auf einem Stein und zehn Meter weiter an einer kleinen Buche. Man kann also nicht fehlgehen. Wenn sich der Weg zu einem Holzladeplatz weitet, halten wir geradeaus. Nun geht es einem Hang entlang, an dem vor kurzem die schon etwas vermoosten und verwitterten uralten Buchen, wie sie in dieser Höhenlage üblich sind, geschlagen wurden. Bei zwei Wegteilungen ist die Markierung jeweils links an einer Buche. Bei der dritten Wegteilung müssen wir geradeaus hoch. Das Rechteck ist rechter Hand an einem Stein.

Und nun kommen wir auch schon an die Baumgrenze, wo ein Fußpfädchen links am niederen Buchenwald entlang geht. Das rote Rechteck ist links an einer Buche. 50 Meter weiter an der größeren der beiden freistehenden Windbuchen werden wir in das Weideland hineingewiesen.

Wir sind auf dem Rücken des Herrenbergs (1201 m) angelangt, dessen Spitze rechts hinter uns am Ende der sich zu einer langen Zunge in den Wald hinein verengenden Weidewiese liegt. Eine Kuhherde kommt uns mit melodischem Geläute langsam grasend entgegen. Schon ist der Herbst auf den Höhen eingekehrt. Nur noch wenige Blumen leuchten aus den Wiesen. Selbst das Heidekraut mit seiner rosa Blüte ist schon z. T. verblaßt. Bereits unten im Tal hat sich der Herbst bemerkbar gemacht: Die Fahrstraße von Münster nach Metzeral ist beiderseits von Ebereschen gesäumt, deren rot leuchtende Vogelbeeren die Landschaft herbstlich beleben.

Wir haben vom Herrenberg aus einen weiten Rundblick, vor uns der Schweiselwasen (1270 m), drüben rechts der Batteriekopf (1310 m) und dahinter der Rothenbachkopf (1315 m), rechts drunten das Widenbachtälchen, dessen Bach der Kolbenfecht zufließt, und weiter im Norden der Rainkopf und der Kastelberg. Der Weg zieht sich rund um den Nordhang des Schweiselwasens entlang zum Col Herrenberg an der Kammstraße, auf der sich die Autos bewegen. Wir haben von unserem Ausgangspunkt am Waldrand bei Mittlach bis hierher zum Col Herrenberg 2 Stunden und 20 Minuten gebraucht. Es ist Mittagszeit. Wir gehen ein paar Schritte vom Kammweg hinab, um auf der Terrasse der Ferme-Auberge Hüs im Angesicht der durch das Wildensteiner Tal von uns getrennten Bergkette, Altenberg, Hasenlochkopf, Rehwandelkopf, Grand Ventron, das Vesper einzunehmen. Man sieht unten im Tal die Haarnadelkurven in der Fahrstraße zum Col Bramont und im Osten den Stausee bei Kruth.

Von der Auberge Hüs gehen wir über die Fahrstraße hinweg auf die Höhe des Kammes, wo der Höhenweg einem Graben entlang läuft. Dort ist mit einer Wegweiserstange der Col Herrenberg mit seiner Höhe von 1186 Metern markiert. Da sind auch einige Wegweiser angebracht, auch das rote Rechteck für den Dreiländer-Weg erscheint wieder, der den Kamm entlang zur Schlucht führt. Die Wegzeichen sind jetzt für die nächste Zeit nicht mehr von Wichtigkeit. Wir gehen den Graben entlang, meist mit einem Mäuerchen aus geschichteten Steinen zusätzlich gekennzeichnet, nach links in Richtung des vor uns liegenden Batteriekopfes. Wir können zum Batteriekopf aufsteigen oder können ihn auf einem Fußpfädchen links umgehen, um dann rechts hinauf in den kleinen Sattel zwischen dem Batteriekopf und der Rothenbachkopfspitze, einem Felsmassiv, aufzusteigen. Weite Heidelbeer- und Preiselbeerhänge ziehen da und dort wieder Beerensammler an. Letzte Blumen des Sommers, darunter die weiße Berganemone, unterbrechen spärlich das Braun der Kuppe. In einer Stunde von der Ferme-Auberge Hüs ab stehen wir auf der Spitze des mächtigen alpinen Berges und genießen die herrliche Rundsicht, die sich von hier nach allen Seiten bietet, heute zwar durch den über den Tälern liegenden Dunst in weiterer Ferne etwas beschränkt. Besonders der Steilabfall nach Osten ins Mittlachtal hinab gibt einen imposanten Blick, zumal der breite Kessel am Osthang des Batteriekopfes und des Rothenbachkopfes von Norden her von den Felshängen des Rainkopfes

(1304 m) umrandet wird. – Drüben an einem Felsvorsprung zeigen sich zwei Gemsen, eine steigt auf dem Felsen herum, und die andere liegt in einer Felsennische in der Sonne. Zwei Wanderer, die sie mit dem Fernglas erspäht haben, machen uns darauf aufmerksam. Wenn man weiß, wo sie stehen, sieht man sie auch mit dem bloßen Auge gut. Es sind bekanntlich vom Zastler am Feldberg und von Tirol Gemsen in die Hochvogesen umgesiedelt worden. Sie haben sich gut eingelebt und bereits kräftig vermehrt.

Von der Rothenbachkopfspitze steigen wir in wenigen Minuten hinab zum ebenfalls mit einer Wegweiserstange gekennzeichneten Col Rothenbach (1205 m). Dabei kommen wir am hölzernen Gedenkkreuz für die beiden jungen Stuttgart-Birkacher Skiwanderer vorbei, die am 28. 12. 1965 während eines Schneesturms den Steilhang des Rothenbachkopfes nach Osten hinunter zu Tode gestürzt sind.

Am Col du Rothenbach sind wieder mehrere Wegweiser. Wir wollen über die Ferme-Auberge Steinwasen nach Mittlach absteigen und folgen dem blauen Kreuz, das eine Strecke weit auch gleichzeitig für den Abstieg ins Laibeltal gilt (bei der Abzweigung dorthin gelber Punkt, den wir aber nicht beachten). Es geht auf schmalem, felsigen Pfad den Osthang des Rothenbachkopfes steil hinunter, dann ein Stück weit durch einen Wald von knorrigen, verwitterten Buchen, immer den Rothenbachkopf im Rücken und den Hang vom Batteriekopf herab zur Rechten, bis wir nach 30 Minuten zum Steinwasen kommen.

Von der Steinwasenferme geht am nordöstlichen Ende des Fermegeländes ein Fußpfad steil durch den Wald hinab, mit dem blauen Kreuz gezeichnet. Wir bleiben aber auf der Sandfahrstraße, die in einer größeren Linkskehre über die freie Weidefläche hinab zum Wald führt, und stoßen in etwa 20 Minuten in einer Rechtskehre dieses Waldfahrweges auf den mit dem blauen Kreuz gezeichneten Abstiegspfad nach Mittlach. Das blaue Kreuz befindet sich in der Kehre selbst am linken Straßenrand an einem niederen Stein und gleich danach an einer Tanne. Bei der darauffolgenden Wegteilung müssen wir rechts bleiben. Das blaue Kreuz ist 20 Meter unterhalb der Teilung. Nach 30 Metern geht es rechts abwärts. Bei der folgenden Linksabzweigung bleiben wir geradeaus. Das blaue Kreuz ist an einer Buche links und 20 Meter weiter an einer Buche rechts. Von jetzt ab ist aber die eben zeitweise bestehende Unsicherheit der Markierung überwunden, und ein Zickzack-Pfad bringt uns hinunter durch den Wald. Wir überqueren einen Waldfahrweg und gehen links abwärts, wieder im Zickzack, um alsbald an eine größere Waldlichtung auf ebener Wiese zu kommen.

An der großen Tanne dort geht es links abwärts der Widenbachrunz, die wir nun erreicht haben, entlang. Wenn die Waldfahrstraße aus dem Walde tritt, bietet sich ein herrlicher Blick ins Tal der Kolbenfecht, mit der sich die Widenbachrunz dort vereinigt. Der Rainkopf liegt unmittelbar vor uns mit seinem steilen Abfall, der Kastelberg wölbt sich dahinter nach Südosten vor, und die Spitzköpfe schieben sich als hohe Wand ins Tal.

Wir schreiten das Talrund aus und folgen dem Talweg nach Mittlach zu. Wir kommen an einer riesigen Tanne vorbei und gehen, immer der Kolbenfecht entlang talabwärts. Eine alte Kapelle liegt rechts am Ufer des Baches. Bald nach ihr führt eine Holzbrücke auf das andere Ufer der Kolbenfecht. Dieser Brücke folgen wir und erreichen damit einen Weg, der am Waldrand entlang zieht. Wir biegen nach der Brücke links in ihn ein. Er bringt uns in 15 Minuten zu unserem

Parkplatz an der Straße zurück, von wo wir am Morgen den Aufstieg begonnen haben.
Wir haben vom Steinwasen ab 2 Stunden gebraucht, für den Abstieg vom Col Rothenbach also 2 Stunden und 30 Minuten. Der Aufstieg von unserem Parkplatz zum Col Herrenberg nahm 2 Stunden und 20 Minuten in Anspruch. Die Wanderung von da auf dem Kamm über den Batteriekopf und Rothenbachkopf zum Col Rothenbach benötigte 1 Stunde und 10 Minuten. Die gesamte Wanderung erfordert daher eine Marschleistung von 6 Stunden. Es muß aber noch einmal betont werden, daß der Aufstieg zum Col Herrenberg trotz des Höhenunterschieds von 700 Metern ohne Anstrengung zu bewältigen ist. Die Wanderung bietet also insgesamt keine Schwierigkeit, bringt uns aber in eines der schönsten Gebiete der Hochvogesen. Sommer und Herbst

39 Schnepfenriedkopf

Aufstieg:
Mittlach – Schnepfenriedwasen – Schnepfenriedkopf – Nonselkopf – Lauchenkopf – Klein Hahnenbrunnen, 4 Stunden.

Abstieg:
Klein Hahnenbrunnen – Wegweiserstange mit Weisung Schweiselferme-Metzeral – Pfahlrunzfälle – Mittlach, 3 Stunden.

Gesamtzeit der Wanderung 7 Stunden.
Höhenunterschied 526 bis 1314 Meter.
Karte des Vogesenclubs Blatt Münster, Gérardmer, La Bresse.

Noch einmal nehmen wir Mittwoch hinter Metzeral zum Ausgangspunkt einer Wanderung, liegt es doch zum Aufstieg auf die das Dörfchen umlagernden Berge ideal am Schnittpunkt dreier Täler (Wormsatal, Kolbenfechttal, Fechttal) und bietet damit eine Auswahl an Hängen, über die eine Reihe von Bergen beachtlicher Höhe und vor allem in zusammenhängender Kette verbunden, erstiegen werden kann, grob gesagt, vom Hohneck im Norden bis zum Markstein im Süden.
Heute soll unser Ziel der Seitenkamm sein, der sich vom bekannten Vogesenkamm Schlucht-Markstein vom Breitfirst (1282 m) her über den Lauchenkopf (1314 m) Nonselkopf (1282) und Schnepfenriedkopf (1258 m) von Süden nach Norden ins Fechttal nach Metzeral vorschiebt, wo sich der aus den Flüßchen Kolbenfecht, Salzbach und Pfahlrunz gebildete westliche Fechtarm mit dem vom Lauchenkopf nach Sondernach hinunterfließenden östlichen Fechtarm zur eigentlichen Fecht, die dann über Münster in die Rheinebene zieht, vereinigt. Da der Höhepunkt der Wanderung der seiner herrlichen Rundsicht wegen gepriesene Schnepfenriedkopf ist, soll er dieser Wanderung mit den Namen geben.
Wir stellen den Wagen wieder, wie bei der Wanderung Nr. 38, auf S. 192 beschrieben, vor dem Campingplatz von Mittlach unter den Tannen am Waldrand auf dem linken Fechtufer ab.

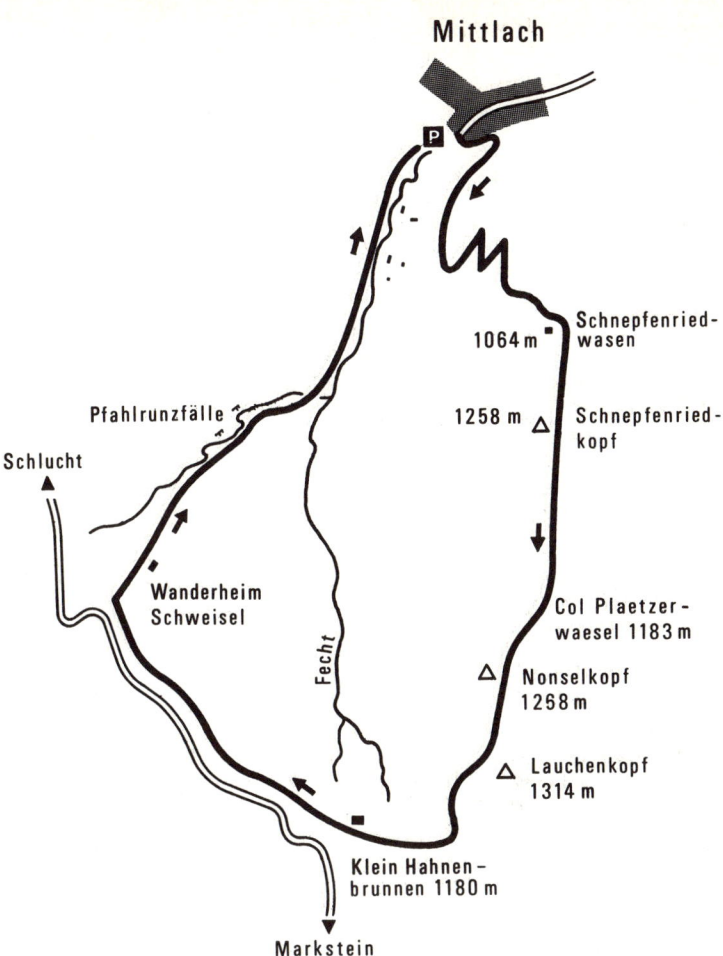

Wenn wir den Wagen abgestellt haben, gehen wir etwa 100 Meter zum Dörfchen Mittlach zurück bis zur Brücke, die rechts über die Fecht führt. Dort an der Brücke steht auch gleich der erste Wegweiser Schnepfenried. Gemeint ist damit der dem Schnepfenriedkopf vorgelagerte Schnepfenriedwasen, einst eine große Weide mit einer Sennerei, heute ein mit der Autostraße von Metzeral über Sondernach erreichbarer Luftkur- und Wintersportplatz mit mehreren Hotels, vielen ungeordnet plazierten Chalets und Vereinsheimen und zwei Sesselliften, die von Schnepfenried (1048–1100 m) auf den Schnepfenriedkopf (1258 m) führen. Die beiden

Sessellifte auf dem Gipfel des Schnepfenriedkopfes sind natürlich die Schönheit des Berges störende Fremdkörper. Da sie aber nur im Winter in Betrieb sind, ist die Ruhe auf der Bergkuppe für den Wanderer im Sommer nicht beeinträchtigt. Der Weg ist neu markiert, so daß die Wegführung einfacher zu beschreiben ist als früher. Hinter der Brücke, an einer Dacheinfahrt aus braunem Holz, kehrt der uns nun lange Zeit wegweisende gelbe Kreis (Weg 5c der Vogesenclubkarte) wieder. Rechts unter uns fließt die Fecht. Der Pfad führt zu einem vor uns liegenden weißen Haus. Dort müssen wir die Fahrstraße nach links gehen (Wegweiser mit dem gelben Kreis an einem Ahornbaum), bis wir nach etwa 150 Metern auf ein nach rechts hochgehendes Pfädchen stoßen, mit Wegweiser und gelbem Kreis versehen. Die Wegführung ist jetzt unproblematisch. Wenn das Pfädchen nach einem Schild in der Gegenrichtung Mittlach auf einen lichten Hang trifft, befindet sich der Wegweiser an einem Stein und weist uns rechts den breiten Waldfahrweg hinauf.

Es bietet sich uns ein herrlicher freier Blick, und die Sicht steigert sich, je höher wir steigen. Unmittelbar vor uns im Westen liegt der langgestreckte Rücken des Herrenbergs, dahinter der Rothenbachkopf, der Rainkopf, der Kastelberg und der große und kleine Hohneck.

Es ist heute ein herrlicher Sonnentag mit frischer, kühlender Luft. Wo die Morgensonne noch nicht hingelangte, ist Gras und Laub taunaß. Die hochgewachsenen Fingerhutpflanzen, die in ganzen Kolonien Weg und Hänge säumen, tragen statt ihrer roten Blüten schon die braunen Früchte. Anstelle ihres milden Rots leuchtet jetzt das knalligere der Vogelbeeren und des roten Holunders. Der Herbst ist eingekehrt und hat die Berglandschaft mit seinen Farben getönt.

In Kürze gelangen wir auf den Schnepfenriedwasen, wo um die alte Ferme die ersten Chalets stehen. Wieder bietet sich eine herrliche Rundsicht, die nun auch nach Osten hin den Blick zum Kahlen Wasen (Petit Ballon, 1268 m) und über die Hilsenfirstebene zum Hilsenfirst (1270 m) frei gibt.

Wir benützen das Sträßchen, das an der Ferme vorbei nach Osten zieht und erreichen beim Restaurant Schnepfenried die Höhe, die der Straßenstein an der D 12, die vom Metzeral-Sondernach heraufkommt, mit 1067 m bezeichnet. Dort geht rechts ein Weg hoch, der uns in verschiedenen Windungen und dann unter den Masten des Sessellifts, die uns als Richtungsweiser dienen dürfen, zum Gipfel des Schnepfenriedkopfs bringt. Wir haben von Mittlach aus 2 Stunden und 15 Minuten gebraucht.

Der Schnepfenriedkopf rechtfertigt den Ruf seiner prächtigen Aussicht: Im Nordosten blicken wir ins Münstertal mit Mühlbach und Münster, rechts davon die Plixburg, Hohlandsburg, der Hohe Staufen, der Kahle Wasen, im Südosten der Große Belchen mit dem Klinzkopf und im Süden der Lauchenkopf, daneben der Rotwasenkopf (Rouge Gazon), im Westen der Batteriekopf und Rothenbachkopf, nach Norden der Hohneck und rechts dahinter der Tanneckfelsen, ganz schwach im Dunste die Hohkönigsburg.

Vom Schnepfenriedkopf gehen wir nun in südlicher Richtung unserem nächsten Ziele entgegen, der früheren Ferme, jetzt Ski- und Wanderheim des Touringclubs Mühlhausen, Klein Hahnenbrunnen nördlich des Col Hahnenbrunnen an der Vogesenkammstraße (Route des Crêtes).

Der Pfad führt, ohne Markierung, die nun auch entbehrt werden kann, immer geradeaus den Bergrücken leicht abwärts durch mit Wacholderbüschen bestandenes Weidegelände, immer den Grenzsteinen entlang durch niederen Windbuchenwald in 20 Minuten zum Platzerwasen (Plätzerwäsel), einem Sattel auf 1182 m Höhe, an dem die von Sondernach heraufkommende, auf die Vogesenkammstraße führende Autostraße vorbeizieht.

Dort ist jenseits der Straße am Waldrand eine Wegweiserstange mit verschiedenen Schildern. Man muß sich so vor die Schilderstange stellen, daß man die beiden Schilder mit den blauen Punkten vor sich hat. Aus dieser Sicht gehen wir links den Grasweg, auf den das Wegweiserschild mit dem blauen Punkt und Beschriftung Nonselkopf u. a. weist. Der Weg führt langsam ansteigend über das Weidegelände, wo uns die erste Kuhherde begrüßt, über zwei kleine Vorberge hinweg zum Nonselkopf (1268 m) und leicht durch Wald ansteigend zum Lauchenkopf (1314 m). Von dort geht es in leichtem Abfall zur Autostraße, an der sich links eine größere Wiese anschließt mit dem Schild Zone de Tranquillité, die zur Zeit noch von Campern benützt wird.

Dort steht eine Wegweiserstange. Wenn wir von ihr 50 Meter weiter auf der Autostraße nach Süden gehen, erscheint rechts am Wege ein Wegweiserschild: Klein Hahnenbrunnen, Hohneck – Schlucht, gelbes Dreieck.

Dieser Wegweisung folgen wir und kommen zunächst durch Wald am nordwestlichen Hang des Breitfirstes (1182 m) entlang und dann über die freie Weide zum oben erwähnten Wanderheim Klein Hahnenbrunnen (1180 m). Wir haben vom Schnepfenriedkopf bis hierher 1 Stunde und 30 Minuten gebraucht.

Wir folgen jetzt ein kurzes Stück der Fahrstraße, um den Abstiegsweg durch das Pfahlrunztal nach Mittlach, Weg 4c auf der Karte des Vogesenclubs, zu gewinnen. Nach etwa 200 Metern führt ein Wegweiser rechts zu dem über der Fahrstraße und parallel mit ihr hinziehenden Fußweg nordwärts zum Col du Herrenberg. So weit haben wir aber nicht zu gehen. Nach 25 Minuten treffen wir auf einen freien Rasenplatz, an dem eine Wegweiserstange steht. Für unseren Abstieg ist die Wegweisung Ferme Schweisel-Metzeral maßgebend mit dem gelben Kreuz, eben jener vorhin genannte Weg 4c. Für Metzeral ist die Zeit von 3 Stunden und 15 Min. angegeben. Nach Mittlach also brauchen wir etwa 1 Stunde weniger. Dieser Abstiegsweg führt uns an den Pfahlrunzwasserfällen vorbei, derentwegen wir ihn wählen, abgesehen davon, daß er der kürzeste Abstieg nach Mittlach ist.

An diesem Punkt unserer Wanderung weise ich darauf hin, daß das Finden des Weges einige Schwierigkeiten macht, so daß dieser Abstieg nur ein mit einigem Spürsinn ausgestatteter Wanderer wagen sollte. Zunächst ist zu bemerken, daß die Bezeichnung »Ferme Schweisel« sich nicht auf die auf der Vogesenclubkarte zwischen Hundskopf und Schweiselwasen (1270 m) verzeichnete Ferme dieses Namens bezieht. Die amtliche französische Karte, die Carte de France 1:25 000 Münster Nr. 1 und 2, zeigt südöstlich dieser dort »Le Schweisel« genannten Höhe einen Punkt mit »Schweisel (Ruines)«. Ein jetzt entferntes verblaßtes Blechschild »Ferme Schweisel 10 Minuten« scheint früher auch diesen letzteren Punkt gemeint zu haben. Und auch der obengenannte Wegweiser »Ferme Schweisel – Metzeral« dürfte diesen Punkt, also »Ruines« mit »Ferme Schweisel« bezeichnen. Sie war zu Mündels, des Vogesenführers vor dem Ersten Weltkrieg, Zeiten noch »Melkerei« = Ferme. Später scheint sie aufgegeben worden zu sein. Daher »Schweisel (Ruines)«. Heute steht an dieser Stelle das Wanderheim einer privaten Gruppe. Wir folgen also bei der obengenannten Wegweiserstange Ferme-Schweisel-Metzeral von den dort sich treffenden drei Wegen dem, der halbrechts in den Wald führt. (Also nicht rechts!) – Der Weg führt leicht abwärts. Rechts unter uns zieht die Bispenrunz durch das Tal hinab. Wir müssen immer geradeaus auf unserem Waldfahrweg bleiben. Wir sehen bald durch die hohen lichten Buchen vor uns den Batteriekopf und den Rothenbachkopf liegen. Bei einer großen Kehre bleiben wir geradeaus. Gleich liegt vor uns in völliger Einöde die aufgegebene Schweisel-Ferme = »Schweisel (Ruines)«, heute das Wanderheim.

Wir öffnen das Törchen im sich rundum hinziehenden Weidezaun und begeben uns zum Haus. Im Gelände hinter ihm, wenige Meter von der linken hinteren Hausecke entfernt, setzt sich das Fußpfädchen, durch den Stacheldraht hindurch zu erreichen, den Hang hinab fort. Wir finden alsbald das erste gelbe Kreuz, unser Wegzeichen. Man muß nun allerdings höllisch aufpassen, daß man die sich fortsetzenden, weiter hinabführenden gelben Kreuze findet. Eine Einzelbeschreibung ist unmöglich. Das Bachbett, das die beiden vereinigten Pfahlrunzarme zur Pfahlrunz bilden, sei uns eine Orientierungshilfe.

Bald trifft der Abstiegspfad in die Kurve eines breiten Waldfahrwegs. Wir halten links. Wenn dieser Fahrweg auf einen weiteren Fahrweg trifft, steht 30 Meter weiter links am Wege das Schild Cascade (= Wasserfall). Von nun an ist der Abstiegspfad leidlich gezeichnet. Man hört die Pfahlrunz durch ihr tief in die Felsen eingeschnittenes Bett hinunter rauschen. Einzelne Zugangswege führen jeweils auf eine der über das Bachbett geschlagenen Brücken, von denen aus man die imposanten Bachstürze sehen kann, in Zeiten der Wasserfülle sicher ein herrliches Schauspiel.

Wir treffen schließlich auf den Talweg und damit auf die hinten von rechts herkommende (westliche) Fecht, in die die Pfahlrunz mündet, und haben nun noch eine knappe halbe Stunde bis zum Parkplatz am Waldrande vor Mittlach zurückzulegen.

Wem aber diese der Pfahlrunzfälle wegen gewählte Route nicht behagt, der gehe auf Numero Sicher und nehme bei der oben erwähnten Wegweiserstange »Ferme Schweisel-Metzeral« den Fortsetzungsweg, also den Parallelweg zur Route des crêtes bis zum Col du Herrenberg und von dort den Weg über die Ferme Herrenberg – Bergrücken Herrenberg – Mittlach, wie ich ihn in der umgekehrten Richtung zum Wanderung zum Rothenbachkopf Nr. 38 für die Strecke Mittlach – Col du Herrenberg beschrieben habe.

Wir haben für den Abstieg von dem oben erwähnten Wegweiser Ferme Schweisel-Metzeral auf dem Vogesenkamm bis Mittlach 2 Stunden und 30 Minuten gebraucht.

Die gesamte Wanderung benötigt also rund 7 Stunden und ist trotz des Höhenunterschieds (Mittlach 530 m, Schnepfenriedkof 1258 m) eine durchaus angenehme Wanderung, die mit herrlichen Rundblicken ausgestattet ist.

Sommer und Herbst

40 Herbstwanderung zur Frankenburg

Aufstieg:
La Vancelle – Kapelle Notre-Dame de la Forêt an der Fahrstraße – Aufstiegsweg bis zur halben Hanghöhe – Hangweg nach Osten bis zur Höhe 388 m bei Stein 215 östlich der Frankenburg – Ost-Nordumgang Schloßberg – Schloßbergsattel (Place du Château, auch Col Frankenbourg) – Ruine Frankenburg, 2 Stunden.

Abstieg:
Ruine Frankenburg – Schloßbergsattel – Chalmont – La Vancelle, 2 Stunden 45 Minuten.

Gesamtzeit der Wanderung 4 Stunden 45 Minuten.
Höhenunterschied 430 bis 703 Meter. Karte des Vogesenclubs Blatt Ribeauvillé – Sainte-Marie-aux-Mines.

Verlängerung:
Schloßbergsattel – Stangenplatz bei Höhe 756 m – Fernsehspitze (Rocher du Coucou – Kuckucksfelsen) – Chalmont.

Gesamtzeit der verlängerten Wanderung 6 Stunden.
Höhenunterschied 430 bis 855 Meter.

Abkürzung:
Schloßbergsattel – La Vancelle (Parkplatz) 40 Minuten.

Gesamtzeit der abgekürzten Wanderung 2 Stunden 30 Minuten.

Weiterer Aufstieg:
Von La Vancelle den Weg bei der Kapelle hinauf bis zum Waldrand hinter dem Haus mit grünem Dach, Weg mit rotem liegendem Kreuz oder (neu) mit rotem Punkt zum Col du Frankenbourg, 1 Stunde 15 Minuten.

Die Bahnstrecke, die sich von Sélestat (Schlettstadt) durch die schmale Pforte bei Val de Villé (Weilertal) in die Vogesen drängt, teilt sich dort gleich in zwei Stränge: der eine folgt dem Giessen nach Nordwesten ins Weilertal nach Villé (Weiler), der andere führt nach Westen der Leber (Liépvrette) entlang nach Ste-Marie-aux-Mines (Markirch). Es ist verständlich, daß sich im Mittelalter an der Stelle, wo sich das Gebirge in die Gabel zwischen die beiden genannten Flüsse vorschiebt, auf der beherrschenden Ostspitze des Altenbergs, eine Burg ansiedelte. War doch dieser Kegel, der heute Schloßberg heißt, schon in der Vorzeit keltische Fliehburg, von der noch heute Steinwälle und ein Stück mur païen (»Heidenmauer«), Keltenmauer, nicht so bedeutend wie die bei St. Odilien, zeugen.

Um 1100 bauten die Grafen von Werd, die die umliegenden Dörfer besaßen, später aber auch die Funktion der Landgrafen im Unterelsaß übernahmen, die Burg, an deren Stelle schon der Frankenkönig Chlodwig auf dem Grund eines römischen Kastells (?) eine Burg errichtet haben soll (?). Damit ließe sich der Name Frankenburg erklären. Nach dem Aussterben der Werder ging der Besitz an den Bischof von Straßburg über, der ihn zu Lehen an verschiedene Häuser vergab. 1582 wurde die Burg durch Blitzschlag eingeäschert, blieb aber noch in Teilen brauchbar, so daß das Straßburger Domkapitel im Dreißigjährigen Krieg seine Schätze und Archive in den Kellergewölben der Burg verwahrte.

Mit der im Süden liegenden Hohkönigsburg und den im Osten das Tal bewachenden »Scherweiler Schlössern«, Burg Ortenberg und Ramstein, rechtfertigt diese Burgvielfalt hier wieder einmal den Ruf des Elsasses als Burgenland.

Wir beginnen den Anstieg zur Frankenburg (703 m) von dem kleinen Dörfchen, heute ein Luftkurort mit vielen Chalets, La Vancelle (Wanzel). Es liegt in 430 Metern Höhe reizvoll in die Waldhänge eingebettet, die vom Südteil des Altenbergs, dem Schloßberg im Osten bis zum Chalmont (703 m) im Westen, herabfallen. Laubwald, Buchen, Eichen und Kastanien, herrscht hier vor und macht deshalb die Wanderung vor allem im Herbst mit seinen leuchtenden Farben zur Freude.

Wir erreichen Wanzel, indem wir etwa 3 km nach Val de Villé an der Bahnstation La Vancelle rechts die Gleise der Autowegweisung folgend überqueren und etwa 4 km durch schönen Wald fahren. Gegenüber dem Hotel Frankenburg an der Ostseite des Spielplatzes des Jugendheims MJV stellen wir den Wagen ab.

Wir gehen von dort auf der Fahrstraße ein kurzes Stück den Weg zurück, den wir gekommen sind, bis an das kleine Kapellchen »Notre Dame de la Forêt« links am Wegrand. 50 Meter vor diesem Kapellchen geht ein Weg links den Hang hinauf in das Chaletgelände. Die erste Abzweigung nach rechts (vor einem Chalet mit grünem Dach), einem Feldweg, folgen wir in Richtung Osten. Links hinten schaut schon die Frankenburg herunter.

Der Weg führt uns immer eben durch einen mit Chalets bebauten Hang an den Waldrand. Auf eine Wegweisung oder Markierung müssen wir bis oben am Burgkegel verzichten. Ein kurzes Stück haben wir zur Linken noch freien Hang. Wenn der Weg sich zum Fußpfad verengt, müssen wir links halten, aber sonst immer geradeaus dem Berghang entlang gehen, ohne Abzweigungen nach links oder rechts zu beachten. Bald sehen wir hoch links über uns die Ruine der Frankenburg in der Sonne leuchten. Bei einer Wegteilung, wo rechts am Wege drei größere Steine stehen, bleiben wir geradeaus und treffen auf ein Wegedreieck an einer lichten Waldstelle, wo von unten rechts ein Weg heraufkommt. Auf der rechten Seite dieses Wegedreiecks steht ein zweistämmiger Kastanienbaum. An dem vorbei gehen wir geradeaus, Markierungspunkte sind uns nun die in kurzen Abständen einander folgenden Grenzsteine mit den Nummern 196 bis 213, mehrere Mäuerchen, ein Kapellchen von 1897 40 Meter nach dem Stein 199, alles das am linken Wegrande. Wir bleiben immer geradeaus. Ein 300 Meter nach dem Stein 211 kommt eine waldfreie Stelle mit einer Wegkreuzung beim Stein 215. Man trete dort auf das mitten in der Wegkreuzung stehende Hügelchen, mit jungen Buchen und Kiefern bewachsen, und genieße die Aussicht hinab ins Weiler Tal: links der Ungersberg, davor rechts auf dem Ägidienberg die uralte Kirche St. Gilles (347 m) aus dem 11. Jahrhundert, die heute allerdings im Kleide eines Umbaus

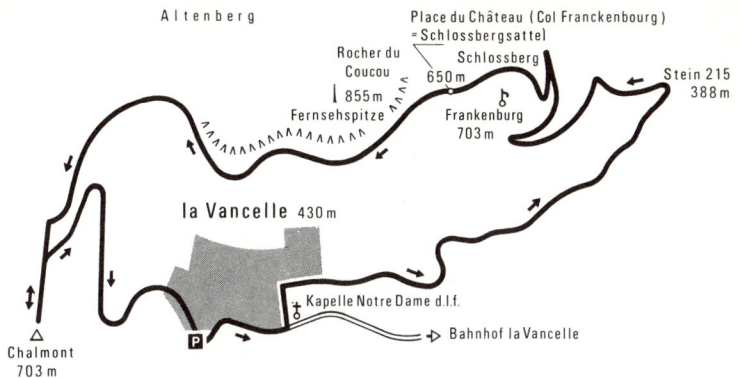

zwischen 1789 und 1811 erscheint. Rechts südlich der Dambacher Berg mit der Ruine Ortenburg und Ramstein am Südrande.

Wir haben mit diesem Punkte die Höhe 388 (auf der Karte des Vogesenclubs Blatt Ribeauvillé-Sainte-Marie-aux-Mines nicht verzeichnet) am Osthange des Schloßbergs erreicht und müssen nun scharf links hoch. Die Frankenburg liegt von uns aus gesehen im Westen. Wir steigen den Grabenweg hoch; wo er mit Bäumen verbarrikadiert ist, geht es bei der Buche rechts hoch unter dem Ast einer Eiche, der da über den Weg ragt, vorbei und dann geradeaus. Bei der Kreuzung mit einem von unten heraufkommenden Pfad bleiben wir in dem schluchtartigen Graben. Dann geht es links hoch, bis der Graben in einen Fußpfad übergeht. Bei einer weiteren Wegkreuzung geht es rechts den Grabenweg hoch, und wenn er verwachsen ist, den Pfad neben dem Graben. Das liest sich etwas kompliziert, ist aber in der Natur sehr einfach. Wir treffen bald auf einen breiten Waldweg, an dessen Einmündung an einem Baum ein rotes Kreuz ist mit einem Pfeil in der Richtung, aus der wir gekommen sind. Wir schlagen jetzt den breiten ebenen Weg rechts hinaus ein. Nach einigen Minuten muß man die mit einem blauen Kreuz gezeichnete Abzweigung links hoch beachten, die wir nun benützen. Nach etwa 150 Metern weist das blaue Kreuz rechts hoch ab, um uns in 10 Minuten zu einem ebenen Bergsattel zu bringen, dem Place du Château, so die Vogesenclubkarte, oder Col du Frankenbourg, so die Beschilderung auf den Wegweisern hier, 650 m hoch.

Zur Frankenburg selbst sind es noch 10 Minuten dem roten Kreuz nach, wobei wir bei einer Wegteilung rechts bleiben. Wir kommen gleich am eigentlichen Burghügel an, wo sich eine Kreuzung mit Wegweisern befindet: rechts Mur Païen, wohin wir in wenigen Minuten hin und zurück gelangen; links zur Citerne (Burgzisterne). Von dieser Kreuzung aus sind wir gleich auf dem Burgplateau mit den mächtigen Resten der Frankenburg und steigen ins Innere des Burggeländes, wo sich der 12 Meter hohe Ruinenstumpf des einstigen Bergfrieds befindet. Von der Burg aus hat man eine prächtige Aussicht nach allen Richtungen.

Wir haben vom Parkplatz in Wanzel bis hier herauf zwei Stunden zunächst ebenen und dann leichten Anstiegs gebraucht, etwas mehr, als wenn wir den Aufstiegsweg von der Kapelle in Wanzel über M. F. de La Vancelle (Forsthaus Wanzel) mit dem auf der Vogesenclubkarte mit 6a bezeichneten Pfad (liegendes rotes Kreuz) ode r den neuen, in den Wald hineingehenden Weg mit dem roten Punkt benützt hätten. Diese Wege seien dem Wanderer, der von der Ruine Frankenburg nach Wanzel absteigen will (bis zum Parkplatz 40 Minuten), vorbehalten. Denn wir wollen unsere Wanderung nicht mit dem Besuch der Frankenburg beenden, sondern dringen dem Südwestarm des Altenbergmassivs folgend bis zur äußersten Spitze, dem Chalmont (703 m) vor.

Wir kehren von der Frankenburg wieder zum Sattel (Place due Château oder Col du Frankenbourg) zurück und orientieren uns über den weiteren Weg zum Chalmont, unserem nächsten Ziel. Der in der Frage kommende Wegweiser ist an der kleinen, der großen schräg gegenüberstehenden Buche angebracht.

Wir haben zwei Möglichkeiten, sozusagen auf zwei verschiedenen Etagen:

Entweder folgen wir der Wegmarkierung nach Westen mit dem blauen Kreuz, das alsbald mit einem Fußpfad oder der Fahrstraße rechts hoch führt, zunächst auf den Stangenplatz bei der Höhe 756 und von dort hinauf auf das Hochplateau, auf dem die Fernsehspitze steht, und das vom Kranze des Rocher du Coucou und weiteren Felsen umgeben ist. Dieser Punkt bietet eine herrliche Aussicht, die einen Stern auf der Vogesenclubkarte verdienen würde. Wir benötigen vom Col du Frankenbourg zum Kuckucksfelsen 45 Minuten. Vom Kuckucksfelsen gehen wir den Weg zurück bis zur (von unserer Marschrichtung aus gesehen) ersten Wegkreuzung. Dort treffen wir auf den Wegweiser »Rocher des Fées« mit dem Zeichen blaues Kreuz (Weg 4b der Vogesenclubkarte). Diesem Weg vertrauen wir uns ein Stück weit an. Denn unser Ziel ist der Chalmont, dessen Name auf dem Wegweiser noch nicht erschien. Nach einigen Minuten trifft der Weg 4b auf den Weg 4c (gelbes Kreuz), dem wir nun nach links zum Chalmont folgen. Er führt durch verwitterten Hochwald, dann über eine Hochebene und hart am Felsenrand des Altenberghochplateaus entlang, zum Teil an mächtigen Felsblöcken vorbei, in einer Stunde und 30 Minuten vom Kuckucksfelsen ab gerechnet zur Chalmontplatte (703 m).

Oder wir folgen vom Col du Frankenbourg ab, unter Weglassen des Besuchs des Hochplateaus, gleich dem Weg 1c (gelbes Rechteck) nach Westen auf der unteren Etage direkt zum Chalmont. Diesen Weg wählen wir fürsorglich für heute, weil der Tag jetzt Ende Oktober schon merklich kürzer ist. Der Weg führt in einer großen Schleife unterhalb des Randes des Hochplateaus am herrlichen Ausblick gewährenden Südhang entlang um den Kessel herum, in dem unten der Luftkurort Wanzel liegt.

Nach etwa 10 Metern vom Place du Château ab kommt bei einer Wegteilung links an einer Buche das gelbe Rechteck und 100 Meter weiter erneut mit dem zusätzlichen Wegweiserschild Chalmont. Wir treffen auf einen geteerten Fahrweg, dem wir geradeaus folgen. Wegweiser dort an einer Tanne. Wenn wir an eine Wegverbreiterung kommen, wo der Hang zur Rechten stark abgegraben ist, weist uns ein großer gelber Pfeil auf einem mächtigen Felsblock linker Hand darauf hin, daß wir am Ende der Abgrabungsstelle rechts hochzugehen haben. Auf einem dort am Hange liegenden Stein finden wir das gelbe Rechteck, das sich alsbald an einer Buche wiederholt.

Bald danach gibt der freie Hang weite Sicht ins Lebertal nach Markirch zu, hinüber zum Tännchel und zur Hohkönigsburg, rückwärts in die Rheinebene, an deren Ostrand die Kette der Schwarzwaldberge im Dunste verschwunden bleibt. Vor uns sackt der Bergzug steil nach links hinunter ab: diese Spitze ist der Chalmont.

Der Hangweg zieht sich eben in immer gleicher Höhe von etwa 700 Metern hoch über den Einschnitt ins Gebirge hinweg, den der Kessel von Wanzel nach Nordwesten hin bildet. Nach der Wegweisung an einer Kiefer linker Hand kommt eine Wegteilung. Wir müssen rechts leicht hoch. Das gelbe Rechteck erscheint an einer Kiefer 30 Meter weiter. Hoch über uns liegen die rötlichen Felsenränder des westlichen Hochplateaus. Ein paar Windbruchbuchen liegen über unserem Weg, stören aber nicht. Nach der Windbruchstelle erscheint das gelbe Rechteck links an einer Buche und 30 Meter weiter rechts an einer Buche. Da geht es nun das Fußpfädchen rechts hinauf und oben gleich links weiter. Das gelbe Rechteck erscheint zweimal. Der Pfad führt durch hohen Buchenwald weiter immer dem Hang entlang. Nach einem Kahlschlag kommen dort, wo der Wald wieder beginnt, zwei Wegweiser an Tannen. Geradeaus an der zweiten Tanne Chalmont mit gelbem Rechteck. An der anderen Tanne ist der Wegweiser La Vancelle mit Richtungspfeil, der uns aber nicht berührt. Wir folgen dem gelben Zeichen. In Kürze kommen wir zum nächsten Wegweiser an einer Tanne: Chalmont-Lièpvre (= Leberau unten im Lebertal) mit gelbem Rechteck und Pfeil geradeaus. An der Rückseite dieser Tanne ist der Wegweiser nach La Vancelle hinab mit blauem Kreuz. Diesen Abstiegsweg merken wir uns für später. Denn zunächst gehen wir jetzt noch etwa 5 Minuten weiter, schon auf dem Grat des Chalmont, zum eigentlichen Chalmontgipfel, einem mächtigen, steil abfallenden Felsen, der eine prächtige Sicht hinunter über das Lebertal bis zu den Markircher Höhen und im Nordwesten zum Climont gibt. Diese Sicht über das unendliche Gewoge der herbstlich gefärbten Wälder und Täler wie vom Flugzeug herab belohnt den Weg zum Chalmont reich.

Wir haben von der Frankenburg bis hierher eine Stunde und 45 Minuten gebraucht.

Wir gehen nun zu dem Punkt zurück, an dem wir den Wegweiser nach La Vancelle mit dem blauen Kreuz sahen, und steigen das Pfädchen den Hang hinunter. Das geht ohne Schwierigkeiten, bis wir über einen neu gebauten Holzabfuhrweg kommen. Wir sehen zwar schon unten im Tal durch den lichten Wald die Häuser von Wanzel liegen. Aber der Pfadanschluß von oben herab, von wo wir kommen, über den neuen Fahrweg ist wieder einmal durch den Wegbau zerstört. Baumgestrüpp und Felsgeröll ist brutal an den talseitigen Hang geschoben, so daß es nicht ratsam ist, hier durch zu den Häusern unten im Tale zu stoßen. – Wir gehen den Fahrweg, der noch keine Teerdecke hat, sondern weichen Sandboden aufweist, rechts hinunter und folgen einer Linkskurve, bis er auf eine geteerte Fahrstraße (die zur Fernsehspitze hinaufführt) trifft. Dieser geteerten Fahrstraße folgen wir hinab bis zu einer Rechtskurve. An deren Beginn zweigt links ein Waldweg ab, der uns sofort ins nahe Dörfchen führt, wiederum auf die geteerte Straße. Wir lassen die Dorfkirche links liegen und gelangen abwärts alsbald zu unserem Parkplatz beim MJC. Wir haben vom Chalmont bis hierher eine Stunde gebraucht. Die gesamte Wanderung nimmt daher rund 5 Stunden in Anspruch.

Frühling und Herbst

41 Ochsenstein

Aufstieg:
Reinhardsmünster – Geiswasen – Geisfels
M. F. Haberacker – Ochsenstein, 2 Stunden

Abstieg:
Ochsenstein – Krappenfeldsattel – Krappenfels – Wüstenberg – Zusammenfluß Kaltenbach/Langenbach – Langenbachtal aufwärts – Schäferplatz – Reinhardsmünster, 3 Stunden.

Gesamtzeit der Wanderung 5 Stunden.
Höhenunterschied 310 bis 532 Meter.
Karte des Vogesenclubs Blatt Saverne.

Abkürzung:
Vom Ochsenstein zurück zum M. F. Haberacker – Reinhardsmünster, 1 Stunde.

Gesamtzeit der abgekürzten Wanderung 3 Stunden.

In der Kette der Burgen in den Nordvogesen, den sog. Sandsteinvogesen, gehört der Ochsenstein zu den südlichen Burgen (Hoh-Barr, Große Geroldseck, Kleine Geroldseck, Dagsburg, Wangenburg, Nideck). Er liegt aber in dem Teil des Sandsteingebirges, das seine typischen Merkmale bestens zur Schau stellt, jene riesigen Sandsteinblöcke und Sandsteinfelsen, die als natürliche Fundamente zum Burgenbau geradezu lockten. Wir haben deshalb in den Nordvogesen eine Vielzahl von Burgen, und ganz im Norden nach Lothringen und der Pfalz zu gar eine Burgenstraße (Route des châteaux forts), derjenigen vergleichbar, die im Mittelalter mit Gebirgspfaden von Burg zu Burg auch zur Pfalz hinüber Verbindung hielt. Bei der Wanderung zum Fleckenstein (S. 13) haben wir sie kennengelernt.
Da die Sandsteinvogesen überwiegend mit Laubwald bewachsen sind, geben sie jetzt im Mai, aber auch im Herbst ein besonders anziehendes Wandergebiet ab. Die zahlreichen Felsen und der herrliche Laubwald versöhnen mit der vom Donon ab bis hinunter zur Pfälzer Grenze auf durchschnittlich 500–700 Meter absinkenden Höhe der auslaufenden Mittel- und nördlich von Zabern beginnenden Nordvogesen.
Unsere Wanderung zum Ochsenstein beginnen wir in dem verträumten Dorfe Reinhardsmünster am Fuße der Vogesenkette etwa 10 km südlich von Zabern (Saverne). Es ist ein uraltes, einst zur Herrschaft der Ochsensteiner gehörendes Dörfchen und bietet noch heute dem aufmerksamen Beobachter einige Reste alter Häuser, eine aus dem 12. Jahrhundert stammende Friedhofskapelle, später restauriert, mit einem romanischen Taufstein, und in der um 1857 erbauten Pfarrkirche zwei barocke Seitenaltäre aus der ehem. Zisterzienserabtei Neuburg bei Hagenau. Der Ort, im Bereich des benachbarten ehem. Benediktinerklosters Maursmünster (Marmoutier) gelegen, hieß früher Dillerzell (Hilariuszell, weil dort

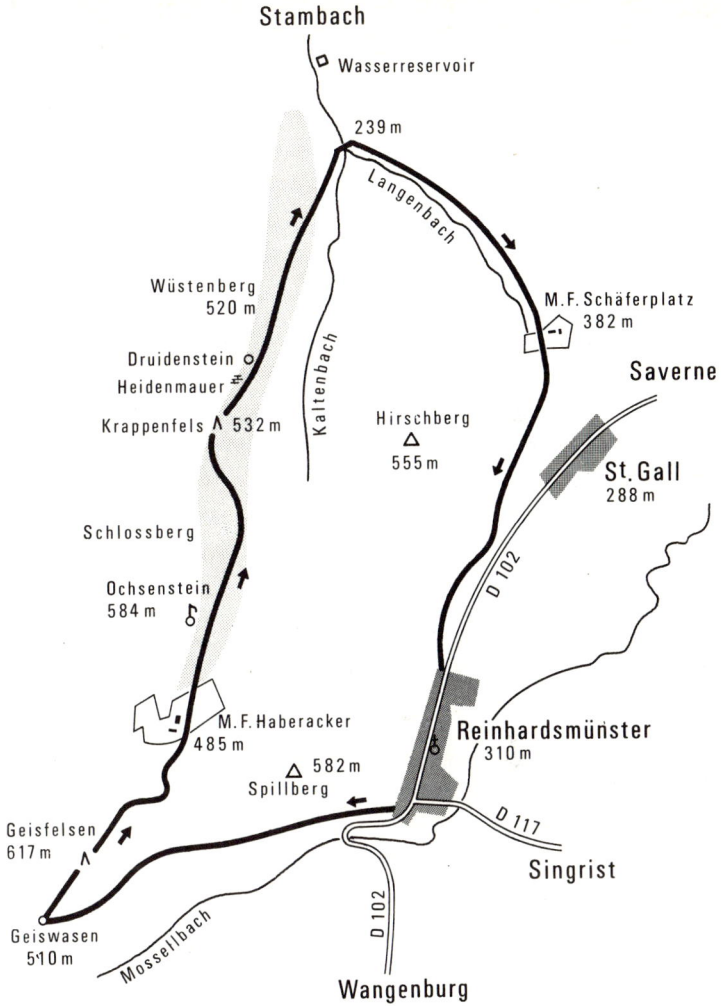

der hl. Hilarius verehrt wurde), dann Dillersmünster und schließlich, weil von Graf Reinhard von Hanau-Lichtenberg 1616 wieder aufgebaut, Reinhardsmünster. Die Hanau-Lichtenberger waren seit 1570 Burgherren vom Ochsenstein, der damals, nach dem Brand von 1599, schon nicht mehr bewohnt war und 1632 von den Schweden vollends niedergelegt wurde. Wir stellen den Wagen im Schatten der

Kirche ab, neben der ein großer Parkplatz ist, und gehen dann links die Dorfstraße hinauf bis zur Straßenkreuzung, wo mehrere Autowegweiser stehen, z. B. Otterswiller-Saverne. Dort befindet sich rechts an der Straße ein Wanderwegweiser. Wir gehen den schmalen Zugang zum Waldrand rechts hinauf und finden dort am Wasserreservoir den für uns maßgeblichen roten Punkt. Wir wollen über den Geisfelsen-Forsthaus Haberacker-Ochsenstein-Krappenfels zum Wüstenberg und von dort hinab ins Kaltenbachtal, wo der Langenbach einmündet, und durch das Langenbachtal hinauf zum Forsthaus Schäferplatz und von dort zurück nach Reinhardsmünster. Für uns ist also maßgebend der Wegweiser: Geiswasen-Geisfels mit rotem Punkt (auf der Karte des Vogesenclubs Weg 5a). Der Weg führt uns in bequemem Anstieg am Hang des Spillbergs entlang, der zum Tälchen des Mosselbächleins abfällt, zunächst zum Geiswasen. Auf dem Gipfel des Spillbergs (582 m) steht der 8,90 m hohe Fels »La Spille« = Spindelstein, im Volksmund wegen seiner Ähnlichkeit mit einer Frauengestalt »die Frau« genannt. Die Markierung des Wegs ist heute, wo wir uns zunächst im Bereich des Vogesenclubs Marmoutier und später desjenigen von Saverne bewegen, ausgesprochen gut. Wir überqueren bald eine geteerte Waldfahrstraße und sehen jenseits der Straße die Anschlußmarkierung mit dem roten Punkt. Unser Fußpfad trifft gleich danach auf einen nicht geteerten Waldfahrweg, über dem sich ein ausgedehnter Kahlschlag hochzieht. Wir sehen schon von weitem links am Waldrand den weißen Fortsetzungsweiser, gehen also auf dem Waldfahrweg links haltend weiter. Gleich sind wir auf dem Geiswasen (510 m). Das ist ein Waldplatz mit einer runden Holzhütte. Links neben dieser Hütte am Baum 123 ist der Wegweiser, von nun ab mit blauem Rechteck und Endziel Stambach, zum Geisfelsen (auf der Karte des Vogesenclubs Weg 1b). Wir steigen ein Stück weit in den Wald hoch und sehen schon den mächtigen Geisfelsen vor uns, unter dem der Hang vor einiger Zeit kahlgeschlagen wurde. Auf einem Zickzackpfädchen geht es hinauf, und gleich stehen wir auf dem 617 m hohen Plateau aus riesigen übereinandergeschichteten Sandsteinplatten und genießen die herrliche Aussicht über Berge und Waldtäler hinab, hinüber zur Dagsburg, die dort steil in den Horizont hineinragt. Sie wird uns heute noch öfter begegnen. Auf dem Felsenkegel dort drüben stand einst die Burg der Grafen von Dagsburg. Die Dagsburger wurden durch Erbschaft 1144 auch Herren der Wasserburg in Egisheim (südlich von Colmar) und errichteten dort in der Nähe auf dem Schloßberg das dritte der drei Egisheimer Schlösser (Drei Exen), das nördlichste, das sie auch wieder Dagsburg tauften.

Aus ihrem Geschlecht stammt der einzige elsässische Papst Leo IX. (1048–1054), der drüben auf der einstigen Dagsburg oder in Egisheim geboren ist. Heute steht auf dem Dagsberg (Dabo), den wir vom Geisfelsen aus sehen, an Stelle des 1679/90 zerstörten Schlosses eine Kapelle zu Ehren Leos IX., die nun zu uns herüber grüßt. Leider hat man hinter dem herrlichen Geisfelsen einen riesigen elektrischen Leitungsmast (pylône) aufgestellt, von dem aus die Drähte über das Mosselbachtal zum Reuteburgberg geleitet werden.

Bis zum Geisfels haben wir eine Stunde und 10 Minuten gebraucht. Unser nächstes Ziel ist jetzt der Haberacker (485 m). Hinter dem Plateau des Geisfelsens steht der Wegweiser: Haberacker, mit dem blauen Rechteck. Er führt gleich vor eine gerodete größere Parzelle, an der wir links halten müssen, wo an der dicksten von mehreren Tannen der Wegweiser angebracht ist. (Der z. Zt. kurz davor noch an einer großen Baumwurzel hängende zerbrochene Wegweiser wird sicher bald verschwunden sein!) In 20 Minuten sind wir unten auf dem Haberacker und sehen schon im Absteigen drüben auf der Bergspitze vor uns die Ruinen des Ochsensteins. Der Haberacker ist ein Forsthaus (Maison forestière, abgekürzt M. F.) verbunden mit einer kleinen Landwirtschaft, in herrlicher einsamer Lage von Wiesen umgeben und vom Wald umrandet. Während wir uns mit der Förstersfrau unterhielten, sprangen im Garten zwei Zwergdackel mit einem noch das Streifenkleid tragenden Wildschwein herum, das nachts mit seinen Spielgefährten im Hause auf dem Hundelager schläft.

An einem großen Baum vor dem Forsthaus ist die Wegweisung angebracht. Es gibt einen Rundweg vom Forsthaus zum Ochsenstein und wieder zum Forsthaus zurück (blauer Ring auf gelbem Grunde), den wir aber nicht benützen. Wir gehen nach links, wo rechter Hand die neuen Wildgehege liegen, und finden über einer Bank an einer Telegrafenstange die Wegweisung Stambach-Ochsenstein mit dem blauen Rechteck. Stambach ist das Endziel dieser Route. Es liegt unten im Tal der Zorn. Wir gehen nicht so weit. Kurz, nachdem wir die Haberackerwiese verlassen haben, kommen wir in den Buchenwald, der den ganzen Burgrücken des Ochsensteins umschließt. Bei einer Bank mit herrlichen Buchen – ein Motiv für Ludwig Richter – ist am Baum Nr. 92 unser Wegweiser: Ochsenstein-Krappenfels-Stambach mit dem blauen Rechteck. Bald erscheinen über uns die mächtigen Mauerreste der Burg Ochsenstein (584 m), und schon stehen wir vor dem Zugangsweg zum vordersten Burgmassiv. Wir haben von Reinhardsmünster ab bis hierher rund 2 Stunden gebraucht.

Der Burgrücken war einst mit drei Burgen, unmittelbar hintereinander liegend, bebaut: Groß-Ochsenstein, Klein-Ochsenstein und Wachelheim, die da auf den riesigen Felsenrücken standen und jeweils gigantische Gebilde gewachsenen Felsens als Fundament oder besser als Stütze haben. Man sollte um den Groß-Ochsenstein vom ankommenden Fußweg ab links etwas herumgehen, um eine Vorstellung vom Ausmaß des Felsmassivs zu erhalten, auf dem die Burg, heute also nur noch in Resten, steht. Aber dann wieder zurück zum Fußweg, denn ein mit Geländer versehenes Treppchen führt von der einstigen Unterburg in den höchsten Teil der Burg, wo sich auch der Rest der Burgzisterne befindet. Man hat von dort aus eine prächtige Rundsicht über die Wälder hinweg, besonders hinüber zum langen unbewaldeten Rücken, auf dem sich links die Streusiedlung der Hub (La Hoube 561/91 m) zeigt und rechts daneben das Dorf Dagsburg mit dem Kapellenberg, dem ehemaligen Schloßberg (650 m), auf dem die Leokapelle steht. Beim Absteigen finden wir gegenüber dem Treppchen dann wieder den Wegweiser: Krappenfels-Wüstenberg-Stambach mit dem blauen Rechteck.

Wir passieren jetzt auf dem Burgrücken im Grün der ihn umrahmenden Buchen die gigantischen Sockel der Ruine Klein-Ochsenstein und Wachelheim, von denen der eine das Aussehen hat wie eine riesige Arche Noah und der andere einem hohen, die Wogen eines aufgepeitschten Meeres teilenden Kiel eines Schlachtkreuzers gleicht.

Die Zugänge zu beiden Sockeln sind nur mittels hoher Leitern möglich, die heute in Eisenstiegen zur Verfügung stehen. Die Burgsockel haben in die Felsen gehauene Eingänge und Durchgänge, die hinauf auf das Plateau führen, wo einst die Wohngebäude standen. Diese Burgen waren also bei den mittelalterlichen Angriffsmethoden uneinnehmbar. Sie konnten allenfalls ausgehungert werden. – Die Ochsensteiner waren ein bedeutendes elsässisches Geschlecht, an den meisten großen und kleinen Händeln im Lande beteiligt und als des Kaisers Beauftragte mehrmals Reichslandvögte. Nach dem Aussterben des Geschlechts kam die Herrschaft über die Lichtenberger an die Hanau-Lichtenberger und dadurch bis zur französischen Revolution an die Landgrafen von Hessen-Darmstadt.

Nach dem letzten Felsmassiv müssen wir an der dortigen Wegteilung links halten. An einer Eiche ist der blau-gelbe Ring, das Markierungszeichen des Rundwegs, das uns nicht berührt. 5 Meter weiter links am Felsen ist unser blaues Rechteck. Der Weg führt zunächst noch auf dem Rücken des Felsgrates, fast immer eben hinaus, um schließlich kerzengerade durch einen Fichtenwald abwärts auf den Col du Krappenfels (Krappenfelssattel 485 m) zu stoßen. Als riesiger Turm schaut der Krappenfels auf uns herunter.

Am Col du Krappenfels steht in der Mitte des Waldplatzes ein Wegweiser. Unmittelbar links davon führt ein Fußpfädchen in den Wald hinein, dessen Bäume den Krappenfels umringen. Das Pfädchen führt in Kürze von hinten auf das Plateau des Krappenfelsmassivs (532 m), ein bizarres Felsgetümmel mit herrlicher Aussicht über ein Meer von grünen Wäldern, immer wieder mit dem Blickpunkt Dagsburg im Südwesten. Wir haben vom Ochsenstein bis hierher 45 Minuten gebraucht.

Der Wegweiser mit dem blauen Rechteck führt uns in einer Viertelstunde zu unserer nächsten Etappe, zum Wüstenberg, immer eben auf einem langen, keine 100 Meter breiten Felsrücken, der steil nach rechts und mit zahlreichen Felsnasen weniger steil nach links abfällt. Grasplätze, von mit ihren Ästen den Boden berührenden Tannen umrahmt. Felsblöcke inmitten knorriger Buchen, Baumruinen, die am Boden liegen oder mit klagend dürren Ästen in die Höhe ragen, geleiten uns zum Wüstenberg (520 m). Dort erwarten uns zwei interessante Stücke: die Heidenmauer (mur païen) und der Druidenstein (pierre des Druides). Eine große Buche in der Mitte des Platzes gibt die Orientierung: links ein Teil der Heidenmauer, deutliche Reste geschichteter Steinblöcke, aufgebaut auf nach Westen steil abfallenden natürlichen Felswänden, Reste keltischer oder noch älterer, vorgeschichtlicher Fliehburgen, nicht zu vergleichen mit der Heidenmauer am Odilienberg. Halbrechts von der großen Buche ein mächtiger, plattenförmig gewachsener Steinblock, in dessen Oberfläche eine ebenmäßig ausgearbeitete Vertiefung in Form eines großen Beckens eingehauen ist: der Druidenstein, ein keltischer Opferstein, wie wir ihn in den Nordvogesen noch an anderen Stellen vorfinden.

Zum keltischen Kult gehörten in gebirgigen und felsenreichen Gegenden die Heiligtümer auf Bergen, in Felsen und Hainen. Die zahllosen wuchtigen bizarren Felsbildungen der Sandstengevogesen und die durchweg aus Felsmassiven bestehenden Berggipfel (Donon, Schneeberg, Mutzigfelsen oder auch hier der Wüstenberg) kamen diesem Kult entgegen. Die auf den Gipfeln, in Felsen und Steinen hausenden Götter und Geister sollten durch dargebrachte Gebete und Opfer günstig gestimmt werden. Opfersteine und sogenannte Stampflöcher in ebenen Felsenplatten sind noch wie hier Zeugen des einstigen Kultes.

Gegenüber der Buche in der Mitte des Platzes, links neben dem Fels, geht der Weg mit dem blauen Rechteck hinab, jetzt nur noch mit Stambach bezeichnet. Der Fußweg mündet auf einen neu angelegten Waldweg. Dort heißt es nun aufpassen! Rechts vorne am Waldweg ragt eine Felsnase, etwa 80 Meter von uns entfernt, heraus. Daran befindet sich das blaue Rechteck. 10 Meter weiter links geht ein Fußpfädchen ab, mit blauem Rechteck an einer Buche markiert. Dort müssen wir hinunter.

Nach etwa 200 Metern, wenn wir den unten durchziehenden neuen Fahrweg schon sehen, weist uns der Wegweiser vom Fußpfad links hinab: Stambach mit blauem Rechteck. Schräg gegenüber ist das Schild zum Wüstenberg – Ochsenstein – Haberacker, woher wir gekommen sind. Wir folgen also der Richtung Stambach.

Der Fußpfad trifft alsbald auf die neue Waldfahrstraße. Etwa 80 Meter von diesem Eintritt ab gerechnet weiter unten geht rechter Hand ein Fußpfad hinab (ohne Zeichen!), den wir benützen. 200 Meter später bestätigt dann das blaue Rechteck an einer Fichte, daß wir auf dem richtigen Wege sind. Der Fußpfad mündet in das Tal ein, wo von rechts herunter der Kaltenbach kommt. Auf der gegenüberliegenden Talseite über dem neuen Fahrweg, an dem etwa 200 Meter weiter talabwärts ein Wasserreservoir steht, zeigt ein Wegweiser die Richtung zum Haberacker und die andere Richtung nach Stambach an. Wir folgen keiner dieser Weisungen, gehen vielmehr die neue Fahrstraße etwa 100 Meter bis zur Kurve hinauf. Dort an der Kurve geht links ein Waldweg (Schild »Schäferplatz« blaues Recktteck) von der Fahrstraße ab das Tal des Langenbachs hinauf, der unter der Kurve durch in den Kaltenbach fließt. Durch schönen Buchenwald gelangen wir in einer halben Stunde zum Forsthaus Schäferplatz (382 m). Wir haben vom Wüstenberg bis hierher eine gute Stunde gebraucht.

Am Südrand des Platzes, wo der geteerte Fahrweg in den Wald mit der Richtung Wangenburg führt, sind links und rechts Wegweiser an den den Weg flankierenden Tannen angebracht. Für uns maßgebend Reinhardsmünster 1/2 Stunde rotes Kreuz (auf der Karte des Vogesenclubs Weg 6a). Zunächst geradeaus, bis nach etwa 100 Metern links an der Fahrstraße der Wegweiser nach Reinhardsmünster wieder erscheint, der auf einen dort im spitzen Winkel zur Fahrstraße hinuntergehenden Fußpfad verweist, jeweils mit dem roten Kreuz bezeichnet. Die Abzweigung nach St. Gall berührt uns nicht, wir bleiben immer leicht abwärts geradeaus und kommen bald auf die wenig befahrene Fahrstraße, die in unserer bisherigen Richtung geradeaus an einem schönen Wochenendhausgebiet vorbei ins Dorf Reinhardsmünster hinunter führt. Nach dem ersten Haus linker Hand steht in der Kurve ein bescheidenes Bildstöckle von 1680 schief und unbeachtet am Rain. Wir steigen zur Kirche hinauf und kehren zu unserem Parkplatz zurück. Wir haben für die gesamte Wanderung rund 5 Stunden Marschzeit gebraucht. Es ist keine anstrengende Wanderung gewesen, weil die Aufstiege kaum spürbar sind. Es ist eine außerordentlich schöne und interessante Wanderung, weil wir mit einem charakteristischen Gebiet der urtümlichen Felslandschaft der Sandsteinvogesen vertraut gemacht werden.

Die Anfahrt machen wir über die Route Nationale Straßburg – Saverne. In Singrist zweigen wir links ab nach Reinhardsmünster (Autowegweiser).

Wer nach Beendigung der Wanderung noch Lust hat, möge die Abteikirche Maursmünster (Marmoutier) ganz in der Nähe von Reinhardsmünster besichtigen. Das Westwerk ist ein einzigartiges Kleinod der Romanik.

Uns locken schon von weitem die Umrisse eines viereckigen behäbigen Turmes, um den sich die Häuser des Dorfes scharen wie die Küken um die schützende

Henne. Wenn man ins Dorf kommt, tut sich plötzlich ein stiller Platz vor uns auf, der von ehemaligen Klostergebäuden begrenzt und im Osten abgeschlossen wird vom Westwerk der alten Abteikirche Mauri Monasterium, daher der Name Maursmünster. Wir stehen unmittelbar und buchstäblich Auge in Auge einer längst vergangenen Welt gegenüber. Die Zeit der Staufer, die hohe Zeit des romanischen Kirchenbaus, blickt uns an.

Steinschwere und Erdnähe scheinen diese Fassade zu erdrücken. Das Bild eines gedrungenen alemannischen Bauernschädels läßt uns nicht los. Aber Blendbogen und Lisenen geben dem Ganzen rhythmisches Leben, ja selbst die 3x3-Einteilung der romanischen Flächengliederung entdecken wir alsbald. Drei Geschosse, nach oben sich verjüngend, sind das Grundkonzept. Jedes Geschoß ist vertikal in drei Flächen geteilt. In das Mauerwerk sind Steinreliefs eines früheren Baus meist ohne Anspruch auf Symmetrie eingestreut, skurrile Köpfe und Figuren, wie wir noch Reste größeren Formats am einzig verbliebenen Turm der Klosterkirche zu Hirsau finden.

Das Typische der Kirche zu Maursmünster, ja man kann sagen, das in des Wortes richtiger Bedeutung Eigensinnige, tritt aber erst hervor, wenn wir andere Bauten aus jener Zeit, also aus dem 11. Jahrhundert, zum Vergleich heranziehen. Wir denken an das benachbarte Straßburger Münster, aber nicht an den uns überkommenen gotischen Bau, sondern an seinen Vorgänger, die frühromanische, aus der spätgotischen Zeit stammende Basilika mit einem einzigen Querhaus ohne quadratische Vierung und einem flachgedeckten Langschiff auf Säulen, als Westwerk aber eine offene Vorhalle zwischen zwei viereckigen, massiven Türmen. Dieses Motiv kehrt auch andernorts wieder, z. B. bei der Kirche des Klosters Wimpfen im Tal, das nach Jahrhunderten der Verödung den vertriebenen Mönchen von Grüssau in Schlesien Heimat gibt.

In St. Leodegar zu Gebweiler und St. Fides zu Schlettstadt brachten burgundische Ideen noch den östlichen Einzelturm über der Vierung. In Maursmünster zog man diesen Vierungsturm vor auf das Westwerk, ließ ihn gegenüber den sonst die Fassade flankierenden Türmen dominieren und schuf so eine einzigartige, einmalige Dreiheit, die uns nirgends anders begegnet. Die Seitentürme ducken sich unter den großen Bruder, entsagen ihm zuliebe ihrem eigentlichen Zweck, die Glocken zu tragen, und sind sprechendes Symbol der Einfachheit und Demut, die die Hirsauer Schule, der auch das Westwerk der Abteikirche Maursmünster entstammt, zur Reformidee machte.

Nach dem Vorbild von Straßburg ist der Eingang zur Kirche als Halle triumphbogenartig getaltet, wobei sich eine zweite Halle tief gegen das Innere der Kirche zu öffnet. Der Hauptturm hat zwei Doppelfenster, durch die hinaus der Klang der Glocken dringen soll, daher Klangarkaden genannt. Sie wiederholen das Bogenmotiv der Eingangshalle, wie dieses Motiv in den Blendarkaden der Giebel im dritten Geschoß unter den beiden stummen Seitentürmen wiederkehrt.

Man hat die Fassade von Maursmünster als die vielleicht geistreichste des deutsch-romanischen Stils bezeichnet. Und deshalb und doch auch als typisches Beispiel der Hirsauer Reformbewegung ist sie uns so wertvoll.

In der Zeit, als die Landkarten westlich des Rheins noch die merowingischen Reiche Austrasien, Neustrien und Aquitanien verzeichneten, als von Irland her der heilige Columban, dessen Bronzestatue heute auf dem Platze vor der Abtei in Luxeuil an seine Klostergründung erinnert, bis in die Westvogesen vorgedrungen war, stieß sein Schüler Leobard nach Osten über die Ruinen des römischen Tres Tabernae, heute Zabern, hinaus und gründete um 590 das später Maursmünster genannte Kloster als Leobardi cella, woraus das Volk Loewatzell machte. Nach einem Brand im Jahre 717 lag es als Ruine, während die Mönche in zerstreuten Eremitagen hausten, bis im Jahre 724 der Abt Maur sich die Privilegien durch eine neue Charta bestätigen ließ und einen großzügigen Wiederaufbau durchführte. Jetzt verlor die Abtei ihren bisherigen Namen Loewatzell und erhielt den ihres Retters und Wiedergründers, des Abtes Maur, also Maursmünster. Er suchte auch die Begegnung mit dem heiligen Pirmin, dem Gründer des Klosters Reichenau. Dort lebten die Mönche als erste diesseits der Alpen nach der Regel des heiligen Benedikt, der im Jahre 529 auf dem im letzten Krieg schwer umkämpften Monte Cassino in Mittelitalien das erste Kloster seines Ordens errichtet hatte.

In Maursmünster galt noch die härtere und strengere Regel Columbans: kein Fleisch, kein Wein, e i n e Mahlzeit am Tag, zwei Fasttage wöchentlich bei Brot und Wasser und halbschichtige Nächte des Betens. Von Reichenau brachte Pirmin die mildere Regel Benedikts 740 nach Maursmünster. Schuttern, Gengenbach, Schwarzach, Ettenheimmünster, St. Georgen im Schwarzwald, St. Trudpert bei Staufen und Murbach schließen sich dem Kreis der Klöster benediktinischer Regel an. Pirminsau, unser heutiges Pirmasens, war die letzte Klostergründung Pirmins.

Eine noch größere Erneuerung des Klosterlebens, als sie das Auftreten Pirmins bedeutete, löste drei Jahrhunderte später die Reformbewegung von Hirsau aus. Im 11. Jahrhundert hatten sich schwere Mißstände in das Klosterleben eingeschlichen. Verweichlichung, Ämterkauf und Konkubinatswesen hatten sich breitgemacht. Die Klöster wurden mitten in den Kampf zwischen Kaiser und Papst hineingestellt. Politik und weltliche Herrschaft griffen in sie über. Und der heilige Benedikt klagt in der Göttlichen Komödie Dante, nachdem er ihm von der erfolgreichen Klostergründung auf dem Monte Cassino erzählt hatte.

> Doch heutzutag will niemand seine Füße, hinaufzusteigen,
> von der Erde heben, und meine Regel schwärzt nur das Papier.
> Die Mauern, die ein Kloster waren, sind nun Diebeshöhlen,
> und die Kutte ist ein voller Sack mit faulem Mehl geworden.

Von Cluny in Burgund ging die Reinigungsbewegung aus. Nach Deutschland brachte sie der cluniazensische Prior Ulrich, der Gründer des einstigen Klosters St. Ulrich bei Staufen. Noch kündet dort der riesige Taufstein, gehauen aus einem einzigen Block burgundischen Sandsteins, ein Patengeschenk der Mönche von Cluny, von den einst herzlichen Beziehungen beider Klöster. Hirsau nahm die Bewegung auf. An die Namen der Äbte Wilhelm von Hirsau und Siegfried von Allerheiligen in Schaffhausen ist das Verdienst der Zurückführung der Klöster auf ihre eigentliche Aufgabe, die Hirsauer Reform, geknüpft. Der Reformgedanke fand auch in der Architektur seinen Ausdruck. Um die Mitte des 12. Jahrhunderts begann im Maursmünster der Bau nach der Hirsauer Schule. Ihr Ergebnis ist das uns heute noch rein erhaltene Westwerk, vollendet um 1280.

Das dreischiffige Langhaus wurde im inzwischen modern gewordenen gotischen Stil im Anfang und in der Mitte des 13. Jahrhunderts aufgeführt. Die ausgezeichneten Figuren dort werden dem Kreise des Straßburger Ekklesiameisters zugeschrieben. Ein Querhaus schloß sich an. Der Altarraum ist eine barocke Erneuerung des mittelalterlichen Chors im Stile des Historismus (1761–1767), wie wir ihn auch anderwärts im Elsaß aus dem 18. Jahrhundert finden, z. B. in Andlau. Die Kanzel stammt von 1561. Die großen Barockaltäre im Querhaus gehören der Mitte des 18. Jahrhunderts an. Ein Kunstschatz für sich ist das Chorgestühl aus dem Ende des 18. Jahrhunderts. Es wird dem barocken Meister Josef Christian von Riedlingen an der Donau zugeschrieben. Eine Silbermannorgel nennt Maursmünster sein Eigen, deren Klänge man in gelegentlichen Konzerten bewundern kann.

Frühling und Herbst

42 Im Dagsburger Land

Aufstieg:
Dabo (Dagsburg) – Wolfsgrubenkreuz – Reservoir du Schmittenberg – Col de la Schleif – Backofenfelsen – Hinterer Roßkopffelsen, 3 Stunden.

Abstieg:
Hinterer Roßkopffelsen – Steinernes Männel – Col de la Wetzlach – Col de la Schleif – Reservoir du Schmittenberg – Chat Noir – Dagsburg, 2 Stunden.

Gesamtzeit der Wanderung 5 Stunden.
Höhenunterschied 480 bis 811 Meter.
Karte des Vogesenclubs Blatt Saverne.

Eine ähnliche Verehrung wie die Schutzpatronin des Elsasses, die hl. Odilia, zu deren Kloster Hohenburg auf dem Odilienberg noch heute Wallfahrten stattfinden – Goethe erzählt uns in »Dichtung und Wahrheit«, wie auch er in seiner Straßburger Zeit an einer solchen teilgenommen hat –, genießt im Elsaß und im östlichen Lothringen das männliche Gegenstück zu Odilia, der elsässische Papst Leo IX. (1002–1054). Er wurde als Sohn des Grafen Hugo IV., Vetter des Kaisers Konrad des Saliers und Graf des elsässischen Nordgaus, ein Ettichone, und der Gräfin Heilwig von Dagsburg geboren, vielleicht in der Wasserburg von Egisheim (s. S. 89 oder 184), oder mehr wahrscheinlich, auf der Dagsburg in den Nordvogesen, der Stammburg seiner Mutter.

Die Dagsburger waren eines der Geschlechter, die in der mittelalterlichen Geschichte des Elsasses große Bedeutung hatten. Ihr Stammland lag in dem Bogen, den die obere Zorn von ihrem Quellgebiet aus nach Westen macht, um dann Zabern zu und weiter nach Osten in die Rheinebene zu fließen. Noch heute heißt das Gebiet dort, die elsässische Grenze nach Lothringen überschreitend, das Dagsburger Land, und sein charakteristisches Zeichen ist der Dagsburger Stein, der ehemalige Burgberg, der 650 m hohe steile Felskegel, auf dem einst die Dagsburg stand, wie sie uns Merian in seiner Topographia Germaniae Elsaß 1663 in zwei Ansichten so anschaulich schildert. Heute steht auf diesem Stein die Leokapelle (664 m).

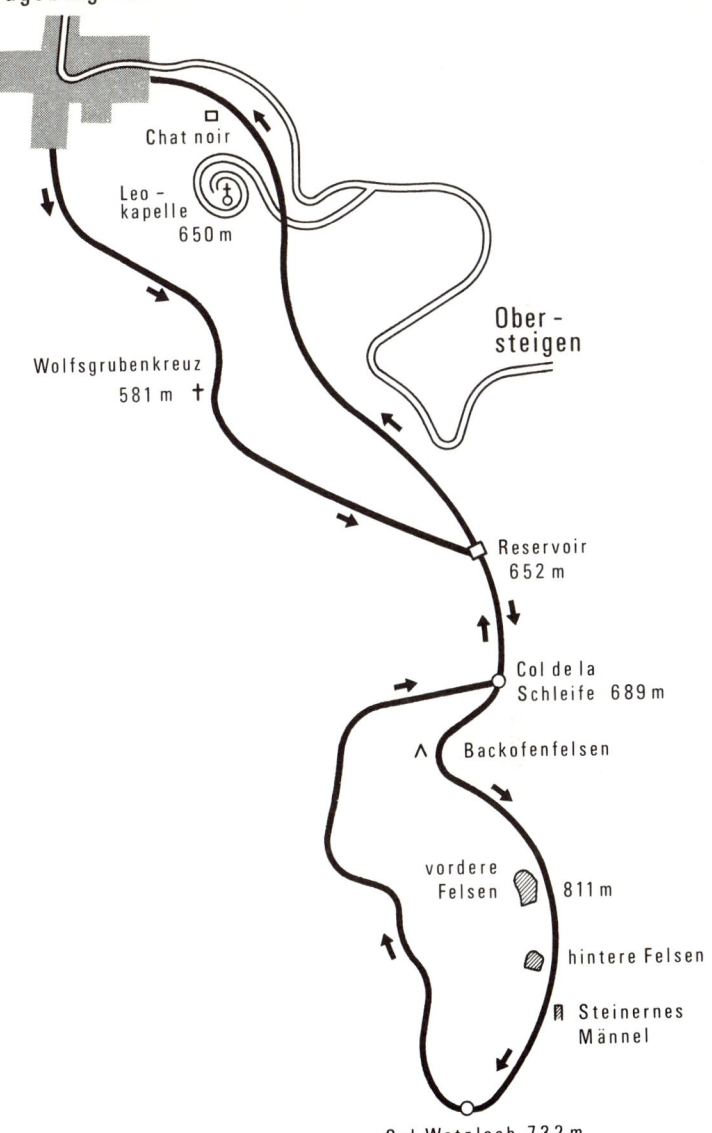

Wie um die hl. Odilia rankt auch um Leo die Legende ihre Wunder. Dem Grafen Hugo IV. wurde bei der Geburt Brunos (12. Juni 1002) – sein Name als Papst war dann Leo – von einem alten Weib geweissagt, sein Sohn werde einst noch mächtiger sein als er selbst. Der Vater Hugo ließ sich kopfscheu machen und legte die Weissagung wie der Vater des Ödipus dahin aus, daß der Sprößling, wenn er groß sein werde, ihm die Herrschaft entreißen und gar nach dem Leben trachten werde. Deshalb muß jetzt wie im Schneewittchen oder bei Odilia der Jäger den armen Knaben in den Wald führen, wo er ihn dem Befehl des grausamen Vaters gemäß töten sollte. Aber Jäger haben immer ein gutes Herz. So brachte er den kleinen Bruno in ein Kloster. Bruno wurde 1027 Bischof von Toul. Im Jahr 1048 wurde er, der die von Cluny ausgehende Reformbewegung unterstützte, zum Papst gewählt und nahm den Namen Leo IX. an. Und nun wieder die Legende: Eines Tages kam auf büßendem Wege ein Pilger zu ihm, der ihm beichtete, daß er, der Graf Hugo von Egisheim-Dagsburg, die schwere Schuld auf sich geladen habe, seinen eigenen Sohn getötet zu haben. Als Leo die Reue des Pilgers sah, eröffnete er ihm, daß er selbst dieser, sein vermeintlich getöteter Sohn sei, und erteilte seinem Vater die Absolution. Und wieder zurück zur Historie: Begleitet von Hildebrand aus Cluny, dem späteren Papst Gregor VII. (Canossa), zog Leo IX. in Rom ein, widmete sich den Reformen, die die Kirche dringend benötigte, und besuchte die großen Synoden in Italien, Frankreich und Deutschland. Dabei weihte er 1049 die Abteikirche von Ottmarsheim, die uns heute noch, nach dem Vorbild von San Vitale in Ravenna und der Pfalzkapelle in Aachen erbaut, als in Mitteleuropa seltener, achteckiger Zentralbau erhalten ist. 1052 wurde Papst Leo durch die Schenkung Heinrichs II. von Benevent in Krieg mit den Normannen verwickelt und geriet in deren Gefangenschaft. In dieser soll er einen auf dem Sterbelager gerade seinem Ende entgegenharrenden aussätzigen Normannen geheilt haben. 1054 kehrte er nach Rom zurück und starb alsbald, ein am äußeren und inneren Kampf für die Kirche gescheiterten Mann. Aber das Herz seiner Heimat ist ihm verblieben. Als die Dagsburg in den Kriegen Ludwigs XIV. 1679 und 1690 zerstört wurde und als Ruine darniederlag, errichtete man Leo dem Heiligen 1825 eine kleine Kapelle. 1889/90 baute man an deren Stelle die größere, geräumige, neuromanische Wallfahrtskirche, deren Turm als Aussichtsturm dient. Sie zieht viele Besucher an, weil man von dort oben eine herrliche Rundsicht über die Vogesenberge hinweg ins weite Land, vor allem nach Westen ins Lothringische hinein hat. Am zweiten Sonntag nach Ostern gedenkt das Dagsburger Land seines großen Sohnes und zieht in feierlicher Prozession den wie die Ringe eines Schneckenhäuschens um den Dagsberg gelegten Rundweg zur Kapelle hinauf, um Leo, dem Elsässer, die Reverenz zu erweisen.

Wir ziehen es vor, nicht zu Fuß hinauf zu Leos Stätte zu pilgern, es ist im Rahmen der uns zur Verfügung stehenden Zeit nicht ratsam. Wir fahren mit dem Wagen die 1954 gebaute Fahrstraße hinauf. Denn man sollte den Besuch des Dagsbergs, der uns bei der letzten Wanderung zum Ochsenstein schon aus nächster Nähe lockte, keinesfalls versäumen.

Den Wagen stellen wir dann im Städtchen Dagsburg (französisch Dabo), schon zum Departement Moselle gehörig, ab. Vor der Westseite der Mairie (neben der Kirche) ist Platz. Dabo ist ein winziges Städtchen von etwa 3000 Einwohnern, einst von einer Stadtburg, älter als die etwa um 1150 gebaute Burg auf dem Stein, geschützt und mit Mauern und Türmen bewehrt, wegen des Dagsbergs mit der

Leokapelle ein Anziehungspunkt für den Tourismus, aber auch ein kleiner Luftkurort als Ausgangspunkt für Wanderungen in die Umgebung gern gewählt. Deshalb ist an der Straße zugewandten Außenseite des Seitenchors der stattlichen Kirche mit dem behäbigen Turm eine Orientierungstafel für Wanderungen angebracht.

Unser Ziel ist der Große Roßkopf (le Grand Roßkopf, 811 m), den wir über das Wolfsgrubenkreuz, das Reservoir am Schmittenberg, die Schleife (Col de la Schleif, 699 m), erreichen. Der Weg bis kurz nach dem Wolfsgrubenkreuz ist mit dem rot-weiß-roten Rechteck gezeichnet (Weg 8 der Vogesenclubkarte).

Von der Orientierungstafel aus gehen wir, vor ihr stehend, links die Rue du Château hinauf. Nach etwa 100 Metern biegen wir in die Rue des Pins ein. Vor dem Haus Nr. 26 geht unser Weg links in den Wald hinein von dieser Straße ab. Das rot-weiß-rote Zeichen ist am Kirschbaum dort links. 80 Meter später geht es rechts ab. Der Pfad überquert einen vergrasten Waldweg und trifft alsbald auf den Weg, der einer elektrischen Leitung nachzieht. Bei der Teilung müssen wir rechts halten, das Zeichen ist an einem niederen Sandsteinblock rechts am Pfädchen. Es geht nun geradeaus. Wenn rechts die Sicht frei wird, müssen wir links halten. Am Weg steht allenthalben der Ginster in der vollen Blüte. Nach etwa 30 Minuten kommen wir zum Wolfsgrubenkreuz. Dort hat man einst zum Einfangen der Wölfe tiefe Gruben angelegt (siehe Film »Der Tiger von Eschnapur«), sie mit Reißig überdeckt, an dem der Köder für den Wolf befestigt war, der dann in das tiefe Loch stürzte, wo man ihn tötete. Ein Kreuz deutet diesen Ort an. Ein Standortschild etwas davor am Platze weist den Ort löblicherweise aus, wie die Wegmarkierung des Vogesenclubs Sarrebourg und auch später desjenigen von Wasselonne heute allgemein anzuerkennen ist. Linker Hand ist unser rot-weiß-rotes Rechteck und das Schild »Schleife« zur Fortsetzung unseres Weges an einer Fichte angebracht. Wir treffen alsbald auf einen breiteren Waldweg, wo eine Bank steht. Es geht geradeaus weiter. Und nun übernimmt der VC Wasselonne die Markierung: Roßkopf, rotes Rechteck.

Wir kommen alsbald zum »Rutschfelsen«, auf dem in der Tat früher junge Burschen und Mädchen, die einen Partner suchten, rutschten, wie dies auch auf der »Liese« (Felsen) bei Niederbronn und anderen Felsen geschah (nach Dr. Jean Braun, 100-Jahr-Buch des V. C. S. 134).

Wir kommen weiter zur Höhe 652 m am Schmittenberg, wo sich ein Wasserreservoir befindet, und treffen damit auf eine geteerte Fahrstraße, die uns in wenigen Minuten zur Schleife (Col de la Schleif) führt.

Dieser Punkt (689 m) ist eine große Wegkreuzung mit einer Hütte und einem mit Bänken ausgestatteten Picknickplatz. Wir gehen ungeachtet aller Schilder eines poetischen Plakatierers in der Kehre rechts vor der Hütte weiter bis zur weißroten Schranke. Linker Hand der Schranke ist der für uns maßgebliche Wegweiser an einer Tanne: Roßkopfels rotes Kreuz und Backofenfels blaues Kreuz, links den Waldweg hinauf.

Wir folgen zunächst dem blauen Kreuz zum Backofenfelsen. Das ist wieder einmal ein mächtiges Felsplattenmassiv, das durch die Baumlücken hindurch einen Blick hinüber zur Leokapelle bietet. Wir gehen zurück zum mit dem roten Kreuz ausgestatteten Weg und finden das Schild: Rocher du Roßkopf. Steinernes Männel, Schneematt, rotes Kreuz.

Der mit dem roten Kreuz markierte Weg führt nun direkt zum hinteren Roßkopffelsen. Der vordere befindet sich wenige Minuten vom Backofenfelsen entfernt und ist mit dem Pfad neben dem Hohlweg leicht zu erreichen. Man hat dort, also vom vorderen Plateau (811 m) eine weite Aussicht, nachdem Gipfel und Hang neuerdings abgeholzt sind. Wer sich nicht zutraut, ohne Markierung diesen vorderen Roßkopffelsen zu finden, folge aber besser der offiziellen Markierung mit dem roten Kreuz zum hinteren Plateau des Roßkopfs, ab Wegweiser beim Backofenfelsen also 17 Minuten.

Bei der Wegteilung nach dem genannten Wegweiser müssen wir links halten, bei Teilung 50 Meter weiter rechts bleiben, ebenso bei der nächsten Teilung. Bei drei weiteren Teilungen müssen wir links bleiben, bei der nächsten rechts und dann kommen wir dem roten Kreuz folgend leicht abwärts zum hinteren Plateau, Rocher du Roßkopf, unserem eigentlichen Ziel. Eine Höhenmarkierung ist auf den Karten nicht angegeben, er dürfte aber bei einer Höhe von rund 800 m liegen. Wir haben von der Kirche in Dagsburg aus bis hierher knappe drei Stunden gebraucht. Von dem Felsmassiv aus haben wir eine gute Sicht zum Schneeberg hinüber und seinen Genossen. Das einsame Haus in der Waldlücke drüben ist das Forsthaus Spitzberg.

Aber die merkwürdigste Felsgestalt hier am hinteren Roßkopf ist der unmittelbar vor und unter uns stehende Steinturm, zu dem wir aber von unserem Standort aus nicht direkt gelangen können, das Steinerne Männle, das wir dann am besten von unten bewundern werden. Dazu gehen wir von unserem Plateau wieder auf die Höhe des Wegs zurück und dann gleich rechts abwärts. Das rote Kreuz ist links an einer Tanne und rechts an einer Kiefer. Wenn wir das etwa zehn Meter hohe Felsungetüm von unten betrachten, bedarf es keiner großen Fantasie, um die riesige Knollennase zu erkennen, die dem Gesicht des Männleins das Gepräge gibt und den Namen rechtfertigt.

Vom Steinernen Männle aus gehen wir dem roten Kreuz folgend zum Col Wetzlach hinab. Der Fußweg trifft auf einen breiten Waldweg, der uns vorwärts geradeaus in wenigen Minuten dorthin bringt. Die Wetzlach (732 m) ist eine große freie Kehre, von der aus der Weg hinüber in die Gegend des Schneebergs führt. Wir gehen rechts herum, jetzt dem blauen Ring folgend, auf der schönen breiten Sandfahrstraße am Südhang des Roßkopfmassivs zur Schleife zurück. Das Felsmassiv mit dem Jägerstand, das rechts hoch über uns liegt am kahlen Hang, nur von einigen hohen Kiefern und Tannen flankiert, ist das vordere Roßkopfplateau. Später beim Baum Nr. 44 liegt noch einmal eine Felsengruppe über unserem Weg (Croix du Roßkopf?). In einer Stunde sind wir wieder vom hinteren Roßkopfplateau an der Schleife angelangt. – Wir gehen jetzt auf der Fahrstraße, die wir beim Anmarsch heraufgekommen sind, bis zum Reservoir am Schmittenberg wieder zurück. Am Reservoir folgen wir jedoch etwa einen Kilometer dem gelben Kreuz auf der geteerten Fahrstraße, das uns bei der Höhenmarkierung 580 m auf einen links abgehenden Fußpfad zum Gasthaus »Chat Noir« weist, das wir in 15 Minuten erreichen. Etwa 80 Meter hinter diesem Gasthaus zeigt der Wegweiser Dabo mit dem gelben Kreuz den Weg zum Städtchen, zunächst noch einmal eine Fahrstraße überquerend, einen Waldpfad hinab zu einer Wegkreuzung, wo die ersten Häuser erscheinen. Bei der Wegteilung dort halten wir links an dem Straßenwärterhäuschen vorbei (gelbes Kreuz an der Eiche) und kommen unmittelbar in die Rue du Château, die wir am Morgen heraufgekommen sind.

Wir haben vom hinteren Roßkopffelsen bis zu unserem Ausgangspunkt Kirche zurück zwei Stunden gebraucht. Die Wanderung benötigt insgesamt fünf Stunden Marschzeit.

Auf der Fahrt nach Dagsburg kommen wir durch Obersteigen (500 m), einst das Steyga der Augustiner, der »Steiger-Brüder«, das zu uns Lahrern eine besondere Beziehung hat: am 30. November 1259 stiftete Walther von Geroldseck in Erfüllung des Vermächtnisses seiner Gemahlin Heilika bei seiner Tiefburg Lahr ein Spital für 12 Arme und rief Mönche aus dem Kloster Steyga zur Betreuung seiner Stiftung herbei. So entstanden vor über 700 Jahren das noch heute bestehende Altenheim Spital, wenn es auch seinen Standort mehrmals gewechselt hat, und die vom ehemaligen Kloster erhaltene Stiftskirche. Das ist mehr, als in Obersteigen selbst aus den Zeiten der Steiger-Brüder noch erhalten ist. Das Steyga-Kloster ist 1221 von der Abtei Andlau aus als Hospital für die Reisenden gegründet worden, die über den dortigen Vogesenpaß vom Elsaß nach Lothringen hinüber stiegen. 1303 ist das Kloster nach Zabern verlegt worden. Aus jener Zeit ist noch die als Klosterkirche 1221/1230 erbaute Kapelle erhalten, ein in seiner Schlichtheit des Äußeren beeindruckender Bau an der Grenze zwischen Romanik und Gotik, der das Beispiel eines reinen und meisterhaft proportionierten Kapellenbaus veranschaulicht, wie es in der Schule des Straßburger Münsterquerhauses gewachsen ist (Hotz). Ein stilles, grünes Geviert mit an die Vergangenheit mahnenden alten Grabplatten schirmt nach Norden hin den einstigen Klosterbezirk vom Leben des heutigen, in beschaulicher Ruhe zurückhaltende Eleganz ausstrahlenden Luftkurorts Obersteigen ab.
                                                                                         Frühjahr bis Herbst

43 Greifenstein

Aufstieg:
Bahnwärterhaus Ramsthal – Melaniebrunnen – Breitkopffelsen – Herrgott – Schweizerhof, 2 Stunden 15 Minuten.

Abstieg:
Schweizerhof – Veitsgrotte – Greifenstein – Bahnwärterhaus Ramsthal 1 Stunde 45 Minuten.

Gesamtzeit der Wanderung 4 Stunden.
Höhenunterschied 190 bis 440 Meter.
Karte des Vogesenclubs Blatt Saverne.

Wenn wir von der Ruine Hohbarr bei Zabern den weiten Rundblick ins Land ringsum genießen, so schauen im Nordwesten drüben über der Zorn die mächtigen Mauern und Türme der Ruine Greifenstein herüber, die an Höhe nur wenig Hohbarr nachsteht. Nördlich davon liegt die Zaberner Steige, jene von Lothringen ins Rheintal führende Vogesenpaßstraße, die zu allen Zeiten die Heere hinüber und herüber führte, von Napoleon I. »Route imperiale de Paris à Vienne« genannt.

Unterm Greifenstein fließt in tiefeingeschnittenem, von Wäldern umgrüntem Tal die Zorn. Sie kann sich allerdings nicht allein des einstigen Durchbruchs durch das rote Sandgestein der Vogesen erfreuen: Neben ihr zieht die Talstraße mit dröhnendem Verkehr nach Westen, der Rhein-Marne-Kanal (die Franzosen sagen umgekehrt Canal de la Marne au Rhin) hat den bescheidenen Lastenverkehr und die Flößerei auf der Zorn längst abgelöst und zieht mit seiner Schleuse an den Grand'Rue mitten im Herzen Zaberns die Schaulustigen an. Und schließlich eilt der Zug der elektrifizierten Linie Straßburg – Paris der Zorn entlang mit erfreulich geringem Geräusch. Alles dieses menschliche Getriebe verhallt in den Bergen und Wäldern links und rechts der Zorn, und unter dem grünen Dach der alten Buchen und Eichen und an den schweigenden Wänden haushoher Felsungetüme verliert sich der Wanderer in ungestörte Einsamkeit.

Der Greifenstein ließe sich mit wenig Zeitaufwand vom Zorntal aus ersteigen. Aber Wandern heißt, tiefer in die Landschaft einzudringen. Das bekannte Schriftstellerpaar Erckmann-Chatrian (19. Jahrhundert) aus dem benachbarten Pfalzburg (französisch Phalsbourg) – aus seinem berühmten Roman »Madame Thérèse« (deutsch im Manesse-Verlag) schmückt eine Szene das Hochrelief am Erckmanns Denkmal auf dem großen Platze vor der Mairie dort – schrieb über diese Landschaft: »Wenn man das Glück gehabt hat, in den Vogesen zwischen Greifenstein, Hoh-Barr und Burg Nideck das Licht der Welt zu erblicken, sollte man niemals an größere Reisen denken. Wo könnte man schönere Wanderungen, ältere Buchen und Tannen, reizendere Täler, romantischere Felsen, eine malerische und an denkwürdigen Ereignissen reichere Gegend finden?« Nun, die Bescheidenheit des 19. Jahrhunderts ist heute einem größeren Fernweh gewichen, aber eine Wanderung in den Vogesenwäldern dieser Gegend bleibt immer ein Gewinn.

Wir gehen zunächst, also mit einem Umweg, das Ramsthal hinauf zu den Breitkopffelsen, von dort hinüber zur Herrgottshöhe, dann weiter zum Schweizerhof und über die St. Veitskapelle zur Ruine Greifenstein, von der wir wieder zum Ausgangsort zurückkehren.

Wenn wir durch das langgestreckte Zabern fahren, wird der Schwerverkehr von der Hauptstraße in Richtung Nancy nach links von der Altstadt abgeleitet. Dieser Weisung folgen wir. Wenn die Fahrstraße sich abwärts senkt, kommt linker Hand eine Abzweigung: D 132 Lützelbourg–Stambach. Diese benützen wir. Sie ist die Zorntalstraße. Wenn das letzte Haus auf der rechten Straßenseite kommt, fahren wir noch 300 Meter. Dort geht, im grünen Zaun, der die Zorn von der Fahrstraße trennt, etwas schwer sichtbar, eine Brücke über die Zorn, die unmittelbar zu einem Bahnübergang mit Schranke und Bahnwärterhäuschen führt. Von diesem Bahnübergang ist linker Hand Platz zum Abstellen des Wagens. An der Fahrstraße am Eingang der Brücke ist eine Orientierungstafel angebracht, wo u. a. auch unser Weg zum Breitkopf, markiert mit rotem Dreieck, angezeigt ist. Er wird dort als »paisible« bezeichnet, was friedlich, still bedeutet; das kann sich sowohl auf sein sanftes Ansteigen ins Gebirge hinein beziehen, als auch auf die idyllische Wegführung entlang dem Ramsthalbächlein bis zum Melanie-Brunnen. Der Weg ist auf der Karte des Vogesenclubs mit 2a bezeichnet.

Nach Überschreiten des Bahngeleises gehen wir rechts hinüber, wo am Drahtzaun um die Wasserschutzzone schon der nächste Wegweiser mit dem roten Dreieck steht: Fontaine Melanie – Rochers du Breitkopf (Breitkopffelsen) –

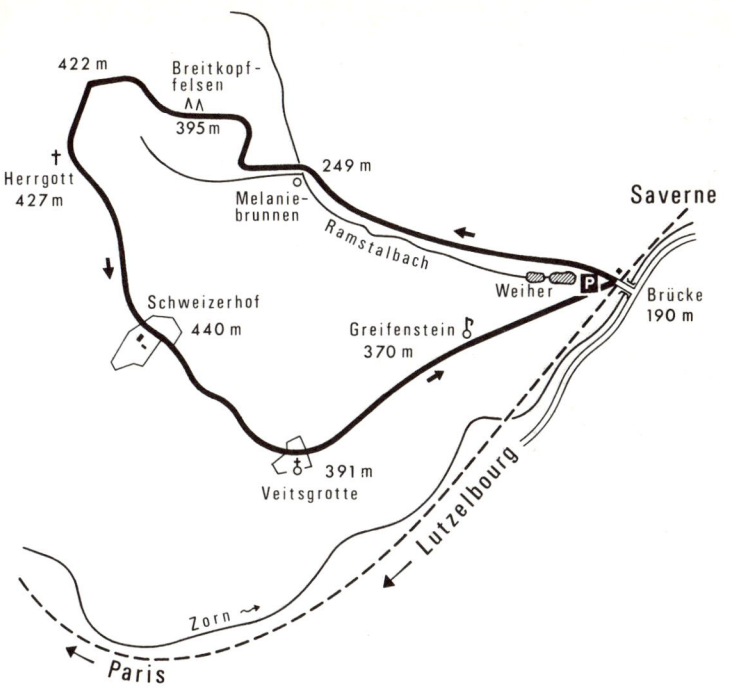

Schweizerhof, rotes Dreieck. Der Weg führt den Ramsthalweihern und dann dem Ramsthalbächlein entlang. Wenn nach 100 Metern eine Teilung kommt, bleiben wir links am Teiche. Die Wegmarkierung ist heute im Bezirk des Vogesenclubs Saverne (Zabern) ausgezeichnet. Schon tauchen neben uns am Wegrande die ersten blühenden Fingerhüte auf, für die niedere Höhe von 200 Metern, auf der wir uns noch befinden, seltene Standorte. Die zweite auffallende Blume, die wir heute noch finden werden, ist die große, dunkelviolette Glockenblume. Wir gehen immer geradeaus und kommen alsbald an den Melanie-Brunnen, ein Wegdreieck, an dem eine Holzhütte steht und links davon am Hang, von Bänken umrahmt, ein rundes Brunnenbecken.

Rechts von diesem Becken führt uns der Wegweiser weiter: Breitkopf, rotes Rechteck, und von dort weiter bis zum Schweizerhof. Diesen Weg benützen wir und nicht den mit dem gelben Dreieck bezeichneten Direktweg zum Schweizerhof. Denn es wäre eine große Unterlassungssünde, den Breitkopffelsen nicht zu besuchen. Ein Stück weit geht das rote und gelbe Dreieck gemeinsam, wieder dem Ramsthalbächlein entlang, jetzt aber in seinem rechten Seitenarm. Der Bach liegt von jetzt an rechts von uns. Das Pfädchen führt zu einem Holzbrückchen über den Bach und geht dann gleich links hoch. Das rote Dreieck ist an einer Eiche und 20 Meter weiter an zwei Buchen links und rechts des Weges. Es steigt jetzt im Zickzack hinauf.

Und bald stehen rechts über uns im Buchenwalde die riesigen Felsen des Breitkopfes (395 m), auf verschiedene Stellen hintereinander verteilt, haushohe Mauerwände und Türme in mehreren Gruppen, ein herrliches Bauwerk der Natur, wie es eben in einem Mittelgebirge nur die Sandsteinvogesen zu bieten verstehen. Der Anmarschpfad ist geschickt am Sockel dieser Giganten entlang geführt, so daß man von unten her den imposanten Blick auf die Steilwände hat, den man von oben, vom Felsplateau herab, nicht hat. Wir stehen auf 395 Metern Höhe und haben von unserem Ausgangspunkt bis hierher etwa eine Stunde und 15 Minuten gebraucht.

Auf dem Felsplateau ist der Wegweiser für unseren Weitermarsch: Schweizerhof mit rotem Dreieck. Der Weg führt in der Höhe des Plateaus auf einen ebenen Bergrücken durch schönen Buchenwald nach Süden. Bei einer Teilung nach etwa 10 Minuten geht der Pfad rechts ab. Das rote Dreieck befindet sich an einer Tanne und wiederholt sich 20 Meter weiter. Wir treffen auf einen Waldweg, dem wir nach links folgen. Nach etwa 150 Metern, gleich nachdem wir nach links hinüber freien Blick in das Tälchen haben, geht es rechts ab. Kurz danach stehen wir über dem Talende und haben durch das Tal hindurch, das beiderseits von grünen Bergen umrahmt ist, einen herrlichen Blick hinaus in die Rheinebene.

Jetzt trifft der Fußpfad den weiten, fast ebenen, nur nieder bewaldeten Bergrücken zwischen Breitkopf und Herrgott und dort auf eine gesplittete Fahrstraße, der wir links hinaus in Blickrichtung zu der Gruppe hoher Buchen, die da in den Horizont ragt, folgen. Das dort angebrachte Wegweiserschild ist halb zerbrochen und daher unleserlich und sollte erneuert werden.

Wir erreichen nach etwa 200 Metern die Höhe 427 Meter, den »Herrgott«, so genannt, weil dort früher ein steinernes Kruzifix stand, das jetzt durch ein schlichtes hölzernes Kreuzchen in einem Kästchen ersetzt ist. Es war dort einst ein gallo-römisches Gräberfeld, das aber ausgeräubert wurde. Der niedere Wald ist jetzt darübergewachsen. Viele Stücke von dort befinden sich heute im Museum in Zabern. Wohl mit Rücksicht auf dieses Gräberfeld hat man dort dann das steinerne Kreuz erstellt.

Links von dieser Stelle führt eine Waldstraße in ein Tälchen hinab, die nach dem Erbauer, Kardinal Rohan, Kardinalsweg genannt wird. Wir gehen auf dem gesplitteten Weg, den wir gekommen sind, der Wegweisung an der Schilderstange entsprechend (rotes Dreieck), weiter zum Schweizerhof, den wir in Bälde, wiederum durch schönen alten Buchenwald hindurch, erreichen.

Der Schweizerhof (440 m), der höchste Punkt unserer Wanderung, wohl genannt nach den Schweizer Siedlern, die nach dem Dreißigjährigen Krieg oder schon früher die dezimierte Bevölkerung des Landes wieder auffüllten – das benachbarte frühere Dorf Kaltwiller an der westlichen Seite der Zaberner Steige, heute nur noch als Forsthaus Kaltwiller zu finden, ist schon im 15. Jahrhundert verschwunden –, ist ein landwirtschaftliches Gut in der Größe von einigen Hektar in einer Wiesenoase, rings vom Wald umrahmt und auf der Karte noch als Forsthaus (M. F.) bezeichnet.

Heute scheint es stillgelegt zu sein und betreibt nur noch sonntags eine Sommerwirtschaft. Es ist ein herrlicher Platz, der aber mit dem Auto angefahren werden kann, so daß sonntags viel Picknickvolk da zu campieren scheint. Wir gehen weiter, den Schweizerhof rechter Hand, die Straße entlang zum anderen Waldende und finden dort den Wegweiser St.-Vite – Rappenfels – Vallée de la Zorn (Zorntal) mit blauem Punkt. St-Vite (= Veitskapelle oder Veitsgrotte) ist unser weiteres Ziel, so daß uns die Wegweisung Griffon (Greifenstein) mit dem blauen Rechteck zunächst nicht berührt. Wieder geht es durch den Wald mit hochstämmigen, schlanken Buchen immer geradeaus. Gegenüber allen anderen Wegweisungen halten wir uns an den blauen Punkt! Saverne direkt und Greifenstein mit blauem Rechteck, was da am Wege erscheint, berührt uns nicht. Unser Zeichen ist an derselben Eiche der blaue Punkt. Bei der Wegteilung nach etwa 100 Metern bleiben wir geradeaus leicht abwärts. Das Schild rechts an der Buche ist zwar zerbrochen, aber auf der linken Seite an einer Buche ist ein rotes Schild angebracht mit weißer Schrift: St. Vit(e). Vor dem Hügel mit einer Buchengruppe halten wir rechts. Bei der Wegteilung kommt das Schild St-Vite mit dem blauen Punkte wieder. Bei der nächsten Wegteilung fehlt Schild oder Punkt. Wir gehen geradeaus leicht abwärts in die Linkskehre. Und nun, nach 50 Metern, heißt es aufpassen! Da führt ein Pfädchen rechts hinab, schwer zu erkennen, der blaue Punkt ist an einer Eiche. Und schon sind wir an der Veitsgrotte.

Ein mächtiger Sandsteinfelsen mit geräumigem Plateau trug früher eine Einsiedelei, aus der schließlich eine Kapelle mit einem Meierhof erwuchs. Steine von beiden Bauwerken liegen da oben noch herum. Aber unter dem Felsplateau ist eine 25 Meter tiefe Höhle, weshalb das ganze Felsmassiv auch Hohlenstein genannt wird. Sie diente schon in alten Zeiten der Verehrung des hl. Veit. Votivstücke zeigen dies an. Dem hl. Veit (Vitus) sagt man nach, daß er, schon früh Christ, die Tochter oder den Sohn des römischen Kaisers Diokletian (284–305 n. Chr.) von der Besessenheit geheilt habe, aber statt Dank dafür den Märtyrertod erleiden mußte. Die Veitsgrotte war daher das Ziel der Wallfahrten, die man in der große Epidemie des Jahres 1518 veranstaltete, um die Kranken, die vom Veitstanz besessen waren, zu heilen. »Viel hundert fingen zu Straßburg an / zu tanzen und springen, Frau und Mann / in offenem Markt, auf Gassen und Straßen / Tag und Nacht ihrer viele nicht aßen / bis ihnen das Wüthen wieder gelag: / Sanct Vitstanz ward genannt die Plag.«

So schrieb damals die Chronik des Twinger von Königshofen, und noch heute zeigt man im Museum von Zabern eiserne Kröten, die von den Pilgern in der Veitsgrotte niedergelegt wurden, offensichtlich als Symbol des besessen machenden Teufels, von dem die Pilger durch die Wallfahrt befreit wurden oder werden wollten. Der aufklärerische Kardinal Rohan im nahen Zabern hat dann diese Nebenerscheinungen des Veitskults verboten. 1865 brannte die Kapelle auf dem Plateau nieder, und seither verehrt man den Heiligen wieder wie in früheren Zeiten im Hohlenstein, also in der Grotte.

Wir steigen vor dieser Grotte rechts die Treppe hoch durch das Alpengärtlein. Kurz vor dem Ende der Treppe führt ein Pfädchen zu einer Aussichtskanzel, von der sich eine schöne Aussicht auf die Ruinen Hohbarr und Groß-Geroldseck gegenüber sowie hinunter ins Zorntal und nach Norden hin auf die in nächster Nähe gelegene Ruine Greifenstein bietet.

Das Plateau über der Veitsgrotte ist eine von Bäumen eingesäumte Wiese. Vom Treppenaufgang gesehen, rechts am Waldrand, befindet sich das Wegweiserschild: Sentier des Roches (= Felsenpfad) – Greifenstein, blaues Rechteck und blaues Kreuz. Der Pfad führt alsbald in den Wald hinein, immer geradeaus und am Hang unmittelbar über dem Zorntal entlang. Nach etwa 10 Minuten geht es rechts und gleich danach links ab. Ein abwärts führendes Pfädchen mit Holzschwellen bringt uns an den Fuß des Burgkegels zu einer aus einem großen Baumstamm gefertigten Sitzbank. Schräg gegenüber geht der Aufstieg zur Burg hoch, der dann in eine steinerne Treppe einmündet. Die Burg Greifenstein (370 m) bestand, wie oft auch andere Burgen, aus zwei Burgen: Der kleine Greifenstein, der östliche Teil, ist die jüngere Burg (13./14. Jh.), getrennt durch einen fast ganz überwachsenen, 12 Meter tiefen Graben vom westlichen Teil, mit dem Bergfried östlich des Grabens; der große Greifenstein, der westliche, ist der ältere Teil der Burg (12. Jh.), von dessen Bergfried nur noch ein Rumpf steht, der im Sockel schöne Bossenquadern aufweist. Der große Turm rechts von der Aufgangstreppe ist im 14. Jahrhundert zur Vervollständigung der Verteidigungseinrichtungen dazugebaut worden. Er dient jetzt als Aussichtsturm und bietet eine weite Rundsicht. Die Burgherren wechselten: Gründer die Greifenstein, dann Herren die Ochsensteiner, Finstinger, Saarwerdener, Hohenburger. Vom Dreißigjährigen Krieg ab blieb die Burg dem Verfall preisgegeben, und 1670 holte man zum Bau des Zaberner Rohanschlosses Steine von der Ruine Greifenstein.

Wir kehren wieder zu der Baumstammsitzbank am Fuße des Burgkegels zurück, auf dem sich die eingangs erwähnte Glockenblume in besonders häufigen Exemplaren findet. Links von dieser Bank weist uns das blaue Rechteck auf den Abstiegspfad nach Saverne. Ein Zickzackpfad bringt uns zu einem Waldfahrweg. Dann halten wir links. 30 Meter weiter führt das Wegweiserschild Saverne rechts abwärts. Wenn der Fußpfad auf den Waldweg trifft, geht es geradeaus. Nach 30 Metern stoßen wir auf die neue Markierung, blaues Rechteck und rotes Kreuz, die uns in Kürze zu unserem Parkplatz an der Bahnschranke zurückbringt.

Die Wanderung benötigt mit den Aufenthalten zum Schauen auf Felsen und Ruinen knappe vier Stunden. Sie ist keine anstrengende Wanderung und angesichts der herrlichen Laubwälder für das Frühjahr und den Herbst geeignet.

Frühling und Herbst

44 Kastelberg und See Blanchemer

Aufstieg:
Ferme Breitsouzen – Kastelbergspitze – Ferme Kastelbergwasen – Ferme Firstmiss, 2 Stunden 30 Minuten.

Abstieg:
Ferme Firstmiss – Lac de Blanchemer – Tal des Schmargultbachs aufwärts – Ferme Breitsouzen, 2 Stunden 30 Minuten.

Gesamtzeit der Wanderung 5 Stunden.
Höhenunterschied 1243 – 1346 – 985 – 1243 Meter.
Karte des Vogesenclubs Blatt Münster Gérardmer La Bresse.

Wenn man auf der Vogesenkarte den Kamm der Vogesen südlich der Schlucht betrachtet, dann fällt das weite unbewaldete Massiv in der ununterbrochenen Höhenlage um 1300 m von der Martinswand über den Falimont (1304 m), Hohneck (1362 m) zum Kastelberg (1346 m) hin auf, wo sich dann die Senke zum einstigen Gletschersee Altenweiher (962 m) anschließt, der seinen Abfluß nach Osten zum Fechttal hin nimmt, während jenseits des nun vor dem Rainkopf (1304 m) schmal gewordenen Kammes der einstige Gletschersee Blanchemer (985 m) nach Westen ins Tal der Moselotte nach La Bresse zu abfließt. Der breitgelagerte Buckel des Kastelbergs und der See Blanchemer, nicht zu verwechseln mit dem Lac blanc (Weißer See) nördlich der Schlucht, soll heute das Ziel unserer Wanderung sein.

Wir ersteigen den Kastelberg nicht von einem Tal her, etwa von Metzeral oder Mittlach aus, sondern gestalten die Wanderung als Höhenwanderung, weil wir den sonst nur schwer in eine Tour einzubeziehenden Lac de Blanchemer mitbesuchen wollen.

Von der Schlucht fahren wir auf der Vogesenkammstraße (Route des Crêtes), erbaut erst im 1. Weltkrieg von der französischen Armee als Nachschubstraße zur weiter östlich gelegenen Front nach Süden bis zum Chaume de Breitsouze, wo wir den Wagen abstellen.

Dessen seltsamer Name, wie auch der benachbarter einstiger anderer Sennhütten (Melkereien), französisch Chaume, strohgedeckte Hütte, wie des Chaume de Fershmuss (Ferschmuss), de Schmargult, du Haut und Bas Chitelet, sind gut alemannischen Ursprungs und von den Grenzbewohnern ins Französische verballhornt. Ferschmuss oder, wie es in mittelalterlichen Urkunden noch richtig geschrieben wurde und z. T. noch heute geschrieben wird, Firstmes, Firstmiss, bedeutet soviel wie moorige, sumpfige Alm auf der First, der Hochweide, im Münstertäler Dialekt. Im hinteren Münstertal, nach dem einstigen Gregormünster im Städtchen Münster des freien Reichstals Gregoriental genannt, gibt es nicht weniger als 25 solcher Almweiden, deren Name auf »mes« endet.

Breitsuzen – sowohl die elsässischen Grenzbewohner in Metzeral als auch die lothringischen Grenzbewohner in La Bresse sagen »uf Preytsoyser« – bedeutet breite Sumpfwiese. Es hat also nichts mit »Breites Haus«, wie da und dort interpretiert wird, zu tun. Schmargult ist sofort enträtselt, wenn man die frühere

Schreibweise »Schmalguiertel«, »Schmalgürtel«, »Schmalgürtli« kennt. Chaume du Haut oder du Bas Chitelet endlich sind diejenigen beiden Almen, die drunten im Münstertal »s'ewer Schliechtle« und »s'aner Schliechtle«, also das obere und untere Schlüchtchen heißen, und die in mittelalterlichen Urkunden »Schluthli«, »Schliechtli« und »Schlichtel« geschrieben wurden (vgl. die naiv gezeichnete, panoramaartige Landkarte des lothringischen Hofpräsidenten Tyrich Alix von etwa 1570, heute im Departementsarchiv in Nancy, die im Zusammenhang mit der Geschichte und Wirtschaftsgeographie der Münstertäler Hochweiden und damit der Münsterkäseproduktion bei der Wanderung zum Ventron in Form der neuzeitlicheren Karte der Hochweiden des Münstertales v. 1900 auf S. 110 wiedergegeben ist).

Die einstige Melkerei Breitsuzen ist heute wie viele der Vogesensennereien eine große Ferme mit Wirtschaft und bewirtet die Gäste gern mit eigenproduziertem Münsterkäse, Bauernbrot und Wein oder Milch.

In der Nähe der Ferme stellen wir den Wagen ab und benützen zum Aufstieg auf den Gipfel des Kastelberges den landwirtschaftlichen Fahrweg, der hinter dem Stallgebäude am Südende der Gebäulichkeiten nach rechts hochzieht und in etwa einer Viertelstunde auf den vom Hohneck herkommenden Hangweg trifft. Wenige Meter nach diesem Punkt geht links ein Weg zum Gipfel des Kastelberges hoch. An einem Pfahl links an der Abbiegung ist das rot-weiß-rote Markierungszeichen, dem wir nun bis auf weiteres folgen. Die Markierung erscheint allenthalben auf Felsstücken im Boden wieder, aber sie ist entbehrlich. Wir sehen schon von weitem auf dem Gipfel das Ende des Skilifts, der da gerade keine Verschönerung der Landschaft darstellt.

Über den Rücken des Kastelberges läuft wieder einmal die ehemalige Grenze zwischen Deutschland und Frankreich nach 1871 mit den entsprechenden Grenzsteinen, von denen aber nur noch wenige stehen und nicht als Orientierung wie anderwärts dienen können. Vom Gipfel aus gehen wir nordostwärts in Richtung Hohneck (Bergspitze mit Hotel), weil wir den Rand des Kastelbergmassivs mit dem steil abfallenden Osthang den Spitzköpfen gegenüber gewinnen wollen, jenen da mit zackigem Kamme zu uns herüberschauenden bizarren Felsgebilden, die drunten hinter sich den Schießrotriedsee verbergen, von wo es durch das Wormsatal mit seinen Wasserfällen hinab ins Fechttal geht.

Wir steuern nach dem Skilift einer im ebenen Höhengelände halbrechts vor uns liegenden Gruppe verstreuter weißer Steine zu. Hinter diesen Steinen gehen wir geradeaus nach Osten und kommen mit wenigen Schritten auf den Fußpfad, der von den Spitzköpfen herunterkommt. Die Spitzköpfe (1166 m) sind ein bekanntes Bergsteigerobjekt, aber wegen des Abbröckelns des sehr mürben Gesteins gefährlich. Sie haben im Laufe der Jahre einige Opfer gefordert.

Wir benützen nun den Fußpfad, der von Norden herkommt, nach Südosten, um den Kastelbergwasen mit seiner Ferme zu erreichen. Es ist der Weg 4c der Karte des Vogesenclubs, gelbes Kreuz. Er führt hart am nach Osten steil abfallenden Abhang, also dem Hang dem Wormsatal zu, entlang am sog. Schwalbennest vorbei. Er bietet prächtige Sicht die einstigen Gletscherhänge hinab und hinüber zum Kleinen Hohneck und zum Gaschneykopf, aber auch weiter im Südosten zum Kleinen Belchen, Schnepfenriedkopf usw.

Ein großer Placken noch nicht abgeschmolzenen Schnees klebt heute, Ende Juli, noch am Hang, während oben auf der Weide des Sommers Flora ihren

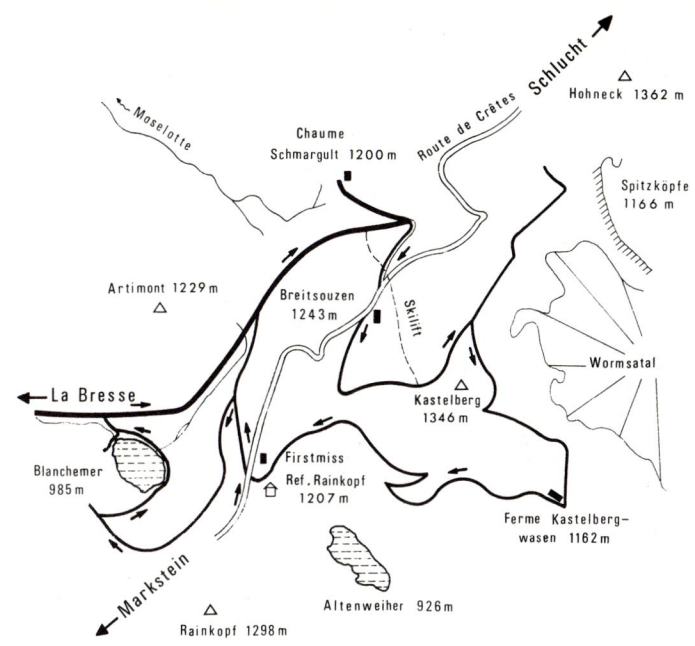

Höhepunkt schon überschritten hat. Aber noch ist buntes Treiben. Die Vogesenstiefmütterchen in Violett, Gelb und beides gemischt, eine orange Blume, deren Name noch zu suchen wäre, das gelbleuchtende Johanniskraut und vieles andere steht da inmitten abgeblühter weißer Bärte.

Bei einer Teilung des Pfädchens müssen wir uns rechts am Hang halten, der Pfahl mit dem gelben Kreuz steht etwa 30 Meter weiter südlich. Nach etwa 5 Minuten steht rechts am Weg der Pfahl mit dem gelben Kreuz an einer Stelle, die durch den niederen Buschwald, der uns jetzt umgibt, den Blick auf das rote Dach der Kastelbergwasenferme freigibt. Dort verlassen wir den mit dem gelben Kreuz gezeichneten Pfad und folgen dem links abwärts gehenden Trampelpfädchen, das uns rasch zur darunterliegenden Ferme bringt.

Wir haben knappe 2 Stunden von unserem Ausgangsort bis hierher gebraucht. Auf der natürlichen Bergterrasse an der Südfront des Fermegebäudes (1162 m) läßt sich gut sitzen und die Aussicht genießen. Dieser Punkt hat denn auch auf der Vogesenclubkarte einen roten Stern, das Kennzeichen eines besonders schönen Aussichtspunktes. Man kann von dort alle Wege verfolgen, die auf frühere Wanderziele wie den Kleinen Belchen über Metzeral mit der Hilsenfirstebene rechts daneben geführt haben, zum Hilsenfirstkopf und zum Schnepfenriedkopf mit dem Hahnenkammsattel, dem Schweiselwasen mit dem Herrenbergsattel, dem Batteriekopf und dem Rothenbachkopf. Drüben an seinem Osthang glänzt das neue Dach der Steinwasenferme. Tief unter uns die Mulde, in der der Altenweiher (926 m) liegt, dessen Seefläche wir erst auf späterem Weg heraufgrüßen sehen werden. Darüber der Rainkopf (nicht Rheinkopf, wie auf manchen Karten angegeben ist [1304 m]).

Unser nächstes Ziel ist nun die Kammhöhe über der Ferme Firstmess (1200 m) an der Route des Crêtes in unmittelbarer Nähe der am Fuß des Rainkopfes gelegenen Rainkopfhütte (1207 m), das Clubheim des Vogesenclubs Mülhausen. Wir verlassen die Kastelbergwasenferme, indem wir den Ausgang durch das Viehtörchen in der Verlängerung der Bergterrasse an der Südseite des Gebäudes benützen. Das Pfädchen führt am Rande des von unten, von der Seemulde heraufstoßenden Waldes eben geradeaus nach Westen, gleich an einigen herrlichen Windbuchen vorbei, wieder mit dem gelben Kreuz gezeichnet, bis wir zu einer Wegteilung kommen, wo ein Pfad links hinab zum Altenweiher führt, während wir rechts hoch dem Ziele Tagweidle, Crête (Kammstraße), Firstmiss zustreben müssen.

Das Tagweidle ist eine ehemalige Sennerei, von der heute nur noch einige Mauerreste zu sehen sind. Wenn wir daran vorbeigegangen sind, steht an der rechten Wegseite ein Wegweiserschild Kastelberg. Zehn Meter danach biegt ein Pfad links ab. Der dazu gehörige Wegweiser (blaues Rechteck) ist an einer kleinen Buche. Diesem Pfad folgen wir und treffen alsbald auf den Höhenweg mit dem rot-weiß-roten Zeichen, der vom Hohneck über den Kastelberg herkommt. Vor uns rechts unten liegt die Ferme Firstmiss und geradeaus die Rainkopfhütte (Refuge). Wir gehen bis zu dieser und steigen dann das dort rechts zur Straße hinabgehende Pfädchen hinab, das uns auf die Fahrstraße bringt. Auf dieser gehen wir etwa hundert Meter nach Norden, also nach rechts, entlang und finden an der linken Seite der Straße an einer hohen Eisenstange den Wegweiser: Lac de Blanchemer 30 Minuten gelber Punkt. Der Weg führt abwärts in den Wald hinein. Nach etwa 10 Minuten erscheint nach dem Baum mit der Nr. 179 eine Abzweigung nach links, ein breiter, nicht mit einem Wegzeichen versehener Waldweg. Dieser Abzweigung folgen wir. Der Waldweg führt uns in weitem Bogen fast eben um den tief unten gelegenen, noch nicht, aber alsbald durch die Bäume sichtbaren See Blanchemer nach Westen herum. Nach etwa 15 Minuten verengt er sich zu einem Fußpfad. Kurz danach müssen wir scharf aufpassen, daß wir das kleine, rechts den Hang hinunterziehende Pfädchen sehen, das uns in wenigen Minuten zum Ufer des idyllisch gelegenen, vom Wald umsäumten Sees (985 m) bringt. Wir haben von der Kastelbergwasenferme bis hierher 1 Stunde und 30 Minuten gebraucht.

Der Blanchemersee ist auch wieder ein ehemaliger Gletschersee. Leider ist er vom Tal der Moselotte her, also von La Bresse aus, mit dem Auto erreichbar, so daß z. B. eben jetzt, wo all die in der Nähe gelegenen Seen stark bevölkert sind, am Seeufer die Autos stehen. Die französische Forstverwaltung müßte eine ähnliche Lösung wie beim Lac de la Maix südlich des Donon finden, wo der Parkplatz 50 Meter unter dem Seeniveau angelegt ist und man nur über Treppen zu Fuß an das Seeufer gelangen kann. Für den Rückweg bleibt kein anderer Weg als die an sich schöne, aber vor kurzem mit Teersplitt belegte Waldfahrstraße, die das Tal der Moselotte mit der Route des Crêtes verbindet und hoch über dem See hinaufzieht. Sie ist allerdings wenig befahren, so daß der Wanderer nicht gestört wird.

Wir gehen am Nordufer des Sees an der Forsthütte und dem Abflußstellwerk vorbei, wo wir nach etwa 200 Metern auf diese Waldfahrstraße treffen, die rechts hinaufführt. Ein Wegweiser »Chaumes« 2,5 km mit gelbem Punkt zeigt die Richtung an. Mit »Chaumes« ist gemeint der Chaume Schmargult (1200 m), der im Nordwesten hinter dem Berg Artimont (1229 m) liegt, und wohl auch unser Rückkehrziel, der Chaume Breitsouze (1243 m). Denn sonst wäre die Form der Mehrzahl nicht verständlich. Gesplittet ist die Waldfahrstraße nur bis zur Abzweigung nach dem westlich abseits gelegenen Chaume de Schmargult. Der Rest des Weges ist nur befestigt und führt von dieser Stelle aus in großem Bogen in wenigen Minuten zum Chaume Breitsouze und damit zu unserem Wagen zurück. Wir haben vom See Blanchemer bis zum Chaume Breitsouze 1 Stunde und 30 Minuten gebraucht. Die gesamte Wanderung erfordert daher fünf Stunden. Einkehr Schmargult oder Breitsouze. Hochsommer und Herbst

45 Lac des Corbeaux

Aufstieg:
Les Planches – Col de Bramont – Moor Pourri Faing – Col de la Vierge – Collet Mansuy – Lac des Corbeaux, 4 Stunden 30 Minuten.

Abstieg:
Lac des Corbeaux – Etang de Sèchemer – Les Planches, 45 Minuten.

Gesamtzeit der Wanderung 5 Stunden 15 Minuten.
Höhenunterschied 730 bis 1070 Meter.
Karte des Vogesenclubs Blatt Münster, Gérardmer, La Bresse.

Bei der Wanderung zum Kastelberg und dem See Blanchemer (s. S. 225) haben wir die schon jenseits des Vogesenkammes, bis zu dem sich die deutschen Vogesenwanderer im allgemeinen nach Westen vorzuwagen pflegen, gelegenen See Blanchemer besucht. In der Luftlinie nur etwa sieben Kilometer weiter nach Südwesten zu, schon in den lothringischen Vogesen, liegt noch ein einstiger Gletschersee, der da als großes Auge inmitten des Grüns der Berge auf der Landkarte leuchtet, der Lac des Corbeaux, der Rabensee (828 m). Sowohl Mündel, Verfasser des vor dem Ersten Weltkrieg gebrauchten Vogesenführers, als auch der französische Vogesenführer Braun/Sittler nennen ihn einen der schönsten Seen der Vogesen. Grund genug also, daß wir uns dorthin aufmachen. Der See liegt im Gebiet der oberen Moselotte in der Nähe des kleinen Städtchens La Bresse.

Von der Schlucht aus benützen wir die Fahrstraße Nr. 417 in Richtung Gérardmer, biegen aber nach etwa zwei Kilometern auf die D 34 D und alsbald auf die D 34 nach La Bresse ab. Wenn auf unserer breiten Fahrstraße unten im Tal das Verkehrsschild mit der Kilometerbeschränkung 80 erscheint, zweigen wir nach links über die neue Brücke (Pont de Bramont) ab. Es stehen dort an der Fahrstraße von rechts vier und links drei Autowegweiser. Wir folgen, die Brücke überquerend, der Autowegweisung Col de Bramont – Wildenstein. Nach 150 Metern teilt sich die Fahrstraße. Wir zweigen rechts ab, dem Autowegweiser Les Planches, Bramont, Didier ein kurzes Stück folgend. Nach 200 Metern teilt sich das nun schmale Autosträßchen wieder bei dem Autowegweiserschild Chemin de Bramont. Bei dieser Wegteilung stellen wir das Auto ab. Wir befinden uns in der Streusiedlung Les Planches (730 m), die zum weiter westlich gelegenen Städtchen La Bresse gehört.

Wir sind von der Schlucht kommend ins Tal der Moselotte gelangt. Diese entspringt auf dem Vogesenkamm zwischen dem Hohneck (1362 m) und dem Kastelberg (1346 m) und fließt südlich des Chaume de Schmargult (1200 m) durch das Moor Faing de la Lande und über einen Wasserfall hinab ins Hochtal, das sich von den Hängen des Rainkopfes (1304 m) und des Bramont (Brunstberg, 1124 m) auf der Ostseite und von dem Bergzug Colline de Vologne auf der Westseite flankiert, nach Südwesten zu behaglich weitet. Bei La Bresse vereinigt sich mit diesem östlichen Arm der Moselotte ein zweiter, westlicher Arm, der vom Lac de Lispach herkommt und seine Quelle nördlich der Tête des Cerfs (Hirschkopf, 1130 m) hat. Auf den Vogesenkarten findet man daher zwei Punkte, die mit Source de la Moselotte bezeichnet sind. Der östliche Arm der Moselotte, in deren Tal wir uns befinden, hieß früher auch richtiger »Schlüchtlisbach«, weil er von der Schlucht herkommt (vgl. dort der Chaume du Haut Chitelet und du Bas Chitelet, Chitelet = Schlüchtli). Der westliche Moselottearm hieß früher Fischbach. Dieser und der Schlüchtlisbach trafen bei La Bresse zusammen und bildeten erst ab dort die Moselotte.

Diese auffälligen Namenswechsel in der geographischen Bezeichnung hängen in der weiteren Folge damit zusammen, daß das Vogesengebiet westlich des Vogesenkammes seit dem frühesten Mittelalter dem Territorium der einstigen Reichsabtei der Benediktinerinnen Remiremont angehörte. Die Äbtissin von Remiremont war Reichsfürstin. Um 1500 übertrug der deutsche Kaiser dem Herzog von Lothringen in Nancy die Schutzherrschaft über die Abtei, womit die Einverleibung in das lothringische Herzogtum beginnt. Auch als Lothringen 1736 französisch wurde, bewahrte die Abtei noch ihre Sonderstellung. Zu allen Zeiten mit ihr in enger wirtschaftlicher Verbindung stand die am Ostfuß der Vogesen gelegene Reichsabtei Münster, aus der das merkwürdige staatsrechtliche Gebilde des unter kaiserlichem Schutz stehenden mittelalterlichen Freistaats »Stadt und Tal Münster im Gregoriental« hervorging (nach dem nicht mehr vorhandenen Gregormünster in Münster benannt), bestehend aus Abtei, Stadt Münster und neun Gemeinden.

Zwischen den beiden Abteien bestand seit dem 13. Jahrhundert ein Staatsvertrag, den dann anstelle der Reichsabtei Münster der erwähnte Talstaat übernahm. Viehwirtschaft und Münsterkäseproduktion waren die wirtschaftliche Grundlage dieses nur mit einem schweizerischen Gebirgskanton vergleichbaren autonomen Talstaates. Da es einfacher war, das Weidevieh vom Kamm der Vogesen zur Überwinterung nach dem sanfter abfallenden Westen statt nach Osten zu treiben, sicherten sich die Elsässer auf dem Gebiet der Reichsabtei von Remiremont die Winterställe und gründeten in den von Remiremont nicht gerade geförderten ostlothringischen Gebirgstälern weitere Weiden und Sennereien, aus denen von Elsässern besiedelte Dörfer wurden. So ist die wirtschaftliche Erschließung dieses Gebietes trotz des Vogesenkamms mehr von Osten, vom Elsaß her, als von

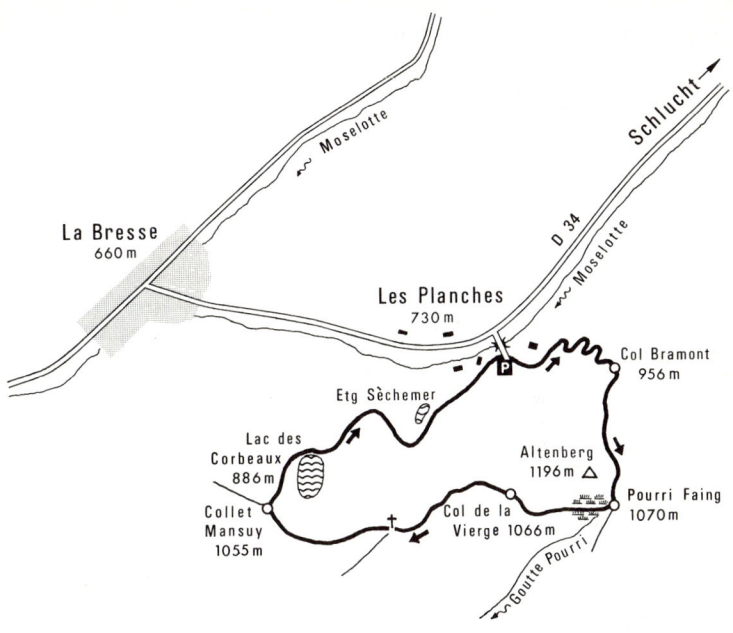

Westen, von Lothringen her, erfolgt. Gründungen der alemannischen Elsässer waren in diesem Gebiet Woll, heue La Bresse, Winterung, heute Ventron, Hornenberg, heute Cornimont, und neben manchem anderen Ort Petershüttly beim gleichnamigen See, heute les Corbeaux, nur noch im Seenamen und im Namen einer Ferme erhalten.

Die älteste Gründung der alemannischen Elsässer im romanischen Sprachgebiet (Patois) jenseits des Vogesenkamms schon im 8. Jahrhundert, also längst vor dem oben erwähnten Staatsvertrag aus dem 13. Jahrhundert, war Woll (heue La Bresse). Unter dem Schutz des mittelalterlichen Freistaats Münster gestaltete sich das früh befestigte kleine Städtchen zu einer ähnlich autonomen Miniaturrepublik wie Münster selbst. Als neben der Reichsäbtissin von Remiremont auch der Herzog von Lothringen Einfluß erhielt, waren zeitweise die elsässischen Herren von Hattstatt Vögte, die ihr lothringisches Lehen von Sulzbach aus, dem Sitz der Herrschaft Sulzbach-Günsbach-Zimmerbach verwalteten. Zwischen Woll und dem Münstertal entwickelten sich bald enge wirtschaftliche und verwandtschaftliche Beziehungen.

Münster war der Versorgungsmarkt für Woll. Die Woller Mädchen heirateten Münstertäler Männer. Das am Eingang des westlichen Vogesenpasses nach dem Elsaß hinüber gelegene Städtchen Woll, später französisch La Bresse, hat in allen

Kriegen viel zu leiden gehabt. 1944 wurde es fast total zerstört und zeigt sich heute im Gepräge des Wiederaufbaus. Eine moderne Kirche enthält schöne Glasfenster. Die schon um 1750 von den Mülhausenern eingeführte Textilindustrie, die rohstofforientierte Holzindustrie und die Käsefabrikation sind die wirtschaftliche Grundlage des Raumes um La Bresse. Neuerdings wird der Fremdenverkehr sehr gefördert, besonders im Winter durch den Skisport, wozu die herrliche Landschaft die Hand reicht (siehe die Luxus-Touristik-Siedlung Les Belles Huttes mit Skilift zum Vogesenkamm im Tal östlich von La Bresse).

Und in diese Landschaft wollen wir nun eindringen. Wir nehmen den Weg über den Col de Bramont (956 m) – Altenberg (1193 m) – Moor Pourri Faing (1076 m) – Col de la Vierge (1066 m) – Croix de Louis Lemaire (1072 m) – Collet Mansuy (1055 m) – Lac de Corbeaux (886 m) – Etang de Sèchemer (850 m) – Les Planches. Da der Weg durchweg durch Wald führt, er bietet aber trotzdem viele herrliche Ausblicke, können wir die Wanderung auch am heißen Sommertag machen. Es zieht immer ein herrliches Lüftchen über die auf 1000 Meter bleibenden Höhen, und die wilden Wälder bilden ein kühlendes Dach.

Von unserem Parkplatz aus folgen wir dem weißen Schild mit schwarzer Schrift: Chemin de Bramont. Das sieht zunächst nach Autostraße aus. Aber nach wenigen hundert Metern kommen wir an drei links und rechts der Straße stehende Häuser (eine Abzweigung vorher nach rechts mit dem Schild »sans issue«, das heißt Sackgasse, dürfen wir nicht benützen), bei denen die Asphaltstraße in einen Fußpfad übergeht. Bei der ersten Wegteilung vor einer links am Weg stehenden Tanne halten wir uns rechts und folgen dem steinigen, wie ein ausgetrockneter Wassergraben aussehenden Pfad. Er trifft bald auf einen Waldfahrweg, dem wir links hinauf folgen. Nach 45 Minuten vom Parkplatz aus stehen wir auf dem Col de Bramont. Dort kommt die Fahrstraße unten vom hinteren Thurtal von Wildenstein herauf in einem Bandwurm von Schleifen, wie man auf der Karte sieht. Unser Wegweiser für den Weitermarsch ist am Eingang der neuen Forststraße, die rechts hinaufzieht, angebracht: Pourri Faing, Col du Bockloch, Grand Ventron, blaues Rechteck.

Wir benützen diese Forststraße, bis nach etwa 300 Metern von ihr rechts gegenüber einer Straßenausbuchtung ein Pfädchen abzweigt (aufpassen!). Wir folgen jetzt dem blauen Rechteck, das entlang der alten Reichsgrenze von 1871 über all die Höhen zum Grand Ventron, weiter zum Col d'Oderen oder Col de Ventron und weiter zum Elsässer Belchen (Ballon d'Alsace) ganz im Süden führt, ein herrlicher Höhenweg durch urtümliche Landschaft, dem wir nun ein Stück weit, bis zum Col Pourri Faing folgen. Auf der Karte des Vogesenclubs ist der Weg mit 1b bezeichnet.

Bald wird die Sicht nach links über das hintere Thurtal hinweg auf den Batteriekopf und Rothenbachkopf frei. Es ist schon ein leicht alpines Pfädchen, das an einer Stelle sogar mit eisernen Pfählen und Drahtseilverbindungen gesichert ist. Etwa fünf Minuten nach dem Wegweiser heißt es aufpassen! Bei der Teilung des Weges müssen wir rechts herumgehen. Das blaue Rechteck ist vor der Teilung links an einer Buche und gleich rechts an einer zweiten Buche. Hinter dieser zweiten Buche geht es rechts hinauf.

Bei mächtigen Felsschutthalden ist wieder freie Sicht hinüber zum Vogesenkamm. Man sieht die Autos auf der Route des Crêtes in Spielzeuggröße fahren. Wenn der Pfad die Höhe erreicht hat, am Fuße des Altenbergfelsmassivs (1196 m), geht der

Weg leicht abwärts dem Schild Pourri Faing nach zu einer 50 Meter danach erscheinenden Wegweisertafel: Pourri Faing, Col du Bockloch, blaues Rechteck, rechts ab. Es geht einen Hang leicht hinab und schon sehen wir das große Moor Pourri Faing unter uns erscheinen. Unser Pfad überquert einen breiteren Grasweg und führt uns ins Moor zum Wegweiser, der löblicherweise einmal den Standpunkt anzeigt: ici (hier) Col du Pourri Faing (1070 m). Das ausgedehnte Moor Pourri Faing senkt sich nach Südwesten hinunter und fließt mit dem gleichnamigen Bächlein in das Flüßchen Rouge Rupt ab, das bei Cornimont in die Moselotte mündet.

Der Wegweiser am Standortschild weist abgesehen von der Geradeausrichtung zum Col du Bockloch – Grand Ventron, die wir nun verlassen, links hinunter nach Wildenstein und rechts über dem Moor entlang zum Col de la Vierge, unserem nächsten Ziel. Vor dem Standortschild stehend, folgen wir dem rechts weiterführenden Weg mit dem orangefarbenen Rechteck zum Col de la Vierge.

Der Pfad rechts entlang dem Hochmoor mündet in einen Grasweg, führt über ein Geröllbett und bringt uns über einen Hang mit einem Heer blühender Fingerhüte, die uns heute allenthalben begegnen; über diesen Hang hinweg ist der Blick frei hinüber zum Grand Ventron. Wenn dieses Orangerechteck rechts ab führt (wohl zu dem Punkt »Vieille Montagne«) bleiben wir geradeaus. Bald trifft unser Weg auf eine Fahrstraße, der wir ohne Wegweisung, die wenigstens hier am Platze wäre, geradeaus, also leicht hoch nach rechts folgen, um alsbald an den Col de la Vierge (1066 m) zu gelangen. Wir haben vom Col de Bramont bis hierher zwei Stunden gebraucht.

Hier am Col de la Vierge kommen drei Fahrwege zusammen. Eine halbleserliche Wegweisertafel liegt am Fuße eines Baumes. Dem dort nach dem Lac des Corbeaux gewiesenen Weg folgen wir jedoch nicht. Wir benützen vielmehr den Waldweg, der am Baum Nr. 140 vorbei in den Wald führt. Er ist neuerdings beschildert: Cornimont (Ort im Tal der Moselotte), rotes Rechteck. So weit gehen wir aber nicht. Unser Weg geht zunächst leicht abwärts, dann aber mäßig hinauf, immer durch schönen Wald und bringt uns nach einiger Zeit zu einem alten schmiedeeisernen Kreuz auf einem Steinsockel. An dieser Stelle hat am 4. September 1868 Louis Lemaire den Tod durch einen Unfall gefunden.

Dort müssen wir den bisherigen Weg verlassen und dem hinter dem Kreuz rechts in ein Wäldchen von jungen Tannen hineinziehenden Pfad folgen. Es erscheinen jetzt häufig an den Bäumen weiße rechteckige Kunststoffplättchen und frische blaue Farbrechtecke. Sie sind aber keine Wegzeichen. Immerhin, an einer Stelle, wo solche blaue Rechtecke zweimal erscheinen, bleiben wir geradeaus und immer auf dem in gleicher Höhe am Hang dahinziehenden Weg, also niemals links ab. Das gilt besonders beim Baum Nr. 8 bis zum nächsten Baum Nr. 8, der 40 Meter weiter westlich steht. Wenn sich der Weg leicht hinab zu einer Wegteilung senkt, steht dort der Baum Nr. 9. Dies ist der Collet Mansuy, welche Bezeichnung dort aber nicht angeschrieben ist. Auf der Vogesenclubkarte ist dieser Punkt als Col de la Meix bezeichnet.

Gleichgültig, welche dieser beiden Bezeichnungen richtig ist, hier ist nun der entscheidende Punkt, von dem aus wir das letzte Stück zur Erreichung unseres Hauptziels, des Lac des Corbeaux angehen müssen. Ein roter Abbiegepfeil an einem Baum weist uns. Wir müssen rechts den Hang hoch und den Pfad zwischen zwei jeweils mit der Nr. 135 bezeichneten Bäumen hindurch auf die nahe

Kammhöhe, von wo der Pfad hinab in den Seekessel führt. An riesigen Geröllhalden, die von links oben nach rechts hinunter in eine Geröllschneise abfallen, führt der Pfad hinab. Man muß jetzt einige Vorsicht walten lassen. Bald öffnen sich durch die urwüchsigen Bäume herrliche Blicke zum See hinunter und hinüber auf die Berge vom Rothenbachkopf bis zum Hohneck. In wenigen Minuten sind wir am Seeufer angelangt. Wir haben vom Col de la Vierge bis zum See eine Stunde und vierzig Minuten gebraucht.

Der See ist ein ehemaliger Gletschersee, aber ein natürlicher See und kein Stausee. Er ist durch eine Felsbarrikade und eine Mauer nach dem Talhang zu abgeriegelt. Die Autos sind dadurch vom See abgehalten. Um ihn herum führt ein Rundweg. Der See ist 500 Meter lang und 700 Meter breit. Mit seiner Fläche von neun Hektar drängt er sich weit in den Bergkessel hinein, zu dem steile Felswände aus Granit und Porphyr herunterfallen, allerdings jetzt durch den Waldbewuchs verdeckt.

Wenn die Sommertourismusgäste, die da zum Sonnen, einzelne Abgehärtete auch zum Schwimmen und andere zum Schlauchbootfahren Wasser und Ufer bevölkern, verschwunden sein werden, also im Herbst, ist das ein Ort idyllischer Ruhe und verdient Mündels und Braun/Sittlers obenerwähntes Prädikat in vollem Umfang. Das kleine Seerestaurant ermöglicht eine Erfrischung, nachdem sich auf dem gesamten bisherigen Weg dazu keinerlei Gelegenheit bot.

Der Abstieg vom See zurück zu unserem Parkplatz ist einfach. Unter dem Seerestaurant geht ein Weg ab mit dem Wegweiser Lac de Sèchemer – Vallée Vologne. In großen Schleifen führt dieser schöne Waldweg um das enge Tal herum, in dem der jetzt ausgetrocknete einstige Gletschersee (daher Sèchemer) als Etang oder Weiher noch den Rest eines Sees bietet. Über malerische Weidehänge hinab, wo jetzt auf weiten Flächen bereits das Heidekraut blüht, geht es in 45 Minuten vom Lac des Corbeaux ab hinunter nach Les Planches unmittelbar an unseren Parkplatz.

Wir haben für die gesamte, im ganzen mühelos angenehme Wanderung, wie sich aus der Aneinanderreihung der Höhenmaße ergibt, durch die urtümliche und, ausgenommen die Cols und den See, völlig einsame Berglandschaft fünf Stunden und 15 Minuten gebraucht.

Den Rückfahrtweg zur Route des Crêtes kann man zur Abwechslung über die Abzweigung (etwa einen Kilometer nördlich von Les Planches rechts an der Fahrstraße) zum Lac de Blanchemer – Chaume Breitsouze – Schlucht nehmen.

Sommer und Herbst

46 Drumont

Aufstieg:
Café du See im Zinken Seehäuser zwischen Fellering und Urbès – Drumont (Chaume) – Hasenkopf – Tête de Fellering, 3 Stunden.

Abstieg:
Tête de Fellering – Hasenkopf – Ferme Lochberg – Colonie de vacances – Café du See, 3 Stunden.

Gesamtzeit der Wanderung 6 Stunden.
Höhenunterschied 450 bis 1222 Meter.
Karte des Vogesenclubs Blatt Thann-Guebwiller

Die Verbindung der an der Route de Crêtes liegenden Berge südlich des Schluchtpasses, also Hohneck, Rainkopf, Rothenbachkopf, bis hinunter zum Grand Ballon (Sulzer oder Gebweiler Belchen), hinüber zur Kette, die durch das Thurtal von der vorderen Kette getrennt wird, bildet der Col de Bramont (958 m). Von ihm nach Süden verläuft die alte deutsch-französische Grenze von 1871. Wir haben das Gebiet in früheren Wanderungen schon berührt, nämlich den Grand Ventron bis zum Felsachkopf, ganz im Süden den Ballon d'Alsace (Welscher oder Elsässer Belchen) und nördlich von diesem den Rouge Gazon. Es fehlte dazwischen noch der Drumont (1200 m). Der Vogesenführer aus der Zeit vor dem 1. Weltkrieg, Mündel, rühmt ihn wegen seines »großartigen Blicks« (Rundsicht).

Das Kartenstudium (Karte des Vogesenclubs Blatt Thann-Guebwiller u. a.) ergibt in der Namensbezeichnung eine gewisse Unsicherheit. Da finden wir in der Reihenfolge von Süden nach Norden gleich drei Drumonts, die da hintereinander liegen: der Petit Drumont (1186 m), der Drumont (1200 m) und schließlich der Grand Drumont (1222 m). Mündel nennt einen kleinen Drumont, bezeichnet aber, was auf der Vogesenkarte Drumont benannt ist, als Petit Drumont und spricht von einem Grand Drumont überhaupt nicht. Diesen nennt er Felleringer Kopf, nach dem im Südosten drunten im Thurtal liegenden Dorf Fellering. Die Vogesenclubkarte schreibt »Grand Drumont (Felleringer Kopf)«, während ihn eine andere französische Karte ebenfalls »Grand Drumont ou Tête de Fellering« bezeichnet. Dieses Durcheinander kommt daher, daß die mit Drumont bezeichneten drei Bergspitzen im Bereich der erwähnten alten Grenze liegen. Der Drumont (1200 m) war immer französisch. Die deutsch als kleiner Drumont bezeichnete Spitze lag auf einstigem deutschen Gebiet, während auf dem als Grand Drumont bezeichneten Felleringer Kopf die Grenze den schmalen Scheitel gerade durchschnitt.

Ordnung kommt in die Bezeichnung, wenn man sich an die Namen der Vogesenclubkarte hält, aber die Bezeichnung Petit Drumont als topographisch unerheblich ausklammert, die 1200 m hohe Bergspitze mit der allumfassenden, erwähnten großartigen Aussicht und einer Orientierungstafel des Französischen Alpenclubs von 1891 schlicht und einfach als Drumont bezeichnet und schließlich der im Nordwesten diesen Drumont überragenden Bergspitze den alleinigen Namen Felleringer Kopf beläßt, also die Zweitbezeichnung Grand Drumont streicht.

Nach dieser Klärung, die auch für das Lesen der Wegweiser und die dort angegebenen Zeiten von Bedeutung ist, kann also nun der Aufstieg beginnen. Es darf ganz allgemein vorausgeschickt werden, daß Mündels Prädikat »großartiger Blick« nicht nur für die Rundsicht vom Drumontgipfel, in älterer Zeit »Trummenkopf« genannt, vielleicht auch »Lochberg« (= Troumont?), sondern das Beiwort großartig der gesamten Landschaft um den Drumont und überhaupt westlich der Thur zu verleihen ist. Selten erschließt eine Vogesenwanderung eine solche markante, stetig wechselnde, einmal nach der, dann wieder nach jener Seite, und schließlich rundherum Aussicht vermittelnde Berglandschaft wie hier. Es lag am Wandertag ein feiner bläulicher Dunst über Tälern und Höhen, der die Konturen auch ferner Berge noch erkennen ließ, aber den Bergfuß verhüllte, so daß die in der Weite liegenden Kämme in der unwirklichen Höhe eines Himalajagebirges erschienen.

Der Herbst ist schon eingezogen. Weite Hänge überwuchert das zartrosa blühende Heidekraut. Die Vogelbeere mit ihrem Korallenrot, der rote Holunder mit seinem Zinnoberrot, das hellere Grün der Buchen, die hier in den Bergen stark vertreten sind, sei es stolz in geschlossenem Bestand, sei es oben auf den Kämmen als windgekrümmte Gestalten, das dunkle Grün der mächtigen Weißtannen, das bräunliche Gelb des schon vergilbten Weidegrases, all diese Farben trägt die Palette des Herbstes der uns umgebenden Landschaft in milden und kräftigen Tönen auf, so daß ein aufnahmebereites Auge zum vollen Genuß des Sehens gelangt.

Wir beginnen den Aufstieg bei den sogenannten Seehäusern am Nordrand des Tals, das vom Col de Bussang herab über Urbès (Urbis) ins Tal der Thur, zwischen Wesserling und Fellering, hinter Thann vordringt. Zwischen Urbès und der Thur bildet der Seebach ein Moor mit einigen größeren Tümpeln. Das Moor heißt Breisgau. In Wesserling zweigt, wenn man von Thann heranfährt, nach links die Autostraße zum Col de Bussang ab. Etwa 300 Meter nach dem linker Hand an der Straße stehenden Hotel du Pont Rouge geht rechts ein Fahrweg von der Autostraße über den Seebach ab. Ein kleines Bretterhüttchen steht an dieser Abzweigung. Auf der linken Seite der Autostraße steht das Hinweisschild zum Café du See. Am Eingang dieser Brücke ist linker Hand an einem Baum schon der erste Wegweiser: Drumont, blaues Dreieck.

Der Fahrweg durch das Moorgelände endet nach etwa 200 Metern vor dem Café du See, einem bescheidenen Häuschen mit Gartenwirtschaft. Dort stellen wir das Auto ab.

Wir finden da auch wieder den Wegweiser: Drumont, blaues Dreieck. Es ist der Weg, der auf der Vogesenclubkarte mit 2b bezeichnet ist. Zwischen diesem Café (450 m) und dem weißen neuen Wohnhaus links daneben geht unser Weg hindurch, an dem Torsobauwerk, das aussieht wie der Eingang zu einem Tunnel, links vorbei, und schon sehen wir den nächsten Wegweiser am Waldrand: Drumont, blaues Dreieck, zwei Stunden 30 Minuten. Er weist uns rechts den Hang hinauf. Die Zeit ist richtig bemessen und meint den Weg bis zum eigentlichen Drumont, auf dem die oben erwähnte Orientierungstafel des Französischen Alpenclubs steht. Der gesamte Weg ist gut markiert.

Der Fußpfad führt in großen Schleifen den Südosthang des Berges hinauf und überwindet unmerklich einen Höhenunterschied zwischen 450 und 1000 Metern. Bald bietet sich auch schon der erste Blick hinüber zum Rimbachkopf (1197 m),

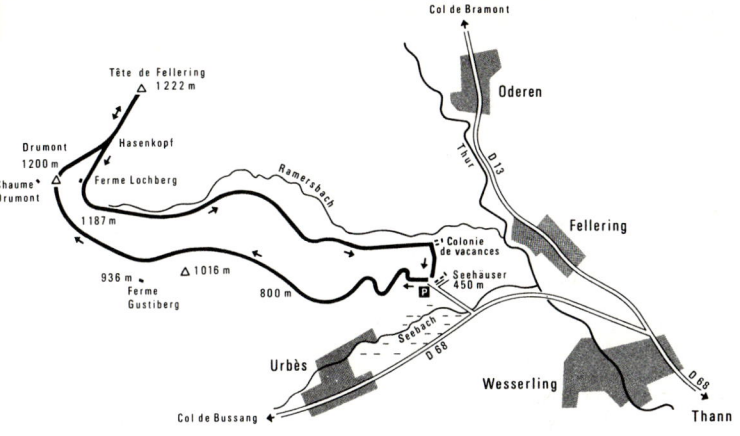

zum Sternseesattel und zum Rouge Gazon (1171 m) und, wenn wir eine Etage höher gestiegen sind, über einen großen Kahlschlag hinab ins Tal des Urbès und das Seitental von Storkensauen (Storkensohn). Gegenüber am Fuß des Berghangs liegt ein kleiner französischer Militärfriedhof. Am Ende des Kahlschlags, den wir überquert haben, weist der Wegweiser wieder eine Etage höher, von wo wir das gesamte Tal überblicken können.

Der Fußpfad trifft auf einen Holzabfuhrweg und führt uns zu einem rechts hochweisenden Schild, das mit dem blauen Dreieck zwei Ziele nennt, Gustiberg und Drumont. Gustiberg ist eine Ferme mit Wirtschaft im Gebiet des sogenannten Brennwalds, offenbar ein ehemaliges Waldgebiet, das zu einem ausgedehnten Weideland gereutet wurde, von einer Höhe von 1000 Metern nach dem Tal von Urbès zu abfallend. Noch geht der Weg zu beiden Zielen gemeinsam. Aber schon 150 Meter weiter, in einem Wald alter hoher Lärchen, müssen wir uns entscheiden: geradeaus zum Gustiberg (936 m), von wo man auch zum Drumont aufsteigen kann, geht es dem roten Punkt nach, rechts ab dem blauen Dreieck nach direkt zum Drumont.

Wir entscheiden uns für den letzteren Weg. Nach wenigen Metern treten wir aus dem Wald heraus auf einen ausgedehnten baumfreien Hang, jetzt mit Blick nach Norden hinunter ins Ramersbachtal. Es befindet sich dort ein Wendeplatz für Holzfuhrwerke. Ein Markierungszeichen fehlt. Wir müssen das Pfädchen benützen, das von der Mitte des Wendeplatzes aus links den Hang hinaufstrebt und uns nördlich um den Hagersbachkopf (1016 m) herum auf den Bergkamm bringt. Nach 30 Metern kommt denn auch an einem Baumstumpf das blaue Dreieck. Das Pfädchen führt in den nahen Wald, trifft auf einen Waldfahrweg, der überquert wird, setzt sich drüben links hochgehend ohne Zeichen fort. Am Rande des Fahrwegs stehen dicht gedrängt in rauhen Mengen Fingerhüte, leider nur noch mit spärlicher Blüte. Rechter Hand liegt drüben der Vogesenkamm mit der Route des Crêtes. Der Pfad trifft alsbald wieder auf einen Waldfahrweg. Links am Baum

Nr. 82 ist das blaue Dreieck. Es weist uns links leicht hoch durch den Wald. Bei einer Teilung müssen wir linkshalten. Erst 50 Meter nach der Teilung kommt das blaue Dreieck wieder.

Windbuchen kündigen an, daß wir nun gleich auf den baumfreien Bergkamm treffen werden. Und schon treten wir aus dem Wald auf die weite, mit rosablühendem Heidekraut übersäte Weide des einstigen Brennwalds (1000 m). Der Hang fällt tief nach Osten ab, nach dem Tal von Urbès zu. Drunten schleichen die Autos die kurvenreiche Paßstraße zum Col de Bussang hinauf. Unter uns liegt die Ferme-Auberge Gustiberg, früher auch Ferme Brennwald geheißen.

Wir setzen den Kammweg geradeaus nach Westen fort, der gleich zur Höhe hinaufsteigt. Vor Beginn der Bewaldung weist uns ein Wegweiser an einer Buche hoch zum Drumont. Für kurze Zeit geht es jetzt steil hoch, sozusagen zur nächsten Etage, bis zu der Höhe 1187 m, die man als den kleinen Drumont bezeichnet, und dann nur noch mäßig ansteigend auf dem letzten Stück des schmalen Kamms entlang, der steil auf der einen Seite nach Süden abfällt und auf der anderen Seite nach Nordosten, wo tief drunten die Lochbergferme liegt, die wir auf unserem Rückweg berühren werden. Ganz nahe vor uns erscheint der Drumontgipfel, gekrönt von einem Bauwerk, das von weitem wie ein Bunker aussieht. Es sind die brusthohen Mauern eines geteilten Rundells, das die eisernen Orientierungstafeln trägt, die der Französische Alpenclub 1891 angebracht hat. Solche Orientierungstafeln sind immer nützlich. Abgesehen von der örtlichen Orientierung über die näheren Berge, bekommt man auch dargelegt, in welcher Richtung man Paris, Petersburg oder Konstantinopel zu suchen hat.

Die Aussicht, besser die Rundsicht, vom Drumont aus entspricht in vollem Umfang den Erwartungen, die uns Mündels Ankündigung stellen ließ. Abgesehen von dem schmalen Kamm, der nach Nordwesten noch höher zum Hasenkopf und dem dahinter noch nicht sichtbaren Felleringer Kopf hinaufsteigt, wird die Rundumsicht durch nichts unterbrochen. Sie gibt vor allem einen eindrucksvollen Blick nach Westen in die sich in unendliche Ferne verlierenden Kämme der Westvogesen. Sie läßt aber in der Nähe die Übersicht zu über den vorderen Vogesenkamm vom Hohneck bis zum Großen Belchen, und hinüber zum Elsässer Belchen und zum Ballon de Servance (1210 m), dem einst höchsten Fort in der Befestigungskette um Belfort.

Wir haben von unserem Ausgangspunkt am Café du See bis zum Drumontgipfel genau die unten angekündigten zwei Stunden und 30 Minuten gebraucht.

Am Südhang des Drumontgipfels liegt, in wenigen Schritten zu erreichen, die Ferme-Auberge »Chaume Drumont«, ein leistungsfähiges Höhenwirtshaus mit Freiterrasse, dem sich der Wanderer anvertrauen kann. Denn auf dem Rückweg gibt es keine Gelegenheit.

Wir besteigen jetzt zunächst noch den höchsten Gipfel des Drumontmassivs, den Felleringer Kopf (1222 m). Hinter dem Chaume steht ein kleines technisches Gebäude, das wohl der Elektrizitätsversorgung dient. Dort ist auch der Wegweiser für unseren Weitermarsch: Tête Fellering – Col de Ventron, blaues Rechteck. Auf der Wegweisertafel ist zwar die blaue Farbe im Rechteck abgefallen, aber die Markierung mit dem blauen Rechteck folgt alsbald. Der Weg ist auf der Vogesenclubkarte mit 1b bezeichnet. Er geht über den Fahrweg am Westhang des Drumontgipfels hinauf auf den nahen schmalen Kamm, der da im Horizont steht, bei Waldbeginn steil aufwärts, dann sich aber in einem kleinen Sattel senkend. Wir merken uns diesen Sattel für den Rückweg. Es stehen in ihm einige mächtige, alte Tannen. An einer von ihnen sind zwei Wegweiser angebracht, der eine zur Tête Fellering mit dem blauen Rechteck, der andere rechts ab mit dem gelben Punkt nach Fellering.

Wir folgen dem blauen Rechteck. Damit gemeint ist das mittlere der drei hier auseinandergehenden Pfädchen, um die große, dürre, umgestürzte Tanne herum.

In wenigen Schritten stehen wir auf dem kleinen freien Plateau des Hasenkopfs, von dem aus das Fußpfädchen noch weiter bergauf zum Felleringer Kopf führt. Das Grenzmäuerchen geleitet uns hinauf. Oben auf dem Gipfel, der nach Südwesten hin bewaldet ist und nur Sicht zur Hälfte des Runds zuläßt, steht ein alter Grenzstein mit der Nummer 3141, auf der einen Seite, Frankreich zu ein F und auf der Gegenseite Deutschland zu, ein längst ausgemeißeltes D. Er markiert gleichzeitig den Höhepunkt.

Wir haben von Chaume Drumont bis zum Felleringer Kopf eine gute halbe Stunde gebraucht, und gehen nun etwa 15 Minuten zunächst wieder denselben Weg zurück bis zu dem Sattel unter dem Hasenkopf, also zu jenem Wegweiser, der uns mit dem gelben Punkt, nun aus der Abstiegsrichtung gesehen, links hinunter nach Fellering weist. Es ist der Weg 5c der Vogesenclubkarte. Der Pfad führt ein kurzes Stück steil über jäh abfallende Waldschluchten, entlang am bewaldeten Nordhang des Drumontmassivs hinter zur Ferme Lochberg, einem friedlichen Idyll, auf deren Weiden hirtenlos eine Herde Kühe grast. Die Ferme ist verlassen. Zwei noch gut erhaltene Gebäude dienen dem Weidebetrieb.

Wenn wir an die Holzumzäunung kommen, die die Gebäude umschließt, gehen wir den Weg links hinab. Eine Markierung fehlt. Der Weg zieht sich unterhalb der Scheunen hinüber zum Waldrand. Nach Eintritt in den Wald kommt der gelbe Punkt an einer Zwillingsbuche. Kurz danach, 50 Meter, nachdem das Wegweiserschild aus der entgegengesetzten Richtung zum Drumont mit dem gelben Punkt erscheint, geht es bei einer Teilung des Pfads links hinunter. Der gelbe Punkt ist etwas tiefer an einer Buchenhecke angebracht. Wir befinden uns jetzt im hintersten Winkel des Ramersbachtals. Der Ramersbach fließt der Thur zu und mündet bei Fellering in sie ein. Wenn unser Fußpfad auf einen Waldfahrweg stößt, wo sich ein Wegweiserschild zum Drumont befindet, müssen wir rechts hinunter. Der gelbe Punkt befindet sich an einer Tanne linker Hand. Nach etwa 300 Metern ist dieselbe Situation, es geht im Zickzack links ab. Der gelbe Punkt erscheint zweimal hintereinander rechts und 30 Meter weiter links. Der Pfad trifft dann auf einen von links kommenden breiten Holzabfuhrweg, wo wir rechts herumhalten. Das Schild Fellering ist an einer Tanne links. Nach einer Kehre geht es schließlich geradeaus den Bach entlang ins Tal hinunter. Der Weg ist nun, weil vor kurzem verbreitet, etwas steinig, aber wir werden bald von ihm befreit sein. Bei einer Teilung müssen wir links hinabhalten.

Wir kommen danach zu einer großen Linkskehre, wo man durch die Bäume schon ein Hausdach und die geteerte Fahrstraße in der Talsohle sieht. Wir folgen jetzt nicht mehr dem vor uns an einem Baum angebrachten gelben Punkt. Wir verlassen vielmehr die bisher benützte Waldfahrstraße, indem wir in den rechts bei einem Ahornbaum abzweigenden Randweg steuern, der uns, von jetzt ab ohne Markierung, am rechten Hang über dem Ramersbachtal entlang durch Wald, immer geradeaushaltend an einen Weg im Wiesengelände bringt, der hinten vom

Hagersbachtal herkommt. Man sieht dort rechts hinten im Tal zwei Häuser stehen. Eine elektrische Mastenleitung zieht über uns hinweg. Links vor uns liegen zwei Wochenendhäuschen mit weißen Kaminen. Wir überqueren nun das vor uns liegende Wiesentälchen so, daß diese beiden Wochenendhäuschen links vor uns bleiben und erreichen den gegenüberliegenden Waldrand. Dort treffen wir auf einen hinten aus dem Hagersbachtal kommenden Waldweg, dem wir nun links hinaus folgen.

In einer Viertelstunde erreichen wir eine Colonie de vacances (Ferienheim), die aus zwei größeren Gebäuden besteht. Vor dem Durchgang zwischen diesen Gebäuden ist rechts über dem Weg ein Sitzplatz mit einem Tisch eingerichtet. Fünf Meter vor diesem Sitzplatz geht ein Pfad rechts hoch durch den Wald auf den Kamm hinauf. Nach 30 Metern stehen wir auf dem Kamm, von wo der Pfad steil nach der anderen Seite hinunterführt. In wenigen Minuten gelangen wir aus dem Wald auf eine geteerte Fahrstraße, die von Fellerling herkommt. Das ist der Punkt, der auf der Vogesenclubkarte mit »Seehäuser« bezeichnet ist. Zu diesen wenigen Häusern gehört auch das Café du See, zu dem wir noch 100 Meter auf der Fahrstraße nach rechts zu gehen haben, wo unser Wagen uns erwartet.

Wir haben vom kleinen Sattel unter dem Hasenkopf, wo die Wegweisung nach Fellering mit dem gelben Punkt einsetzte, zwei Stunden und 30 Minuten Wanderzeit gebraucht. Die gesamte Wanderung benötigt daher runde sechs Stunden.   Sommer und Herbst

47 Neuntelstein

Aufstieg:
Ehem. Forsthaus Klostergarten (Haus Nr. 85) in Barr – Schloß Andlau – M. F. Hungerplatz – M. F. Welschbruch – Neuntelstein, 3 Stunden 30 Minuten.

Abstieg:
Neuntelstein – Breitmatt – Aussichtsturm – Barr, 3 Stunden.

Gesamtzeit der Wanderung 6 Stunden 30 Minuten.
Höhenunterschied 250 bis 971 Meter.
Karte des Vogesenclubs Blatt Mont Ste-Odile Vallée de La Bruche

Vom Weinstraßenstädtchen Barr schlängelt sich das Tal des Vogesenflüßchens Kirneck hinauf zum Neuntelstein, an dessen Fuß die Kirneck entspringt. Vom nur wenige Kilometer südwestlich von Barr gelegenen Schwesterstädtchen Andlau aus geht das Tal der Andlau hinauf nach Hohwald (600 m), wo die Andlau am Osthang des Hochfeldes (Camp du Feu, 1100 m) entspringt. Beide Flüßchen grenzen eine Bergzunge ein, die vom Neuntelstein (971 m) über den Welschbruchsattel (755 m), Homburger Kopf (705 m), Hungerplatz (480 m) nach Mittelbergheim zu in die Rheinebene abfällt. Dieses Gefälle gibt in umgekehrter Richtung, also von Osten nach Westen, eine Wanderung ab, die in gemächlichem

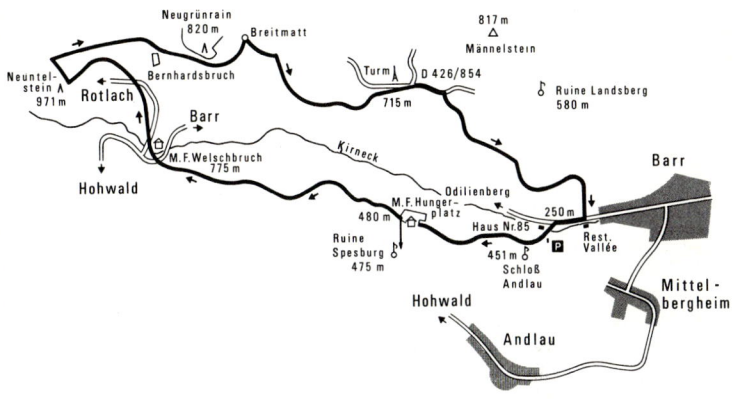

Anstieg durch Wälder und Höhen hinauf zum Ziele, dem Neuntelstein, führt und uns am Rande des Weges einiges mitgibt.

Wir beginnen unsere Wanderung in Barr, und zwar beim ehemaligen Forsthaus Klostergarten. Wenn wir Barr von Osten nach Westen durchfahren, vereinigen sich die Stadtdurchfahrt und die Südtangente zur einzigen nach Westen in die Vogesen hineinführenden Talstraße. Etwa 500 Meter nach dieser Vereinigung geht von der Talstraße ein Sträßchen nach links in ein Seitentälchen ab. Es steht dort an der Straßenteilung das Haus Nr. 85, das ehemalige Forsthaus, hellgetönt mit dunklen Fensterläden. An der Talstraßenseite befindet sich ein gelber Briefkasten. Nach dem abzweigenden Seitensträßchen zu ist eine weiße Wegweisertafel an der Mauer befestigt.

Wir folgen dem abzweigenden Sträßchen ein kurzes Stück bis zum ersten links an der Straße stehenden Haus. Links vor diesem Haus führt der Weg in 50 Metern zu einem Gehölz, in dessen Schatten wir den Wagen abstellen.

An diesem anscheinend nicht mehr bewohnten Haus ist ein Wegweiserschild mit mehreren Zielen. Für uns maßgebend ist das rote liegende Kreuz, auf der Zeichenerklärung der Karte des Vogesenclubs chevalet genannt im Unterschied zum stehenden Kreuz croix. Die Wegweisung führt zu unserem nächsten Ziel Château d'Andlau – Hungerplatz.

Sie bringt uns in kurzem Anstieg durch eben in der Maiglöckchenblüte stehenden Vorbergmischwald zur Schloßruine Hoh-Andlau. Wir haben sie mit ihren charakteristischen zwei Türmen schon auf der Anfahrt von der Rheinebene her und auf der Talstraße in Barr uns grüßen sehen.

Gleich nach dem Waldbeginn, 80 Meter nach der dort angebrachten Wegweisung, müssen wir darauf achten, daß wir dort, wo das sich in zwei Stränge teilende Fußpfädchen wieder zusammenkommt, nach links abbiegen. Das rote liegende Kreuz ist an einem Bäumchen markiert. Obwohl unser Ziel der

Neuntelstein ist, lassen wir uns durch die Wegweisung dorthin und weiter nach Rothlach, die bei der nächsten Wegteilung erscheint (weißes Rechteck, sentier du Schettenberg), nicht von unserem mit dem roten liegenden Kreuz gezeichneten Weg abbringen. Denn wir wollen zunächst dem Schloß Andlau unseren Besuch abstatten. Auch das blaue Dreieck lassen wir unbeachtet. Es führt über die Ruine der einstigen Annakapelle, von der von Bäumen umwachsen nur noch ein Rest der gotischen Portalwand steht, allerdings später auch auf unseren Weg nach dem Schloß Andlau.

Wenn wir an die Stelle kommen, wo sich unser Weg teilt, nämlich geradeaus direkt zum M. F. Hungerplatz, links ab zum Château d'Andlau, gehen wir links. Wir überqueren einen von unten links heraufkommenden Waldweg. Jenseits dieses Weges geht es weiter. Das rote liegende Kreuz ist links auf dem Deckel einer Quellfassung und jenseits des Weges 20 Meter rechts mit einem Wegweiser. Kurz bevor wir den Schloßbereich betreten, bietet sich ein schöner Blick hinunter ins Tal, hinüber in die Rheinebene und auf die am Südhang des Odilienbergs unter dem Männelstein stehende Ruine Landsberg (580 m).

Die Ruine des Schlosses Andlau (451 m), auch Hoh-Andlau genannt, ist das Stammschloß der früh im Mittelalter auftretenden Herren von Andlau, die zu den reichsten und mächtigsten Geschlechtern des Landes zählten. 1274 wurden die drei Andlauer Brüder Heinrich, Rudolf und Eberhard von Rudolf von Habsburg mit kaiserlichen Lehen ausgestattet. Sie besaßen in dem Klosterort Andlau einen befestigten Herrensitz, der aber in den Kämpfen nach dem Sturz der Hohenstaufer zerstört wurde. In den Jahren 1337 bis 1344 baute ein späterer Rudolf von Andlau und dessen Sohn Heinrich am heutigen Standort auf dem Silberberg die Burg Hoh-Andlau. Im Dreißigjährigen Krieg besetzten sie die Schweden, ohne sie zu zerstören.

Die Reichsstadt Straßburg belegte sie im Einverständnis mit den Herren von Andlau mit einer Garnison, wodurch die Burg weiterhin unversehrt blieb. Sie war noch 1806 als letzte Vogesenburg bewohnt. 1698 gelang der Äbtissin des Klosters Andlau der Nachweis, daß Rudolf von Andlau einst auf Klosterboden gebaut hatte. Die Herren von Andlau anerkannten das Recht der Abtei, konnten aber weiterhin Besitzer der Burg bleiben. Im Städtchen Andlau hatten sie inzwischen den schönen, mächtigen Renaissancebau errichtet, der zwischen der heutigen Mairie und der Straße zur Abteikirche steht. Die französische Revolution erklärte die bis dahin noch unversehrte Burg zum Nationaleigentum und überließ sie zum Abbruch und zur finanziellen Verwertung einem Privatmann, wie dies bei uns rechtsrheinisch mit vielen Klöstern im Gefolge der ebenfalls von den Ideen der französischen Revolution inspirierten Säkularisation geschah. In der Zeit von 1806 bis 1822 schaffte die Demontage den heutigen Ruinenzustand, bis Graf Hermann Felix von Andlau den Familienbesitz wieder erwarb. Heute gehört das Schloß der Gemeinde.

So können wir heute den unteren Burghof durch das mit der Jahreszahl 1538 versehene Tor betreten und auf dem Burghügel in den Palas gelangen, der nun ohne Dach, im Osten und Westen mit je einem noch gut erhaltenen Rundturm bestückt, uns einen Eindruck von der früheren Burg vermittelt. Die Burg ist aus Granit gebaut, während die Fenster- und Türgewände aus rotem Sandstein bestehen, der sich besser zu den gewünschten Formen behauen ließ.

Wir gehen wieder zum Burgtor zurück und setzen unseren Weg dem Südhang des Silberbergs entlang nach Westen fort, um zu unserem nächsten Ziel, dem M. F. Hungerplatz zu gelangen. Bei einer Wegteilung sehen wir rechts den Wegweiser Spesburg-Hungerplatz mit dem roten liegenden Kreuz und blauem Dreieck. 30 Meter weiter kehrt dieselbe Markierung wieder. Nach einem leichten Anstieg bietet sich ein herrlicher freier Blick auf den Ungersberg im Süden und vor uns auf die schon ganz nahe Spesburg. Der Weg ist gut gezeichnet und bringt uns alsbald zu einer freien Anhöhe, auf der das Forsthaus Hungerplatz (aus Ungarplatz) steht (ganzjährig bewirtet). Wir haben vom Ausgangspunkt bis hierher eine Stunde und 10 Minuten gebraucht.

Südlich des Forsthauses liegt, in wenigen Minuten erreichbar, die Ruine Spesburg (475 m), zu der wir einen Abstecher machen können (Zeitaufwand hin und zurück 20 Minuten). Sie ist ebenfalls ein Granitbau und hat einen hohen quadratischen Bergfried. Sie wurde im 13. Jahrhundert von den Herren von Dicka, Schirmvögten der Abtei Andlau, erbaut und kam nach dem Tode des letzten Dicka 1386 in der Schlacht bei Sempach an die Herren von Andlau. Von der Spesburg aus hat man einen schönen Blick auf das Andlautal bis hinüber zum Kaiserstuhl.

An der Straßenkreuzung westlich des Forsthauses steht eine Orientierungstafel, auf der die einzelnen Abgangswege mit den Wegzeichen der Vogesenclubkarte, aber auch mit besonderen Nummern bezeichnet sind. Die Nummern sind zwecklos, weil sie doch nicht an den Wegen angebracht sind.

Unser nächstes Ziel ist das M. F. Welschbruch. Die Orientierungstafel weist den Weg Nr. 9 mit dem weißen Rechteck und den Zielen Holderlach, Hohwald, Welschbruch auf. Wir gehen jenseits der Orientierungstafel 80 Meter auf der geteerten Fahrstraße nach Westen und finden dort linker Hand ein steil hochstrebendes Pfädchen, das mit dem weißen Rechteck als Wegzeichen markiert ist (Weg 1e der Karte des Vogesenclubs). Der mit dem Schild Welschbruch par la route angebotene Weg geht der Fahrstraße nach und empfiehlt sich daher nicht. Bei einer Wegteilung kurz nach einem beachtlichen Felsmassiv linker Hand nehmen wir den mittleren, geradeaus führenden Weg. Das weiße Rechteck ist links und rechts an einem Baum und 30 Meter weiter an einem Stein. Wir erreichen bald eine lichte Gruppe auffallend hoher Tannen und nach diesen einen weiten Kahlhang, der nach Norden zu ins Kirnecktal abfällt und freie Sicht auf die Südhänge des Odilienbergs gibt. In diesen weiten Hang sind zahlreiche Felsblöcke eingestreut. Eine mit wenigen Bäumen bestückte Anhöhe säumt ein ganzes Felsennest. Wir gelangen an einen ein weites Gelände umgehenden Zaun. Eine Leiter gewährt Zutritt in das geschützte Jungpflanzengelände, wie man später den Austritt aus dem Gehege auch wieder über eine Leiter nehmen muß. Mit Törchen hat die Forstverwaltung offensichtlich schlechte Erfahrungen gemacht, da sie nie geschlossen werden und so das Wild Zutritt zu der Jungpflanzung hat. Den letzten Teil des Kahlhanges geht es aufwärts zum Waldrand hin. Dort blinkt schon das weiße Rechteck am Baume. Wir erreichen jetzt die Wegkreuzung Holderlach, wo eine Waldhütte steht.

Der von unten heraufkommende Waldfahrweg macht um die Hütte einen Bogen. Wir folgen ihm, lassen also die Hütte links unter uns liegen. Das weiße Rechteck führt uns weiter. Bald grüßt links der Ungersberg herüber. Bei einer Wegteilung müssen wir geradeaus bleiben. Das weiße Rechteck links und rechts am Baum gibt uns Sicherheit.

Nach einiger Zeit tauchen links am Weg rote Rechtecke auf. Es steht am Weg der Baum Nr. 50 und Nr. 58. Hier ist die Stelle, wo sich der Weg nach Welschbruch und der nach Hohwald teilt. Unverständlicherweise hat der Vogesenclub hier kein Wegweiserschild aufgestellt. Auch ist der nun mit rotem Rechteck gezeichnete, am Baum Nr. 8 vorbeiführende Geradeausweg zum Welschbruch in der Karte des Vogesenclubs (1965 und 1973) nicht mit der ihm zukommenden Nummer 1a bezeichnet.

Wir verweigern nun also dem weißen Rechteck die weitere Gefolgschaft, folgen dem roten Zeichen über den vor uns liegenden Waldrücken hinweg und sind in wenigen Minuten auf dem Sattel, der den Namen Welschbruch trägt. Wir haben vom Hungerplatz bis hierher eine Stunde und 30 Minuten gebraucht.

Die Welschbruchhöhe (775 m) ist ein Straßenknotenpunkt, an dem die Autostraße von Hohwald, vom Champ du Feu und von Barr-Odilienberg zusammentreffen. Sonntags sammeln sich zahlreiche parkende Fahrzeuge dort an. Das Forsthaus Welschbruch ist bewirtet. Im Nordwesten sehen wir schon das Felsmassiv des Neuntelsteins.

Unser Weg zum Neuntelstein, den wir in 50 Minuten erreichen werden, setzt sich, weiterhin mit dem weißen Rechteck markiert, links neben dem Forsthaus fort. Beim Leitungsmast dort ist links an einem Felsstück und zweimal rechts an großen Fichten das weiße Rechteck, das uns auf einem Fußpfad den Wald hinaufführt. Bei zwei Kreuzungen mit von rechts kommenden Fußpfaden müssen wir jeweils geradeaushalten. Unser Weg kreuzt zweimal die Autofahrstraße zum Champ du Feu. Die Anschlüsse sind gut gezeichnet. Beim Austritt aus dem Wald liegt vor uns am weiten Hang der Neuntelstein mit seiner Felsenkappe. Ein weiter Blick auf die umliegenden Berge bietet sich. Unser Pfad führt am Saume eines Jungtannenwäldchens entlang und dann durch den Jungwald hindurch alsbald zu unserem Ziel, dem 971 m hohen Neuntelstein. Wir haben vom Ausgangspunkt bis hierher drei Stunden und 30 Minuten benötigt.

Der Name des Berges bedürfte noch einer Klärung. Sicher hat er nichts mit dem Bruch Neuntel zu tun. Im Volksmund heißt er Nintel- oder Ninelstein. Man hat von der Felsenspitze eine herrliche Rundsicht: im Osten der Odilienberg, den wir heute noch öfters sehen werden, die Rheinebene mit dem Straßburger Münster und dem langen Band des Schwarzwaldes; im Süden unmittelbar unter uns die Häuser des Kurortes Hohwald, der Ungersberg, die Hohkönigsburg, die Ruine Frankenburg, daneben die Fernsehspitze auf dem Altenberg, der Tännchel und bei entsprechendem Sichtwetter die Alpen. Der Berg lohnt also den sich zwar lang hinziehenden, aber im übrigen mühelosen Aufstieg.

Den Rückweg nehmen wir über den Südwest- und Südhang des Odilienberg-Männelsteinmassivs. Unser nächstes Ziel ist die Breitmatt (681 m). Wir folgen auf der Karte dem Wegstück nach Nordwesten, das den Neuntelstein mit dem von Rothlach zur Breitmatt nach Osten führenden Weg 4e der Vogesenclubkarte verbindet.

Vom Gipfel des Neuntelsteins gehen wir an den Bäumen Nr. 70 und 64 vorbei in den Wald, wo wir gleich das Wegweiserschild Rothlach 25 Minuten antreffen, dem wir folgen. Nach kurzer Zeit stoßen wir auf den Weg 4e, weißes stehendes Kreuz. Es ist auf einem Grenzstein angebracht. Wir folgen der Pfeilrichtung nach Osten am Waldrand entlang über die Höhe hinweg, die bald Sicht in die Rheinebene, auf den Heidenkopf (Turm) und links davon auf die Ruine Girbaden zuläßt. Der Weg heißt Marksteinweg (chemin des bornes). Wir sehen, wenn wir in den Wald gelangt sind, gleich ein altes Kreuz und später Grenzsteine mit Jahreszahlen 1677, 1617 u. a. Es sind Steine, die einstige dynastische Herrschaftsbereiche markierten, wie wir sie auch in unseren badischen Wäldern noch häufig finden. Wir gehen an einer mächtigen Felsengruppe, die rechts im Wald liegt, vorbei, dann an einer im Buchenwald ausgesparten großen Wiese, dem Bernhardsbruch, und schließlich an dem links von unserem Weg in 200 Meter Entfernung gelegenen Neugrünrain (820 m), ein interessantes, vom Wald freigelegtes Felsmassiv mit schöner Aussicht (Zugang beim Stein von 1777).

Beim Baum Nr. 60 trifft unser Weg auf einen von links kommenden Fahrweg, dem wir geradeaus folgen. Drüben am Waldrand vor uns trägt ein Baum rechts am Weg das weiße Kreuz.

Wir kommen alsbald an den Zaun eines Kahlschlags, dessen eingezäunte Fläche sich ins Tal hinuntersenkt und im spitzen Winkel zu uns heraufschaut. Wenn wir an diesem Zaun 50 Meter nach links gehen, bietet sich freie Sicht auf das von der westlichen Sonne beleuchtete Odilienkloster. Links außen am vorderen Bergzug ist das Hagelschoß. In der Mitte zwischen dem Odilienkloster und dem Hagelschloß blickt die Ruine des Dreisteins zu uns herüber. Die Wegmarkierung an dieser Zaunecke ist unklar. Wir gehen an dem Zaundreieck rechts hinunter und stoßen nach etwa 150 Metern auf die Fichte Nr. 51, wo wieder die weißen Kreuze erscheinen und uns auf die unten schon sichtbare Fahrstraße zum Punkt Breitmatt führen.

Jenseits der Autofahrstraße beginnt der Fußpfad mit dem roten Rechteck (Weg 1a der Vogesenclubkarte) und dem Ziel auf dem Wegweiserschild Bloss – Ste-Odile. Wir halten uns an dieses rote Rechteck, das uns bald in einer Kurve einen Sandsteinfahrweg links hinaufführt und dann eben am Hang entlang geht. Wir bleiben auf dem rot gezeichneten Weg, der bei dem Aussichtsturm an der Autostraße in diese einmündet. Wir überschreiten auf der Autostraße die Kreuzung der Fahrstraße D 426/D 854 in Richtung Barr und erreichen auf der Fahrstraße nach Barr nach 600 Metern das rechts abgehende Fußpfädchen. Dieses ist nicht gekennzeichnet, ist aber der Weg 4a der Vogesenclubkarte, der steil hinab nach Süden geht, dort die Autofahrstraße überquert, nun mit dem roten Kreuz gezeichnet, und uns nach geduldiger Zeit immer leicht abwärts gehend an den Waldrand über Barr bringt. Wir treffen dort auf eine Straße, der wir rechts talabwärts folgen bis zu einer Bank. Gegenüber dieser Bank ist ein Rebstück, an dessen Ende die Rebdrähte an Eisenstangen befestigt sind. Diesen Stangen entlang führt ein Fußpfädchen in Kürze auf die Talstraße und mündet beim Restaurant de la Vallée in sie ein. Von dort ab gehen wir rechts wenige Minuten die Talstraße hinauf und am Haus Nr. 85 mit dem gelben Briefkasten das Sträßchen links hinauf zu unserem Parkplatz.

Wir haben vom Neuntelstein bis zu unserem Ausgangspunkt drei Stunden Wanderzeit gebraucht. Die gesamte Wanderung nimmt daher, ohne den Besuch der Spesburg und ohne Aufenthalt auf dem Neuntelstein gerechnet, runde sechs Stunden und 30 Minuten in Anspruch. Frühjahr bis Herbst

48 Champ du Feu

Aufstieg von Osten

Aufstieg:
Hohwald (Haus mit Linde) – Wasserfall – Métairie – Col du Champ du Feu – Turm, 2 Stunden 15 Minuten.

Abstieg:
Turm – Chaume des Veaux – Pélage – Col Kreuzweg – Parkplatz, 2 Stunden.

Gesamtzeit der Wanderung 4 Stunden 15 Minuten.
Höhenunterschied 600 bis 1100 Meter.
Karte des Vogesenclubs Blatt Mont Ste-Odile Vallée de La Bruche.

Die höchste Erhebung der mittleren Vogesen zwischen dem Tal der Breusch im Westen und Norden, der Rheinebene im Osten und dem Weiler Tal mit dem Fluß Gießen im Süden ist das mächtige Massiv des Champ du Feu (1000 bis 1099 m). Der Name hat sich aus der dem romanischen Patois angehörenden alten Bezeichnung »Champ do fé« entwickelt, der auch in anderen Gebirgsnamen wie Gazon de Faîte, Rain de Faîte, Bois de Faîte u. ä. anklingt. Er bedeutet ganz einfach Firstweide, Hochweide und trat so bereits von 1393 an mit dem deutschen Namen Hochfeld auf.

Das Hochfeld ist ein weites, viele Hektar umschließendes, baumloses Gelände mit Heidelbeerschlägen, zum Teil moorig, bis zur Höhe von 1000 Metern von Wald umschlossen, der sich mit Nadel- und Laubbäumen nach allen Seiten in herrlichen Wäldern, nach Osten hinab nach Hohwald mit seinen weitverzweigten Talzinken senkt.

Von Hohwald (Ortsmitte 570 m) aus nehmen wir auch den Aufstieg. Wir fahren von dem Städtchen Andlau aus das Tal des Flüßchens Andlau hinauf, durch den Luftkurort Hohwald hindurch, an der Zuwegung zur links von der Autostraße idyllisch einsam gelegenen protestantischen Kirche vorbei. Bald nach dem hinter dieser Zuwegung erscheinenden Hinweisschild auf die Gottesdienste (in blauer Kreuzform) tritt die Straße aus dem Wald wieder ins offene Tal. In der großen Kurve dort, bevor die Straße nach links hochsteigt, steht rechts an der Straße neben einer mächtigen Linde ein großes zweistöckiges Haus mit weißer Fassade und hellen, grünumrandeten Fensterläden. Es trägt das Firmenschild »Aerium« einer Versicherung. Dort im Schatten der Linde stellen wir den Wagen ab. Es befindet sich dort auch gleich der erste Wegweiser: Cascade – Métairie – Rothlach roter Punkt, der auf den dort nach rechts abzweigenden Weg, dem wir folgen, verweist. Wenige Schritte danach, gegenüber dem Haus Nr. 116a, ist am Leitungsmast das Schild Cascade, das uns über ein Brückchen über das Andlaubächlein führt und gleich nach dem Brückchen links hoch auf ein Pfädchen dem Bächlein entlang. Beim Baum Nr. 43 ist das Wegweiserschild: Cascade, Chaume des Veaux, roter Punkt, Métairie weißes Kreuz.

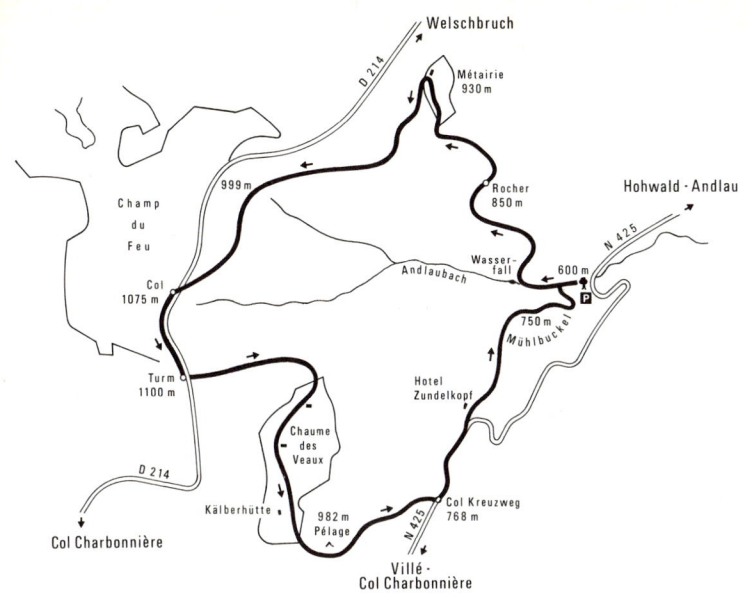

Cascade bedeutet Wasserfall, und vor diesem stehen wir alsbald. Die Andlau stürzt über eine hohe Felswand herab. Über zwei Holzbrücken steigen wir hinauf auf die Kanzel über dem Wasserfall.

Am Baum rechts vom Bächlein hinter einem Steg finden wir das weiße Kreuz und ein rotes Rechteck mit dem Ziel: Source de l'Andlau – Champ du Feu. Unser nächstes Ziel ist aber der Rocher de la Métairie, ein Felsmassiv mit einiger Aussicht, und die Métairie selbst (941 m), beides nordwestlich des Wasserfalls gelegen. Métairie bedeutet Sennerei, Melkerei, Meierhof. An der Stelle dieses früheren Berghofs steht heute ein Wanderheim.

Zunächst ist also ein Stück gemeinsamen Anstiegs mit dem roten Rechteck (Champ du Feu) und dem weißen Kreuz (Métairie) zurückzulegen, bis die Wege sich trennen. Wir gehen also auf den so gewiesenen Fußpfad, überqueren eine Fahrstraße, folgen dem roten Rechteck jenseits der Straße, finden gleich an einer Tanne das Schild Vieille Métairie, Champ du Feu und kommen bald zu der angekündigten Teilung des Weges, wo sich unser Weg mit dem weißen Kreuz vom Weg zum Champ du Feu trennt. Wir folgen der Wegweisung Métairie Rocher (oben erwähnter Fels) 8 Minuten und Métairie Auberge 20 Minuten, weißes Kreuz. Wir gehen zunächst zum Felsen über das bald erscheinende Kaltenbächlein hinweg. Links vor dem Felsen führt dann der an einer Buche mit einem weißen Kreuz bezeichnete Weg weiter zur Métairie. Bei einer Pfadkreuzung bleiben wir geradeaus. Das rote Zeichen interessiert uns nicht. Das weiße Kreuz kommt nach etwa 150 Metern. Kurz danach bei einer undeutlichen Pfadkreuzung halten wir

wieder geradeaus. Das weiße Kreuz erscheint nach 40 Metern. Der Fußpfad tritt nun bei einer großen Kahlschlagfläche, die sich mit niederem Baumwuchs eben wieder füllt, auf einen geteerten Waldfahrweg.
Hier versagt die Anschlußwegweisung. Wir gehen die Fahrstraße rechts hinauf bis zum links einmündenden Forstfahrweg, wo ein rot-weiß-rotes Autosperrschild steht. Diese Forststraße gehen wir ein Stück weit hinauf, bis das Warnschild vor Waldbrandgefahr »Attention feu« erscheint. Dort führt ein Pfädchen rechts hinauf, das wieder mit dem weißen Kreuz gezeichnet ist. Wir sehen gleich eine weite Berghangwiese sich zum Bergkamm nach Norden hochziehen. Bei der großen Tanne mit dem weißen Kreuz werden wir nach links auf eine Waldfahrstraße gewiesen, der wir nach rechts hinauf folgen. Und schon sehen wir das Wanderheim Métairie am Hang stehen, 930 m hoch gelegen. Der Höhepunkt 951 liegt etwa 200 Meter weiter nördlich am Ende des Hanges. Die Höhenangaben beim Heim mit 951 m und auf der Orientierungstafel mit 960 m sind nicht ganz zutreffend. Die einstige Sennerei bestand aus mehreren größeren Gebäuden, bei denen sich ein Löschteich befand. Heute ist von der Sennerei nichts mehr zu sehen. Auch in dem Vogesen sind viele Bergbauernhöfe eingegangen. Das Wanderheim ist auch nur bei Aufenthalt von Mitgliedern geöffnet. Der durstige Wanderer muß daher mit dem Brünnlein davor vorlieb nehmen. Die wohl noch von früheren Zeiten stammende Bezeichnung Auberge ist also nicht mehr gerechtfertigt. Wir haben vom Ausgangspunkt bis hierher eine Stunde und 15 Minuten gebraucht.
Vor dem Wanderheim ist eine Wegweisertafel angebracht mit den Zielen: Col du Champ du Feu 35 Minuten und Tour du Champ du Feu 45 Minuten, rotes und blaues Rechteck. Diese Zeiten sind uns zu knapp bemessen. Wir finden sie später oben für den Abgang in umgekehrter Richtung, also bergab, wieder. Da mögen sie stimmen. Wir folgen dieser Wegweisung, die uns auf einen Fußpfad in mäßigem Anstieg durch schönen Wald, abwechselnd aus Buchen und Tannen, den Berg hinaufführt. Nach einigen Minuten kommen wir an einen großen Kahlschlag. Bei einer Wegteilung im zweiten Buchenwaldstück müssen wir geradeaus (rechts) bleiben. Die Wegweisung mit dem blauen Dreieck zum Chaume des Veaux führt nicht über den Champ du Feu.
Der dann beginnende herrliche Tannenwald wird bald von Latschenkiefern abgelöst, und schon stehen wir nach 50 Minuten ab Wanderheim auf dem Kamm des Hochfelds, dem Col du Champ du Feu (1075 m). Von dort gehen wir am Latschenkiefernwald entlang parallel zu der das Hochfeld durchziehenden, von Norden her, vom Welschbruchsattel, heraufkommenden Autostraße und erreichen in zehn Minuten den Turm. Damit sind wir auf dem höchsten Punkt (1099 m) angelangt.
Der 20 Meter hohe Turm wurde 1898 anläßlich des 25jährigen Bestehens des Vogesenclubs (1872 bis 1897) erbaut. Man hat von ihm aus eine herrliche Aussicht in das Rheintal, zum Schwarzwald hinüber und über die Berge der Vogesen. Bei Sichtwetter kann man das Glück haben, im Südosten die Alpen zu sehen. Wir haben vom Ausgangspunkt bis hierher 2 Stunden und 15 Minuten gebraucht. Unser nächstes Ziel ist die südöstlich gelegene Kälberhütte (Chaume des Veaux, 900 m). Genau östlich vom Turm beim Eintritt in den Wald beginnt unser Abstiegsweg. Zwei Wegweiserschilder mit der Beschriftung Chaume des Veaux, blaues Kreuz, markieren den Weg, der durch einen Tannenwald leicht

abwärts zu einer kleinen Waldwiese führt, die wir überqueren. Das blaue Kreuz ist an einer Buche links. Wir halten dort weiter geradeaus abwärts, ebenso bei der nächsten Wegteilung und kommen zu einer mächtigen Buche, die das blaue Kreuz zeigt. Bei dieser gehen wir geradeaus zur schon sichtbaren Fahrstraße hinab, die wir überqueren. Wir folgen nun dem rot beschrifteten Schild Chaume des Veaux, gehen, wenn der Wald endet, rechts herum und sehen unter uns das stattliche Haus der Naturfreunde Straßburg-Neudorf liegen, das auf der Karte die Bezeichnung Chaume des Veaux trägt. Die Bezeichnung Kälberhütte trifft aber auf die ganze, einige Hektar umfassende Hangweide zu, die sich jetzt überblicken läßt. Es bietet sich eine weite Sicht nach Osten. Wir gehen den Waldrand entlang, von bizarren Tannen geleitet, in Bajonettform und in sich vielfach verzweigende, aufwärts gerichtete Kronen gewachsen.

Wir kommen zu der etwas tiefer gelegenen Auberge du Champ du Feu, einem Bergbauernhof mit Wirtschaft, zu dem einige Kirschbäume, die da oben erst in voller Blüte stehen, links vom Löschteich hinabführen. Wir passieren einen verlassenen Bauernhof, jetzt offensichtlich ein Vereinsheim, und steuern hinüber an den Waldrand. Rechts oben liegt die alte Kälberhütte, ein Bergbauernhof. Der Hangweg, der sich über das ganze freie Gelände hinzieht, läßt den Blick frei nach Osten auf Odilienberg und zum Ungersberg. Leider ist der weite Berghang der Kälberhütte durch einen Skilift und neuere Gebäude in seiner alten Schönheit beeinträchtigt.

Unser nächstes Ziel ist der Kreuzweg (auf der Karte als M. F. Kreuzweg bezeichnet), der Col du Kreuzweg auf der Höhe 768 m an der Autostraße N 475 Hohwald-Breitenbach. Am Waldrand unter der Kälberhütte finden wir den Wegweiser. Es wäre schade, wenn wir dort den vielleicht kürzeren Direktweg nach dem Kreuzweg wählen würden. Der andere Weg »Kreuzweg par le Pélage« bietet eine herrliche Sicht zunächst nach Westen zum Climont und dann nach Süden auf die zahllosen Berge. Er führt nicht auf den Gipfel des 892 Meter hohen, im übrigen zugewachsenen Pélage. Der deutsche Name ist Tannenstein. Einen treffenderen könnte es für ihn nicht geben. Denn er besteht in der Tat aus vielfachen Felspartien und wuchtigen Tannen. Der Hangweg führt einige Meter unterhalb des Gipfels um ihn herum. Zunächst weist uns das blaue Kreuz am Waldrand entlang und 100 Meter nach dem Wegeknick links ab in den Wald hinein. Nach der Windbruchstelle erscheint das Wegweiserschild Pélage-Kreuzweg mit weißem Rechteck, das uns auf dem Pfädchen immer geradeaus weiterführt. Wir kommen an einer interessanten Sechslingstanne vorbei, wie denn überhaupt Größe und eigenartiger Wuchs der Tannen auf dem gesamten Osthang des Champ du Feu auffallen. Unten in der Nähe des Wasserfalls, von wo wir ausgegangen sind, ist eine Waldwiese mit der Bezeichnung: Ancien Grand Sapin (einstige große Tanne). Hier stand bis zum Frühjahr 1911 ein Waldriese, 43 Meter hoch und in Brusthöhe mit einem Umfang von fünf Metern sowie einem Durchmesser von 1,50 Meter. Er mußte wegen Überständigkeit gefällt werden. Acht Minuten davon entfernt stand noch 1913 eine ähnlich riesige Tanne, die »Schöne Tanne«. In der Nähe stand weiter die »Straßburger Tanne«, an die noch heute ein Gedenkstein erinnert. Sie mußte auch gefällt werden. Das geschah am Pfingstmontag 1816. Zu dem Leichenbegräbnis des herrlichen Baums waren nahezu 1000 Menschen gekommen. Der Dichter Friedrich Rückert hat der Straßburger Tanne in seinem gleichnamigen Lied ein literarisches Denkmal gesetzt.

Der Blick am Hang des Pélage öffnet sich hinüber zur Grande Belle Vue und zum Ungersberg hin. Man sieht an seinem Fuße die Häuser der Ferienkolonie Albéville, drunten das Weiler Tal mit Villé (Weiler) und den Dörfern Breitenbach und St. Martin. Darüber die Frankenburg und der Altenberg, und weiter im Süden die Hohkönigsburg. Allein dieser Sicht wegen ist der Pélage hoch zu preisen! Der Fußpfad geht jetzt an Felsmassiven entlang und unter hohen Buchen abwärts. Das Pfädchen überquert einen Waldfahrweg und setzt sich jenseits des Weges fort. Das weiße Rechteck steht 30 Meter weiter unten. Und dann treffen wir auf die Autofahrstraße wenige Schritte unterhalb des mit großem blauem Schild gekennzeichneten Col du Kreuzweg.

Wir stehen damit im südlichten Zinken des geräumigen Hochtals Hohwald. Die weiße Villa rechts im Wege ist die auf der Vogesenclubkarte verzeichnete Villa Mathis. Der Teil des Tals hier heißt Fürstenplatz, aus welchen Gründen auch immer, aber noch heute gerechtfertigt. Denn wenn wir jetzt für unseren Rückweg zum Ausgangsplatz am freien Osthang des Zundelkopfes (883 m) entlanggehen, ist der Weg überall von den Wohlstand verratenden Zweithäusern mit herrlichen, geräumigen Gärten gesäumt.

Wir gehen ein kurzes Stück von etwa 300 Metern auf der Autostraße, bis links an der Straße das Schild »Hotel-Restaurant Zundelkopf« erscheint. Davor ist an einem Leitungsmast das unscheinbare Wegweiserschild Zundelhütte-Cascade (unser Wasserfall) mit rotem Kreuz angebracht. Wir gehen auf dem abzweigenden Weg den Leitungsmasten unterhalb des Hotels Zundelkopf entlang immer geradeaus abwärts. Wenn das Sträßchen sich teilt, dort, wo rechts ein Holzlagerplatz ist, halten wir geradeaus. Der große grüne baumlose Hügel, der da rechts von uns wie das Haupt eines schlafenden Riesen in der Landschaft liegt, ist der Mühlbuckel. Unser Weg schlängelt sich an seinem Nordhang entlang und biegt bei neugebauten Einfamilienhäuschen links hinab ins Tälchen des Andlaubächleins. Wenn wir die Talsohle erreichen, gehen wir rechts abwärts und finden alsbald unseren Wagen im Schatten der großen Linde.

Wir haben vom Turm auf dem Champ du Feu bis zurück zur Linde zwei Stunden gebraucht. Die gesamte Wanderung benötigt ohne Aufenthalt am Wasserfall, auf der Métairie und auf dem Champ du Feu vier Stunden und 15 Minuten Gehzeit. Es ist eine sehr schöne, lohnende Wanderung durch die Tannen- und Buchenwälder um den Champ du Feu herum, durch die Einbeziehung der Métairie mit mühelosem Aufstieg, zumal unser Ausgangspunkt schon hoch liegt. Es ist ein ebenso müheloser Abstieg. Die Wanderung kann zu jeder Jahreszeit gemacht werden, es sei denn, der Champ du Feu trägt noch eine Schneekappe.

Frühjahr bis Herbst

49 Champ du Feu

Aufstieg von Westen

Aufstieg:
Waldersbach – Col de la Perheux – Champ du Feu (Westseite), 2 Stunden 15 Minuten.

Abstieg:
Champ du Feu (ohne Turm) – Edelweißfelsen – Col de la Charbonière – Château de la Roche – Bellefosse – Waldersbach, 2 Stunden 45 Minuten.

Gesamtzeit der Wanderung 5 Stunden.
Höhenunterschied 520 bis 1000 Meter.
Karte des Vogesenclubs Blatt Mont Ste-Odile Vallée de La Bruche.

Nochmals zum Champ du Feu? Wir sind bei der Wanderung (48) von Osten her, von Hohwald aus, zum Champ du Feu aufgestiegen. Jetzt wollen wir den Champ du Feu von Westen her besteigen, wohin sich das Vogesenmassiv, dessen höchste Erhebung er ist, an Höhe mehr und mehr abnehmend ins Tal der Breusch absenkt. Wir nehmen Waldersbach (520 m) zum Ausgangspunkt, weil wir der Stätte des Wirkens des sozialen Wohltäters des Steintals, der einst ärmsten Gegend in den westlichen Vogesen, »Papa Oberlin«, Johann Friedrich Oberlin (1740–1826) einen Besuch abstatten wollen. Wir stellen den Wagen rechts vom Gebäude der Mairie ab. Gegenüber, durch die abfallende Straße getrennt, steht das kleine, alte Dorfkirchlein, in dem Oberlin 60 Jahre lang gepredigt hat. Straßaufwärts hinter der Kirche liegt das einstige Pfarrhaus, heute das Oberlinmuseum. Wir gehen daran vorbei die Straße hinauf, an laufenden Brunnen, deren Häufigkeit hier in der ganzen Gegend wohltuend auffällt, an meist eingeschossigen sauberen Steinhäusern vorbei mit Jahreszahlen vom Anfang des 18. Jahrhunderts, alle mit Blumengärtlein versehen. Kurz bevor wir zum Friedhof kommen, vor dem dort am Wege stehenden Häuschen, taucht das Wegweiserschild »Perheux« auf, das uns auf einen rechts abgehenden schmalen Fahrweg weist. Und nun schlängelt sich der Weg zum Col de la Perheux in gemächlichen Schleifen die mit Birken und Büschen bewachsenen Wiesenhänge hinauf. Dunkelblau blühende Blumen am Wegrand, weiter oben gelb leuchtender Ginster in weiten Flächen, dem Weg entlang mächtige alte Ahornbäume und Eichen geleiten uns höher und höher. Da und dort eilt ein Bächlein durch den Wiesengrund. Bald sehen wir drüben am links vor uns liegenden Weideberg, dem 750 Meter hohen Mont St-Jean, eine riesige Schafherde. Von weitem sieht es aus, als ob da Hunderte von Knöpflesteinen über die Hänge gestreut seien. Erst beim Näherkommen regt sich Leben, und das Blöken von klein und groß beseitigt alle Zweifel.

Schon sind wir auf der Höhe angekommen, der Bärhöhe, 700 m, aus der deutschen Bezeichnung über das Patois der Gegend Berhay, zum französischen Namen Perheux geworden. Drüben im Süden steht der Climont, wie ein Stück

Kulissenwand in den Horizont geschoben. Im Norden jenseits des Breuschtales bildet der Donon mit seiner Fernsehspitze das Gegenstück. Rechts von ihm der nach Osten führende Bergzug über den Noll, Narion, Mutzigfelsen zum Katzenberg. Im Westen schirmt der lange Kamm vom Dononpaß über den Bipierre, Weiße Felsen bis hinunter zur Chatte pendue das Tal von Senones ab. Jenseits der Paßhöhe Perheux grüßt ganz aus der Nähe das Dörfchen Wildersbach herauf. Der mit Wald gesäumte Rücken unmittelbar über uns im Osten ist der Kamm Haut des Monts (900 m), der sich zum Champ du Feu hinaufzieht. Durch den Ginsterhang führt ein breiter Rasenweg hoch, dem wir nun folgen. Die Wegweisung an der Linde unten auf der Paßhöhe zeigt die Richtung zum Champ du Feu an, aber nach etwa 400 Metern teilt sich der Weg: links Ferme Morel – Champ du Feu rot-weiß-rotes Rechteck, geradeaus Ferme Morel gelber Ring. Der Zusatz »raccourci« bedeutet Abkürzungsweg. Wir wählen diesen Weg nicht der Abkürzung wegen, sondern weil er der schönere, über freie Höhen und erst kurz vor dem Ziel ein Stück weit durch Wald führende Weg ist und weite Sicht nach Süden gewährt. Er steigt zwar auf der kurzen Strecke von etwa 800 Metern um 200 Meter Höhe, und der böige Wind, den der Wetterbericht angesagt hat, streicht über die Höhe hinweg. Aber an Felsengeröll und Wettertannen vorbei ist er ein herrlicher Bergweg, zum Teil ausgewaschen, aber gut begehbar.

Dort, wo sich vom Sandfahrweg ein Grasweg abzweigt, folgen wir diesem; der gelbe Ring ist auf einem liegenden Stein aufgemalt. Bald erscheinen beide Zeichen, das rot-weiß-rote Rechteck und der gelbe Ring gemeinsam. Wir ziehen in einen verwitterten Wald ein. An einem kleinen Grünplatz ist eine Wegkreuzung. Wir nehmen den Waldweg halbrechts. Zwei gelbe Ringe an Bäumen zeigen den Eingang. Durch schönen Buchenwald hindurch treffen wir bald auf die Fahrstraße, die zum Champ du Feu zieht, und kommen nun nach bisher wohltuender Einsamkeit in den stark von der Zivilisation berührten nordwestlichen Teil der Hochfläche des Champs du Feu. Moderne Berghäuser von Privaten und Vereinen, stark eingezäunt, und Restaurants säumen die Straße, der wir aufwärts bis zur Orientierungstafel an der linken Straßenseite vor dem Skiheim eines Skiclubs folgen. Wir haben von unserem Ausgangspunkt Waldersbach bis hierher 2 Stunden und 15 Minuten gebraucht.

Gegenüber dieser Orientierungstafel sehen wir an der rechten Straßenseite am Waldrand Wegweiserschilder. Wir haben nun die Wahl, entweder quer über das Hochfeld zu dessen Turm (Tour du Champ du Feu) und dann hinab zum Col de la Charbonnière (Köhlerplatz) zu gehen, oder uns dem Weg über den Edelweißfelsen direkt zum Col de la Charbonnière (gelbes Kreuz »Sentier Edelweiß«) anzuvertrauen.

Da wir bei der Wanderung Nr. 48 den Turm besucht haben, folgen wir diesem Edelweißpfad in den Wald hinein. Wir überqueren zwei Wege, wobei jeweils das gelbe Kreuz links an einer Tanne weiterleitet. Der Pfad trifft bald auf den von rechts kommenden Waldweg, dem wir nach links folgen. Wir gehen einer großen von Wald umschlossenen Hangwiese entlang. Die Südwestseite des Hochfelds ist sumpfig. Die nach dieser Richtung abfließenden Bäche berühren auch unseren Weg. Der Wald bietet das Bild eines großen Durcheinanders. Ausgeforstete Tannen bleiben einfach liegen und vermodern. Bald zeigt sich rechter Hand ein Felsen, der Edelweißfelsen, verwachsen, verwaschen, ohne Aussicht. Man hat dort einmal versucht, Edelweiß anzusiedeln, aber, wie zu erwarten war, vergeblich. Wir

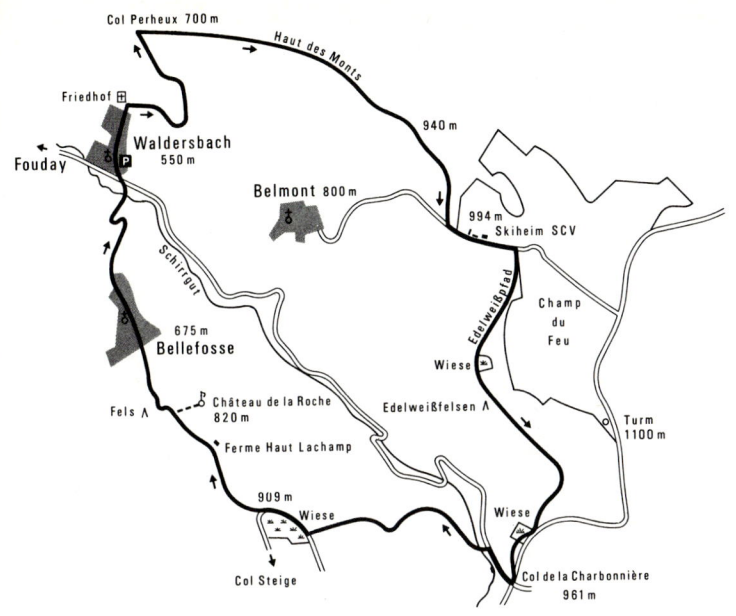

gehen immer geradeaus, auch wo wir erneut auf einen Waldfahrweg stoßen. Dort ist das gelbe Kreuz auf der uns entgegengesetzten Seite der rechts am Weg stehenden Tanne. Wo der Weg sich teilt und ein neu angelegter Weg rechts abwärts geht, bleiben wir oben. Das gelbe Kreuz ist wieder auf der uns entgegengesetzten Seite einer Tanne. Bei einer Wegkreuzung treffen wir auf mehrere Wegweiser: geradeaus zum Col de la Charbonnière 10 Min. blaues Rechteck und gelbes Kreuz, schräg links hoch Tour du Champ du Feu 20 Min. blaues Rechteck. Diesen Weg wären wir heruntergekommen, wenn wir statt des Edelweißpfades den Weg über das Hochfeld und über den Turm genommen hätten.

Unser Weg zum Col de la Charbonnière trifft beim Kilometerstein 17 altitude (Höhe) 1000 m mit der Beschriftung Col de la Charbonnière 0,6 km auf die Autofahrstraße. Um diese 600 Meter Fahrstraße zu vermeiden, überqueren wir die rechts unter ihr liegende Wiese und treffen auf einen Waldfahrweg, dem wir bis kurz vor dem Col folgen können. Wir haben vom Eintritt in den Edelweißpfad bis zum Col de la Charbonnière 1 Stunde und 10 Minuten Gehzeit benötigt.

Der Col de la Charbonnière (961 m) ist ein Autostraßenkreuz. Anstelle des früheren, längst verfallenen Forsthauses erstand ein Höhenhotel.

Unser nächstes Ziel ist der »Stein«, wie viele Burgen im Mittelalter genannt wurden, das Steinschloß (Château de la Roche) über dem Dörfchen Bellefosse.

Auch in der Pappenheimischen Chronik der Geroldsecker sagt der Chronist vom Lützelharder: »Es wollen ettlich er sey vom Stain und Geschlecht Geroldseck hergekommen.« Beim Col de la Charbonnière entspringt das Flüßchen Schirrgut (Schirrgoutte, Chergoutte), das mit zahlreichen Zuflüssen von den Bergen bald einen ansehnlichen Gebirgsbach ergibt, der bei Fouday in die Breusch mündet. Das Schirrguttal heißt nach dem Steinschloß das Steintal.

Die aus alemannischen Siedlungen erwachsenen, bis zum Dreißigjährigen Krieg deutschsprachigen Dörfer Waldersbach, Wildersbach, Solbach, Urbach (heute Fouday), und Schönenberg (heute Belmont) bildeten vom frühen Mittelalter her die Herrschaft zum Stein oder Steintal. Deren Besitzer waren zunächst die Edlen zum Stein, die der Staufer Friedrich II. über die bis dahin freien Waldbauern des Tals setzte. Diese verloren dadurch ihre Wälder, was mit zur Verarmung führte. Sie haben das nie verwunden. Gleich nach dem Beginn der Revolution, die die Adelsrechte beseitigte, 1791, erhofften sie eine Chance auf Rückgewinn, prozessierten und erreichten mit Oberlins Hilfe über dessen Freund, den Straßburger kaiserlichen Präfekten Graf Lezay-Marnésia 1813 einen Vergleich, in dem den Steintaler Gemeinden ein Drittel der gesamten Waldungen zugesprochen wurde. Die Herrschaft kam 1584 an die Pfalzgrafen von Veldenz. Ihre Regierung wirkte sich segensreich für das Steintal aus. Erzgruben, Eisenhütten, der Bau einer Straße von Waldersbach nach Oberehnheim, Wege- und Brückenbauten fallen in diese Zeit. Die Reformation wird eingeführt. Damit kommen 1587 Hugenottenfamilien ins Steintal. Von da an erscheinen französische Familiennamen. Die Hugenotten wären in der deutschen Bevölkerung aufgegangen, wenn nicht der Dreißigjährige Krieg und nach ihm die Pest eine solche Dezimierung der Bevölkerung in die Steintaler Dörfer gebracht hätte, daß es am Ende nur noch 20 Familien gab. Die Pfalzgrafen von Veldenz bauten wieder auf. Die Bevölkerung wurde durch Neusiedler aus der Grafschaft Mömpelgard (damals württembergisch), aus der welschen Schweiz und Savoyen aufgefüllt. Damit erhielten die Romanen das Übergewicht, und es entstand das Steintaler Patois, das stark mit alemannischen Dialektresten durchsetzt ist.

Schließlich wurde das Steintal 1723 französisches Lehen und wurde 1762 unter dem Namen »Ban de la Roche«, heute der Name der zu einer Verwaltungsgemeinschaft zusammengeschlossenen Dörfer des Tals, zur Grafschaft erhoben. 1771 ging sie nach einer Verpfändung an den Straßburger Stettmeister, den Baron de Dietrich, über dessen Enkel Frédéric sie die Familie bis zur französischen Revolution besaß. In dessen Haus in Straßburg ertönte zum ersten Mal die Marseillaise, als ihr Schöpfer Rouget de l'Isle sie Dietrich vorsang. Dieser ahnte damals nicht, daß ihm damit der Gang zur Guillotine eingeläutet wurde.

Die Jahre 1723 bis 1771 sind Jahre bitterster Armut für die Steintäler. Das Granitgebiet der Gegend gibt nur einen steinigen sandiggrusigen Boden von geringem Wert für den Ackerbau ab. Die Weiden waren schlecht. Holz aus den den einstigen freien Waldbauern weggenommenen Wäldern gab es nicht. Die langen Winter waren Zeiten des Hungerns und Frierens. Der Kampf gegen die Armut zermürbte die Bevölkerung und demoralisierte sie. In diese Situation sahen sich die Vorgänger des Pfarrers Oberlin und von 1767 ab Oberlin selbst gestellt.

Nunmehr also zunächst zum Steinschloß! Wir gehen vom Col de la Charbonnière ein kurzes Stück auf der Autostraße in Richtung Waldersbach-Fouday. Nach genau 300 Metern erscheint links am Waldrand an einem Baum ein gelbes Kreuz, die Wegweisung zum Steinschloß. Dem dort abzweigenden Pfädchen folgen wir in das Waldtälchen hinab, gehen die Kurve des Waldfahrwegs links hoch und finden an einem Zwillingsbaum das gelbe Kreuz. Der breite Waldfahrweg führt uns jetzt immer geradeaus, auch bei der Wegkreuzung beim Baum Nr. 38 und 42. Das gelbe Kreuz erscheint 30 Meter vor uns. Wir treffen bald auf die Autostraße, die zum Col de Steige (Steiger Höhe nördlich vom Climont) führt. Eine große Waldwiese liegt links unter uns. Wir bleiben etwa 100 Meter auf der Autostraße abwärts. Dann erscheinen rechts am Waldrand an einer Föhre (909 m) mehrere Wegweiserschilder, so Château de la Roche-Bellefosse, gelbes Kreuz rechts ab. Wir kommen an einer herrlichen weißblühenden Waldwiese vorbei und treffen dann, den Donon im Blick nach Norden vor uns, auf das freie Weidegelände der Ferme Haut-Lachamp und damit in die unmittelbare Nähe der Ruine des Steinschlosses (820 m).

Hat uns bis hierher der neue Wegweiser zum Château de la Roche mit dem gelben Kreuz gut geführt, so versagt er jetzt kurz vor dieser Ferme. Auch der auf der Vogesenclubkarte mit der Nr. 4c (= gelbes Kreuz) rot eingezeichnete Wanderweg führt nicht direkt zu den Ruinen. Das von diesem Wanderweg aus kurz nach dem Passieren der Ferme im Walde links oben sichtbare Felsmassiv beachtlichen Umfangs ist nicht die Ruine des gesuchten Schlosses. Diese liegt vielmehr 200 Meter nördlich vom Fermegebäude. Das Weidegelände ist aber fest eingezäunt. Auf ihm weiden Rinder, darunter auch Stiere. Der Fermebesitzer hat offensichtlich zum Schutz der Wanderer das Weidegelände abgesperrt. So scheint auch der gelbe Pfeil an der Westseite des Fermegebäudes, vor dem ein Wachhund liegt, nicht mehr den geduldeten Weg über das Weidegelände zu den Ruinen anzudeuten.

Gehen wir also weiter auf dem Weg 4c, bis wir zu einer Kurve kommen, an der rechts der Wald abgeholzt ist. Wenn wir dort, allerdings über felsiges Gelände, nach Osten gehen, stoßen wir auf die Ruinen. Wem das zu beschwerlich ist, der kann sich damit begnügen, auf dem Weg 4c abwärts zu bleiben. Er sieht dann rechts über sich die Ruinenreste mit einem turmartigen Stumpf.

Bei einer Tannengruppe führt der Weg an den Wiesenhang, an dessen Fuß das Dörfchen Bellefosse liegt. 30 Meter gegenüber dieser Tannengruppe steht ein Pfahl mit dem Wegweiserschild u. a. Bellefosse. Diesen steil abwärts strebenden Weg benützen wir. Durch den Zaun um das Gelände eines Kinderheimes wird man nach links abgedrängt und trifft auf die obere Dorfstraße. Bei dem Haus dort mit der Wegweisertafel überqueren wir diese Dorfstraße, steigen geradeaus hinunter, halten rechts nach dem Wiesengelände zu in Richtung Kirchturm, gehen an der Mairie vorbei und kommen auf die kaum befahrene Autostraße, mit herrlichen Birken gesäumt, die in wenigen Minuten ins Tal der Schirrgut hinab und ebenso kurz hinauf zur Kirche von Waldersbach führt.

Wir haben vom Col de la Charbonnière eine Stunde und 30 Minuten gebraucht. Die Wanderung benötigt also fünf Stunden Gehzeit. Die Wanderung eignet sich für den frühen Sommer und Herbst, vor allem für die Zeit, in der der Ginster blüht, die »Pfrimmen«, wie Oberlin sie nennt. Die weiten, freien, ginsterbewachsenen Hänge sind in einen Hauch von ockergelb und olivgrün gehüllt, der der Landschaft des Steintals in ihrer kargen Verlassenheit das Gepräge des Friedens einer kleinen abgeschiedenen Welt verleiht.

Scheiden wir nicht von Waldersbach, ohne dem Denkmal, das dort dem Vater des Steintals gesetzt wurde, dem Oberlin-Museum (Musée Oberlin) einen Besuch abzustatten. Nach schon im ähnlichen Sinne verdienstvollen Vorgängern im Pfarramte zu Waldersbach trat Oberlin 1767 den Pfarrdienst für 60 Jahre seines Lebens bis zu seinem Tode am 1. Juni 1826 an. Er war dem armen, zurückgebliebenen Tale Pfarrer, Pestalozzi, Fröbel, Raiffeisen, Sozialbetreuer, Straßenbauer, Brückenbauer, Obstzüchter, Saatgutspezialist, Entwicklungshelfer, selbstloser Bankier, Handwerksausbilder, Heimindustrieansiedler, Buchdrucker, Weber, Designer – alles in einer Person. Er widmete sein ganzes Leben der Wohlfahrt und der Hebung des Lebensstandards seiner Steintäler.

Das kleine Museum* in Oberlins Pfarrhaus gibt einen intensiven Einblick in die erstaunlich vielseitigen Fähigkeiten dieses aus der großen Stadt Straßburg stammenden Mannes, der als seine Lebensaufgabe den Dienst an seinen Steintaler Mitbürgern gestellt sah. Er ist auf dem benachbarten Kirchhof in Fouday begraben. Als ein Nachfolger Oberlins führt der amtierende Pastor durchs Museum. Alle Ausstellungsstücke in der einstigen Wohnung Oberlins sind mit Täfelchen in französischer und deutscher Sprache versehen. Wer sich über Oberlin und das Steintal darüber hinaus unterrichten will, der lese den ausgezeichneten Beitrag von Wilhelm Heinsius im »Alemannischen Jahrbuch« 1955 S. 278 bis 393. Auch Sayn-Wittgensteins »Elsaß«, Prestel Verlag München 1968, widmet Oberlin und dem Steintal ein lesenswertes Kapitel (S. 270). Und im Elsässischen Museum (Musée Alsacien) in Straßburg an der Ill gegenüber der Ancienne Douane beim Rabenplatz (Place des Corbeaux) gelegen, sind einige Räume Oberlin vorbehalten.

Die Anfahrt nimmt man über Villé (Weiler) – Breitenbach – Col de la Charbonnière; die Rückfahrt über Fouday – Schirmeck – Grendelbruch – Oberehnheim (Obernai).   Frühjahr, vor allem während der Ginsterblüte, und Herbst

---

*Offen Mi., Fr., Sa., So. 14–18 Uhr. Oktober geschlossen. Telefon 97 30 27 für Vereinbarung außerhalb genannter Zeiten.

50 Der Champy

Aufstieg:
Parkplatz an der Vogesenkammstraße – Haut Chitelet – Col des Faignes sous Vologne – Faigne Rouge – Champy-Gipfel, 2 Stunden 30 Minuten.

Abstieg:
Champy-Gipfel – Chaume de Champy – Kammweg nach Süden bis zur Abzweigung nach Belles Huttes – Belles Huttes – Chiteletbach – Parkplatz an der Vogesenkammstraße, 3 Stunden.

Gesamtzeit der Wanderung 5 Stunden und 30 Minuten.
Höhenunterschied 1100 – 954 – 1201 – 880 – 1100 Meter.
Karte des Vogesenclubs Blatt Münster, Gérardmer, La Bresse 1978.

Abänderung (mit 2 Wagen):
Aufstieg vom Col des Faignes sous Vologne auf den Champy wie oben. 1 Stunde 15 Minuten. Abstieg Chaume de Champy – Collet de l'Etang – Etang de la Cuve und zurück – Haut Rouan – Pré Jacquot – La Bresse (1. Wagen am Col des Faignes sous Vologne, 2. Wagen in La Bresse).

Gesamtzeit der abgeänderten Wanderung 4 Stunden und 30 Minuten.
Höhenunterschied 954 – 1201 – 1016 – 1124 – 650 Meter.
Karte des Vogesenclubs Blatt Münster, Gérardmer, La Bresse.

Der französische Name des Berges Champy (1201 m), auf den Karten in Verbindung mit der etwa 30 Hektar großen Hochweide auf seiner fast ebenen Kuppe Chaume de Champy genannt, verrät, daß das Wanderziel jenseits des Vogesenkammes im östlichen Lothringen (Département Vosges) liegt. Er ist die höchste Erhebung eines von der östlichen und westlichen Moselotte (letztere = Chajoux), die sich bei La Bresse vereinigen, umschlossenen Vierecks mit den Punkten Tête des Cerfs (Hirschkopf, 1178 m) im Norden, Chaume de Champy in der Mitte und Etang (Weiher) de la Cuve (1016 m) im Süden. Eine Landschaft mit wildem, unberührtem Bergwald, mit einsamen Mooren, so Rouge Faignes (Rotes Moor) zwischen der Tête des Cerfs und der Bergspitze des Champy, steil nach Osten abfallend. Die einstige Sennerei Chaume de Champy ist verschwunden. Statt ihrer steht dort neuerdings eine Unterkunftshütte, Chalet »Les Champis«, ebenso wie der Champy-Gipfel seit neuestem einen (anscheinend noch provisorischen) Fernsehrelaisturm tragen muß.

Die noch vor kurzem kümmerliche, fast nur aus spärlich auftauchenden alten, verwitterten Holzschildern bestehende Wegweisung ist vom Vogesenclub lobenswerterweise durch neue Schilder und Zeichen (fast) in Ordnung gebracht und mit Standortschildern versehen worden. So kann jetzt der Champy, der auf der Karte des Vogesenclubs mit einem roten Stern, dem Zeichen besonderer Aussicht oder Schönheit, ausgezeichnet ist, besser als Wanderziel dienen als bisher, wo schon eine Pfadfinderei gewagt werden mußte, wenn man ihn erwandern wollte.

Aber auch der Ausgangspunkt, von dem aus wir die Wanderung beginnen, ist mit einem solchen roten Stern markiert: Haut Chitelet, das obere Schliechtle (Schlüchtle), unmittelbar westlich unterhalb des Vogesenkammes auf der Strecke zwischen dem Falimont (1304 m) und dem Hohneck (1362 m) gelegen. Von der ehemaligen Ferme Haut Chitelet (1100 m), heute ein Wanderheim, weitet sich das herrliche Tal des Chiteletbachs hinab nach Westen, wo sich dieser mit der vom Hohneck herunterkommenden Moselotte vereinigt und als östliche Moselotte nach Süden, La Bresse zu, fließt. Es gab im unteren Chiteletbachtale noch die Ferme Bas Chitelet. Von ihr sind nur noch spärliche Mauerreste übrig.

Wir fahren von der Schlucht aus auf der Kammstraße N 430 nach Süden. Nach wenigen Kilometern kommen wir an den an der rechten Straßenseite gelegenen »Jardin botanique Haut Chitelet« der Universität Nancy. Vom südlichen Hinweisschild auf diesen Berggarten ab, wo sich auch das Schild »Chalet universitaire« befindet, achten wir auf die links am Weg stehenden weißen Kilometersteine. Der dort stehende trägt die Nr. 1. Bei Nr. 9 halten wir und stellen den Wagen in der Parkbucht rechts an der Straße ab.

Am Nordende dieser Parkbucht führt ein Wegchen abwärts nach Norden. Nach 55 Metern steht links eine Eisenstange mit einem kaum leserlichen hölzernen Schild. Auf der Stange ist ein gelber Punkt mit Richtungspfeil nach links. Dies ist die Wegweisung nach Haut Chitelet. Ein schmales Pfädchen führt der elektrischen Mastenleitung entlang in wenigen Minuten zum einstigen Weidegelände mit dem Fermegebäude. Es bietet sich gleich ein herrlicher Blick hinunter nach Westen ins Tal, wo die Seen Retournemer und Longemer zwischen den Bergen von der Vologne durchflossen werden.

Wir steigen auf der Weidewiese hinab zur nächsten Eisenstange, bei der wir auf ein Pfädchen treffen, das mit einem grünen Kreis und später auch mit einem gelben Dreieck beschildert ist und uns in Kürze im Zickzack hinab zum Col de Thiaville bringt. Er ist nicht standortbeschildert. Es ist der Paß zwischen dem Tal des Chiteletbachs und dem nördlich davon gelegenen Tal der Vologne, kein Straßenpaß, sondern nur ein idyllischer Landschaftspunkt. An einer Buchengruppe dort ist die Wegweisung zum Col des Faignes sous Vologne, unserem nächsten Ziel, angebracht (der eben genannte grüne Kreis und das gelbe Dreieck). Das auf der Vogesenclubkarte für diesen Weg 7b angegebene Zeichen, ein aufrechtstehender blauer Strich, stimmt also nicht mehr.

Der Wanderweg führt am nördlichen Waldrand des Chiteletbachtales entlang und bietet Sicht auf die Kammhöhen, vor allem nach Südwesten zum Schmargult (1170 m), zu dem hinauf im Winter ein Sessellift die Skifahrer bringt. Die Anlagen stören das sonst integre Landschaftsbild. An einer Stelle, wo der Randweg den Wald kurz verläßt, wenden wir den Blick zurück ins Tal und sehen hoch über uns den Hohneck majestätisch im Horizont liegen.

Wir kommen an einem Wegweiser vorbei, wo unser Wanderweg nun als »Sentier Antoine« bezeichnet ist, für uns der obere Weg, dem wir zum Col des Faignes (Moore) folgen. Der Weg ist unkompliziert. Wir sehen bald die Dächer der beiden an dieser Paßhöhe stehenden Häuser und steigen, wenn das Fußpfädchen auf einen steil nach unten ins Tal abfallenden Schneisenweg trifft, kurzerhand da hinunter. Wir stehen auf dem 954 Meter hoch gelegenen Paß, wo sich die von der Schlucht herabkommende, nach La Bresse führende Autostraße D 34 mit der von Gérardmer kommenden D 67 trifft. Als dritte kleine Autostraße kommt noch der

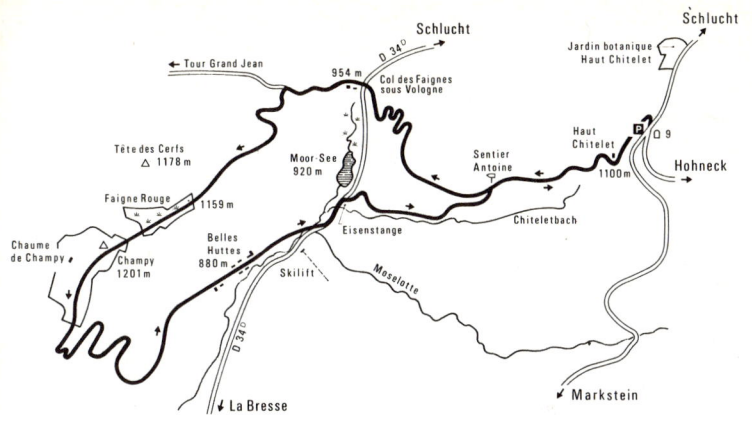

»Itinéraire touristique Grand Jean« dazu, der der westlichen Moselotte (= Chajoux) folgt. Unter uns im Süden liegt das breite Hochtal der östlichen Moselotte entlang der »Colline de Vologne«, im oberen Teil mit Sumpf und dem Moorsee »Faignes sous Vologne« ausgefüllt.

Wir haben von unserem Ausgangspunkt bis zu dieser Paßhöhe eine Stunde und 15 Minuten gebraucht. Es stehen da zwei Wanderheime. Wir gehen die Fahrstraße rechts von den beiden Häusern hinauf, also den oben erwähnten, mit Autowegweiser versehenen Itineraire Grand Jean, und treffen nach etwa 400 Metern auf einen links abzweigenden breiten Waldfahrweg.

Wir folgen diesem Weg und sehen schon von weitem das noch neue Wegweiserzeichen an einer Tanne: ein an den beiden Enden zugespitztes schwarzes Rechteck auf weißem Grund, das uns links den Waldweg hinaufweist. Merkwürdigerweise ist diesem Wegzeichen kein Ziel beigegeben. Das schwarze Rechteck führt uns nun eine Strecke weit gemächlich hinauf bis zu einem Wegekreuzungsplatz (beim Baum Nr. 89), an dem sich mehrere Zielangaben befinden, doch keine für unser Ziel, den Champy. Wir steigen, nun wieder ohne Wegzeichen gelassen, den mit Traktorspuren versehenen Fahrweg gegenüber dem Baum Nr. 89 steil hoch.

Vor der ersten Höhe folgen wir der Linkskurve und kommen so nach insgesamt drei Höhenetappen auf den nun eben verlaufenden Kamm, wo durch den Wald bereits der freie Himmel erscheint. Dort, wo ein Weg nach rechts abzweigt, halten wir uns links und geradeaus. Als Orientierungshilfe mögen uns von dem vorhin genannten Wegekreuzungsplatz beim Baum Nr. 89 ab Baumzahlen begleiten, die links und rechts am Wege mit den Nummern 56, 59, 60, 61 stehen. Beim Baum Nr. 60, schon oben auf dem ebenen Kammweg, kommt plötzlich ein an beiden Enden zugespitztes blaues Rechteck auf weißem Grund und beim Baum Nr. 87 das dazugehörende Wegweiserschild »Chaume des Champis«. Wir folgen dem blauen Zeichen und kommen alsbald an das Rote Moor (Rouge Faigne), das ein hölzernes Standortschild anzeigt. Es ist ein weites Hochmoor (1159 m), dessen Nordwestseite von der Tête des Cerfs (1178 m) eingerahmt wird. Dort steht auch ein weiteres Schild mit dem blauweißen Zeichen »Les Champis par la crête« mit einem Hüttenzeichen.

Dem folgen wir am Ostrand des Moores entlang und kommen an den Fuß des Champy-Gipfels. Wir gehen aber nun nicht mehr dem blauen Zeichen nach, das nicht über den Champy-Gipfel führt. Wir steigen vielmehr rechts vom Baum Nr. 87 den geraden steilen Pfad hoch, der uns in wenigen Minuten auf die Bergspitze des Champy bringt.

Leider trägt die Bergspitze, ein kleines Plateau, neuerdings den bereits erwähnten Fernsehturm, hoffenlich nur ein Provisorium, wie es scheint, das vielleicht bald wieder verschwindet.

Dieses Plateau senkt sich nach Süden zu der etwas tiefer gelegenen, fast ebenen, welligen Kuppe, die das einstige Weidefeld des Chaume de Champy war. Die Sennerei ist verschwunden, ein neues Chalet (Hütte) »Les Champis« steht an ihrem Platz (nicht bewirtet). Hierhin führt auch das blaue Zeichen, das wir beim Aufstieg auf den Gipfel verlassen haben.

Über den tiefer gelegenen Waldsaum hinweg sieht man nach allen Seiten auf die umliegenden Berge, nach Westen weit ins Lothringische hinein, nach Norden bis zum Climont. Eine Überraschung für uns von jenseits des Rheines Kommende bereitet der Blick nach Osten: die Kette des Vogesenkamms vom Hohneck über den Kastelberg, Rainkopf, Rothenbachkopf bis zum Batteriekopf sehen wir wieder einmal umgekehrt wie gewohnt, also vom Westen her, und der Rothenbachkopf zeigt deutlicher denn je seine Ähnlichkeit mit dem Matterhorn. Die mächtige Felskante an seinem Nordabfall ist am Horizont klar konturiert.

Dieses ungewöhnliche Panorama, das der Champy bietet, rechtfertigt den roten Stern, den ihm der Vogesenclub auf seiner Karte verleiht.

Aber noch mehr und Einzigartiges bietet der Champy jetzt zur Zeit der Arnikablüte: Haben Sie, liebe Leser, schon einmal in der Größe von 30 Hektar eine Fläche eng beieinanderstehender blühender Arnika gesehen? Über ein kaum überschaubares Feld orangegelber Köpfchen streicht der leichte Wind. Tausend fröhliche Schmetterlinge tummeln sich eifrig von Blüte zu Blüte. Und das alles brauchen Sie mit niemandem zu teilen. Es gehört Ihnen ganz allein. Tiefe Einsamkeit liegt über diesem Blütenparadies.

(Eine Bemerkung zur arnica montana: Wer auf sie allergisch ist, der meide den Gang durch das Blütenfeld und bleibe auf den Wegen!)

Wir haben vom Col des Faignes sous Vologne bis zum Champy-Gipfel 1 Stunde und 15 Minuten gebraucht. Wir durchschreiten die Champy-Kuppe am Ostrand, um den Blick auf den Vogesenkamm zu haben, in Richtung nach der südöstlichen Ecke. Dort finden wir den Ausgang in den Wald und treffen auch gleich wieder auf das blaue Zeichen, dem wir folgen.

Bis vor kurzem trug dieser Waldweg auf dem Kamme vom Champy nach Süden auf verblichenem Holzschilde den Namen »Sentier de Bourrique« (Eselspfad). Offenbar hat man mit dieser Romantik nichts mehr anzufangen gewußt. Das Schild ist verschwunden. Nach etwa 400 Metern treffen wir auf eine links hinabweisende Wegweisung »Vallée de Vologne« mit neuem Schild. Auch hier ist ein Stück Romantik an Wegweisung verschwunden. Früher stand am Baum Nr. 86 ein altes verwittertes Holzschild »Sentier du Conservateur«, der Försterpfad. Als

ich ihn erstmals hinabstieg, stellte ich fest, daß der Herr Förster sich lange nicht mehr um seinen Pfad gekümmert hatte. Er war nahezu zugewachsen.
Jetzt hat man den Pfad stillgelegt und das Schild entfernt. Wir vertrauen uns dem neuen Schild an »Vallée de Vologne«, das uns zu unserem nächsten Ziel Belles Huttes unten im Tal der östlichen Moselotte bringt, das fälschlicherweise landläufig nach der Colline (Hügel) de Vologne bezeichnet wird, obwohl das Flüßchen Vologne viel weiter nördlich entspringt und durch die Seen Retournemer und Longemer nach Nordwesten abfließt.
Der Abstiegsweg ist jetzt gut gezeichnet und bringt uns in 45 Minuten in die Luxusferienkolonie mit vielen Chalets und mächtigen Appartmenthäusern Belles Huttes, angesichts der nahen Skilifte auf den Vogesenkamm besonders als Winterstandortplatz begehrt. Dort besteht auch die auf der gesamten Wanderung einzige Gelegenheit zur Einnahme einer Erfrischung.
Am Skiliftbahnhof vorbei entfliehen wir dem Touristikzentrum, indem wir die Autofahrstraße ein kurzes Stück aufwärts gehen bis etwa zu der Höhe, auf der links unter uns die Südspitze des Moorsees liegt. Dort kommt vom rechten Berghang der Chiteletbach herunter. Wenige Meter nördlich davon ist eine Straßenausbuchtung.
Von diesem Platz führt nach rechts ein steiniger Weg hinauf. Wir nehmen den linken Strang zwischen den zwei großen Tannen hindurch und steigen den Hangweg hoch. Bei einer Wegkreuzung folgen wir der Kurve rechts herum. Der Weg zieht nun hoch über dem tief eingefressenen Waldtälchen des Chiteletbachs in Richtung zum Vogesenkamm hinauf. Waren es auf dem Champy die gelben Arnika, so sind es hier an den Hängen und am Wege die roten Fingerhüte, die da eine Massenversammlung abhalten. Wenn uns bald ein Fahrweg von rechts unten begegnet, bleiben wir in der Linkskurve und folgen dem Wege links hoch, der uns nach kurzer Zeit zu einem Punkt bringt, den wir vom morgendlichen Hinweg her kennen: Das Wegweiserschild »Sentier Antoine«. Wir gehen jetzt von dort ab denselben Weg, den wir am Morgen herabgekommen sind, zum Wanderheim Haut Chitelet hinauf und von dort zurück zu unserem Parkplatz an der Kammstraße. Wir haben von Belles Huttes bis zum Parkplatz 1 Stunde und 30 Minuten gebraucht. Die gesamte Wanderung benötigt also 5 Stunden und 30 Minuten. Einkehr in der Ferme Breitsouzen in Sichtweite von unserem Parkplatz an der Kammstraße.

Abänderung

Die Champy-Wanderung läßt sich vereinfachen, aber auch gleichzeitig reizvoll erweitern, wenn man zwei Wagen zur Verfügung hat. Dann kann man die Wanderung auf den Bergzug beschränken, der zwischen dem Col des Faignes sous Vologne und La Bresse liegt und von den beiden Flüssen (östliche Moselotte und westliche Moselotte = Chajoux) eingerahmt wird. Ziele sind dann der Champy, der Etang de la Cuve, die Höhe »Haut Rouan« und das Weidegebiet Pré Jacquot im Süden, von wo der Abstieg nach La Bresse erfolgt. Den ersten Wagen stellt man vor der ersten Signalanlage (französisch feu rouge) bei der Einfahrt in La Bresse in der Nähe der dort auf die Talstraße von rechts herunterkommenden Rue du Moyenmont ab. Der zweite Wagen bleibt am Col des Faignes sous

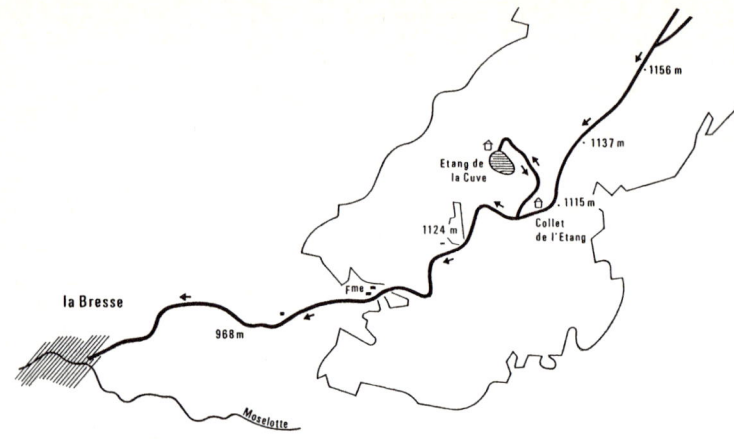

Vologne. Von dort ab erfolgt der Abstieg auf den Champy wie oben beschrieben. Statt dann aber an der etwa 400 Meter vom Weidefeld des Champy entfernten Abzweigung nach »Vallée de Vologne« (Belles Huttes) ins Tal abzusteigen, bleiben wir auf dem nach Süden laufenden Kammweg, der uns im übrigen bis zum Weidegebiet Pré Jacquot immer durch den Wald führt, also schattig ist.

Das blaue Zeichen wird dort, an der eben genannten Abzweigung, durch ein rotes, an beiden Enden zugespitztes Rechteck auf weißem Grund abgelöst und führt in Kürze zu der Hütte (ohne Bewirtung) »Collet de l'Etang« (1110 m). Etwa 200 Meter nach dieser Hütte kommt eine Wegekreuzung. Dort befindet sich rechts am Baum Nr. 68 die Wegweisung »Vallée de Chajoux«, die eine Waldfahrstraße benützt, die uns in großer Kurve rechts hinunter zum einsam gelegenen Etang de la Cuve (1016 m) führt. Wir verlieren zwar etwas an Höhe und benötigen für den Hin- und Rückweg etwa 40 Minuten.

Aber der Quellweiher des Gebirgsflüßchens Cuve bietet mit der ihn umgebenden Waldwiese in völliger Einsamkeit ein lohnenswertes Ziel, das man nicht ausfallen lassen sollte. Man sieht den See schon von oben, vom Waldweg herab, mit seinem blaugrünen Wasser. Einen Wegweiser zum See gibt es nicht. Die erste Abzweigung unten links an der Waldfahrstraße führt zu ihm. Wir gehen denselben Weg wieder zu der Wegekreuzung unterhalb der Hütte »Collet de l'Etang« zurück.

Von dort ab ist unser nächstes Ziel im Marsch nach Süden die Höhe »Le Haut Rouan« (1124 m). Die Wegweisertafel befindet sich an dem Waldweg, der an der gerade erwähnten Wegekreuzung rechts hoch geht: Chemin du Haut Rouan. Le Chaume (rotes Zeichen). In Kürze kommen wir zu diesem mit Standortschild versehenen Punkt, ebenfalls eine ehemalige Weide (daher Chaume), die aber schon weitgehend dem Walde zum Opfer gefallen ist. Wir folgen immer dem roten Zeichen, das manchmal unnötig gehäuft erscheint, oft aber auch gesucht werden muß. Bei der nach Le Tremplin führenden Abzweigung bleiben wir geradeaus; unser rotes Zeichen ist 80 Meter weiter vorn rechts. Unser nächstes Ziel ist Le Pré

Jaquot (1070 m), ein nun schon außerhalb des Waldgebietes gelegenes Fermegelände mit zwei Bauernanwesen.

Sobald wir an die Standortbeschilderung kurz nach dem Waldaustritt kommen, benützen wir den Pfad abwärts hinunter zu den zwei genannten Bauernhäusern. Eine Wegweisung nach La Bresse fehlt. Nach den Ferme-Häusern schlängelt sich der Weg rechts um die vor uns liegende Höhe (1032 m) herum, führt zu einem Gehöft, vor dessen Schmalseite ein neuer Weg links eben am Hang entlang zieht. Nach etwa 80 Metern dieses Weges geht ein Flußpfädchen hinab, das uns im Zickzack zu den ersten Häusern von La Bresse in der Rue Bellevue bringt und von dort in die Rue du Moyenmont, bei deren Einmündung in die Talstraße unser zweiter Wagen steht.

Wir haben vom Col des Faignes sous Vologne (Parkplatz des ersten Wagens) über den Champy-Gipfel bis zur Abzweigung auf den Kammweg nach Belles Huttes 1 Stunde und 30 Minuten gebraucht und von dort für den weiteren Weg bis nach La Bresse einschließlich des Besuchs des Etang de la Cuve 3 Stunden, insgesamt also 4 Stunden und 30 Minuten.

Wir fahren mit dem in La Bresse abgestellten Wagen hinauf zum ersten Wagen, von dort mit beiden Wagen wieder zurück in Richtung La Bresse, zweigen aber nach Les Belles Huttes dann links zum See Blanchemer ab, benützen kurz vor dem See die Fahrstraße zum Vogesenkamm und kehren in der Ferme-Auberge Schmargult (1200 m) kurz vor Erreichen der Kammstraße oder in der Ferme-Auberge Breitsouzen (1243 m) an der Kammstraße ein.

Juli/August wegen der Arnikablüte

51 Climont

Aufstieg von Charbes

Aufstieg:
Charbes (4 km nordwestlich von Lalaye) – Blanc Noyer – Grand Sapin (auch Sapin Géant = Riesentanne genannt) – Climonthöfe (Climontfuß) – Climontgipfel (3 Stunden 30 Minuten).

Abstieg:
Climontgipfel – Climontfuß – Ruine Bilstein – Chindé – Charbes (2 Stunden 30 Minuten).

Gesamtzeit der Wanderung 6 Stunden.
Höhenunterschied 390–966 Meter.
Karte des Vogesenclubs Blatt Monte Ste. Odile Vallée de La Bruche.

Die Wanderung zum Climont Nr. 6 (Seite 25) geht von Lalaye aus, 5 km westlich von Villé gelegen. Wir stoßen jedoch heute von Lalaye aus etwa 5 km weiter ins Tal hinein und nehmen den Ausgang unserer Wanderung von dem Dörfchen Charbes aus. Wir parken in der Nähe der Straßenkreuzung beim Hause Schram (verblaßte blaue, große Schrift am Hause). Dort steht rechts an der Straße der Wegweiser zum Blanc Noyer – Climont, 1 Stunde 30 Minuten, gelber Kreis (Weg 5c der Karte des Vogesenclubs). Diese Zeitangabe versteht sich nicht bis zum Climontgipfel, sondern nur bis zu den Climonthöfen am Fuße des Climonts. Außerdem ist die Zeit zu kurz angegeben. Auf den kommenden Wegweisern variiert sie.

Wir folgen dem Talweg nach Norden, der in leichtem Anstieg zum Zinken Blanc Noyer führt, wo sich auch das auf dem Wegweiser angegebene Jugendheim »Jeunesse heureuse« befindet. In einer Kurve, schon auf der Höhe von Blanc Noyer (550 m), zeigt sich ein Schild »Blanc Noyer«, das nach links in den Zinken weist. Wir folgen jedoch der Wegkurve nach rechts mit dem Schild »Toutes directions«, das uns zu einem Wegweiserständer bringt, auf dem verschiedene Ziele angegeben sind. Für uns: Climont (gelbes Kreuz). Es geht wenige Meter halblinks hoch und dann bei der Wegteilung gleich scharf links in Richtung des bereits sichtbaren Hochmastes.

Nach ca. 20 Minuten geht von unserem Weg links hinauf ein Pfad mit der Wegweisung: Grand Sapin – Climont (gelbes Kreuz). Mit dem Ziel Grand Sapin = Sapin Géant (Riesentanne) ist die früher einmal da stehende übergroße Tanne gemeint. Von ihr jedoch heute nichts mehr zu sehen, nicht einmal mehr der Stumpf (souche), auf den am Wegweiser verwiesen wird. Grand Sapin ist also lediglich noch ein Kartenpunkt.

Beim Baum mit der Zahl 18 trifft der Fußpfad auf einen Waldweg. Das gelbe Kreuz ist links an einer Tanne. Gleich geht es, dem gelben Kreuz rechts an einer Tanne folgend, rechts ab. Ein dort plötzlich auftretendes blaues Kreuz darf uns nicht irritieren. Nach ca. 10 Minuten kommt wieder die Wegweisung Sapin Géant – Climont mit gelbem Kreuz. Der Pfad führt über ein Holzbrückle und trifft alsbald auf einen Waldfahrweg. Beim Austritt aus dem Wald treffen wir auf einen weiten kahlgeschlagenen Hang, die Nordseite der Höhe 822, die, Sturmeinbrüchen ausgesetzt, nun als kahles Haupt in der Landschaft steht. Von diesem Hang aus haben wir den ersten Ausblick westlich hinüber auf den Climontgipfel, aber auch in die weite Bergwelt vom Ungersberg bis zum Donon.

Unser Pfad führt den Kahlhang hinunter auf einen Fahrweg. Die Markierung für die Fortsetzung unseres Weges zum Climontfuß fehlt hier. Wir müssen den Fahrweg links dem Hang entlang einhalten. Das gelbe Kreuz erscheint später dann auch wieder. Der sich den Berghängen entlang schlängelnde Weg führt uns in Kürze an den Climontfuß.

Der Climont liegt in einer riesigen Mulde und ragt daraus als einziger Berg in die Höhe. Clivus Mons, Hügelberg: wie ein Hügel aus der Ebene, so schaut der Climont aus seiner Mulde. Und jetzt erscheint er auch gar nicht mehr wie von uns drüben aus als Tafelberg! Um ihn herum liegen die Climonthöfe, z. T. zu einem kleinen Dörfchen konzentriert, mit Ferienheimen, einer kleinen Kirche, die seinerzeit die deutsche Kaiserin Augusta Viktoria gestiftet hat, aber keiner Wirtschaft, so daß der Durst des Wanderers an Brunnen gestillt werden muß. Von Charbes aus bis hierher an den Fuß des Climonts haben wir 2 Stunden und 15 Minuten gebraucht.

Die Climonthöfe sind übrigens seit der Zeit nach dem Dreißigjährigen Kriege von deutschsprechenden Mennoniten bewohnt. Anhänger jener evangelischen Religionsgemeinschaft, die der katholische Priester Menno Simons (1492–1559) in

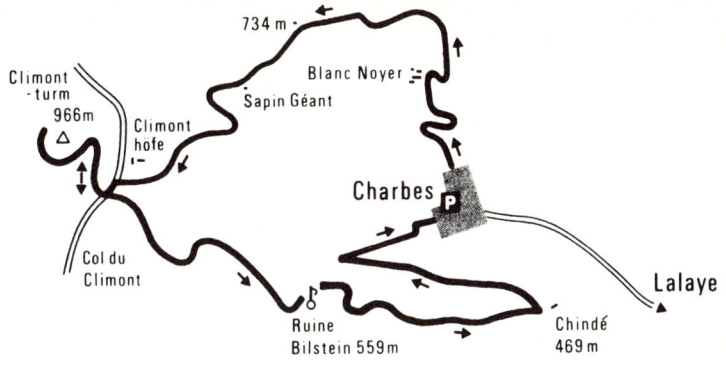

Friesland in Anlehnung an die Täufer gegründet hat. Verwerfung der Kindertaufe, des staatlichen Zwangs in Glaubensdingen, des Kriegsdienstes, des Eides usw. sind ihre Prinzipien. Verfolgt von auch die Religion dirigierenden Fürsten fanden sie Zuflucht in den Niederlanden (anerkannt seit 1577), in Westpreußen und im Berner Oberland. Ein Teil der Mennoniten wanderte 1683 nach Nordamerika und ein anderer Teil im 18. Jahrhundert zunächst nach Rußland und 1850, als die Mennoniten in Rußland zum Kriegsdienst gezwungen werden sollten, von dort ebenfalls nach Nordamerika aus. Nach dem Dreißigjährigen Krieg waren sie als tüchtige Landwirte im Elsaß, Baden und der Kurpfalz gesucht. Besonders im Sundgau sind viele Höfe seit dort im Besitz von aus dem Berner Oberland übergesiedelten Mennoniten, die Mustergüter betreiben.

Von der Fahrstraße am Climontfuß, wo auf dem Kilometerstein am Straßenrand die Höhe 680 m angegeben ist, zweigt der Fußpfad rechts hoch zum Climontgipfel mit seinem Turm, immer noch gelbes Kreuz (Weg 4c der Karte der Vogesenclubs). Es ist zunächst ein steiles Pfädchen, das sich durch niederen Tannenwald hochschlängelt. Das Pfädchen trifft aber dann auf einen Sandfahrweg, dem wir (ohne Wegzeichen) links hoch folgen. Wenn dieser Fahrweg an die große Kahlbruchstelle kommt, geht es rechts hoch zum auf dem Nordteil des Gipfelmassivs stehenden Turm (von 1897), nach dem langjährigen Vorsitzenden des Vogesenclubs Dr. Julius Euting Juliusturm genannt. Von ihm ist auch ein Medaillonbildnis über dem Eingang zum Turme angebracht. Die Besteigung des Turmes mit seinen 71 Wendeltreppenstufen lohn sich. Man hat eine prächtige Rundsicht: im Norden die Donon-Gruppe mit Großmann, Noll, Mutzigfelsen, Schneeberg, im Nordosten der Champ du Feu mit Turm (Hochfeld), im Osten der Ungersberg, Dambacher Berg, Altenberg, im Südosten die Hohkönigsburg, fern die Rheinebene und dahinter die Schwarzwaldberge und – bei gutem Sichtwetter – im Südosten die Alpen.

Vom Climontfuß zum Turm benötigen wir 1 Stunde. In einer halben Stunde steigt man vom Turm wieder zum Climontfuß hinunter. Es wird dringend geraten, denselben Weg, den man zum Aufstieg genommen hat, auch wieder zum Abstieg zu nehmen. Die verschiedenen Fahrwege entlang des Climonthügels führen zwar alle hinab, aber z. T. in weiten Ausschwingungen, die viel Zeit kosten. Der Rat also: wie hinauf, so hinab.

Für den Abstieg mit dem Ziele Charbes, wo wir den Wagen stehen haben, benützen wir den Weg Bilstein – Lalaye, gelbes liegendes Kreuz (Weg 6c der Karte des Vogesenclubs). Der Wegweiser steht auf der anderen Straßenseite gegenüber dem Wegweiser, der zum Aufstieg auf den Turm weist. Wir folgen zunächst ein Stück der Autofahrstraße. Nach einer Kurve am Waldrande zweigen wir links dem Wegweiser Bilstein – Lalaye folgend von dieser Fahrstraße ab. Wir kommen auf ebenem Hangwege alsbald zur Ruine Bilstein mit prächtiger Sicht auf Urbeis. Schloß Bilstein gehörte den Habsburgern, die 1361 den Hallstatt zu Lehen gaben. 1585 starben die Burgherren aus. Die Burg zerfiel. Diese Ruine Bilstein ist nicht zu verwechseln mit der Ruine Bilstein westlich des Königstuhls, ebenso wie das Miniaturdörfchen Urbeis, auf das man unten im Tal schaut, nicht verwechselt werden darf mit Urbeis = Orbey. In Kürze gelangt man von der Ruine Bilstein an den Schinderberghof (französisch Chindé). Dies ist die Ruine einer einstigen Ferme. Vor ihr steht ein Wegekreuz. Dort zweigen wir links den Hang entlang ab, folgen also nicht mehr der Wegweisung Lalaye.

Der Weg zieht sich nun immer eben, aber recht lang dem Nordhange des Bergrückens entlang, der vom Climontfuß südlich des Tales von Charbes vor nach Lalaye zieht. Man sieht unten im Tal die Häuser des weitverzweigten Dorfes Charbes liegen, aber der Hang dort hinunter ist zu steil und inwirtlich, als daß man einen Direktabstieg wagen könnte. Einmal kommt bei einem am Wege stehenden Hause, auf der Karte Sachelingoutte, ein Wegweiser, der rechts hinunterweist. Der Pfad ist aber verschüttet, so daß es nicht ratsam ist, ihn zu benützen. Wir bleiben auf dem Hangwege, der über das unten im Tal liegende Charbes hinaus nach Westen führt, dann aber auf einen nach Nordosten hinunterziehenden Fahrweg trifft, der uns ohne Mühe alsbald nach Charbes bringt.

Wir haben für den Abstieg vom Climontfuß aus bis nach Charbes 2 Stunden und 30 Minuten an Zeit gebraucht. Der Rückweg ist relativ lang, dafür aber bequem zu gehen. Einkehr im Konditorei-Café (Salon de Thé) Pfister in Villé (Weiler) neben der Mairie.

Ganzjährig

52 Hohneck

Aufstieg vom Schluchtpaß

Aufstieg:
Col de la Schlucht – Sentier des Roches – Frankental – Schäfertal – Schäfertalsattel – Hohneck, 3 Stunden 15 Minuten.

Abstieg:
Hohneck – Col de la Schlucht, 1 Stunde 15 Minuten.

Gesamtzeit der Wanderung 4 Stunden 30 Minuten.
Höhenunterschied 1139 – 1028 – 1362 Meter.
Karte des Vogesenclubs, Blatt Münster, Gérardmer, La Bresse.

Mit der Wanderung Nr. 37 (Seite 186) haben wir den Hohneck von Metzeral, also von Südosten her erstiegen. Kürzer ist der Weg vom Schluchtpaß (Col de la Schlucht, 1139 m) aus. Und besonders reizvoll, weil wir als Hinweg den Felsenpfad (Sentier des Roches) benützen können, der uns an den Felshängen des mächtigen Bergmassivs Falimont-Hohneck entlangführt, von dem aus die Schlucht, die dem Schluchtpaß den Namen gab, hinunter nach Osten fällt. Der Felsenpfad wurde 1910/11 gebaut. Er ist schon ein alpiner Pfad, der gewisse Gefahren bietet, so daß er keinesfalls bei Schnee oder Eis begangen werden sollte. Davor wird auf den Wegweisern gewarnt. An den gefährlichen Stellen ist er durch Eisengeländer oder Drahtseile geschützt. Er wird als einer der schönsten alpinen Pfade des Vogesengebietes bezeichnet.

Der Felsenpfad beginnt gegenüber dem Hotel des Roches, dem östlichst gelegenen Hotel auf dem Schluchtpaß. Wir folgen dem Wegweiser mit den Zielen Frankental-Hohneck, blaues Rechteck. Der Weg führt auch nach Stoßwihr unten am Ostrand der Schlucht. Das berührt uns aber nicht. Der Pfad bietet unter den hohen Felshängen hindurch impossante Blicke hinauf zur Bergkante und hinunter in den ostwärts laufenden tiefen Graben der Schlucht. Er schlängelt sich leicht abwärts, steigt mal wieder hoch nach einem schroffen Felsgrat zu und durchquert diesen in einer schmalen Felsspalte. Er senkt sich dann in den Frankentalkessel, eine riesige arenaartige Mulde in den östlichen, steil abfallenden Felsenhängen des Bergmassivs, von denen der Hundsfelsen, wie er früher hieß, heute die Martinswand, das bizarrste Bild bietet. Beim Krappenfelsen – diesen Namen gibt's in den Vogesen wohl ein Dutzendmal – senkt sich der Steinpfad langsam ins Tal und mündet auf einen Forstweg, der uns in Kürze zur einstigen Ferme Frankental bringt.

Das frühere Fermegebäude, übrigens am 24. April 1910 durch eine Lawine zerstört und dann wieder aufgebaut, dient heute einem Verein als Wanderheim. Am südlichen Ende des Kessels, in einem versumpften Teil der einstigen Viehweide, steht eine Wegweisertafel, die uns weiter mit dem blauen Rechteck stetig hoch und teils durch niedrigen Buschwald den Hang hinauf zur einstigen Ferme Schäfertal, heute ebenfalls ein Vereinswanderheim, auf nun schon baumloses Wiesengelände bringt. Die große weiße Anemone hat am Hang und

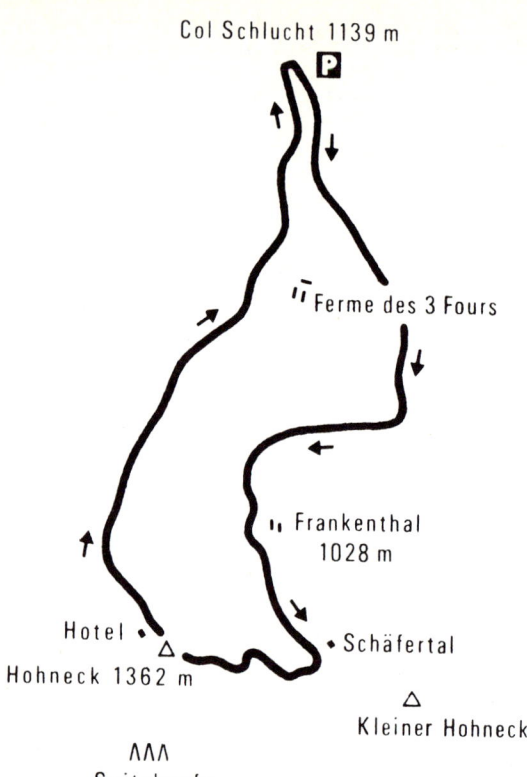

später auf den Weiden ihren Blütenteppich ausgebreitet, ein Zeichen, daß der Winter, dieses Jahr auffallend hartnäckig, seine Schneedecke an diesem Hang später eingezogen hat und den Pflanzenwuchs zurückhielt. Eine Folge des langen Winters ist auch, daß der Ginster weit hinab erfroren ist und statt im goldgelben Blütenschmuck als häßliche graue Besen an den Hängen steht. Vom Schäfertalsattel aus sehen wir linker Hand den Kleinen Hohneck mit seinen mächtigen Felspartien, südlich unter uns den Schießrotriedsee und vor uns drüben die Spitzköpfe, die den früheren Gletschergraben Wormspel zum Hohneckgipfel hinauf auf der Westseite einzäunen, ein beliebtes Kletterziel, das aber wegen des brüchigen Gesteins gefährlich ist und schon einige Todesopfer gefordert hat. Wir erreichen in wenigen Minuten den Hohneckgipfel.
Dort steht ein Höhenwirtshaus, das sich Hotel nennt. Eine Orientierungstafel aus alter deutscher Zeit hilft, die Sehziele auszumachen. Vom Donon im Norden bis zum Großen Belchen im Süden ist bei geeignetem Sichtwetter alles in Nähe und

Ferne zu erkennen, auch der Schwarzwald und die Alpen. Der Hohneckgipfel kann auch leicht von der Route des Crêtes aus mit kurzem Anstieg zu Fuß erreicht werden. Daher ist er oft von Spaziergängern überfüllt, so daß die hier beschriebene Wanderung an Sonntagen nicht empfehlenswert ist. Der Weg zum Schluchtpaß zurück führt vom Hotel Hohneck nach Norden über das Höhengelände des Vogesenkammes eben hinweg. Er ist gut gezeichnet mit rotem Rechteck. Einmal kommt er an die östliche Felsenkante heran. Wir sehen unter uns im tiefen, weiten Kessel die Ferme Frankental liegen. Drüben vor uns steht die Häusergruppe der Ferme-Auberge Trois Fours, in der wir Einkehr halten können. Von ihr oder von unserem Standort, wenn wir von der Einkehrsmöglichkeit keinen Gebrauch machen, sind wir in wenig mehr als einer Stunde an den Schluchtpaß zurückgekehrt.

Wir haben für die gesamte Wanderung 4 Stunden und 30 Minuten gebraucht. Der Anmarschweg über den Felsenpfad strapaziert etwas die Knochen. Der Rückweg von Hohneck zur Schlucht dagegen ist ein angenehmer Weg.   Nicht im Winter

53 Großer Hohnack

Aufstieg:
Gunsbach – Talweg aufwärts bis nahe Hohrodberg – Weg am Südhang des Kuhbergs und Zwergbergs entlang bis Croix de Wihr (Mon.) – Großer Hohnack, 3 Stunden.

Abstieg:
Großer Hohnack – Croix de Wihr (Mon.) – Abstieg zum Talweg – Gunsbach, 2 Stunden.
Gesamtzeit der Wanderung: 5 Stunden.
Höhenunterschied: 336 – 976 – 336 Meter.
Karte des Vogesenclubs, Blatt Münster, Gérardmer, La Bresse.

Außer dem Hohneck (von Hoheneck), 1361 m, und damit dem Kamm der Hochvogesen zugehörig (s. S. 186 oder S. 267), gibt es in der mittleren Höhenlage der Vogesen den Hohnack (Grand Hohnack) 976 m, und in seiner Nähe den Kleinen Hohnack, 942 m, mit einer Ruine.

Der Große Hohnack liegt auf dem Bergzug, der das Fechttal von Münster nach Türckheim zu auf der Nordseite begleitet. Am westlichen Ende dieses Bergzugs liegen gehäuft die Stätten der schweren Kämpfe des Ersten Weltkriegs (Lingekopf, Schratzmännele, deutscher Soldatenfriedhof Bärenstall, und noch weiter im Westen die Wettsteinhöhe, Col du Wettstein, mit dem französischen Soldatenfriedhof).

Wir beginnen unsere Wanderung in Gunsbach (Günsbach), das wir von Türckheim aus über Zimmerbach, Walbach, Wihr au Val (Weier im Tal) erreichen. In Günsbach hat Albert Schweitzer, geboren 1875 in Kaysersberg, seine Jugend verbracht. Nach ihm ist daher auch eine Straße benannt, die einem nach Norden ins Gebirge steigenden Tälchen folgt. An der Abzweigung dieser Rue Dr. Albert Schweitzer von der Hauptstraße ist auch der für uns zunächst maßgebliche

Wegweiser angebracht: Le Linge (= Lingekopf), Hohrodberg, rotes Kreuz, Weg 4a der Karte des Vogesenclubs. Wir können mit dem Wagen die Albert-Schweitzer-Straße noch weit ins Tal hineinfahren, bis wir auf der vom Talweg aus gesehen linken Bachseite den Neubau des Anglerheims sehen. Vor diesem ist bequeme Parkmöglichkeit. Wir kommen auf dem Rückmarsch wieder in dieses Tälchen, zwar ca. 150 Meter südlich von unserem Parkplatz, müssen also dann die paar Schritte wieder den Talweg aufwärts gehen, um zu unserem Parkplatz zu gelangen.

Von unserem Parkplatz aus steigen wir nun ohne Rücksicht auf Wegzeichen oder Wegschilder das Tal immerfort hinauf, auch dort, wo das hölzerne Schild »Winterlitt« steht, halten wir uns halb rechts hoch weiter hinauf.

Wenn das Tälchen endet, wendet sich der mit keinem Wegzeichen ausgestattete Weg nach links weiter hoch. Es ist der in der Karte des Vogesenclubs eingezeichnete weiße Weg, der nördlich vom »Winterlitt« nach Westen zieht, immer leicht hoch, bei einem Baum Nr. 6 rechts hoch haltend, fast bis zu den östlichen Häusern von Hohrodberg. Dort in der Nähe ist auf der Karte ein roter Stern = Aussichtspunkt. Der weiße Weg macht viele Schleifen, führt uns aber bequem zu einer Höhe am Waldrand, wo im Hang übereinander gestuft zwei rote Bänke stehen und ein aus Wellblech gefertigter niederer Regenunterstand (wohl ein Rest aus den Schützengräben des Ersten Welkriegs, von dem in der Nähe noch weitere Reste von Befestigungen künden).

Es lohnt sich, von der unteren roten Bank aus etwa 100 Meter weiter in Richtung Hohrodberg zu gehen (aber wieder zurück!). Man hat von dort eine herrliche Aussicht auf das nördlich liegende Gebirge und die Täler.

Wir haben bis hierher eine Stunde und 30 Minuten gebraucht. Für den weiteren Weg ist maßgebend der an dem oberen mit der Nr. 14 ausgestatteten Baum beginnende Waldfahrweg mit der Wegweisung »Croix de Wihr – Trois Epis« (gelbes Kreuz). Wir brauchen selbstverständlich nicht bis nach Trois Epis (Drei Ähren) zu gehen. Der Große Hohnack liegt näher beim Croix de Wihr. Wir werden dorthin etwa eine Stunde und 45 Minuten benötigen.

Der Weg zieht zunächst durch schattigen Wald, dann aber als herrlicher, nach Süden offene Schau gewährender Panoramaweg fast eben zum Croix de Wihr, 893 m, unmittelbar am Fuß des Hohnack gelegen, am Südhang des Kühbergs und des Zwergbergs entlang. Nicht nur des Hohnack, sondern dieses herrlichen Hangweges halber lohnt sich diese Wanderung. Der Punkt Croix de Wihr, der jetzt auf den Wegweisern genannt wird, ist auf der Vogesenclubkarte nicht vermerkt. Es ist jedoch der Punkt, an dem die Karte ein Monument (MON) verzeichnet.

Wir passieren auf diesem angenehmen Waldfahrweg die Stelle, wo von rechts unten der Weg mit dem roten Kreuz, den wir hätten benützen können, heraufkommt. Wir brauchen es nicht zu bereuen, daß wir anders gegangen sind. Oben vom Kamm herunter, über dem der blaue Horizont eines herrlichen Spätsommertages steht, fällt ein fast waldfreier, weiträumiger, heidemäßiger Hang. Die Ebereschen zeigen allenthalben mit dem Leuchten ihrer korallenroten Beeren das Ende des Sommers an. Himbeersträucher am Wegrand bieten die letzten vollreifen Früchte. Das Heidekraut steht in Blüte. Rechts unter uns sind die Berghänge zum Fechttal hinab mit noch dunkelgrünem Wald überzogen. Drüben über dem Fechttal liegen die Kämme der Südvogesen in blauem, unwirklichem Dunst.

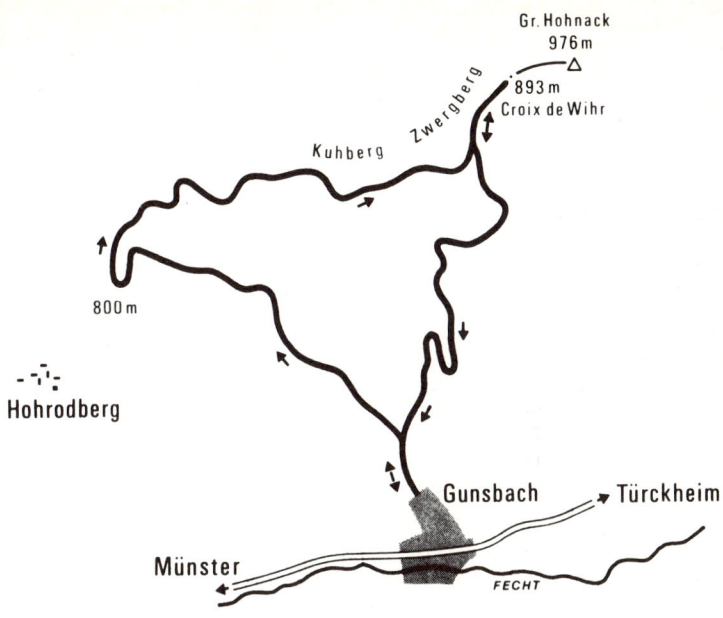

Wir folgen immer dem gelben Kreuz und kommen schließlich zum Punkt Croix de Wihr, gekennzeichnet durch ein hohes Steinkreuz aus dem Jahr 1811. Es steht an der geteerten Fahrstraße, die vom Col du Wettstein am Lingekopf vorbei nach Trois Epis führt (D 116). Hinter diesem Kreuz steht das oben erwähnte Monument, ein Gedenkstein an die Schlacht vom 9. August 1914, bei der das französische I. R. 152 in mehrstündigem Kampf ein bayrisches Landwehrregiment »tailla en pièces« = in Stücke gehauen hat, wie die Inschrift des Steines kündet.

Von dieser Paßhöhe führt in 20 Minuten ein Fußpfad, gekennzeichnet mit dem blauen Kreuz, Weg 4b der Vogesenclubkarte, der nach ca. 300 Metern in einen links hochgehenden Zickzackweg übergeht, auf den Gipfel des Hohnack. Dieser besteht aus einer Felsenansammlung, die sich von Westen nach Osten auf dem Rücken des Bergmassivs ausdehnt. In den Felsen finden sich einige Aushöhlungen, die wieder einmal als druidische Denkmale gelten. Das Volk nennt sie Hexenkessel. Leider ist die Aussicht durch den hochgekommenen Baumwuchs sehr beschränkt, im wesentlichen frei nur nach Norden, hinüber nach Labaroche und Trois Epis mit den dahinter liegenden Bergzügen. Wir haben vom Ausgangspunkt Gunsbach bis hierherauf 3 Stunden und 15 Minuten gebraucht.

Wir kehren vom Gipfel des Hohnack wieder auf demselben Weg zum Croix de Wihr zurück. Von dort ab folgen wir, ein Stück unseres Anmarschweges in entgegengesetzter Richtung benützend, der Wegweisung Wihr au Val (Weier im

Tal), Gunsbach, gelbes Dreieck (Weg 2c der Vogesenclubkarte). Nach ca. 30 Minuten führt uns der Wegweiser Gunsbach mit gelbem Kreis (Weg 5c der Vogesenclubkarte) weiter. Nach weiteren 20 Minuten weist uns ein Schild Gunsbach mit dem gelben Kreis rechts ab. Dann nimmt uns der Weg 4c mit dem gelben Kreuz auf und führt uns hinab ins Tal, wo wir auf den Weg stoßen, den wir am Morgen talaufwärts gefahren sind. Wir müssen ca. 150 Meter rechts herum talaufwärts gehen, um an unseren Parkplatz beim neuen Anglerheim zu gelangen.

Vom Gipfel des Hohnack bis Gunsbach haben wir knapp 2 Stunden benötigt. Die gesamte Wanderung beansprucht daher 5 Stunden. Ganzjährig

54 Vom Kleinen Hohnack zum Schratzmännele und Lingekopf

Zu Gedenkstätten aus den Kämpfen des 1. Weltkriegs

Aufstieg: Labaroche (La Trinque) – Kleiner Hohnack (Burgruine Hohnack) – Croix de Wihr (Weierer Kreuz) – Bärenstallsattel – Schratzmännele – Lingekopf, 2 Stunden und 30 Minuten.

Abstieg: Lingekopf – Bärenstallsattel – Hangweg am Kühberg – Croix de Wihr – Parkplatz, 1 Stunde und 45 Minuten.

Gesamtzeit der Wanderung: 4 Stunden 15 Minuten.
Höhenunterschied: 839–1040 m.
Karte des Vogesenclubs: Blatt Münster, Gérardmer, La Bresse.

Wir beginnen unsere Wanderung in Labaroche, ein eine große Hochfläche beanspruchender, weitzerstreuter Höhenluftkurort, zwischen 750 und 770 m Höhe gelegen, mit zahlreichen Gehöften, deren Gruppen alle besondere Ortsteilnamen haben wie Giragoutte, La Trinque, Cras, La Chapelle, La Place usw. Labaroche, früher mit deutschem Namen Zell, gehört bereits einem der fünf romanischen Patoisgebiete an, die an der westlichen Sprachenscheide liegen. Wir durchfahren den Höhenluftkurort Trois Epis (Drei Ähren) – vgl. »Herbstwanderung zur Galz« S. 112 – und folgen der Autowegweisung Labaroche auf der D (= Route départementale) 11.

Wenn wir nach Labaroche gelangt sind, stoßen wir alsbald auf eine Straßengabelung, an der eine große Tafel mit einem Orientierungsplan für Labaroche und Umgebung aufgestellt ist. Dort halten wir und schauen uns diese Tafel an. Unser nächstes Ziel, der Kleine Hohnack, 942 m, gekrönt mit einer stattlichen Ruine und auf der Karte des Vogesenclubs als besonders schöner Aussichtspunkt mit einem roten Stern versehen, liegt im Ortsteil La Trinque, wo sich auch ein großes Ferienheim (colonie de vacances) befindet.

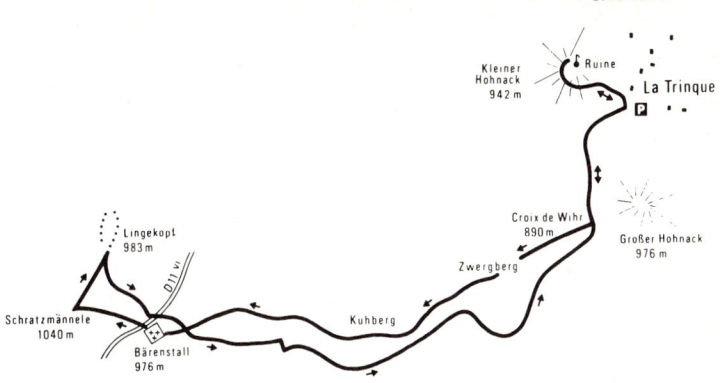

Wir nehmen daher die steile, links an der genannten Orientierungstafel hochgehende, schmale Fahrstraße hinauf in den Ortsteil La Trinque. Wir fahren an den meist links an der Straße vereinzelt stehenden Bauernhäusern entlang bis hinauf zu einer Wegkreuzung, in deren Mitte eine Baumgruppe steht. Dort parken wir den Wagen.

In unmittelbarer Nähe, nordwestlich von uns, liegt der Kleine Hohnack, dessen Fuß die Gebäude der Ferienkolonie vor dem Waldrande säumen. Wir gehen von unserem Parkplatz etwa 200 Meter den Weg zurück, den wir befahren haben. Am Straßenknie, an einer Telegrafenstange links am Wege, ist das gelbe Kreuz (Weg 4c der Karte des Vogesenclubs) angebracht, das uns hinter dem großen Gebäude der Ferienkolonie in den Wald und dem dann wieder erscheinenden gelben Kreuz nach in wenigen Minuten nach kurzem Anstieg auf den Gipfel des Kleinen Hohnack und damit zur Ruine der mittelalterlichen Burg Hohnack bringt. Das Bergschloß war einst im Besitz der Grafen von Egisheim, die in der Gegend reich begütert waren. Im 13. Jahrhundert übernahmen die Sundgaugrafen von Pfirt die Herrschaft. Ab dort nannten sich die Burgherren dann nach der Burg Hohnack. 1288 wurde die Burg Besitz der Rappoltsteiner (drei Burgen bei Rappoltsweiler = Ribeauvillé). 1635 ging sie an Frankreich über. Wir haben von der Hohnack eine schöne Rundsicht, die nur durch den Großen Hohnack im Süden begrenzt ist.

Von der Burgruine gehen wir den Weg zurück bis zu der Wegekreuzung, an der wir den Wagen stehen haben. Wir wollen nunmehr auf dem Bergkamme, dessen östliche Erhebung, der Große Hohnack, 976 m – vgl. Nr. 53 S. 269 – und dessen westliche Berghöhe das »Schratzmännele«, 1040 m, ist, nach Westen wandern, um die dortigen Kampfplätze des 1. Weltkriegs zu besuchen: das Schratzmännele selbst, davor den deutschen Kriegerfriedhof am Kühbergsattel, 976 m, bekannter unter dem Namen Bärenstallsattel, und den Grabenkriegsschauplatz am Lingekopf, 986 m. Die dort und am Schratzmännele sowie am benachbarten Barrenkopf gefallenen französischen Soldaten sind einige Kilometer weiter auf dem

Kriegerfriedhof an der Wettsteinhöhe (Col du Wettstein), 882 m, bestattet. An der Baumgruppe bei unserem Parkplatz ist das Wegweiserschild angebracht: Croix de Wihr (Weierer Kreuz) – Linge, gelbes Kreuz, Weg 4c der Karte des Vogesenclubs. Das Weierer Kreuz, 893 m, kennen wir von der oben erwähnten Wanderung zum (Großen) Hohnack. Wir erreichen von unserem Parkplatz aus das Weierer Kreuz in einer Viertelstunde. Beim Denkmal dort (Schlacht vom 9. 8. 1914) steht rechts ein Wegweiserschild: Bärenstall – Linge – Wettstein, gelbes, Rechteck, Weg 1c der Karte des Vogesenclubs. Der Weg führt uns über den Zwergberg und Kühberg, immer auf der Kammhöhe nach Westen. Die Wegbeschilderung beschränkt sich bald auf »Linge« (= Lingekopf), z. B. dort, wo linker Hand ein rot-weißes Autosperrschild auftaucht. Das gelbe Rechteck begleitet uns weiter. Wenn unser Fußpfad nahe an die Fahrstraße D 116, auf der Michelinkarte D 11 VI, herankommt, dort, wo ein uns nicht berührendes Wegweiserschild mit gelbem Punkt nach Günsbach, Weg 5c der Vogesenclubkarte, weist, müssen wir von der Einmündung unseres Fußpfades zehn Schritte nach links gehen, wo uns, etwas versteckt, unser gelbes Rechteck an einer Birke weiter weist.
Bald empfängt uns, immer noch auf dem Weg mit dem gelben Rechteck, ein Wegweiserschild Bärenstall, Glasborn (ohne Linge). Es führt uns, immer geradeaus, in Kürze zum oben erwähnten deutschen Soldatenfriedhof Bärenstall (976 m), auf dem einige Tausend Gefallene ruhen. Der Friedhof steht in der Obhut des Volksbundes Deutsche Kriegsgräberfürsorge. Wir haben vom Weierer Kreuz bis hierher eine Stunde und 15 Minuten Gehzeit gebraucht.
Westlich des Bärenstallsattels liegt das Schratzmännele, 1040 m. Wir überqueren den Straßenkreuzungsplatz beim Friedhof und finden jenseits wieder das gelbe Rechteck, das uns alsbald auf den höchsten Punkt des Berges bringt, wo ein Schild »Point de vue« steht. Mit diesem Aussichtspunkt ist eine etwa zehn Minuten geradeausgehend entfernte prachtvolle Rundsicht auf dem Vogesenkamm beiderseits des Schluchtpasses gemeint.
Der Berg hat seinen Namen von einem bösen elbischen Geist, einem »Schrat(z)«, der einst hier oben in einem Steinbruch gehaust und die Menschen in den Tälern und auf den einsamen Gehöften bös geschreckt habe, indem er ihnen des Nachts auf die Brust saß und sie zu ersticken drohte. Man hat in der Gegend dort bis in die jüngste Zeit Fäden über den Bauernbetten gespannt, damit das Schratzmännele abgehalten werde. Aber was der Schratz damals den Menschen antat, war harmlos gegenüber dem, was die Menschen dann bald mit dem Berg des Schratz machen sollten.
Das Gelände der Bergkuppe ist zerfurcht von den einstigen Schützengräben und Granatlöchern, Reste der erbitterten Kämpfe an der deutsch-französischen Vogesenfrontlinie des Ersten Weltkriegs, die hier durchzog. Der Wald wurde in unzähligen Trommelfeuern niedergewalzt. Die Natur hat die von den Menschen verübte Schändung seit dort gnädig wieder mit Baumwuchs und Gebüsch verdeckt. Aber man sieht dem neuen Wald noch nach 60 Jahren an, daß er sich auf dem blutgetränkten, zerwühlten Boden nicht mehr wohlfühlt. Wer nicht weiß, was da oben am Schratzmännele geschah, der geht ahnungslos im wiederaufgewachsenen Wald an allem vorbei.
Bei dem Schild »Point de vue« führt rechts ein Pfad hinab (ohne Weisung) zum Sattel am Lingekopf und damit zu den Graben- und Unterstandsresten aus den Kämpfen des Ersten Weltkriegs. Das Gelände wird als Monument in dem Zustand

erhalten, wie die Kämpfer es verlassen haben. Die einstigen Schützengräben der deutschen und französischen Linien liegen eng beieinander und gestatten einen Umgang auf dem einstigen Kampfplatz. Der Frontverlauf ist auf einer erklärenden Tafel vermerkt. Ein kleines Museum mit Relikten aus den Kämpfen ist angeschlossen. Das einstige Kampfgelände ist ein Anziehungspunkt für die Touristen und daher oft überlaufen. Im gesamten haben die Kämpfe am Lingekopf, Schratzmännele und dem benachbarten Barrenkopf beide Nationen 30 000 Tote gekostet.

Wir haben vom Bärenstallsattel über das Schratzmännele bis zum Lingekopf 30 Minuten gebraucht. Von unserem Parkplatz über das Weierer Kreuz und die Kammhöhen bis hierher also zwei Stunden.

Vom Lingekopfsattel gehen wir die Fahrstraße nach Osten, das heißt, also zum Eingang des Kampfgeländes stehend nach rechts, bis zum Bärensattel zurück. Neben der Fahrstraße läuft ein Fußpfad, der mit einem blauen Rechteck markiert ist. Diese Markierung hat als Endziel Orbey, dient uns aber bis zum Bärenstallsattel, wo der Pfad hart an die Fahrstraße herankommt. Dort gegenüber befindet sich auf der anderen, der südlichen Straßenseite, an einer Tanne das Wegweiserschild: Wihr au Val – Gunsbach, mit gelbem Punkt, dem wir eine längere Strecke weit folgen.

Der Weg ist auf der Vogesenclubkarte nicht vermerkt. Das Fußpfädchen trifft bald auf einen Hangweg an der Südseite des Kühbergs. Ein Schild links an einer Tanne zeigt wieder die oben angegebenen Ziele mit gelbem Punkt an. Etwa zwölf Meter von diesem Wegweiser aus geht es rechts ab. Das Wegweiserschild wiederholt sich. Wir kommen nach kurzer Zeit an eine große Lichtung am weiten Hange, der vom Kühberg und Zwergberg nach Süden herabfällt. Dort treffen wir auf den von links oben, vom Kamme des Kühbergs herabkommenden, ebenfalls mit dem gelben Punkt markierten Weg 5c der Vogesenclubkarte mit dem Ziel Wihr au Val – Gunsbach. Das Wegweiserschild weist uns rechts abwärts. Wir treffen jetzt auf den Hangweg 4c, gelbes Kreuz, der von Westen herkommt und zum Croix de Wihr führt, unserem nächsten Ziel.

Wir kennen unseren Weg von der oben erwähnten Wanderung zum (Großen) Hohnack als herrlichen Panoramaweg. Der Punkt Croix de Wihr, 893 m, am Fuße des Großen Hohnack, 976 m, ist merkwürdigerweise auf der Vogesenclubkarte nicht mit dieser Bezeichnung vermerkt, sondern nur mit »Mon.« markiert. Das ist das Denkmal zur Erinnerung an die oben erwähnte Schlacht vom 9. August 1914 zwischen einem aktiven französischen Regiment und bayrischer Landwehr. Vom Weierer Kreuz gehen wir denselben Weg, den wir am Morgen vom Parkplatz her gekommen sind, zurück (4c, gelbes Kreuz).

Wir haben vom Lingekopfsattel bis zum Bärenstallsattel zehn Minuten und ab dort über den Hangweg zum Croix de Wihr eine Stunde und 15 Minuten und zurück zum Parkplatz weitere 15 Minuten gebraucht, für den Rückmarsch also insgesamt eine Stunde und 45 Minuten. Die gesamte Wanderung benötigt daher einschließlich des Besuchs der Ruine Hohnack auf dem Kleinen Hohnack, rund vier Stunden und 15 Minuten.

Ganzjährig

55 Groß-Wintersberg

Aufstieg:
Niederbronn (Source Celtique, auf Karten auch Lichteneck genannt) – Durschbachtal – Col de la Liese (= Col du Wintersberg) – Rundweg um den Kleinen Wintersberg – Groß-Wintersberg, 2 Stunden und 30 Minuten.

Abstieg:
Groß-Wintersberg – Camp Celtique – Dittenbachtal – Source Celtique, 1 Stunde und 30 Minuten.

Gesamtzeit der Wanderung: 4 Stunden und 30 Minuten.
Höhenunterschied: 200 bis 581 Meter.
Karte des Vogesenclubs Blatt Niederbronn-Les-Bains.

Der Herbst weist uns in die Nordvogesen. Die Laubwälder dort machen eine Wanderung in dieser Jahreszeit besonders reizvoll. Weite, geschlossene Buchenwälder, wie sie selten zu finden sind, geben mit ihren silbernen Stämmen und dem goldenen Blätterdach der Waldlandschaft die besondere Note.
Wir wählen Niederbronn als Ausgangspunkt und den Groß-Wintersberg (Grand Wintersberg, 581 m) als Ziel. Der Bergname ist nicht gerechtfertigt. Das Bergmassiv des Wintersbergs öffnet sich mit zwei Tälern, dem des Durschbachs und dem des Dittenbachs nach Süden, und der Berg selbst hat eine der Sonne dargebotene, fast baumfreie Kuppe, so daß er gerade jetzt, wo in den Tälern der Nebel nistet, als Sonnenplatte ein begehrtes Wanderziel ist. Ein Aussichtsturm, der übliche vom Vogesenclub in der Zeit vor dem Ersten Weltkrieg stabil gebaute Sandsteinturm, 1889 errichtet, 25 Meter hoch, mit 113 Treppenstufen, bietet eine weite Aussicht über die Nordvogesen, die schönste sagt man und deshalb hat der Berg auf der Karte des Vogesenclubs einen roten Stern.
Um den Wintersberg herum locken auch noch weitere Anziehungspunkte: Am Col du Wintersberg, dem Paß zwischen dem Großen und dem Kleinen Wintersberg, heute allgemein Col de la Liese genannt, ein Megalit, ein Dolmen, ein prähistorischer Stein, der eine ebenfalls prähistorische Figur aufweist, eine keltische Göttin der Fruchtbarkeit, vom Volke die »Liese« genannt. Man hat bei Ausgrabungen um diesen merkwürdigen Stein herum große Mengen Asche gefunden. Daraus wird geschlossen, daß der Liese-Felsen in der Keltenzeit kultische Bedeutung hatte. Im Zweiten Weltkrieg wurde leider die Halbfigur der Liese stark beschädigt und bietet sich heute in schlecht restauriertem Zustand dem prähistorischen Original gegenüber entstellt dar. Trotzdem macht der Besuch mit einem Kelten-Phänomen bekannt.
Weiter: Am Ausläufer des Groß-Winterbergs nach Süden, am Ziegenberg (476 m), liegt ein weiteres Relikt aus der Keltenzeit: le Camp Celtique, das »Keltische Lager oder Keltenfeld«, das einen Besuch verdient. Die Wanderung zum Groß-Wintersberg ist also mehrfach gerechtfertigt.
Wir beginnen sie in Niederbronn (200 m), am Rande des Nordvogesenzuges (Wasgau) gelegen, in einem Talkessel des hügeligen Gebirgsvorlandes, das dann mit dem Hagenauer Forst in die Rheinebene übergeht. Schon der deutsche

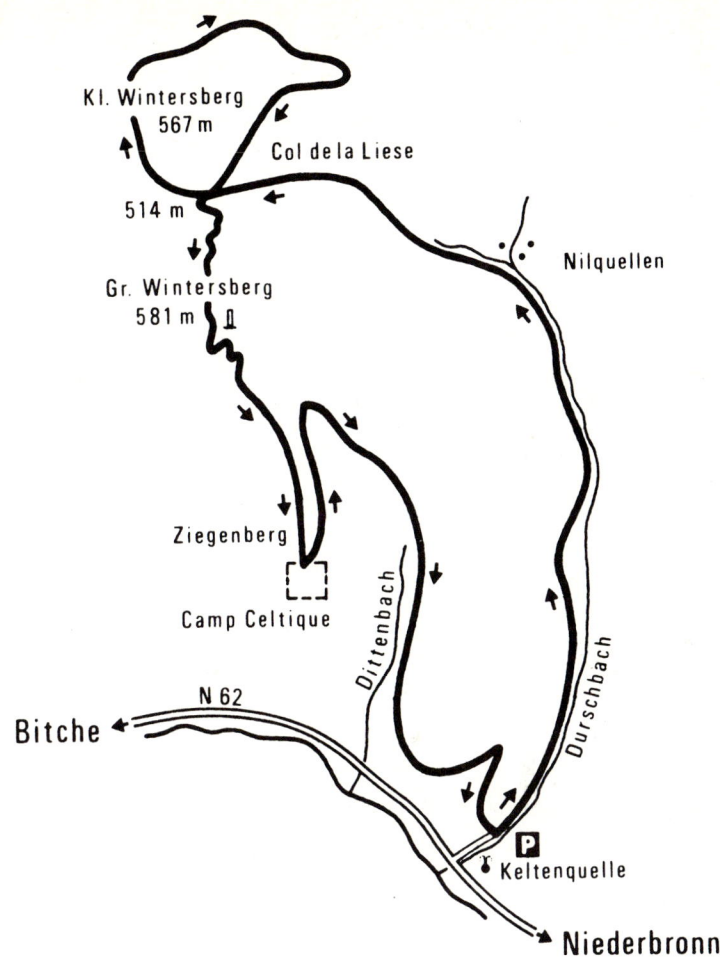

Name... »bronn« besagt, daß das Städtchen ein Badeort ist; der französische Name Niederbronn-Les-Bains hat daher den allen französischen Badeorten beigefügten Anhänger »Les Bains«. Niederbronn ist ein Mineral- und Thermalbad mit mehreren Quellen, vor allem »la Source Celtique« (Keltenquelle) für Nieren, Bluthochdruck, Fettleibigkeit, oder »la Source Romaine« (Römerquelle) für Magen, Leber und Rheuma. Kurhaus und Badegebäude sind zentral in der Innenstadt gelegen.

Das Bad ist, wie könnte es anders sein, schon von den Römern vor 2000 Jahren geschätzt worden. 1592 hat Graf Philipp V. von Hanau-Lichtenberg die Niederbronner Quellen wieder instandgesetzt und das Bad damit in die Reihe der Bäder der Landschaft um den Rhein eingeordnet, die wie Baden-Baden und die Renchtalbäder das Badeleben bis in die Gegenwart bestimmen. Bei der Wiederherstellung der Quellen wurden zahllose römische Münzen gefunden, die die Badegäste der Quellgöttin geopfert haben. Bekannt ist Niederbronn auch durch die Kongregation der Niederbronner Schwestern, deren Mutterhaus im benachbarten Oberbronn steht.

Wir durchqueren Niederbronn und folgen in der Stadt der Autowegweisung Bitche. Am westlichen Ortsausgang halten wir uns rechts am Waldrand und gelangen nach den letzten Häusern nach etwa 300 Metern an die oben erwähnte Source Celtique, eine kleine Kurparkanlage mit einem Pavillon auf vier Säulen, in dem der Brunnen der Keltenquelle sprudelt. Rechter Hand, kurz vor der Anlage, geht ein Fahrweg ins Gebirge hinein. Dort ist gegenüber einem die Straße säumenden Gebäude ein Parkplatz. Er wird den Tag über laufend benutzt von Leuten, die in allen möglichen Behältern große Mengen von Flaschen mitbringen, die sie an der Parkplatz nach Süden abschließenden Brunnenwand füllen. Es ist dies jedoch kein Mineralwasser, sondern gewöhnliches, aber hervorragendes Quellwasser, das aus den verschiedenen Brunnenstuben kommt, die am Ende des Durschbachtals in den Bergen angelegt sind, und »Sources du Nil« (Nilquellen) genannt werden. Sie dienen der örtlichen Leitungswasserversorgung. Auf dem Parkplatz stellen wir das Fahrzeug ab. Wir gehen etwa 200 Meter die Fahrstraße hinauf, die auf den Groß-Wintersberg führt, verlassen diese aber in der Rechtskurve dort. Es steht links am Wege ein Wegweiserschild mit der für uns maßgebenden Weisung: Col de la Liese, blaues Kreuz, Weg 4b der Karte des Vogesenclubs. Diese führt im übrigen merkwürdigerweise für den Wintersbergsattel, den Paß (514 m) zwischen dem Groß-Wintersberg und dem Kleinen Wintersberg (567 m), weder die Bezeichnung Col du Wintersberg, noch Col de la Liese. Es ist lediglich die Kennzeichnung »Mont« = Monument, vermerkt, womit der Stein der »Liese« gemeint ist, und das Chalet des Vogesenclubs auf diesem Sattel verzeichnet.

Der Weg führt uns das Durschbachtal hinaus; links und rechts begleiten uns weite Hänge mit hochstämmigen Buchen, die auf den Bergkämmen in der Sonne glitzern. Der Weg ist mit dem blauen Kreuz gut gezeichnet. Das Tälchen wird allmählich enger. Links und rechts an den Hängen erscheinen die Brunnenstuben, die die Quellen der beiden Arme des Durschbachs fassen und den exotischen Namen Nilquellen tragen. Wenn der Durschbachtalweg auf einen Waldfahrweg trifft, überqueren wir diesen und folgen dem an einer Buche mit dem Nummernschild 29 R angebrachten halbverdeckten Wegweiser Col de la Liese.

Es geht jetzt einen zu einer Waldschneise erweiterten Pfad steil hoch – die einzige Steigung in unserer Wanderung – um alsbald in ein Fußpfädchen einzumünden, das rechts herum hochführt und uns durch eine Buchenallee zu der Sattelebene zwischen dem Groß-Wintersberg und dem Klein-Wintersberg bringt. Dort steht, wie bereits erwähnt, der Stein der »Liese« und das Chalet des Vogesenclubs sowie eine weitere kleine Unterkunftshütte. Wir haben bis hierher eine Stunde und 30 Minuten gebraucht.

Man kann nun um den Großen Wintersberg wie auch um den Kleinen einen Rundweg machen, der wieder zum Stein der »Liese« zurückführt. Wir folgen zunächst der Wegweisung »Sentier circulaire (= Rundweg) Petit (Kleiner) Wintersberg«. Der Wegweiser ist an der genannten kleineren Hütte angebracht, Wegzeichen roter Ring. Nach kurzer Zeit biegt der Weg von der Fahrstraße, der wir ein Stück weit folgen müssen, ab und bringt uns an den Pottaschkopf (482 m), ein Waldplatz mit einer Allee hochstämmiger Buchen und einer Hütte. Der Punkt ist auf der Vogesenclubkarte nicht vermerkt. Von dort führt der Fahrweg in 10 Minuten zurück zum Stein der »Liese«.

Statt des Rundgangs um den Großen Wintersberg steigen wir vom Col de la Liese auf den Groß-Wintersberggipfel. An einer Buche gegenüber der Giebelfassade des Chalets des Vogesenclubs ist der Wegweiser dorthin mit rotem Rechteck angebracht. Dieser Pfad in den Tannenwald ist ein Teilstück des von Norden, vom Schwarzbachtal heraufkommenden Weges 1a der Karte des Vogesenclubs. Er bringt uns in Kürze auf den Gipfel. Wir haben vom Ausgangspunkt an der Keltenquelle einschließlich dem Rundgang um den Kleinen Wintersberg zwei Stunden und 30 Minuten Gehzeit bis zum Gipfel benötigt.

Wir steigen die 113 Treppenstufen hinauf auf den Turm und genießen die Rundsicht. Es war ein spätherbstlicher Sonnentag, in blauem Dunste lagen die Bergzüge ringsum, die näheren klar, die ferneren als fast unwirkliche Schemen. Der Wintersberg hält, was man ihm zuschreibt: die schönste Aussicht über die Nordvogesen.

Unser nächstes Ziel ist jetzt im Zuge des Abstiegs das Keltenlager (»Camp Celtique«). Südlich des Turms steht ein hoher, grüngestrichener Mast, gleichfalls grün eingezäunt. Diesen grünen Zaun lassen wir links liegen und finden einen Waldpfad mit dem roten Rechteck, die Fortsetzung des oben erwähnten Wegs 1a der Vogesenclubkarte nach Süden. Wir überqueren den Sentier circulaire (Rundweg) um den Groß-Wintersberg und finden dort rechts an einer Buche die Fortsetzung unseres Pfads mit dem roten Rechteck und dem Wegschild »Camp Celtique«. Der Pfad trifft alsbald auf den Weg 8 der Vogesenclubkarte: Wegweiserschild: Niederbronn par »Camp Celtique« (Niederbronn über das Keltenlager), mit rot-weiß-rotem Rechteck. Der andere Weg »Niederbronn direkt« berührt uns nicht.

Bald bringt uns ein leichter Anstieg auf die mit Buchenwald bewachsene Kuppe des Ziegenbergs und damit zum keltischen Lager (476 m). Wir haben vom Turm aus bis hierher eine starke halbe Stunde gebraucht.

Das als keltisches Lager bezeichnete Relikt aus der prähistorischen Zeit wird als Ehrenhain angesehen (vgl. Trendel, énigmes et mystères des Vosges), der mit Steinmauern um einen großen Fels herumläuft. Dieser Fels mit eingehauenen Rinnen versehen. Man vermutet in ihm einen Opferstein. Mündel (Führer durch die Vogesen, 7. Auflage 1913) vermerkt die auch heute noch ziemlich gut erhaltene Steinumwallung sowie einen mit Rinnen versehenen Stein »der als Opferplatte gilt«, und eine hoch aufrecht stehende Felsplatte mit Rinnen im Osten des Plateaus, weshalb die Stätte »als uralter Opferhain« angesehen werde. Heutige Archäologen sind skeptisch. Wie dem auch sei, das keltische Lager ist eines Besuches wert.

Wir gehen den Weg von der Kuppe des Ziegenbergs wieder nach Norden etwa 300 Meter zurück und finden dort rechter Hand einen Wegweiser nach Niederbronn mit rotem Rechteck. Ein Fußpfad führt uns hinab ins Tal des Dittenbachs. Wenn der Pfad auf eine Kehre trifft, bei der ein breiter Waldfahrweg aufwärts zieht, nehmen wir den Weg rechts ins Tal hinunter. Der Wegweiser befindet sich linker Hand an einer Telegrafenstange. Wenn dieser abwärts führende Waldfahrweg eine große Kehre macht und links ein Fahrweg abzweigt, überqueren wir den Waldplatz diagonal und finden an einer jungen Buche und einem Felsen einen roten Rhombus, dem wir nunmehr folgen. Er führt uns auf die Fahrstraße, die uns in wenigen Schritten zum Parkplatz an der Keltenquelle bringt, wo wir den Wagen geparkt haben.

Wir haben vom Turm auf dem Groß-Wintersberg ab für den Abstieg eine Stunde und 30 Minuten gebraucht. Die gesamte Wanderung nimmt mit der Turmbesteigung vier Stunden und 30 Minuten in Anspruch.

In Niederbronn ist ein deutscher Soldatenfriedhof aus dem Zweiten Weltkrieg des Besuches wert. Man versäume auch nicht, das nur wenige Kilometer von Niederbronn gelegene Oberbronn zu besuchen. Dort war der Sitz des das umliegende Territorium, also auch Niederbronn, beherrschenden Geschlechts der Herren von Born, die 1466 von den Lichtenbergern abgelöst wurden. Außer dem ehemaligen Schloß Strahlenheim, jetzt Mutterhaus der Niederbronner Schwestern, und der protestantischen Kirche von 1404/1502 zeichnet den kleinen Ort eine Reihe schöner Fachwerkhäuser aus, die einen Besuch unbedingt lohnen. Vor allem der Platz um die Mairie ist von alten Häusern malerisch umgeben. Mehr davon bei der von Oberbronn ausgehenden Wanderung Nr. 56.

Frühling, Herbst und Winter

56 Wasenburg, Arnsburg, Wasenköpfel

Aufstieg:
Oberbronn – Wasenburg – Kreuztannen – Ungerthalsattel – Holdereck – Arnsburg, 2 Stunden 45 Minuten.

Rückweg:
Arnsburg – Ungerthalsattel – Wasenköpfel – Oberbronn, 2 Stunden.

Gesamtzeit der Wanderung: 4 Stunden 45 Minuten.
Höhenunterschied: 260 bis 522 Meter.
Karte des Vogesenclubs Blatt Niederbronn-Les-Bains.

Bei der Wanderung (55) zum Groß-Wintersberg haben wir in den Nordvogesen, denen allein der Name Wasgau vorbehalten ist, das Bergmassiv zwischen dem Tal des Falkensteinbachs im Süden und des Schwarzenbachs im Norden durchstreift. Vom Turm des Groß-Wintersbergs sahen wir im Süden die mächtige

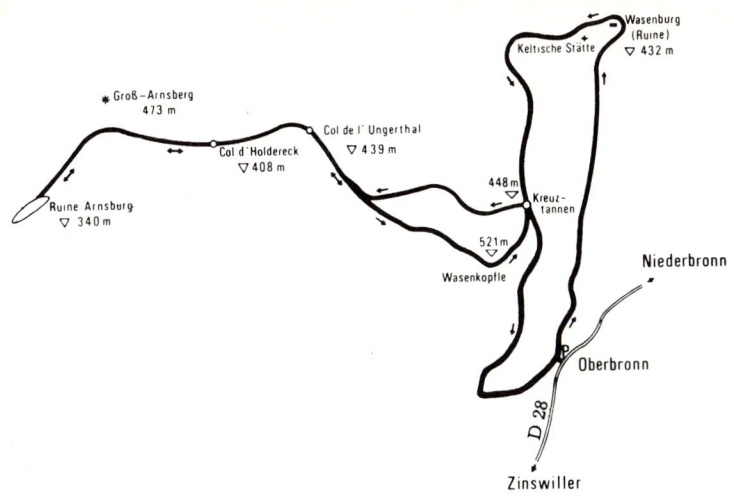

Ruine Wasenburg (432 m) im Lichte der herbstlichen Sonne rötlich leuchten. Links daneben lugte auf einer kahlen Kuppe ein niederer Turm hervor, das Wasenköpfle (522 m). Im Westen fiel der bewaldete Buckel des Großen Arnsbergs (473 m) in den Blick. Er verbirgt hinter sich die tiefer gelegene Ruine Arnsberg (Arnsbourg, 340 m). Das sind drei Ziele, die es lohnend machen, das Bergmassiv zu durchwandern, das im Norden vom Tal des Falkensteinbachs, der ostwärts nach Niederbronn fließt, und im Süden vom Tal der Zinsel eingerahmt wird. Beide Flüßchen streben der Moder zu.

Wir beginnen unsere Wanderung in Oberbronn, drei Kilometer südlich von Niederbronn (D 28). Der dichte Nebel, der über der Rheinebene liegt, kann uns nicht abhalten. Kündet doch Frau Dr. Wege, die Wetteransagerin im Fernsehen an, daß über der Nebeldecke Sonnenschein und blauer Himmel walte. Das Vertrauen in ihre Wettervorhersage hat sich gerechtfertigt. Ein Wandertag einmaliger Erscheinung stand uns bevor. Oberbronn war noch in Nebel gehüllt, der auch ins Gebirge bis zu etwa 400 m hinaufreichte. Streckenweit stand der Tannenwald als schwarze und finstere Wand vor uns, und wir wanderten noch mit dem Kopfe im Nebel. Aber im Laubwald stießen die Buchen ihre hohen Stämme schon ins gleißende Sonnenlicht, und die Äste ihrer Kronen leuchteten silbrig. Wie ein Spiegel stand die Sonne am blauen, klaren Himmel, als wir die Höhe von 400 Metern überschritten. Der Tag bot Bilder, wie die Natur sie nur bei solcher Wetterlage zu zaubern vermag. Hätte man vor dem Nebel von Oberbronn verzagt, ein Spätherbsttag unwahrscheinlicher Pracht wäre versäumt gewesen.

Also auf! Wir lassen den Wagen auf dem Parkplatz links vor der Mairie stehen. Rechts von ihr steigt, von der Hauptstraße abbiegend, ein Gäßchen hinauf, das uns bald hinter das Kloster (Couvent) der Niederbronner Schwestern, das einstige

Schloß Strahlenheim der Herren von Born in Oberbronn, bringen wird. Auf dem Weg dorthin steht ein Brunnen, nach dem gleich das erste (primitive) Wegweiserschild an eine Mauer aufgemalt ist: Grabelsbrunnen, Wasenburg, aufrecht stehender schwarzer Strich (er sollte blau sein!). Wir gehen der Mauer des Klosterbezirks entlang bis zu den letzten Häusern. Dann geht ein Weg links ab in den Wald hinein. Wir folgen dem Wegweiser an einem Birnbaum: aufrecht stehendes und liegendes Rechteck, beide blau. Das aufrechtstehende Rechteck heißt auf der Vogesenclubkarte trait (= Strich) vertical und ist der auf der Karte mit 7 b bezeichnete Weg, der beim Grabelsbrunnen auf den Weg 1a, gezeichnet mit dem liegenden Rechteck, trifft. Aber lassen wir uns durch den Umstand, daß am Birnbaum zwei Zeichen angegeben sind, nicht beirren. Wir müssen bei allem kleinen Durcheinander der hier zuständigen Sektion des Vogesenclubs das Kompliment machen, daß das Wandergebiet bestens beschildert ist.

Wir folgen dem aufrecht stehenden blauen Rechteck und werden sicher zur Wasenburg geführt. Es geht den Berghang leicht hoch, bald an einem Wasserreservoir vorbei. Unser blauer Strich ist am Baum mit der Nr. 116 und rechts am Baum mit der Nr. 28; danach geht es gleich links hoch. Wir kommen an einen Waldparkplatz mit einer grünen Bank und gehen weiter geradeaus dem blauen Strich nach, leicht abwärts. Am Baum, wieder mit der Nr. 116 (diese Nummern sind keine Baumnummern, sondern die Nummer des Reviers, die an den es säumenden Bäumen immer wiederkehrt), finden wir unseren blauen Strich. Und schon tauchen im Nebel die gespenstischen Umrisse der Wasenburg auf. Sie bleibt auch beim Näherkommen noch im Nebel verhüllt. Aber über dem Nebel steht, wie in der Luft freischwebend, ein Teil der von der Sonne erfaßten hohen Südwand. Und als wir um die Burg herumgehen, steht diese Südwand in voller Höhe im hellen Sonnenschein.

Die Ruine, wie sie sich uns heute darbietet, ist die gotische Burg, die anstelle einer älteren Burg am Ende des 13. Jahrhunderts erbaut und später von den Lichtenbergern verstärkt und künstlerisch bereichert wurde (1400–1480). In der gallo-römischen Zeit befand sich da oben ein Kastell und ein Merkurtempel. Darauf bezieht sich eine Inschrift, die, vom alten Tempel stammend, rechts neben dem Eingangsportal eingemauert ist. Mit den ausgeschriebenen Abkürzungen lautet sie: Deo Mercurio attegiam tegulicisam compositam Serverinius Satullinus Cai filius ex voto posuit lubens, libenter, merito.

Also dem Gotte Merkur ist der Tempel aufgrund eines Gelübdes (»ex voto«, Ausdruck noch heute gebräuchlich auf Votivbildern in Wallfahrtskapellen) des Römers Severinius Satullinus errichtet worden. Goethe erwähnt im Bericht über seinen Besuch der Wasenburg 1770 in »Dichtung und Wahrheit« diese Inschrift. An diesen Besuch wiederum erinnert die Gedenktafel an Goethe über dem Eingangstor der Burg. Erstaunlich, was sich aus der Geschichte von zwei Jahrtausenden auf diesem kleinen Bergfleck niederschlägt, über dem heute in einsamer Stille der Kampf zwischen Nebel und Sonne liegt.

Breite Bänke an den gotischen Fenstern des Palas, Kaminreste und Balkenköpfe, vor allem im oberen Geschoß, das Fenster eines großen Rundbogens abschirmend eine reizende Reihe schlanker Säulen künden davon, daß hier einst Menschen lebten, die sich der Kultur ihrer Zeit bewußt waren.

Wir haben vom Ausgangspunkt in Oberbronn bis zur Wasenburg eine Stunde Gehzeit gebraucht. Unser nächstes Ziel ist die Ruine Arnsberg, die wir über den

Ungerthalsattel (Col de l'Ungerthal, 348 m) und deren Holderecksattel (Col d'Holdereck, 408 m, auch Holderheck geschrieben) erreichen wollen. Es weist uns auf der westlichen Seite des Burgplateaus das Wegweiserschild Kreuztannen par pierres cupules (Kreuztannen über p.c.) mit blauem Punkt (Weg 5b der Karte des Vogesenclubs). Pierres à cupules, jene mit von Menschenhand gefertigten, waschschüsselartigen Aushöhlungen versehenen flachen Felsblöcke sind uns schon anderwärts begegnet, zum Beispiel bei der Wanderung in den Wälderrn von St.-Jean (Wanderung Nr. 34). Stampflöcher werden sie dort deutsch genannt. Wir sind, einem Zickzackwegchen mit dem blauen Punkt folgend, alsbald in dem angekündigten Bezirk und sehen dort auf mehreren liegenden Felsen die Stampflöcher und einen »autel« (Altarstein), von dem man vermutet, es sei ein druidischer Opferstein (s. auf dem Schild die Einschränkung présumé)!

In wenigen Minuten kommen wir von dieser Stätte zu den Kreuztannen, drei hohen Tannen auf einem lichten Platze mit einer Bank. Dort ist eine Kreuzung mehrerer Wege. Wir müssen den Waldfahrweg, der vor den Tannen rechts abgeht, benützen. Der Wegweiser findet sich etwa 30 m von der Kreuzung entfernt an einer Kiefer: Col de l'Ungerthal, Holdereck, Grand Arnsbourg, rotes liegendes Rechteck.

Beim Baum Nr. 29 auf unserem Waldfahrweg kommt alsbald ein Schild mit dem Hinweis Col de l'Ungerthal direct. Wir finden eine Wegkreuzung, an der sich drei Wege treffen. Wir müssen geradeaus dem roten Rechteck (auf weißem Grund) folgen und die Bäume mit den Nr. 33 und 35 passieren. Wir gelangen so alsbald an diesen Sattel.

Unser nächstes Ziel ist der Holderecksattel (408 m). Wir folgen dem Wegweiser Holdereck – Arnsbourg, rotes Rechteck (gleichzeitig auch mit blauem Kreuz gezeichnet). Hier ist zu beachten, daß wir, wenn wir mit dem Gesicht zur Bank stehen, den rechts von der Bank abgehenden geteerten Fahrweg, nicht den links von der Bank mit dem Schild »Arnsbourg direct« versehenen, auch mit dem roten Rechteck ausgestatteten Weg zu nehmen haben.

Vom Holdereck führt uns beim Baum Nr. 85 das Wegweiserschild »Grand Arnsbourg« mit dem roten Rechteck auf weißem Grund rasch zum Waldplatz »Grünschaft«, an dem mehrere vereinzelte Tannen und zwei Bänke stehen. Wenn wir mit dem Gesicht vor der linken Bank stehen, bemerken wir ein Schild, das zu einem Pfad mit dem Ziel Arnsbourg weist. Gemeint ist damit der Fußweg, der links von der Bank abgeht, für den an einem etwa 3 m vor der Bank stehenden Stein das rote Rechteck und zusätzlich ein gelbes Kreuz angebracht ist. Der Fußpfad führt leicht abwärts. Bei der Teilung im Buchenwald benützen wir den schmalen Pfad auf dem Steinmäuerchen, also den oberen Pfad. Das rote Rechteck ist links an einer Eiche. Der Pfad führt von Grünschaft aus in Kürze zur Ruine Arnsbourg, die, wie oben bereits bemerkt wurde, nicht auf dem Arnsberg selbst liegt. Wir haben von der Wasenburg bis zur Arnsbourg eine Stunde und 45 Minuten gebraucht.

Die Ruine Arnsberg (Groß-Arnsberg genannt, im Unterschied zu Klein-Arnsberg bei Obersteinbach nahe der pfälzischen Grenze), früher im Besitz anderer Herren, ging 1332 an die Lichtenberger über und wurde in den Kriegen des 16. und 17. Jahrhunderts zerstört. Bekannt ist die Burg mehr als durch historische Vorgänge durch die Sage, daß der Teufel in den unzugänglichen Kellern des Schlosses seit Jahrhunderten und noch heute große Weinvorräte gelagert habe; daher auch der

Name Teufelsschloß (die Burgherren führten ein Faß im Wappen). Wenn es ein gutes Weinjahr gebe, steige zur Zeit der Rebenblüte ein verräterischer, süßer Weinduft aus dem Erdreich um die Ruine.

Die Burgruine liegt auf einem riesigen, langgestreckten Felssockel, ähnlich wie die Ruine Hohbarr. Man kann sie auf sicheren Leitern besteigen. Allerdings ist der herrliche Buchenwald, der sie umgibt, allmählich so hoch geworden, daß die Aussicht, einst ins Tal der Zinsel und zur Dagsburg hinüber, beschränkt ist.

Von der Ruine Arnsberg gehen wir denselben Weg, den wir gekommen sind, also über den Waldplatz Grünschaft zum Holdereck zurück. Dort weist uns neben der Bank rechts das rote Rechteck in den Wald hinein zum Ungerthalsattel. Von dort ab führt uns das rote Rechteck auf den Weg zwischen den Bäumen mit der Nr. 30 (an dem sich auch das Schild Col de l'Ungerthal befindet) und Nr. 51 (Autosperrschild) weiter.

Wenn sich dann drei Wege kreuzen, an dem Punkte, den wir schon vom Hinweg kennen, folgen wir dem Schild: Wasenköpfel, Wasenburg mit rotem Rechteck. Bei der nächsten Teilung erscheint nur noch das Schild Wasenburg mit rotem Rechteck. Bald erscheint die Wegweisung Kreuztannen – Wasenburg. Der Pfad erreicht einen Fahrweg.

Das rote Rechteck steht auf der rechten Seite dieses Fahrwegs, 20 m von der Einmündung des Pfades entfernt. Diese Wegbeschilderung ist etwas verwirrend, weil der mit dem roten Rechteck ausgestattete Weg der Vogesenclubkarte 1 a das Ziel Wasenburg hat. Er führt aber über das Wasenköpfel. Wir erreichen also mit dem roten Rechteck auf jeden Fall das Wasenköpfel, und das schließlich in einem leichten Anstieg, der uns dann auch wieder über die Nebelgrenze bringt. Bald stehen wir auf seiner nach drei Seiten hin waldfreien Kuppe (522 m), die mit einem niederen Turm ausgestattet ist. Wir haben von der Arnsburg bis zum Wasenköpfel eine gute Stunde benötigt.

Keine 100 m unter uns liegt das in unendliche Weite ausgedehnt erscheinende weiße Nebelmeer, das da und dort eine Kuppe grünen Waldes durchlugen läßt, in der Ferne im Osten von einem Streifen Schwarzwald, im Westen von Kämmen der Hochvogesen und im Norden von sanften Schwingen des Pfälzer Waldes begrenzt. Über all dem steht die gleißende Sonne. Drüben in nächster Nähe der Groß-Winterberg mit seinem Turme liegt nebelfrei wie hier sein Bruder, das Wasenköpfel. Das Ganze ist ein Bild einer phantastischen, geradezu urweltmäßigen Laune der Natur.

Wir steigen auf den Turm und genießen die Sonne, von der der Wetterbericht sagte, sie schaffe 18 Grad Wärme. Es waren mehr. Den kleinen Turm hat der Vogesenclub 1887 zu Ehren des elsässischen Schriftstellers, Dichters und Volkskundlers August Stöber (1808–1882) errichtet, der eine Zeitlang drunten in Oberbronn wohnte. Eine Gedenktafel am Turm vermerkt dies. 1981 ist eine Faksimileausgabe seines bekanntesten Werkes »Die Sagen des Elsasses«, Ausgabe St. Gallen 1858, erschienen; die uns das längst vergriffene Standardwerk Stöbers wieder zugänglich macht.

Kaum 100 m vom Wasenköpfel abwärts werden wir schon wieder vom Nebel eingehüllt. Wir gelangen zurück an den Wegekreuzungspunkt Kreuztannen, wo wir, wenn wir die drei hohen Tannen rechter Hand liegenlassen, in etwa 20 m Entfernung an einer Kiefer das Wegweiserschild Bückelstein-Oberbronn finden, jetzt mit rotweißrotem Rechteck (Weg auf der Vogesenclubkarte nicht mit der ihm an sich zukommenden Nr. 8 verzeichnet). Der Weg führt uns sicher zu unserem Ausgangspunkt Oberbronn zurück. Wir brauchen vom Wasenköpfel ab eine Stunde. Die Gesamtzeit der Wanderung beträgt also vier Stunden und 45 Minuten.

Es wurde bereits bei der Wanderung Nr. 55 zum Groß-Wintersberg auf das benachbarte Dorf Oberbronn als ein besonders schönes Fachwerkdorf hingewiesen. Es sei dies wiederum betont. Das Haus Nr. 110 (Boeuf Noir) von 1555/1609, das Haus Nr. 109 mit Turmerker von 1610, das Haus Nr. 65, ein Eckhaus mit Brunnen von 1740, die Erkerhäuser an der Berggasse und andere zeigen dies. Das Rathaus ist ein klassizistischer Bau mit Säulenhalle von 1846. Die (evangelische) Kirche ist eine Saalkirche mit einem Westturm vom 1404 und einem schönen gotischen Chor von 1502. Sie beherbergt einen Taufstein von 1505.

Frühling, Herbst und Winter

57 Wittschlössel – Alt Windstein

Aufstieg: Obersteinbach – Col du Wittschlössel – Ruine Wittschlössel – Col du Wineckertal – Ruine Alt-Windstein, 2 Stunden 30 Minuten.

Abstieg: Ruine Alt-Windstein – Sulztal – Obersteinbach, 2 Stunden.

Gesamtzeit der Wanderung (ohne Burgbesuch) 4 Stunden 30 Minuten.
Höhenunterschied 240–500 Meter.
Karte des Vogesenclubs Blatt Niederbronn-Les-Bains.

Die Wanderung 55 (Groß-Wintersberg) und 56 (Wasenburg, Arnsburg, Wasenköpfel) hatten ihre Ziele in den Nordvogesen, dem Wasgau. Die Nordvogesen, schon um Zabern beginnend, sind ein ausschließliches Sandsteingebirge. An vielen Stellen, vor allem auf Berggipfeln, ist der rote Sandstein durch Erosion aus den Bergkernen herausgetreten und bietet bizarre Felsgebilde, meist riesige Felssockel, die sich im Mittelalter als natürliche Fundamente für den Burgenbau anboten. Fast alle Burgen in den Vogesen, vorab in den Sandsteinvogesen, nützen solche Felssockel, z. B. Hohbarr, Lichtenberg, Ochenstein.

Die Nordvogesen zeigen noch heute trotz vielerlei Zerstörung und sonstigem Abgang, aus der mittelalterlichen Zeit des Burgenbaus (etwa 1050–1550) noch nahezu 30 Burgruinen (Burg = Châteaux fort).

In den Karten findet man dort eine Burgenstraße (reute des châteaux forts) verzeichnet. Das ist eine einst regelrecht geplante Burgenlinie in der Länge von etwa 30 Kilometer. Sie folgt im wesentlichen der Grenzlinie, die sich schon aus der Karolingerzeit nach Westen, nach Lothringen hin gebildet hatte und deren markantes Zeichen noch heute der »Breitenstein« ist, der ursprünglich keltische Menhir, der später christianisierte »Zwölf Apostel-Stein«, nördlich von Wingen an der Moder.

Als der Kaiser Heinrich IV. den Herzog Friedrich II. von Schwaben mit dem Elsaß belehnte, begann der Städte- und Burgenbau, den sein Sohn Friedrich III., der spätere Kaiser Friedrich I. Barbarossa, fortsetzte. Die Burgenlinie war die Verteidigung gegen das aufstrebende Herzogtum Lothringen im Westen und die Herrschaft Zweibrücken im Norden. Die bei E. Mandel »Die Burgruinen der Nordvogesen«, Niederbronn 1966), wiedergegebene Burgenlinie gibt ein Bild dieses mittelalterlichen Verteidigungswerkes ab. Es hat uns die hier gehäuften Burgruinen hinterlassen, die die Landschaft der Nordvogesen maßgeblich bereichern. Die Krone dieser Burgruinen ist der Fleckenstein (siehe Nr. 3). Gleich nach ihm ist aber die Ruine Alt-Windstein zu nennen, der unsere heutige Wanderung gilt. Wir beginnen sie an der Burgenstraße in Obersteinbach, schon mit zwei Burgruinen ausgestattet: Klein-Arnsberg, unmittelbar nördlich über dem Dorfe, und die Lützelhardt, westlich des Dorfes. Obersteinbach liegt auf der Höhe von Weißenburg, etwa 20 km westlich der D 3 Lembach-Bitche.

Wenn wir von Osten, von Niedersteinbach herkommen, führt im östlichen Teil des Straßendorfs Obersteinbach die erste links abbiegende Straße zur Brücke über den Steinbach. An dieser Straßeneinmündung ist auch das für uns maßgebliche Wegweiserschild angebracht, u. a. Wittschlössel-Windstein, rotes Rechteck, Weg 1a der Karte des Vogesenclubs.

Wir parken etwa 150 Meter weiter südlich beim Waschhäusle am Seitenarm des Steinbachs. An diesem ist auch gleich wieder das rote Rechteck zu sehen, das uns den Weg rechts hinauf ins Tal eines Seitenbächleins des Steinbachs nach Süden weist.

Auf einer Sumpfwiese ist wieder einmal das Gehölz frisch abgeschlagen und damit vermutlich das auf einem Baumstamm erst vor kurzem aufgemalte rote Rechteck in Verlust geraten. Wir steuern aber quer durch die Wiese unmittelbar in die Ecke, die sich in den Wald hinein gefressen hat. Dort finden wir den Pfad wieder, auf dem nach ca. 80 Metern das rote Rechteck an einem Baum erscheint und uns also die Gewißheit gibt, auf dem richtigen Weg zu sein. Für unser heutiges Wandergebiet muß aber der verantwortlichen Sektion des Vogesenclubs Niederbronn das Kompliment gemacht werden, daß die Wegbeschilderung ausgezeichnet ist.

Wir überqueren bald bei den Bäumen mit der Nr. 141 und 139 eine Waldfahrstraße; der Anschluß ist in diesem ersten und allen weiteren gleichen Fällen auf der anderen Seite gut markiert. Ein Fußpfad bringt uns auf den Col du Wittschlössel, 368 m. Wir folgen von dort weiter der Wegweisung mit dem Ziele Vieux-Windstein (Alt-Windstein), rotes Rechteck.

Nach ca. 200 Metern führt eine Abzweigung links hoch zum Wittschlössel (25 Minuten), während der Weg zum Alt-Windstein geradeaus dem roten Rechteck folgt. Wir nehmen das auf der südlichen Spitze des Wittbergs (444 m) gelegene Wittschlössel mit. Es ist jetzt allerdings mit hohem Buchenwald umgeben. Die einst gerühmte Aussicht auf die zahlreichen Burgruinen der Umgebung ist daher zugewachsen. Der Anstiegsweg schlingt sich rings um den Bergkegel. Das Windschlössel besteht heute nur noch aus zwei Felssockeln, die einst die Burggebäude trugen und mit Leitern besteigbar waren. Es war wohl keine Wohnburg, sondern ein größerer befestigter Wachturm, der der tiefer im Tal gelegenen, in der Luftlinie etwa zwei Kilometer entfernten Burg Wineck (361 m) als Beobachtungswerk diente.

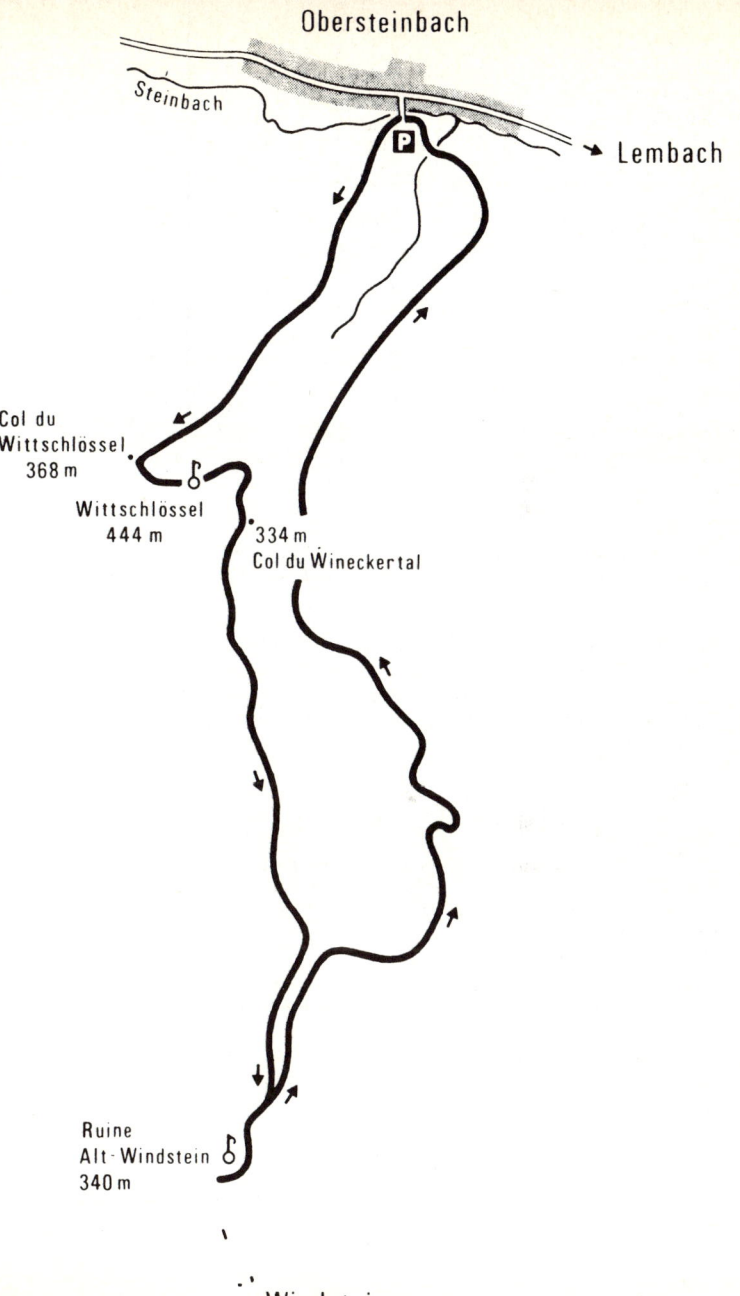

Man braucht vom Wittschlössel aus nicht den Weg, den wir vom Hauptweg ab genommen haben, um das Wittschlössel zu erreichen, zurückzugehen. Man geht vom Bergkegel die breite Schneise nach Osten hinab, erreicht einen Fahrweg und geht dort rechts hinab quer durch den offenen Buchenwald in Richtung Süden. So trifft man auf den Col du Wineckertal (334 m) und damit wieder auf den Weg mit dem roten Rechteck in Richtung auf unser Ziel, die Ruine Alt-Windstein. Der Wegweiser gibt eine Zeit von einer Stunde und 25 Minuten an.

Wir gehen einen mächtigen Kahlhang zu unserer Rechten entlang und überqueren zwei Wegkreuzungen. Nach der letzten führt uns ein Zickzackweg den Waldhang hoch, der auf einen Waldfahrweg trifft. Wir folgen immer unserem roten Rechteck, das reichlich erscheint, und gelangen ohne Schwierigkeit allmählich an den Westrand des noch Süden verlaufenden offenen Tales, das den zerstreuten Ort Windstein umschließt und an seinen westlichen Hängen die Ruinen der Burgen Alt-Windstein (340 m) und Neu-Windstein (361 m) trägt.

Die ältere Schreibweise scheint Winstein gewesen zu sein. Die Winsteiner besaßen die Burg Alt-Winstein, die vom Abt der Zisterzienserabtei Neuburg erbaut worden sein soll, seit 1219. Zerstört wurde die Burg, als Johann von Winstein seinen Onkel Friedrich von Schmalenstein aufnahm, der sich als Raubritter betätigte. Das löste eine Strafexpedition der Hüter des Landfriedens aus, die 1332 zur Einnahme und Zerstörung der Burg führte. Danach wurde Neu-Winstein etwas weiter südlich gebaut. Alt-Winstein wurde später wieder aufgebaut. Beide Burgen wurden dann 1676 durch die Artillerie des französischen Heerführers Monclar endgültig zerstört.

Alt-Winstein ist eine interessante Ruinenburg. An riesige, 160 Meter lange, schmale Felssockel sind die Wohn- und Stallgebäude derart angebracht gewesen, daß die Sockelwände die Wände der Räume waren. Man sieht noch heute im natürlichen Fels die Löcher für die Köpfe der Tragebalken der Decken, zum Beispiel des Rittersaals. In den Felssockel sind Kammern, Burgverließe und Gänge eingehauen, ähnlich wie beim Fleckenstein. Aus einer solchen dunklen Kammer kann man wie durch ein Fenster (Vorsicht!) in den 21 Meter tiefen, aus dem Fels sauber gehauenen Brunnen hinunterblicken. Ein unterirdischer Gang, behauptet man, habe Alt- und Neu-Winstein miteinander verbunden. In der Tat ist beim Aufgang zum am Fuß der Ruine gelegenen Forsthaus ein Eingang zu einem unterirdischen Gang zu sehen. Neuere Untersuchungen (durch E. Mandel, siehe oben) haben aber ergeben, daß es sich dabei nur um einen etwa 20 Meter langen Ausfallgang handelte, der ins Freie führte.

Das Herumsteigen in der Ruine macht Spaß, ist aber nicht ungefährlich. Spuren von mehr oder wenigen großen Teilen, die von den Naturfelssockeln herabgestürzt sind, lassen die blau-weißen Warnschilder für Burgbesucher berechtigt erscheinen. Aber jeder denkt halt, auf mich wird jetzt nicht gerade ein Felsstück herabstürzen! Möge jeder recht haben.

Nach gut zweistündigem Marsch zur Ruine Alt-Windstein und zeitaufwendigem Herumsteigen in der Ruine lädt die Burgschenke mit einer freundlichen Wirtin zu bescheidener, aber guter Einkehr ein.

Den Rückweg nach Obersteinbach nehmen wir über den nördlichen Zipfel des Sulztales zwischen dem Wittberg und dem Obergallenwald hindurch hinunter ins Steinbachtal (Weg 3c der Karte des Vogesenclubs, aufrechtstehender gelber Rhombus). Der Wegweiser befindet sich rechts oberhalb der Burgschenke am Stamm eines alleinstehenden Apfelbaumes, vermutlich im Sommer, wenn der

Baum belaubt ist, nicht zu sehen. Das Wegweiserschild benannt »Obersteinbach par (über) Soulzthal«. Es führt uns auf ein Stück des großen Rundwegs ums Nagel-Windsteintal. Auch für den Rückweg ist die Wegmarkierung mit dem gelben Rhombus gut. Nur an wenigen Stellen sollten erleichternde Hinweise gegeben werden. Gleich, wenn der Wald beginnt, muß man aufpassen: Der gelbe Rhombus zeigt das links abgehende Wegchen nach Obersteinbach an, leicht zu übersehen. Bei einer großen Wegkreuzung befindet sich der Rhombus an einer Tanne rechts vor uns und führt uns über den Holzlagerplatz am Baum mit gelbem Nummernschild 1 vorbei (also nicht rechts ab). Nach ca. 40 Metern steht rechts der Wegweiser Obersteinbach.

Bei einer großen Kurve führt unser Weg als kleiner Pfad geradeaus. Der gelbe Rhomus ist rechts an einer Kiefer. Er geht einen Fußpfad abwärts und überquert einen Waldplatz. Der Rhombus ist an einem Baumstumpf und an einer Buche gut sichtbar. Es ist dort der untere Weg zu nehmen. Bei einer Wegeteilung ist dem gelben Rhombus zu folgen, nicht dem erstmals auftauchenden blauen Kreis mit weißem Rand.

Wenn wir an einen Grabenweg gelangen, ist dieser zu überqueren und dem gelben Rhombus links zu folgen. An einem Holzlagerplatz steht rechts ein auffallender Hochsitz. An dem geht es vorbei und geradeaus, wo der gelbe Rhombus an einer Tanne leuchtet.

Wenn wir auf einen breiten Waldfahrweg treffen, sieht man durch die Buchenbäume schon die Häuser von Obersteinbach. Wir folgen rechts abwärts gehend diesem Waldfahrweg und treffen nach ca. 100 Metern auf die links hinunterführende Abzweigung, markiert mit dem gelben Rhombus, aber auch mit einem blauen Kreuz, das uns nicht berührt. Es geht jetzt immer geradeaus abwärts, nicht dem links abbiegenden Weg nach. Wir brauchen nur in Richtung der vor uns liegenden Talsohle abzusteigen und kommen damit an unseren Parkplatz beim Waschhäusle zurück.

Wir haben für den Rückweg gute 2 Stunden gebraucht. Die gesamte Marschzeit beträgt, den Aufenthalt auf der Ruine Alt-Windstein nicht mitgerechnet, 4 Stunden und 30 Minuten.

Man kann an Alt-Windstein noch den Besuch von Neu-Windstein, erbaut 1340, etwa 10 Minuten entfernt, anschließen. Hier auf Neu-Windstein spielt die Sage von den zwei Rittern, die dem Ritter Kuno Eckbrecht von Dürckheim auf seiner Burg Schöneck erschienen und ihn veranlaßten, in letzter Minute mit seinen Reisigen hinüber nach seiner Burg Neu-Winstein zu reiten, um diese vor dem eben stattfindenden Angriff der Feinde zu retten (Mitte des 15. Jahrhunderts).

Die Burg Neu-Windstein zeigt ein Vorwerk, einen die Umfassungsmauer überragenden Bergfried, noch gut erhaltene Mauern des Palas mit schönen Fenstern, besonders im oberen Geschoß Spitzbogenfenster, die zu zweien und dreien gruppiert sind, mit Fensternischen und Sitzbänken.

Frühling, Herbst und Winter

58 Maimont und Burg Wasigenstein

Aufstieg:
Niedersteinbach – Col Hirchtenbach – Zigeunerfelsen – Col de Wengelsbach – Col Klingelfels – Maimont, 2 Stunden 30 Minuten.

Abstieg:
Maimont – Ruine Wasigenstein – Col Klingelfels – Col de Wengelsbach – Niedersteinbach, 2 Stunden.

Gesamtzeit der Wanderung mit Besichtigung der Ruine 4 Stunden 30 Minuten.
Höhenunterschied 227–513 Meter. Karte des Vogesenclubs Blatt Niederbronn-Les-Bains.

Wiederum liegt das Wanderziel im Bereich der Burgenstraße der Nordvogesen. Der Wasigenstein oder Wasgenstein, auch Wasenstein, 340 m, ist der Schauplatz gewesen des Kampfes zwischen den Helden des Waltharliedes, das der St. Galler Mönch Ekkehard im 10. Jahrhundert n. Chr. aus elsässischer Quelle in lateinische Hexameter umsetzte: Walther von Aquitanien, mit seiner Braut Hildegund aus der Geiselhaft beim Hunnenkönig Etzel entflohen, wird vom habgierigen Burgunderkönig Gunther mit seinem Vasallen Hagen von Tronje (nicht Trondheim in Norwegen, sondern das merowingische Troja nova, der Burg, die sich Dagobert I. beim heutigen Kirchheim an der Mossig im Elsaß erbaut hat) auf der Reise nach Langres, der Residenz des Vaters der Braut, der mitgeführten Schätze wegen verfolgt. Walther sucht Zuflucht in der natürlichen Felsenburg des Wasgensteins. Dort kommt es zum männermordenden Kampf mit den Mannen des Gunther, in dem sich schließlich Walther allein noch Gunther und Hagen gegenüber sieht. Der Kampf endet mit schwerer Verwundung aller drei:
Walther verliert die rechte Hand, Gunther einen Unterschenkel und Hagen ein Auge. Angesichts des unentschiedenen Kampfes versöhnen sich die Helden. Walther zieht nach Langres und feiert Hochzeit mit Hildegund. Simrock und später Scheffel haben deutsche Übersetzungen des lateinischen Waltharliedes geliefert.
Diese Historie und der auch noch als Ruine imposante Burgenbau des Wasigensteins rechtfertigen das Wanderziel am Fuße des Maimonts (im Mittelalter »Meygelmunt«), 513 m, eines Berges, der noch die deutlich erkennbaren Spuren eines mächtigen dreifachen keltischen Ringwalles und einen druidischen Opferstein aufweist: zwei Ziele also, Maimont und Wasigenstein, die den Besuch lohnen.
Wir beginnen die Wanderung in Niedersteinbach, wenige Kilometer westlich von Lembach bei Weißenburg. Wir parken auf dem großen Platz beim Hotel-Restaurant »Cheval blanc« an der Durchgangsstraße im Zentrum des Dorfes und gehen dann die Fahrstraße nach Osten bis zum letzten Haus, das links an der Straße steht. Dort befindet sich eine Orientierungstafel. Wir folgen jedoch nicht einem der offiziellen Wegmarkierungszeichen des Vogesenclubs, sondern benützen die unmarkierte, auf der Orientierungstafel mit kleinen blauen Kreisen gekennzeichnete ungeteerte Fahrstraße, an deren Beginn das rotweißrote

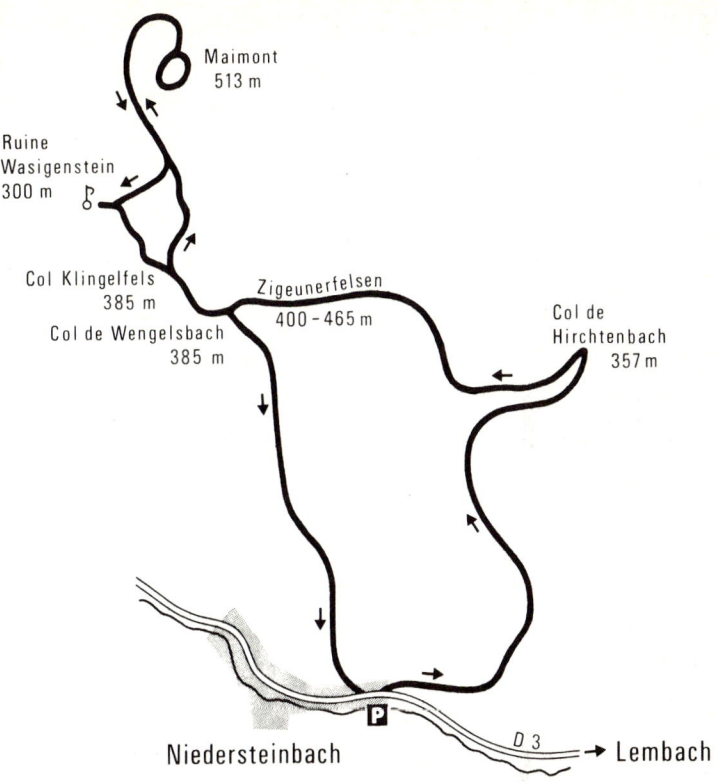

Sperrschild für Kraftfahrzeuge steht. Das Sträßchen führt in bequemem Anstieg (bei erster Kurve geradeaus halten!) am Westhang des Engentals hinauf zum Col Hirchtenbach, 357 m, an dem eine Unterkunftshütte steht. Der Col ist auf der Karte nicht verzeichnet, liegt aber dort, wo der vom Falkenberg von Süden nach Norden ziehende Weg 1a der Vogesenclubkarte an einer Wegespinne einen spitzen Winkel bildet. Wir haben mit dem Erreichen dieses Cols die Höhenlinie gewonnen, auf der wir nun bei fast gleichbleibender Höhenlage nach Westen unseren Zielen zusteuern.

Unser Wegzeichen ist jetzt das rote Rechteck des ebengenannten 1a-Weges. Wenn wir mit dem Gesicht zur Unterkunftshütte stehen, befindet sich das rote Rechteck etwa 30 Meter links von der Hütte auf dem breiten Weg an einem

Sandsteinfelsen. Nach etwa 15 Minuten kommt eine große Kurve, nach der wir, den Zeichen rotes Rechteck und rotes Dreieck folgend, rechts hochsteigen. Bald sehen wir linker Hand vor uns einen mächtigen, fast lichten Bergkamm, auf dem zwei riesige, aus dem Sandstein erodierte Felsgebilde in den Horizont stehen: die Zigeunerfelsen (420–465 m). Es sind insgesamt deren vier. Die zwei westlichen sehen wir von unserem Standort aus nicht. Aber der markierte Weg führt uns auf sie. Wir finden alsbald wieder das Wegweiserschild Wasigenstein mit dem roten Rechteck. Nach etwa 300 Metern weist uns dieses links hoch. Wir kommen zu den beiden westlichen Zigeunerfelsen. Man hat von ihnen aus eine prächtige Rundsicht, vor allem nach Süden.

Der Name Zigeunerfelsen erinnert an ein Stück geschichtlicher Vorgänge im nördlichen Elsaß. Im 15. Jahrhundert waren starke Gruppen von Zigeunern ins Elsaß eingewandert. Als es Schwierigkeiten mit der einheimischen Bevölkerung gab, zog sich ein Teil in die undurchdringlichen Wälder um Bitsch und Bärental (an der nördlichen Zinsel, westlich von Niederbronn-Philippsburg) zurück.

In dem Ländereieck zwischen dem Elsaß, Lothringen und der Pfalz wurden die hinüber- und herüberwechselnden Zigeuner mehr und mehr zur Landplage. 1615 ordnete Ludwig XIII. harte Maßnahmen an. Die Männer sollten auf die Galeeren kommen, Frauen und Kinder sollten in Hospitälern konzentriert und zur Arbeit gebracht werden. Jenseits im Pfälzischen nahm sie zunächst Ludwig IX. von Hessen-Darmstadt, der Herr von Pfalz-Zweibrücken, auf, wenn sie sich für seine Regimenter verpflichteten. Als sie aber immer wieder desertierten, taten sich beide Ludwige zusammen. Und nun begann eine gnadenlose Jagd auf die Zigeuner. Diese flüchteten auf die Felsen, die heute die Zigeunerfelsen heißen. Um leben zu können, waren Raubzüge in die Dörfer und Waldtäler unvermeidlich. Das führte zum Einsatz von Militär und mit Hilfe der Bevölkerung zu einer regelrechten Belagerung der Zigeuner in ihrer Felsenfestung. Schließlich fällte man die Bäume auf dem Bergkamm und schichtete sie zu riesigen Scheiterhaufen an die Felsen. Die Zigeuner kamen größtenteils in den Flammen oder im Rauch um. Ein kleiner Teil rettete sich in die Pfalz.

Von den Zigeunerfelsen steigen wir wieder ab auf den Weg mit dem roten Rechteck, der uns an den Col de Wengelsbach, 385 m, bringt, genannt nach dem nordöstlich davon in einer Talsenke hart an der Grenze gelegenen Dörfchen Wengelsbach (265 m). Es ist eine Straßenspinne mit einem Waldparkplatz. Wir überschreiten ihn und finden am westlichen Waldrand das Schild Wasigenstein mit dem roten Rechteck, das uns in etwa 10 Minuten auf einer Fahrstraße zum Col Klingelfels (385 m) führt.

Am Klingelfels folgen wir nun nicht weiter der Wegweisung zum Wasigenstein, sondern streben zunächst dem Maimont, 513 m, zu. Unser Wegzeichen mit Wegweiserschild Maimont ist das rotweißrote Rechteck, der Weg 8 der Karte des Vogesenclubs.

In einer halben Stunde erreichen wir die Kuppe des Maimont und damit die aus drei Wällen in verschiedener Höhenlage gebildete einstige Fluchtburg der Kelten. Der Buchenwald, mit dem die Kuppe überwachsen ist, ist licht, so daß die Anlage klar zu erkennen ist. Ein Schild weist auch auf einen druidischen Opferstein von beachtlicher Größe hin, größer jedenfalls als der in den Wäldern von St. Jean (s. S. 173) angetroffene.

Der Aufstieg auf den Maimont ist lohnend. Wir haben eine Marschzeit von zweieinhalb Stunden gebraucht. Wir kehren denselben Weg, den wir gekommen sind, in Richtung Klingelfels zurück, benützen aber bei der Wegteilung am erreichten Waldfahrweg nicht die Richtung nach dem Klingelfels. Der Weg 8 teilt sich dort und führt in einem rechten Strang gemäß dem vorhandenen Wegweiser mit dem rotweißroten Rechteck leicht abwärts zum Wasigenstein.

Der Wasigenstein ist schon eine imposante Ruine und gewiß, wie man sagt, eine der malerischsten in den Vogesen. Zwei riesige Felssockel senken sich hinab ins Tal, nur durch einen schmalen Felseinschnitt getrennt. Sie bilden die Fundamente der an sich getrennten Burgen Großwasigenstein (östlicher Sockel) und Kleinwasigenstein (westlicher Sockel). Eine 50stufige Felsentreppe, einst kühn in den wie das Dach eines Riesenpilzes überhängenden Fels gehauen, führt zur Hauptburg (Großwasigenstein) mit Palas und Bergfried. Die unmittelbar im Westen anschließende Vorburg (Kleinwasigenstein) hat einen besonderen Eingang. Wohnturm und Kapelle sind über Felsentreppen zu erreichen. Zahlreiche in den Fels gehauene Hohlräume und Kammern in beiden Burgteilen geben ein Bild vom rauhen Leben auf den Ritterburgen des Mittelalters. Am östlichen Teil der Burg ist in einer mächtigen Felsenwand die Zisterne eingehauen, die Wasserversorgungsanlage der Burg.

Den Rückweg vom Wasigenstein nehmen wir mit dem roten Rechteck zum Klingelfels und von dort auf dem uns schon bekannten Weg, ebenfalls mit dem roten Rechteck gezeichnet, zum Col de Wengelsbach. An diesem Waldplatz weist uns an der Ostecke des Platzes beim auffallenden Schild »Attention du feu« das Wegweiserschild Niedersteinbach mit rotem Kreuz (Weg 4a der Karte des Vogesenclubs) den Abstiegsweg. Schon nach etwa 70 Metern nimmt uns ein Pfad rechts abwärts auf. Wenn wir auf den breiten Fahrweg gelangen, müssen wir auf die markierten Abzweigungen achten, die uns in Kürze nach Niedersteinbach zurückbringen. Wir haben den Rückweg in knappen zwei Stunden bewältigt.

Frühling, Herbst und Winter

59 Burgruine Falkenstein

Aufstieg:
Südwestzinken von Neuenhoffen – Wasserturm – Col du Molloch – M. F. Weihersthal – Falkensteinruine, 2 Stunden 15 Minuten.

Abstieg:
Falkensteinruine – Waldparkplatz – Neunhoffen, 2 Stunden.

Gesamtzeit der Wanderung mit Besichtigung der Ruine 4 Stunden 45 Minuten.
Höhenunterschied 240–370 m.
Karte des Vogesenclubs Blatt Niederbronn-Les-Bauns.

Noch einmal führt uns der Weg in den Wasgau, und zwar in die äußerste Nordwestecke. Dort lockt als Wanderziel die Burgruine Falkenstein (370 m) in doppelter Hinsicht. Einmal stellt sie sich uns als imposante, typische Sandsteinvogesenburg vor, einst auf ausgedehntem, wohl 20 Meter hohem Felssockel errichtet, wobei ähnlich wie beim Fleckenstein im Kern des Sockels allerlei Kammern und Gelasse in den Fels hinein – oder besser gesagt, aus dem Fels herausgehauen worden sind. Zum anderen bietet sie, obwohl auf nur 350 m hohem Bergkegel gelegen, eine weite Rundsicht über die Nordvogesen: im Nordwesten die Ruine Waldeck, im Süden Burg Lichtenberg, der Turm des Wasenköpfels und in der Ferne die Leo-Kapelle auf dem Dagsberg (Dabo), im Südosten der Donon, im Nordosten die Ruine Wineck und Wittschlössel, Lützelhard und Schöneck. Das Panorama wird nicht umsonst gerühmt: die Falkensteinruine ist weiterhin umgeben von einer rundum ununterbrochenen Szenerie von Bergkegeln, Bergkämmen und Wäldern, soweit das Auge reicht.

Wir beginnen unsere Wanderung in Neunhoffen, das wir von Niederbronn über Philippsbourg und mit der in diesem Dorfe rechts abzweigenden D 87 erreichen. Am westlichen Eingang des Dörfchens liegt ein großer Weiher. Kurz nach diesem steht links an der Fahrstraße das ansehnliche Fabrikgebäude der Firma Ledy. Dort parken wir, gehen ein Stück zurück zu dem rotbraunen Haus Nr. 25, vor dem zwei große Tannen stehen, und nehmen den Weg links zum Wald hinauf. Wir treffen alsbald auf den links am Weg stehenden Wasserturm, der aus Sandsteinmauerwerk gebaut ist. Wir folgen dem rechts abzweigenden Waldweg, an dem sich ein Sperrschild für Kraftfahrzeuge und eine Schranke für Fahrzeuge befindet. Wir kommen bald an eine Wegespinne, an der die Bäume 5, 6, 7 im Rund stehen, in der Mitte eine große Tanne. Dort nehmen wir den Fußpfad, der links vom Baum Nr. 7 hochzieht. Wenn wir nach einiger Zeit auf den breiten Fahrweg treffen mit einem Mittelstreifen aus Gras, folgen wir diesem rechts hinauf und stoßen nach etwa 100 Metern auf den Weg 4c der Karte des Vogesenclubs mit gelbem Kreuz. Dieser Weg kommt südöstlich von Dambach herauf und stößt, auf unseren Fahrweg von links herunterkommend, auf diesen, der nun die Markierung gelbes Kreuz aufnimmt.

Bald erreichen wir eine große Wegekreuzung, den Col du Molloch (auf der Karte des Vogesenclubs nicht markiert), 362 m. Unser nächstes Ziel ist das Forsthaus – Maison Forestière – Weihersthal. Wir nehmen jetzt den Weg rechts des Hochsitzes ohne Zielbezeichnung, aber mit blauem Kreuz, der uns nach Weihersthal bringen wird. Schon nach etwa 30 Metern vom Col du Molloch ab zweigt unser Weg mit dem blauen Kreuz rechts den Waldhang hinunter ab und zeigt jetzt auch den Wegweiser M. F. Weihersthal.

Vor uns liegt zunächst, wenn die Sicht von Bäumen frei wird, der Falkenberg, ein von Südwesten nach Nordosten ausgedehnter langer Bergrücken, der eine kilometerlange Felsenkrönung aus rotem Sandstein aufweist. Auf ihm befindet sich ein Oberservatorium. Bald erreicht unser Waldpfad im Tal die D 87, die wir zur Fahrt von Philippsbourg nach Neunhoffen benützt haben.

Damit kommen wir an die einige Hektar große, zwischen Wald und Fahrstraßen eingebettete Wiesenfläche, das Weihersthal, nach dem das Forsthaus seinen Namen trägt. Wir gehen auf der geteerten Straße, das Forsthaus links liegenlassend, vorbei und treffen nach etwa 10 Minuten auf die Abzweigung, die links am Weg an einer großen Buche markiert ist: ein Wegweiserschild mit blauem Kreuz, Ruine Falkenstein 45 Minuten (Weg 4b der Karte des Vogesenclubs). Wir gehen auf dem Sandfahrweg einer langen Einzäunung entlang, folgen ihr an einer Kurve rechts herum und finden dort das blaue Kreuz wieder an zwei Bäumen. Nach

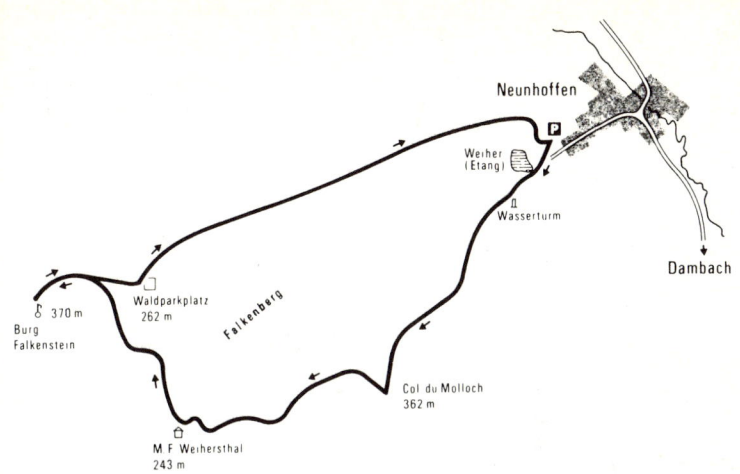

etwa 100 Metern geht es wieder links ab, der Wegweiser und das blaue Kreuz ist rechts am Pfad. Der Pfad führt uns jetzt auf weichem Gras durch einen herrlichen Wald von hohen, bis zur Erde beasteten Tannen, die aber in der Wegschneise den Blick zum Himmel freigegeben, ein »Märchenweg«, auch deshalb bemerkenswert, weil ein derart geschlossener Tannenwald, wie wir ihn soeben durchschreiten, in der vorwiegend Laubwald tragenden Landschaft der Nordvogesen seltener ist.
Der Pfad mündet in einen Weg, der einen auffallend tiefen Sandbelag aufweist. Sand gehört zu den Merkmalen der Nordvogesen. Diesem Sandweg, übrigens ohne Wegweiser, folgen wir links hinauf. Das blaue Kreuz erscheint dann rechts an einer Fichte etwa 50 Meter später. Damit befinden wir uns nun aber auch schon auf dem Kamm (285 m) zwischen dem Landersberg im Norden (351 m) und dem Falkensteinberg (Schloßberg) südlich davon (350 m), auf dessen Südseite die Burgruine (370 m) liegt. In Bälde haben wir den kurzen Anstieg bewältigt und betreten durch das hohe Tor das Burgareal. Wir haben vom Parkplatz in Neunhoffen ab bis hierher 2 Stunden und 15 Minuten gebraucht.
Der Hauptkörper der Burg ist der auf der Ostwestachse stehende, etwa 120 Meter lange und über 20 Meter hohe Felssockel aus rötlichem Sandstein, der nun im hellen Scheine der mittäglichen Frühlingssonne förmlich erstrahlt. Das Burgplateau, auf dem der Felssockel steht, liegt nach Süden zu höher als der den Bergkegel umsäumende Buchenwald. Auf den alten Steintreppen und auf Brückenstegen, alle gut gesichert, kann man an eingehauenen Felskammern vorbei auf das Plateau des Felssockels steigen, auf dem einst, wie beim Fleckenstein, die Wohngebäude der Burgherren in unangreifbarer Sicherheit standen. Der Falkenstein bietet für den am Burgenbau Interessierten bautechnisch eine Fülle von Bemerkenswertem. Darüber hinaus ist aber die Schau, die sich von seinen Zinnen über das weite Rund der Vogesenlandschaft breitet, das, was den Besuch dieser Burgruine unbedingt lohnenswert macht.

Die in den Burgenbüchern des Elsasses zu Unrecht etwas stiefmütterlich behandelte Burg Falkenstein wurde von Peter von Lützelburg 1128 erbaut und ging 1564 im Kaufweg an Philipp IV. von Hanau-Lichtenberg über. Dieser ist auch der Gründer des benachbarten Dorfes Philippsbourg, das aus einem Wasserschloß in einem etwa 20 Hektar großen Weiher entstand, um das sich das werdende Dorf scharte. Bereits 1564 wurde die Burg Falkenstein vom Blitz zerstört und brannte in fünf Tagen völlig aus. Ein kleinerer Wiederaufbau fiel dem Dreißigjährigen Krieg zum Opfer. Dem Rest machte der französische Heerführer Monclar 1677 den Garaus.

Auf dem Falkenstein haust noch heute der Sage nach (vgl. August Stöber »Die Sagen des Elsasses«, St. Gallen 1858) der Schloßküfer der einstigen Schloßherren. In eine Vertiefung des Gesteins, die vom Volke das Küferkämmerlein genannt wird, ist er gebannt. Aber von Zeit zu Zeit erwacht er, steigt die verfallene Kellertreppe hinab, holt sein altes Handwerkszeug und läßt den Küferschlag hinunter ins Tal hallen, der beim Aufziehen der eisernen Faßreifen entsteht. Er ist ein guter Geist: je länger und je kräftiger der Küferschlag ertönt, um so besser und reicher fällt die Weinlese aus.

Wir haben uns für den Burgbesuch in der Frühlingssonne Zeit gelassen. Jetzt heißt es den Rückmarsch antreten. Wir gehen zunächst denselben Weg, den wir gekommen sind, zurück, und zwar bis dorthin, wo der »Märchenweg« auf den »Sandweg« trifft. Der Wegweiser mit dem Ziel Neunhoffen ist zunächst von der Burg Falkenstein ab das blaue Kreuz und das blaue Dreieck. Den »Sandweg« gehen wir, an der Einmündung des »Märchenwegs« vorbei, geradeaus bis zu dem an der Straßenkreuzung angelegten Waldparkplatz. Die eine Straße, von Philippsbourg kommend, geht nach Sturzelbronn, die andere ist der mit dem blauen Dreieck gezeichnete Weg 2b der Wanderkarte des Vogesenclubs, die nach Neunhoffen führt. Das blaue Dreieck ist sogleich an einer Kiefer, die auch das Warnschild von Waldbrandgefahr »Attention du feu« trägt.

Die Straße ist zunächst auf etwa einen Kilometer Länge geteert. Das hört aber dort auf, wo sie sich dann teilt. Wir nehmen den rechten Wegestrang gemäß dem an einer Kiefer angebrachten Schild: Pfeil mit blauem Dreieck. Dieser Weg führt nun, immer eben und durch Wald, nach Neunhoffen. Wenn wir aus dem Wald auf das freie Wiesengelände treten, wo schon die ersten Häuser von Neunhoffen erscheinen, zweigen wir nach dem südwestlich vom Dorf gelegenen großen Weiher rechts ab und kommen auf unseren Parkplatz bei der Firma Ledy zurück. Wir haben für den Rückweg gute zwei Stunden gebraucht. Die Gesamtzeit der Wanderung beträgt daher mit dem Aufenthalt auf der Burg Falkenstein 4 Stunden und 45 Minuten. Anfahrt über Niederbronn-Les-Bains – Philippsbourg.

Frühling, Herbst und Winter

60 Die Vorhofköpfe

Aufstieg:
Parkplatz – Weißbrücke – Fliegerkapelle – Col du Herrenwasen
2 Stunden 15 Minuten.

Abstieg:
Col du Herrenwasen – Chalet Jean Weibel – Rehbachtal – Kaysersberg 1 Stunde 45 Minuten.

Gesamtzeit der Wanderung 4 Stunden.
Höhenunterschied 250–708 m.
Karte des Vogesenclubs Münster, Gérardmer, La Bresse.

Eine Frühlingswanderung gibt die Umgebung von Kaysersberg im Tale der Weiß ab. Die weiten Rebhänge im Osten des Städtchens nach Kientzheim und Sigolsheim zu, liegen schon grün und für den Herbst gerüstet in der warmen Sonne. Wilde Tulpen mit ihrer gelben Blüte bevölkern manches noch nicht gepflügte Rebstück und der weißsilbrige Milchstern, ein Liliengewächs, läßt sich da und dort in großer Familiengemeinschaft finden. Auf der anderen Seite der Weiß, nach Südwesten hin, nach Labaroche und Trois Epis (Drei Ähren) zu steigen die Berge sanft bis schließlich zu den nahezu 900 Metern der beiden Hohnack an. Da liegen zwischen Kaysersberg und Labaroche auch die zwei Vorhofköpfe, die den Herrenwasensattel (Co du Herrenwasen, 708 m) einkesseln, unter den beiden Städtchen Kaysersberg und Ammerschwihr säuberlich verteilt: der nordöstliche Vorhofkopf, 821 m, ist der Kaysersberger Vorhofkopf, während der südwestliche den Namen Ammerschwihrs trägt (883 m). Die Vorhofköpfe gehören nicht zu den bekannten Bergzielen der Vogesen. Sie sind aber zwei markante Bergspitzen von wildem Gepräge, mit Felsen bestückt und von sturmzerzaustem Tannenwald bewachsen. Sie geben der Berglandschaft um den Herrenwasensattel das Gesicht. Ein Gang da hinauf lohnt sich.

Wir stellen den Wagen in Kaysersberg auf dem östlich des Stadteingangs gelegenen großen Parkplatz ab und gehen über die Weißbrücke zur stark befahrenen Umgehungsstraße, die von Ammerschwihr kommt und über Le Bonhomme auf die Vogesenkammstraße führt. Über der Straße liegt gegenüber dem Kirchhof auf hohem Felsen die Wolfgangkapelle, in der jetzigen Gestalt 1519 erbaut, die Kapelle des Leprosenhauses, in dem die Leprakranken, die Aussätzigen, die »arme Litt«, im Mittelalter außerhalb der Stadt isoliert waren.

Links von der Kapelle führt, von uns aus, die wir die Umgehungsstraße überqueren, auf der rechten Straßenseite ein Fußpfad hoch zur Fliegerkapelle. Es ist der Weg 4b der Wanderkarte des Vogesenclubs, blaues Kreuz. Fliegerkapelle hört sich recht prosaisch an; anders klingt schon die französische Bezeichnung, nicht auf der Karte, sondern zum Teil auf den Wegweisern: »Chapelle de l'homme volant.«

Und was ist es mit diesem fliegenden Menschen? August Stöber (»Die Sagen des Elsasses«, St. Gallen (1858) berichtet von einem Kaysersberger Winzer, der etwa um 1832 ein seltsames, von seinem Sohne bezeugtes Erlebnis gehabt haben soll:

Als er eines Tages in seinen Reben mit der Weinlese beschäftigt war, reichte ihm eine Frau seines Alters, welche bei ihm als Taglöhnerin arbeitete, eine Traube hin mit den Worten: »Da, K., versuch' doch einmal diesen Süßling!« Kaum hatte K. einige Beeren von der Traube gekostet, so fühlte er sich emporgehoben, schwebte zuerst längere Zeit über den Wipfeln der Bäume hin, flog sodann über das Thal hin und ließ sich endlich am linken Ufer der Weiß, bei der Kapelle nieder. Er wurde dort gefunden und bewußtlos nach Hause gebracht, wo er mehrere Wochen lang auf den Tod krank lag. An dem Ort auf dem Weinberg, wo er aufgeflogen war, und da, wo der sich niedergesenkt hatte, ließ er später zwei Denksteine setzen, in Gestalt kleiner Kapellen, welche man noch jetzt sieht.

Nun, mag es, wie Stöber meint, eine somnambule Vision des Mannes gewesen sein, oder hat der gute Winzer ganz einfach beim Herbsten zu tief in den Logel geguckt (das kleine Fäßle, das der Winzer am Gürtel trug, um ab und zu einen Schluck zu nehmen; es hat dem Gasthaus zum »Loejelgücker« in Traenheim nördlich von Molsheim den Namen gegeben), der wirkliche oder vermeintliche Flug hat jedenfalls auf der Höhe 464 des Sommerbergs ein Heiligenhäusle (franz. »chapelle«, genannt), erbracht, das heute noch steht und also unser nächstes Ziel ist.

Wir erreichen die Fliegerkapelle auf dem mit dem blauen Kreuz gezeichneten Pfad, der in Serpentinen durch lichten Jungwald, öfters einen Durchblick ins Kaysersberger Tal gewährend, langsam hochsteigt, in 45 Minuten. Das Heiligenhäuschen steht inmitten eines Wegekreuzungsplatzes.

Wir verlassen jetzt den bisherigen Weg 4b mit dem blauen Kreuz. Unser Weg, der die Nummer 4c der Vogesenclubkarte mit der Zielangabe Col du Herrenwasen trägt, setzt sich jetzt mit dem aufwärts steigenden steinigen Pfad fort. Nach kurzem Anstieg bietet sich ein Ausblick links hinunter ins Tal des Walbachs, der von Labaroche nach Ammerschwihr fließt, weshalb das Tal auch Ammerschwihrer Tal heißt. Vor uns rechts zeigt sich einer der beiden Vorhofköpfe, während der Kamm auf der linken, südlichen Seite Häuser von Labaroche trägt. Links dahinter ragt die wie ein Turm erscheinende riesige Jesus-Statue auf der Spitze der Galz in den Horizont.

Die eine Zeitlang vermißte Wegmarkierung kehrt jetzt gleich dreimal wieder, so daß kein Zweifel besteht, daß unser Weg der Grasweg ist, der in Richtung des vor uns liegenden spitzen Bergkegels zieht. Wenn dieser Pfad auf einen breiten Waldfahrweg trifft, folgen wir diesem geradeaus. Das gelbe Kreuz befindet sich dreißig Meter von der Einmündung weg. Wir folgen keinem der an dieser Einmündung stehenden Wegweiser, auch nicht etwa dem zum Chalet Jean Weibel, das wir erst später angehen werden. Es gehen uns auch die an Bäumen erscheinenden gelben Rechteckstreifen nichts an. Das sind keine Wegzeichen, sondern Forstbetriebsmarkierungen.

Der mit dem gelben Kreuz gezeichnete Weg führt uns in Kürze zum Col du Herrenwasen (708 m). Dieser Sattel liegt zwischen den beiden Vorhofköpfen. Der nördliche, fast bis zum Gipfel mit Felsen umgeben, ist durch einen Kahlhieb des Baumwuchses beraubt. Es ist der Kaysersberger Vorhofkopf (821 m). Der südliche, bis zum Felsengipfel bewaldete, trägt einen verwegenen Tannenkamm auf seinem Nacken und gibt eine romantische Kulisse ab. Er ist der Ammerschwihrer Vorhofkopf (883 m).

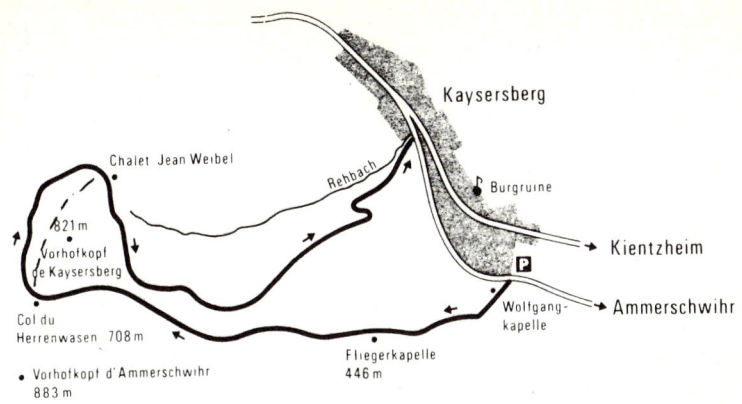

Der Herrenwasensattel ist wiederum ein Wegekreuzungsplatz, an dem sich rechts nach Norden zu eine Gruppe von Tischen und Bänken befindet. Wir setzen unseren Weg mit dem links von dieser Bankgruppe nach Norden ziehenden Waldfahrweg fort, der auf der Vogesenclubkarte bei der Höhenzahl 708 beginnt und als weißer Fahrweg eingezeichnet ist. Er führt uns um den Kaysersberger Vorhofkopf westlich herum zur Vogesenclubhütte (Chalet) Jean Weibel. Der schwarzgestrichelte, auf der Karte rechts vom weißen Fahrweg angezeigte Pfad, der hart an den mit Felsen gekrönten Gipfel des Kayserberger Vorhofkopfes führt, war zu der Zeit, wo wir die Wanderungen machten, wegen der beim Abstieg zum Chalet Weibel gehäuft über den Pfad liegenden frischgefällten Tannen nicht zu empfehlen. Das Hindernis dürfte inzwischen behoben sein. Es stehen also jetzt beide Wege zur Verfügung.

Der Platz der Vogesenclubhütte Jean Weibel, nach einem um den Vogesenclub verdienten Mann genannt, ist wieder ein Wegekreuzungsplatz, der zwei Abstiegswege nach Kaysersberg aufweist: der eine, auf der Karte des Vogesenclubs mit 2b (blaues Dreieck) gezeichnete, führt auf der nördlichen Route ins Rehbachtal, das nach Kaysersberg zu verläuft. Der andere mit 2a (rotes Dreieck) gezeichnete, nimmt die südliche Route und zieht als schöner Hangweg auch hinab ins Rehbachtal. Wir wählen den letzteren, wobei allerdings zu beachten ist, daß wir bei der großen Kurve, schon in Sichtnähe von Kaysersberg, nicht mehr der offiziellen Wegweisung rechts ab folgen, sondern den breiten Fahrweg links hinab gehen und so ins Rehbachtal gelangen, wo wir auf den Weg 2b stoßen. Von der Bank dort am Waldrandes bietet sich ein schöner Blick hinauf ins Rehbachtal, das sich im oberen Verlauf zu einer Schlucht verengt, die am Horizont von der Bergspitze des Kaysersberger Vorhofkopfes abgeschlossen wird. Von dieser Bank aus sind wir in wenigen Minuten im westlichen Teil von Kaysersberg.

Wir haben runde 4 Stunden gebraucht und haben noch Zeit, unser Interesse dem alten Städtchen Kaysersberg zuzuwenden.

Kaysersberg ist im Kranze der Weinstraßenstädte neben Reichenweier der Hauptanziehungspunkt. Zu den Fremden, die Kaysersbergs Straßen füllen, kommt noch der Durchgangsverkehr, der das Tal der Weiß hinauf zum Weißen und Schwarzen See strebt. Trotzdem muß der Tourist dem malerischen Kaysersberg seine Reverenz erweisen. Das Städtchen, eine Gründung nicht Barbarossas, sondern seines Enkels Friedrich II., früher Kaisersberg geschrieben, besitzt seit 1293 als Freie Reichsstadt Stadtrecht und trat 1354 dem Zehn-Städte-Bund (Dekapolis) bei. Mit der französischen Revolution endete die reichsstädtische Herrlichkeit.

Kaysersberg hat zwei bedeutende Söhne: den berühmten Straßburger Münsterprediger Johann Geiler von Kaysersberg, geboren 1454 in Schaffhausen, aber aufgewachsen in Kaysersberg, gestorben 1510 (sein Denkmal steht vor dem heutigen Hospital): und Albert Schweitzer, den Arzt, Musiker und Humanisten (1875–1965). An seinem Geburtshaus am Westausgang des Ortes, dem Hause der Evangelischen Gemeinde, ist eine Gedenktafel angebracht.

Wertvolle Kunstschätze bietet die Stadtkirche Hl. Kreuz, am Außenbau zwar Stilelemente aus allen Epochen aufweisend, im Innern aber im wesentlichen spätgotische Ausstattung. Dabei ist in erster Linie der Flügelaltar des Colmarer Meisters Hans Bongart von 1518 zu nennen, im Originalzustand fast vollständig erhalten, der einzige seiner Art im Elsaß. Auch das für den Kirchenraum fast überdimensionale Triumphbogenkruzifix, das Werk eines unbekannten Meisters um 1500, ist ein einzigartiges Stück. Schließlich sind die Glasfenster zu beachten, darunter der Kalvarienberg, von 1470/71 des Peter Hemmel.

Einen Überblick über das Städtchen bietet die Burg im Norden der Kernstadt, aus dem 13. Jahrhundert, 1632 von den Schweden zerstört. Ein Gang da hinauf lohnt sich. Die Burg ist die Urzelle des Städtchens, an deren Fuß und in deren Schutz dann die Bürger siedelten. Gut erhalten ist der Bergfried (Burgturm), den zu besteigen die Aussicht reizt. Nur müßte der Sicherheit der Turmbesteiger dadurch Rechnung getragen werden, daß eine Treppenbeleuchtung installiert wird. So, im völligen Dunkel, wie die Turmbesteigung derzeit zu bewerkstelligen ist, ist sie nicht ungefährlich.

Den besonderen Reiz des Städtchens macht jedoch das aus dem 15. und 16. Jahrhundert erhalten gebliebene Stadtbild aus, mit der noch größtenteils sichtbaren Ummauerung, mit schönen alten Häusern in Stein und Fachwerk, vor allem im westlichen Teil an der Weißbrücke mit der Oberhofkapelle, dem Badhaus von 1598 und einem kunstvollen Fachwerkhaus.

Von dem einst bedeutenden Kloster Alspach, eine Gründung der Grafen von Egisheim im 10. und 11. Jahrhundert, zunächst von Benediktinern bezogen und seit 1282 Frauenkloster der Klarissinnen von Kientzheim, im Bauernkrieg 1525 zerstört, sind im Fabrikgelände am westlichen Ausgang von Kaysersberg (Ortsteil Alspach) noch einige Rudimente erhalten: von der einst dreischiffigen, turmlosen Basilika (1149) mit seinem Langhaus von drei Doppeljochen das südliche Seitenschiff, Teile des Mittelschiffs und der Hauptteile der Westwand mit Portal. Kirche und Klostergebäude waren bis 1875 gut erhalten, wurden dann aber in den folgenden Jahren zu einer Fabrik umgebaut. Das Eingreifen der damaligen (deutschen) Regierung kam zu spät.

Frühling und Herbst

Ortsregister

Albé 138
Albéville 138
Alfeldsee 33
Alt-Thann (Vieux-Thann) 62
Ammerschwihr 122
Andlau 44
Andlau Schloß 7, 240
Arnsburg 280
Auberge Haïcot 100
Bärenstallsattel 272
Ballon d'Alsace
 (Elsässer oder Welscher Belchen) 33
Barr 7, 240
Barrage de Kruth (Staudamm) 110
Batteriekopf 191
Belchen (Großer) 28
Belchen (Kleiner) 38
Belles Huttes 257
Bergheim 90
Bernardvillé 44
Bernstein 49
Bilstein (bei Urbeis) 25, 263
Bilstein (bei Rappoltsweiler) 95
Bipierre 176
Blanc Noyer 25
Blancrupt 105
Blanches Roches (Weiße Felsen) 176
Bornthal-Kopf 123
Brézouard (Bressoir) 100
Brotschbergfelsen 165
Brotschbergturm 165
Brückenbach 60
Buchenkopf (Tête des Faux) 117
Buchsweiler (Bouxwiller) 70
Burgenlinie 286
Burgenstraße (Drei Exen) 158
Bumatt 86
Calvaire 105
Chalmont 201
Champ du Feu 246, 251
Champy 257
Charbes 263
Chatte Pendue 142
Chauffour 100
Chaume des Veaux 246
Chemin des Anes 138
Chemin des Bannes 180
Cimetière Duchesne (Nationalfriedhof) 117
Climont 25, 263
Col de la Bellevue 138
Col de Bermont 117
Col de Bramont 229
Col de la Charbonnière 251
Col du Bockloch 110
Col entre les deux Donons 55
Col du Donon 55, 180
Col des Faignes sous Vologne 257
Col Hohmarkstein 13
Col du Litschhof 13
Col du Louchbach 153
Col de Marbach (Marbacher Höhe) 86
Col du Narion 55
Col de Prayé 180
Col de la Schlucht 267
Col Seelacker 95
Col de Steige (bei Lichtenberg) 70
Col du Sternsee 60
Col du Wettstein 148
Dabo (Dagsburg) 214
Dachfirst 49
Dagsburg (Drei Exen) 158
Dagsburg (Leokapelle) 214
Dambach-la Ville 49
Dambacher Berg 49
Dieffenthal 49
Dietzthal M. F. 70
Donon (großer, kleiner) 55
Drei Ähren (Trois Epis) 122
Drei Exen (Egisheimer Schlösser) 158
Dreistein 7
Drumont 235
Dusenbach (Maria-Dusenbach) 65
Echery (Eckerich) 100
Egisheim (Eguisheim) 86, 158
Engelsfelsen 49
Eselspfad 70
Eselplatz 70
Etang du Coucou 142
Etang du Fleckenstein
 (Fleckensteinweiher) 13
Etang du Devin (Hexenweiher) 117
Faux-Kopf (Tête des Faux) 117
Falkenstein 49
Falkenstein (Ruine) 293
Felsengalerie (Galerie des Rochers) 90
Fellering 235
Fennemattkopf 33
Ferme Breitsouzen 225
Ferme Fennematt 33
Ferme Firstmiss 225
Ferme Hüs 191
Ferme Kastelberg 225
Ferme Lechterwann 38
Ferme Rothenbrunnen 38
Ferme Schießrot 186
Fermes du Schneeberg 21
Fischbödle (See) 186
Fleckenstein 13
Flößplatz 81
Forlenweiher (Lac du Forlet oder des Truites) 148
Frankenburg 201
Galerie des Rochers (Felsengalerie) 90
Galz (Galtz) 122
Gaschney 186
Gazon du Faing
 (Taubenklangkopf, Soultzeren Eck) 148
Gazon Vert (Grünwasen) 60
Geroldseck Große 165
Geroldseck Kleine 165
Girbaden 81
Girsberg 65
Grand Ballon (Großer Belchen, Sulzer Belchen) 28
Grand Ventron (Winterung) 110
Grendelbruch 81

301

Greifenstein 219
Großer Belchen (Grand Ballon, Sulzer Belchen) 28
Groß-Wintersberg 276
Gruckert (Naturfreundehaus) 44
Grüner See (Lac vert) 148
Günsbach 269
Habeaurupt 153
Haberacker M. F. 206
Hagelschloß 9,17
Hagelstein 49
Hageneck 158
Haïcot (Auberge und Naturfreundehaus) 100
Haut-Barr (Hohbarr) 165
Haut du Bon Dieu 180
Haut Chitelet 257
Hautes Chaumes 105
Häusern (Husseren) 86, 158
Heidenkopf 76
Heidenmauer 17
Herrenberg 191
Herradfelsen 7
Hexenweiher (Etang du Devin) 117
Hilsenfirstebene 38
Hohbarr (Haut-Barr) 165
Hohenburg (beim Fleckenstein) 13
Hohenburg (beim Odilienberg) 17
Hohlandsburg 58
Hohnack (Großer) 269
Hohnack (Kleiner) 272
Hohneck (Großer) 186, 267
Hohneck (Kleiner) 186
Hoh-Rappoltstein 65
Hohwald 246
Holzplatz 7
Hungersplatz (M. F.) 7, 240
Hühnelmühle 49
Hüs Ferme 191
Husseren (Häusern) 86
Judenhut 28
Judenhutplan 28
Käferkopf 122
Käsmarkt (Karsmarkt) 49
Kahler Wasen (Kleiner Belchen, Petit Ballon) 38
Kastelberg 225
Katzenberg 127
Katzenstein 142
Katzenthal 122
Kaysersberg 297
Kleiner Belchen (Petit Ballon, Kahler Wasen) 38
Klein Hahnenbrunnen 196
Klingenthal 9, 76
Klingenthal M. F. 76
Königstuhl 95
Krüt (Kruth) 110
Kuckucksweiher 142
Labaroche 272
La Bresse 257
La Vancelle 201
Lac blanc (Weißer See) 105
Lac Blanchemer 225
Lac des Corbeaux 229
Lac Forlet (Forlenweiher) 148
Lac noir (Schwarzer See) 105

Lac de la Maix 180
Lac des Perches (Sternsee) 60
Lac vert 148
La Grande Bellevue 138
Lalaye 25
Langenthaler Kreuz 170
Landsberg 7
Lapoutroie (Schnierlach) 117
Lauchenkopf 196
La Vancelle (Wanzel) 201
Le Rudlin 153
Le Tanet (Tanneckfelsen) 148
Les Planches 229
Le Valtin 159
Lechterwann 38
Lembach 13
Les Quevelles (Yquell) 142
Lichtenberg 70
Lingekopf 272
Litschhof (Col und M. F.) 13
Löwenstein 13
Lützelburg (Ottrotter Schlösser) 9
Lützelhausen 55
Maimont 290
Männelstein (Menelstein) 17
Marbacher Höhe
 (Col de Marbach) 86
Maria-Dusenbach 65
Markirch (Ste. Marie-aux-Mines) 100
Maursmünster (Marmoutier) 206
Meiwihrköpfle 122
Metzeral 38, 186
Michelsberg 172
Mittlach 191, 196
Moselquelle 60
Mühlbach 186
Münsteräckerle 28
Münster 113
Murbach 28
Mutzigfelsen 55
Naturfreundehaus Gruckert 44
Naturfreundehaus Haïcot 100
Narion 55
Narionhöhe (Haut du Narion) 55
Narionsattel (Col du Narion) 55
Neunhoffen 293
Neuntelstein 240
Niederbronn 276
Niederhaslach 127
Niedermünster 20
Niedersteinbach 290
Nideck 21
Noll 55
Nonselkopf 196
Notre Dame de Schauenberg 132
Oberbronn 280
Oberhaslach 127
Obersteigen 219
Obersteinbach 285
Ochsenstein 206
Odilienberg 17
Orbey (Urbeis) 105
Ortenberg 49

Ottrotter Schlösser
   (Rathsamhausen und Lützelburg) 9
Pairis 105
Pélage 249
Petit Ballon (Kleiner Belchen, Kahler Wasen) 38
Pfaffenheim 132
Pfahlrunzfälle 196
Plätzerwäsel 196
Porte de Pierre (Thürgestell) 55, 127
Rabenfelsen (Rocher du Corbeau) 117
Rammelstein 90
Rappoltstein 65
Rappoltsweiler (Ribeauvillé) 65
Rathsamhausen (Ottrotter Schlösser) 9
Reichenweier (Riquewihr) 95
Reichsfeld 44
Reinhardsmünster 206
Reipertsweiler 70
Repos des Chasseurs 158
Rocher du Gazon du Faing
   (Taubenklangfelsen) 148
Roche (Pierre) à cupules (Bärenfels) 176
Rosheim 79
Roßkopffelsen 214
Rothenbachkopf 191
Rothau 142
Rothbach 70
Rotwasen (Rouge Gazon) 60
Rotzel 90
Ruine Salm 142
Rouge Gazon (Rotwasen) 60
St. Ägidienkirche (St. Gilles bei Hohwart) 49
St. Alexis 95
St. Florentiuskapelle 127
St. Jean 170
St. Marc (Kloster und M. F.) 132
St. Michel 170
St. Odilien 17
St. Pierre sur l'Hâte (St. Peter auf Zillhardt) 100
St. Sebastianskapelle 49
St. Valentin (St. Velten) 81
St. Veit (Vite) 219
Saverne (Zabern) 165
Schäferplatz 165, 206
Schäfersattel 186, 267
Schalleren 186
Schauenberg 132
Schießrot Auberge 186
Schießrot Ferme 186
Schießrotriedsee 186
Schloßberg 201
Schluchtpass 227
Schneeberg 21
Schneeberghöfe (Fermes du Schneeberg) 21
Schnepfenriedwasen 196
Schnepfenriedkopf 196
Schratzmännele 272
Schwarzer See (Lac noir) 105
Schweisel (Wanderheim) 196
Schweizerhof 219
Seehäuser 235
Seehorn 60
Senones 182

Sérichamp 153
Sewen 33
Sewensee 33
Soultzbachwasserfall 127
Soultzeren Eck
   (Gazon du Faing, Taubenklangkopf) 105
Spesburg 7
Stambach 165
Stampflöcher 170
Staufenkopf 86
Steinernes Männel 214
Steinwasen 191
Sternsee (Lac des Perches) 60
Sternseesattel 60
Storkensohn 60
Sulzer Belchen
   (Großer Belchen, Grand Ballon) 28
Tännchel (Taennchel) 90
Tanneck, le Tanet 148
Taubenklangfelsen
   (Rocher du Gazon du Faing) 148
Taubenklangkopf (Gazon du Faing) 148
Tête des Faux (Faux-Kopf) 117
Tête de Fellering 235
Thann 62
Thannenkirch 90
Thürgestell (Porte de Pierre) 55,127
Trois Epis (Drei Ähren) 122
Ulrichsburg 65
Ungersberg 44, 138
Urbeis (Orbey) 105
Urbeis (beim Climont) 25, 263
Urbès (Urbis) 60
Vorhofköpfe 297
Ventron (Grand) 110
Vieux-Thann (Alt-Thann) 64
Villé (Weiler) 138
Wahlenburg (Drei Exen) 158
Waldersbach 251
Wangenburg 21
Wanzel (La Vancelle) 201
Wasenburg 280
Wasenköpfel 280
Wasigenstein 290
Weckmund (Drei Exen) 158
Weinbächel M. F. 127
Weiße Felsen (Blanches Roches) 176
Weißer See (Lac blanc) 105
Welscher Belchen (Ballon d'Alsace) 33
Wildberg 127
Wildenstein 110
Windsbourg 21
Windstein (alt und neu) 285, 289
Wintergeeskopf 110
Winterung (Ventron) 110
Wittschlössel 285
Wolfsgrube M. F. 76
Wormsatal 186
Xéfosse 153
Yquell 142
Zabern (Saverne) 165
Zigeunerfelsen 290
Zillhardt (St. Peter, St. Pierre sur l'Hâte) 100

Inhaltsverzeichnis

	Seite
Vorbemerkung	2
Geleitwort	5
1 Burg Landsberg	7
2 Ottrotter Schlösser – Hagelschloß	9
3 Burg Fleckenstein	13
4 Die Heidenmauer	17
5 Schneeberg	21
6 Climont. Aufstieg von Lalaye	25
7 Großer Belchen	28
8 Ballon d'Alsace	33
9 Kleiner Belchen	38
10 Ungersberg	44
11 Herbstwanderung um den Dambacher Berg	49
12 Der Mutzigfelsen	55
13 Sternsee	60
14 Die Rappoltsteiner Schlösser	65
15 Burg Lichtenberg	70
16 Heidenkopf	76
17 Burg Girbaden	81
18 Staufenkopf	86
19 Tännchel	90
20 Königstuhl	95
21 Brézouard	100
22 Hautes Chaumes	105
23 Grand Ventron	110
24 Faux-Kopf	117
25 Herbstwanderung zur Galz	122
26 Zum »Thürgestell« auf dem Katzenberg	127
27 Winterwanderung um den Schauenberg	132
28 La Grande Bellevue (Blütenwanderung)	138
29 La Chatte Pendue (Katzenstein)	142
30 Grüner See	148
31 Sérichamp	153
32 Fünf-Burgen-Wanderung	158
33 Haut-Barr – Geroldseck – Brotschberg	165
34 In den Wäldern von St-Jean	170
35 Die Weißen Felsen	176
36 Lac de la Maix	180
37 Hohneck. Aufstieg von Metzeral	186
38 Rothenbachkopf	191
39 Schnepfenriedkopf	196
40 Herbstwanderung zur Frankenburg	201
41 Ochsenstein	206
42 Im Dagsburger Land	214
43 Greifenstein	219
44 Kastelberg und Blanchemer	225
45 Lac des Corbeaux	229
46 Drumont	235
47 Neuntelstein	240
48 Champ du Feu (Osten)	246
49 Champ du Feu (Westen)	251
50 Champy	257
51 Climont. Aufstieg von Charbes	263
52 Hohneck. Aufstieg vom Schluchtpaß	267
53 Großer Hohnack	269
54 Vom Kleinen Hohnack zum Schratzmännele und Lingekopf	272
55 Groß-Wintersberg	276
56 Wasenburg, Arnsburg, Wasenköpfel	280
57 Wittschlössel – Alt-Windstein	285
58 Maimont und Burg Wasigenstein	290
59 Burgruine Falkenstein	293
60 Die Vorhofköpfe	297
Ortsregister	301